東南アジア
多民族社会の形成

坪内良博 著

京都大学学術出版会

目　　次

はしがき ―― 1

序章　年次報告書という宝庫 ―― 3

第 1 部　マレー半島の開発と移民

第 1 章　海峡植民地と移民 ―― 21
  1．海峡植民地の形成 ―― 23
  2．中継貿易港としての海峡植民地 ―― 24
  3．海峡植民地を介した人の動き ―― 31
  4．華人およびインド人移民の動向 ―― 39
  5．海峡植民地の位置づけ ―― 43

第 2 章　錫とゴム ―― 49
  1．人口移動の契機 ―― 51
  2．錫鉱業の発展と変容 ―― 52
  3．ゴムの導入とゴム園労働の展開 ―― 62

第 2 部　開発先進地域と多民族化

第 3 章　マラヤ諸州の多民族社会形成 I　スランゴールとペラ ―― 77
  1．初期人口状況 ―― 79
  2．センサス人口の民族別構成 ―― 82
  3．年次報告書と推計人口 ―― 84

4. 出生と死亡	―― 89
5. 移民と出入者統計	―― 92
6. 労働力の輸入	―― 95
7. 社会増減・自然増減と人口	―― 102
8. 自然増の評価	―― 105

第4章 マラヤ諸州の多民族社会形成Ⅱ　パハンとジョホール ―― 109

1. 後発地域としての性格	―― 111
2. 推計人口	―― 114
3. 出生と死亡	―― 120
4. 移民と出入者統計	―― 127
5. 人口動態の趨勢	―― 138

第5章　病気との闘いⅠ　スランゴールとペラ ―― 141

1. 熱帯環境と死亡	―― 143
2. 脚気	―― 143
3. マラリア	―― 148
4. 肺結核	―― 154
5. 赤痢と下痢	―― 156
6. 疱瘡とコレラ	―― 158
7. 性病	―― 161
8. その他の病気	―― 161
9. 乳児死亡率	―― 162
10. 民族別に見た死亡率	―― 164
11. 死亡に関する暫定的結論	―― 167

第6章　病気との闘いⅡ　パハンとジョホール ―― 171

1. 確認のための観察	―― 173
2. 脚気	―― 173

3. マラリア	—— 177
4. 肺結核	—— 184
5. 赤痢と下痢	—— 186
6. 疱瘡とコレラ	—— 188
7. 性病	—— 190
8. その他の死亡原因	—— 192
9. 乳児死亡率	—— 193
10. 病院に対する態度	—— 195
11. 先進地域観察の再確認および微妙な差異の指摘	—— 199

第3部　マレー人が多数を占めた地域の変化 ── クランタンとケダー

第7章　クランタンにおける多民族化　　　　　　　—— 203

1. 開発が遅れた非連邦州	—— 205
2. クランタンの人口と生業	—— 206
3. インド人労働者	—— 209
4. 華人労働者	—— 216
5. マレー人労働者	—— 219
6. 未完の多民族社会としてのクランタン	—— 222

第8章　クランタンにおける開発と疾病　　　　　　—— 227

1. 伝統的流行病と開発にともなう疾病	—— 229
2. 脚気	—— 233
3. マラリア	—— 234
4. 鉤虫症など	—— 238
5. 性病	—— 239
6. 他の疾病	—— 241
7. 病院	—— 245
8. 死亡率	—— 248

9. エステートの衛生　　　　　　　　　　　　　　　—— 250
　10. 一般住民の健康と医療　　　　　　　　　　　　—— 253

第9章　ケダーの開発と多民族化　　　　　　　　　　　—— 257
　1. 米作地としての発展　　　　　　　　　　　　　—— 259
　2. 稲作とゴム栽培　　　　　　　　　　　　　　　—— 259
　3. 人口　　　　　　　　　　　　　　　　　　　　—— 266
　4. 出生と死亡　　　　　　　　　　　　　　　　　—— 268
　5. 移民と労働力　　　　　　　　　　　　　　　　—— 274
　6. ケダーの周辺性　　　　　　　　　　　　　　　—— 278

第10章　ケダーにおける開発と疾病　　　　　　　　　—— 281
　1. 古い病気と新しい病気　　　　　　　　　　　　—— 283
　2. コレラと疱瘡　　　　　　　　　　　　　　　　—— 283
　3. マラリア　　　　　　　　　　　　　　　　　　—— 286
　4. その他の疾病　　　　　　　　　　　　　　　　—— 292
　5. 医療事情と健康状況　　　　　　　　　　　　　—— 294
　6. 民族別死亡率　　　　　　　　　　　　　　　　—— 296

第4部　開発と多民族化過程

第11章　トレンガヌに関するメモ ── 未開発をめぐって　—— 303
　1. 開発からの隔離　　　　　　　　　　　　　　　—— 305
　2. 開発と移民　　　　　　　　　　　　　　　　　—— 306
　3. 病気，医療，人口　　　　　　　　　　　　　　—— 311
　4. 最後尾の歩み　　　　　　　　　　　　　　　　—— 314

終章　　総括的エッセイ　　　　　　　　　　　　　　—— 317

文献　　　　　　　　　　　　　　　　　　　　　　　—— 333

巻末付表　　　　　　　　　　　　　　　　　　　　　—— 353

あとがき　　　　　　　　　　　　　　　　　　　　　—— 403

索引　　　　　　　　　　　　　　　　　　　　　　　—— 405

表 目 次

表0-1	各州年次報告書タイトル類型　1895-1939	7
表0-2	スランゴール年次報告書目次1　1918, 1919, 1920	8
表0-3	スランゴール年次報告書目次2　1927, 1932	10
表0-4	ペラを基準とした年次報告書章名対応係数　1901-1939	12
表0-5a	年次報告書関連項目記載状況1　鉱業および農業　1896-1939	13
表0-5b	年次報告書関連項目記載状況2　華人保護，労働，人口　1895-1939	14
表0-5c	年次報告書関連項目記載状況3　保健　1896-1939	15
表1-1	海峡植民地への錫および錫鉱石集荷　1905-1935	29
表1-2	海峡植民地へのゴム集荷　1905-1935	30
表1-3	海峡植民地へのコプラ集荷　1905-1935	31
表3-1	ペラ民族別人口　1879	81
表3-2	ペラ民族別人口　1889	81
表3-3	ペラ民族別人口　1890	82
表3-4	センサスにおける民族別人口　スランゴール，ペラ　1891-1931	83
表3-5	ペラ民族別労働者数　1929-1932	101
表3-6	ペラ政府雇用労働者数　1929-1932	101
表3-7	社会・自然動態に基づく民族別人口推計（摘要表）　ペラ　1901年	103
表3-8	民族別性比の変化　スランゴール，ペラ　1891-1931	105
表3-9	スランゴール女子における出生と死亡　1896-1938	107
表4-1	センサスにおける民族別人口　パハン，ジョホール　1891-1931	112
表4-2	センサス男子人口　パハン，ジョホール　1901-1931	113
表4-3	ゴム作付面積（エーカー）1928-1939	114
表4-4	乳児死亡率　パハン，ジョホール　1916-1939	123
表4-5	華人デッキパッセンジャー数　パハン　1926-1929	132
表4-6	パハン政府部局雇用労働者数　1927-1929	132
表4-7	パハン鉱山民族別雇用労働者数　1930-1939	133
表4-8	パハン鉱山種類別雇用労働者数　1930-1939	133
表4-9	パハンゴム園民族別労働者数　1932-1934	135
表5-1	乳児死亡率　スランゴール，ペラ　1920-1938	164
表5-2	民族別病院患者数　ペラ　1902-1915	167
表6-1	エステート雇用労働者民族別死亡率　ジョホール　1914	198

表6-2	政府病院入院患者　パハン　1935, 1937, 1939	—— 199
表7-1	クランタン民族別人口　1911-1938	—— 206
表7-2	クランタンの土地利用　1913	—— 207
表7-3	クランタン民族別雇用労働者数　1933-1938	—— 225
表7-4	クランタン政府部局民族別雇用労働者数　1933-1937	—— 225
表8-1	クランタン民族別種痘実施数　1911, 1913	—— 231
表8-2	マラリア患者数および死亡数（病院統計）クランタン　1914-1925	—— 238
表8-3	病名別入院数および死亡数　クランタン　1931-1935	—— 242
表8-4	クランタン出生率，死亡率，乳児死亡率　1934-1938	—— 255
表10-1	民族別死亡率　ケダー　1347（1928/29）	—— 298
表10-2	労働者死亡率　ケダー　1923-1939	—— 298
表10-3	エステート死亡率　ケダー　1935	—— 298
表11-1	トレンガヌ民族別人口　1911, 1921, 1931, 1947	—— 306
表11-2a	労働力雇用状況　1937	—— 311
表11-2b	労働力雇用状況　1938	—— 312
表12-1	ケダー州財政の変化　1905-1939	—— 330

巻末付表目次

付表 1-1	シンガポール輸出入額（品目および取引先別）　1885 年	353
付表 1-2	海峡植民地輸出入額（品目および取引先別）　1910 年	354
付表 1-3	海峡植民地輸出入額（品目および取引先別）　1935 年	355
付表 1-4	海峡植民地錫鉱石輸入量・輸入額（マラヤを除く）	356
付表 1-5	海峡植民地ゴム輸入量・輸入額	357
付表 1-6	海峡植民地コプラ集荷(輸入)量　1926-1937	358
付表 1-7a	海峡植民地華人発着数　1925	359
付表 1-7b	海峡植民地華人発着数　1931	359
付表 1-8	海峡植民地華人到着数および出発数　1896-1938	360
付表 1-9a	海峡植民地南インド人発着数　1925	362
付表 1-9b	海峡植民地南インド人発着数　1931	362
付表 1-10	海峡植民地インド移民到着数および出発数　1893-1938	362
付表 1-11	華人およびインド人成人移民性比　1896-1938	364
付表 2-1	錫とゴムの輸出量（生産量）・輸出額　スランゴール，ペラ，ジョホール，パハン　1895-1939	365
付表 2-2a	鉱業労働力の推移　スランゴール　1898-1939	366
付表 2-2b	鉱業労働力の推移　ペラ　1897-1939	368
付表 2-3	ゴム作付面積の推移	369
付表 3-1	推計人口，出生数，死亡数　スランゴール，ペラ　1895-1939	370
付表 3-2	主要民族別出生数および死亡数　スランゴール　1895-1938	371
付表 3-3	主要民族別出生数および死亡数　ペラ　1895-1939	372
付表 3-4	民族別出入者数　スランゴール　1895-1905	374
付表 3-5	民族別出入者数　ペラ　1890-1903	376
付表 4-1	推計人口，出生数，死亡数　パハン，ジョホール　1896-1939	378
付表 4-2	民族別推計人口　パハン　1921-1939	379
付表 4-3	民族別出生数・死亡数　パハン　1901-1939	380
付表 4-4	民族別出生数・死亡数　ジョホール　1914-1937	381
付表 4-5a	エステート雇用インド人労働者数　ジョホール　1918-1924	381
付表 4-5b	民族別労働者数　ジョホール　1925-1939	382
付表 5-1	病院統計　脚気　スランゴール，ペラ，パハン，ジョホール　1883-1939	382
付表 5-2	病院統計　マラリア（熱病）　スランゴール，ペラ，パハン，ジョホール　1888-1939	384

付表 5-3	病院統計　肺疾患および肺結核　スランゴール，パハン，ジョホール　1902-1939	—— 385
付表 5-4	結核入院数および死亡数　ペラ　1923-1936	—— 386
付表 5-5	病院統計　赤痢　スランゴール，ペラ　1888-1939	—— 387
付表 5-6	入院患者数　スランゴール，ペラ，パハン，ジョホール　1883-1939	—— 388
付表 6-1	民族別マラリア入院患者　パハン　1931-1939	—— 389
付表 6-2	病院統計　赤痢，下痢　パハン，ジョホール　1899-1938	—— 390
付表 6-3	民族別乳児死亡率　パハン，ジョホール　1916-1939	—— 391
付表 9-1	イスラム暦・西暦対照表	—— 392
付表 9-2	植付け面積（水稲，ゴム，ココナツ，タピオカ）ケダー　1912-1939	—— 393
付表 9-3	米収穫量　ケダー　1920-1939	—— 394
付表 9-4	米輸出量・輸出額　ケダー　1913-1939	—— 395
付表 9-5	錫とゴムの輸出量・輸出額　ケダー　1908-1939	—— 396
付表 9-6	人口の変化（含民族別人口）ケダー　1910-1938	—— 397
付表 9-7	出生数，死亡数，乳児死亡率　ケダー　1911-1938	—— 398
付表 9-8	民族別労働者数　ケダー　1912-1939	—— 399
付表 9-9	インド人移民　ケダー　1923-1939	—— 400
付表 10-1	主な死因別死亡数　ケダー　1930-1936	—— 400
付表 10-2	民族別主な死因別死亡数　ケダー　1935, 1936	—— 401
付表 10-3	民族別乳児死亡率　ケダー　1927-1934	—— 401
付表 11-1	トレンガヌ輸出統計　1910-1938	—— 402

図　目　次

図 1-1　シンガポール輸出入の流れ　1885　—— 25
図 1-2　海峡植民地輸出入の流れ　1910　—— 25
図 1-3　英領マラヤ輸出入の流れ　1935　—— 26
図 1-4　海峡植民地を中心とする華人の流れ　1925　—— 33
図 1-5　海峡植民地を中心とする華人の流れ　1931　—— 34
図 1-6　マラヤにおける華人・インド人移民の推移　1893-1938　—— 35
図 1-7　海峡植民地を中心とする南インド人の流れ　1925　—— 37
図 1-8　海峡植民地を中心とする南インド人の流れ　1931　—— 37

図 2-1　ペラ・スランゴール錫生産量と鉱業従事人口の推移　1895-1939　—— 56
図 2-2　スランゴール鉱業従事人口と機械力　1900-1939　—— 57
図 2-3　ペラ，スランゴールにおけるゴム輸出量の推移　1905-1937　—— 67

図 3-1　ペラ，スランゴールにおける推計人口の推移　1895-1939　—— 85
図 3-2a　スランゴールにおける出生・死亡数の推移　1895-1939　—— 86
図 3-2b　ペラにおける出生・死亡数の推移　1895-1939　—— 86
図 3-3a　スランゴールにおける華人の出生・死亡数の推移　—— 91
図 3-3b　スランゴールにおけるインド人の出生・死亡数の推移　—— 91

図 4-1　ジョホール，パハン，ペラにおけるゴム輸出額の推移　1904-1939　—— 115
図 4-2　ジョホール，パハンにおける推計人口の推移　1896-1939　—— 118
図 4-3　ジョホールの推計総人口と民族別労働者数の推移　1921-1939　—— 140

図 5-1　スランゴール，ペラにおける脚気患者・死亡者数の推移　1883-1939　—— 148
図 5-2　スランゴールにおける脚気，マラリア死亡者数の推移　1883-1939　—— 152
図 5-3　ペラにおける脚気，マラリア死亡者数の推移　1886-1939　—— 153
図 5-4　スランゴール，ペラにおけるマラリア患者・死亡者数の推移　1888-1939　—— 153
図 5-5　スランゴール，ペラにおける赤痢患者・死亡者数の推移　1888-1939　—— 158

地　図　目　次

マレー半島要図
スランゴール要図
ジョホール要図
ペラ要図
パハン要図
クランタン要図
ケダー要図
トレンガヌ要図

度量衡単位

距離	1 マイル =1,609.3m
面積	1 エーカー =4,046.8 平方メートル =0.405 ヘクタール
	1 ルロン =0.71 エーカー
	1 平方マイル =2.59 平方キロメートル
重量	1 タヒル（tahil）=1 1/3 オンス =37.8 グラム
	1 ポンド（pound, lb.）=453 グラム
	1 ピクル（pikul）=100 斤 =60kg=133 1/3 lbs.
	1 英トン（long ton）=1,016.1kg=16.8 ピクル
容積	ガンタン（gantang）=1 ガロン =4.546 リットル
	コヤン（koyan）=800 ガンタン，または 40 ピクル

略　記　号

ARP	ペラ年次報告書
ARS	スランゴール年次報告書
ARPa	パハン年次報告書
ARJ	ジョホール年次報告書
ARKn	クランタン年次報告書
ARKd	ケダー年次報告書
ARSS	海峡植民地年次報告書
ARFMS	マレー連邦州年次報告書

　年次報告書からの引用は，原則としてページおよびパラグラフを示すが，いずれか一方のみを示す場合もある。パラグラフの大きさは年次報告書によってさまざまで，数行の場合もあれば，複数ページにわたる場合もある。なお，後期の年次報告書では，パラグラフ表示は行われていない。年次は原則として原本に記載されている西暦年号を記すが，イスラム暦が採用されている場合はそれにしたがっている。後者の場合は対応する西暦年号を文中に示す。

　〔例〕ARP1909: 28, pgh101.　1909 年ペラ年次報告書，28 ページ，パラグラフ 101
　　　ARKd1340: 9, pgh45　イスラム暦 1340 年（1921/22）ケダー年次報告書，9 ページ，パラグラフ 45。

はしがき

　本書は著者が京都大学大学院アジア・アフリカ地域研究研究科在職中に開始し，断続的に進めてきた東南アジア地域研究に関する一つの作業のまとめで，同大学東南アジア研究センター在職時の著書『小人口世界の人口誌』の発展形態であると同時に，マレー半島に関する事例研究としての位置づけを有する。
　19世紀中頃におけるマレー半島は，東南アジア地域において，ボルネオ島に並ぶ小人口世界としての様相を顕著に保有していた。19世紀末の植民地化を契機にこの原型は急激に変化していくが，それとともに出現したのが多民族社会すなわち複合社会であった。この種の社会構成の形は，今日のマレーシアの政治，経済，文化のあり方に大きな影響を与えている。本書はこの転換の過程を移民導入，特にその人口的側面に焦点を当てて記述しようとしている。
　マレー半島は16世紀以降，ポルトガル，オランダの通商基地の設立を許容しつつも，マレー系住民を主体に，交易や鉱産物の小規模な採取を主目的とする華人の集団を加えた人口を保有し，海岸部を中心に，密林によって互いに隔てられた小国家を核としながら生活を営んでいた。19世紀における錫採鉱の発展は，華人コミュニティの拡大をもたらし，他方，東南アジア海域における英国の通商権益の獲得は，やがて英人のマレー半島植民地支配に発展した。英国の植民地支配は，マレー系小国家をその保護下に置くことによって完成していったが，今日のマレー半島における多民族社会の基礎が形成されたのはこの時代においてであった。
　マレー半島における多民族居住は，錫採鉱を契機とする華人労働者の流入に続いて，ゴム栽培に従事するためのインド人労働者の導入によって，その姿を明確に示すようになる。移民導入は，世界経済の変動に対応するマレー半島内の生産事情や，移民供給地である南中国や南インドの政治・経済事情に呼応しており，入境者と出境者の交錯の中で実行された。マレー半島に到着し，労働者として雇用された移民は，特に初期においては，密林地域の開発にともなう人工的環境の形成に際して異常なまでに多発した脚気やマラリアに悩まされ多くの人命を失うことがあった。また，男子を中心とする移民の再生産力は，あ

る程度の女子人口が存在するようになるまできわめて低いものであった。

　1886年のマレー連邦州形成に先立ち，あるいはほぼ同時にそれぞれの州で印刷されている年次報告書や，非連邦各州において時には独自の立場をとりながら公表された年次報告書は，同時代の移民導入や人口状況に関して，貴重な記述や統計を含んでいる。本書はこれらの年次報告書のうち，1885年頃から太平洋戦争直前の1939年頃までに刊行されたものに含まれる情報を整理することを通して，地域差ないし地域的特徴に留意しながら，マレー半島の多民族社会形成過程を人口の動きに着目しながら記述・分析する。

　地域的な特徴を浮き彫りにするために，半島内のいくつかの州を選んで対象としたが，それらは次の通りである。

1．ペラおよびスランゴール　両州ともにマレー半島西海岸に位置し，植民地化，移民導入が早期に行われた。ともに錫生産地であったが，ペラが錫生産を維持したのに対し，スランゴールでは錫の衰退とゴムへの移行が顕著であった。

2．パハンおよびジョホール　前2者に対して，周辺的な位置づけが与えられる。パハンについてはマレー連邦州の周辺として開発における後発性に注目，ジョホールについては，非連邦州としての立場と開発の後発性，その反面，シンガポールに近接するための有利性などに注目する。

3．クランタンおよびケダー　これら二つの非連邦州は，上に挙げた諸州に対して植民地化過程においてさらに周辺的な位置づけが与えられる。ともにマレー的な色彩が強い。この状況の中で，クランタンでは，伝統的な居住地域から隔絶したクランタン川上流部の開発が開始される。ケダーでは，ペナンとの近接のために浮上したマレー人を中心とする稲作と並存する形でのゴム園化を背景に，部分的な多民族化が進行する。

　シンガポールおよびペナンを重要な構成要素とする海峡植民地は，上記諸州に対する物産および移民の出入り口としての役割を果たした。海峡植民地は，マレー半島のみならず，蘭印やシャムを含むより広域の島嶼部東南アジアにおける中継貿易基地としての機能を営んできたが，20世紀初頭においては，移民の経由地としても中継の役割を果たした。他方，東海岸に位置し，非連邦州の一つであるトレンガヌは，マレー諸州の開発が進む中で，資源の乏しさと地理的隔離のために，移民の導入が著しく遅れることになった。本書ではこれらにも触れながら，複合社会の成立に至る過程を描き出すことを試みる。

序章
年次報告書という宝庫

マレー半島における多民族化は，植民地としての開発が急激に進展する20世紀初頭から太平洋戦争に至る時期にその基本的な過程を経過した。この時代に関して中心的な統計および記述資料を提供するのは，英国植民地政府の年次報告書である。人の動きや人口増加，さらにその原動力となった開発状況を細部にわたって検討するためには，各州別の年次報告書の利用価値が大きい。今日の半島部マレーシアにシンガポールを加えたマラヤという範囲で全体的な把握を行うには，海峡植民地（Straits Settlements）の年次報告書や，マレー連邦州[1]（Federated Malay States）および非連邦州（Unfederated Malay States）の年次報告書が有用である。以下，本書で利用するさまざまな年次報告書の内容とそれらの性格に関して述べる。

マレー諸州と年次報告書

　本書が主な観察対象とするのは，マレー半島に位置する6つの州である。19世紀末ないし20世紀初頭の英領マレー半島および付属島嶼には，海峡植民地とよばれた英国直轄領のほかに，ジョホール，パハン，スランゴール，ペラ，ケダー，プルリス，トレンガヌ，クランタンの小王国およびヌグリスンビラン地域の村落国家連合体があった。ペラは1874年のパンコール条約によって最初の英人駐在官を受け入れ，スランゴール，ヌグリスンビラン，パハンを加えた4州が，1896年に駐在官制度の下にマレー連邦州（Federated Malay States）を形成した。1909年にはケダー，プルリス，トレンガヌ，クランタンを含む北部の4州がシャム支配から英国の保護下に移行した。これに先立って，クランタンでは1903年，ケダーでは1905年，プルリスでは1907年に英人顧問官が置かれている。南部のジョホールでは，1909年に英人財務顧問官が着任し，1914年には英人顧問官が行政一般に権限を持つようになった。最後に残ったトレンガヌでも1919年に英人顧問官の受け入れが決まった。これら5州はマ

---

1) ここではFederated Malay Statesの各構成州を指すために「連邦州」を使用する。Unfederated Malay Statesは，これとの組み合わせにおいて「非連邦州」とよぶ。連合体としてのFederated Malay Statesの実態は英国の植民地統治組織である。訳には，「マライ連邦」「マレー連合州」「マラヤ連合州」「マレー諸国連合」などが当てられているがいずれも問題がある。Stateを「州」とするか「国」とするかは微妙であるが，ここでは植民地宗主国の立場から「州」を採用する。

20世紀初頭ペナンのビーチ通り。

20世紀初頭のペナン港。インド人移民の上陸。

レー連邦傘下の4州（連邦州）に対して，非連邦州として一括される。本書で取り上げるのは，錫生産地として早期の開発が行われていたスランゴールとペラ（ともに連邦州），これら2州に近接するパハン（連邦州）とジョホール（非連邦州），周辺部として位置づけられるクランタンとケダー（ともに非連邦州），また補足的に，取り残された存在としてのトレンガヌである。

　マレー連邦州に属するペラ，スランゴールおよびパハンでは，1896年時点で年次報告書がそれぞれ既に公刊されている。非連邦州では年次報告書の公刊が遅れたと見られるが，本書の分析のためには，クランタンを除いて1913年以降のものを使用した。ここでは，一括して年次報告書とよぶが，各州の報告書につけられたタイトルは一様ではなく，上述の諸州についてもさまざまなタイプが認められ，同一州で途中からタイトルを変更している場合もある（表0-1）。もっとも多いのは，『1901年スランゴール行政報告書』（*Selangor Administration Report for the Year 1901*）などの「行政報告書」という形式である。非連邦州では，『1916年ジョホール年次報告書』（*Johore Annual Report for the Year 1916*），『イスラム暦1337年ケダー政府英人顧問官年次報告書』（*The Annual Report of the British Adviser to the Kedah Government for the Year 1337AH*）などの形式が採用されている。ケダーでイスラム暦が使用されるなど非連邦州では特異な要素が加わることがあるが，クランタンの場合は，連邦州と同様，『1919年クランタン行政報告書』（*Kelantan Administration Report for the Year 1919*）という形式が比較的早期から用いられている。1930年代には全マラヤにおいて統一が進み，『社会経済発展年次報告書』（*Annual Report on the Social & Economic Progress*）という形式が共通に用いられるようになる。

各州年次報告書内容の多様性

　年次報告書タイトルにおける多様性は，当然ながらその内容にも及んでいる。年次報告書が扱うべき行政上の項目については，各州担当行政官の間に基本的な合意があったとみられ，クアラルンプールに置かれたマレー連邦州本部の年次報告書に準じたとみられる場合もあるが，細目については各州駐在官（あるいは顧問官）の裁量に任せられていたようである。スランゴールの例を挙げよう。1918年から1920年にかけての3ヵ年におけるスランゴール行政報告書の内容は，表0-2に示す通りである。各項目に付したアラビア数字は原本では

表 0-1　各州年次報告書タイトル類型　1895-1939

年次	スランゴール	ペラ	パハン	ジョホール	クランタン	ケダー
1895	B	B	B			
1896	A	B	A			
1897	A	D	A			
1898	D	D				
1899	D	D	A			
1900	D	D	A			
1901	D	D	A			
1902	D	D	D			
1903		D	D			
1904	D	D	D			
1905	D	D	D			
1906	D					
1907	D		D			
1908	D	D	D			
1909	D	D	D		D	
1910	D	D	D		D	
1911	D	D	D		D	
1912	D	D	D			
1913	D	D	D		D	
1914	D	D	D	C	D	E
1915	D	D	D	E	D	E
1916	D	D	D	C	D	E
1917	D	D	D	C	D	E
1918	D	D	D	C	D	E
1919	D	D	D	C	D	E
1920	D	D	D	C	D	E
1921		D	D	C	D	E
1922	D	D	D	C	D	E
1923	D	D	D	C	D	E
1924	D	D	D	C	D	E
1925	D	D	D	C	D	E
1926	D	D	D	C	D	
1927	D	D	D	C	D	E
1928	D	D	D	C	D	
1929	D	D	D	C	D	E
1930	D	D	D	C	D	
1931			D	F	D	E
1932	F	D	F	F	F	F
1933	F	F	F	F	F	F
1934	F	F	F	F	F	F
1935	F	F	F	F	F	F
1936	F	F	F	F	F	F
1937	F	F	F	F	F	F
1938	F	F	F	F	F	F
1939	F	F	F	F		F

A　Annual Report of the State of
B　Administration Report of the State of
C　州名 + Annual Report
D　州名 + Administration Report
E　Annual Report of the Adviser
F　Annual Report on the Social and Economic Progress of the People of the State of

表0-2　スランゴール年次報告書目次1　　1918, 1919, 1920

1918年スランゴール行政報告書	1919年スランゴール行政報告書	1920年スランゴール行政報告書
1. 収入と支出	1. 収入と支出	1. 財政
2. 収支バランス	2. 財産と負債	2. 貿易
3. 財産と負債	3. **州評議会**	3. アヘン専売
4. **州評議会**	4. 行政組織	4. 海事
5. 行政組織	5. **土地と農業**	5. **州評議会**
6. **土地と農業**	6. 鉱業局	6. **土地と農業**
7. 鉱業	7. 測量調査	7. 鉱山
8. 測量調査	8. **森林**	8. **地質調査**
9. **森林**	9. **地質調査**	9. 税務測量
10. **地質調査**	10. 公共事業局	10. **森林**
11. 公共事業局	11. 印紙事務所	11. 漁業
12. 華人保護	12. 華人保護	12. 公共事業
13. 貿易と関税	13. 貿易，関税，税務	13. 教育
14. 海事	14. アヘン専売	14. 郵便と電信
15. **漁業**	15. 海事	15. 医療
16. **郵便と電信**	16. 漁業	16. 気象
17. 裁判	17. 郵便と電信	17. **警察と犯罪**
18. **警察と犯罪**	18. 裁判	18. 裁判
19. 刑務所	19. **警察と犯罪**	19. 刑務所
20. 教育	20. 刑務所	20. 労働
21. 保健	21. 教育	21. マラヤ志願兵部隊
22. 出生と死亡	22. 病院と施薬所	22. **雑報**
23. **気象**	23. 保健局および出生死亡登録	
24. 衛生局	24. 獣医	
25. 博物館	25. 衛生局	
26. 公園	26. 車両および自動車登録	
27. 消防団	27. 労働局	
28. 州楽隊	28. 食糧管理	
29. **雑報**	29. 博物館	
	30. 公園	
	31. マラヤ志願兵部隊	
	32. スランゴール消防団	
	33. 州楽隊	
	34. **気象**	
	35. **雑報**	

3ヵ年にわたって共通する章名を太字で示す。

8　序章　年次報告書という宝庫

ローマ数字で表記され，短いながらも章立ての形式がとられているが，章数が29，35，22と著しく変動している。その中で基本的な項目については共通性ないし連続性が認められる。これらの3ヵ年にわたる変更はむしろ例外的で，1918年と先行する4年を含む5ヵ年は駐在官ブロードリック（E. G. Broadrick）の下で全く同一の構成が維持されていた。年次報告書の構成の変更は，駐在官の交代にともなう場合があり，ちなみに，1919年にはブロードリックからレモン（A. H. Lemon）に交代し，翌1920年にはさらに代理駐在官マークス（O. Marks）が任にあたっている。駐在官の任期は数年にわたることが多いが，年次報告書の項目変更が，その着任年あるいは翌年に見られることがある。また，任期中絶えず項目改変を実施した駐在官もあった。

1904年にペラ行政報告書を担当した駐在官バーチ（E. W. Birch）は，前任者による1903年報告書から，「行政組織」，「土地と農業」，「衛生局」，「華人保護」，「印刷」の5項目を削除し，新たに「船舶輸送」，「郡行政」を付加するとともに，「鉱山」（Mines）から「鉱業」（Mining），「温度と雨量」から「気象」，「博物館」から「博物館と地質調査」というように項目名を変更し，記載順にも大幅な入れ替えを行った。続く1905年報告書で，バーチは，先に削除あるいは変更した「行政組織」，「博物館」を復活させ，「衛生局」（Sanitary Board）を「衛生」（Sanitation）に用語修正の上復活させた。また，1904年報告書で用いられた「裁判」（Courts）および「犯罪」（Crime）を「司法」（Judicial）に統合，さらに，「移民」，「猟友会」（Rifle Association）の章を新設した。バーチの任期は1909年まで続くが，この間この種の改定が続行され，1904年に22章から構成されていた報告書は，1909年には32章に達した。バーチの後継者ワットソン（R. G. Watson）は，それを27章立てへと整理した。

駐在官や顧問官は時には他州へ転任した。2，3の例を挙げよう。1898年スランゴール行政報告書に駐在官としてかかわったロジャー（J. P. Rodger）は，翌1899年に代理駐在官として，また1901年，1902年には駐在官としてペラ行政報告書にかかわっている。トムソン（W. H. Thomson）は，代理顧問官あるいは顧問官としてクランタン報告書（1918-1921）にかかわった後，駐在官としてパハン（1922-1923），代理駐在官としてスランゴール（1925），さらに駐在官としてペラ（1926）に関与した。ワーシントン（A. F. Worthigton）は，クランタン顧問官（1920-1922），パハン代理駐在官あるいは駐在官（1925，1927），ペラ駐在官（1928）の経験をもつ。他州での経験が，新赴任地の年次報告書に

どのように反映されたか，あるいは前任者の方針が引き継がれたかは，これもまた当該人物の個性にかかわるものであろう。

各州年次報告書の共通性

　年次報告書の構成は，駐在官の個性と嗜好に依存する側面がある一方，中央政府の意向あるいは指示を反映したと見られる場合もある。1927年にスランゴールの行政報告書は，20章から成り立っていたこれまでの構成を一変させて，12章構成をとるようになった（表0-3参照）。同年のパハン行政報告書も，前年の20章構成から，スランゴールと同様の12章構成へと移行している。1年遅れてペラ行政報告書も同様の構成を示す。単一年内に足並を揃えていないにせよ，この変化はマレー連邦州においてこの時期に共通の動きがあったことを示す。1931年にはさらに強力な統一への動きが見られ，新たに16章あるいは17章構成が採用された（表0-3参照）。非連邦州については，ジョホールでは同じ目次を採用したものが，ジョホールバルの同州印刷所で1932年に印刷発行され，クランタンおよびケダーでは1年遅れて1932年から同様の形式が

表0-3　スランゴール年次報告書目次2　　1927, 1932

1927年スランゴール行政報告書	1932年スランゴール行政報告書
1. **一般**	1. 序
2. **財政**	2. 政府
3. **生産**	3. 人口
4. 貿易	4. 医療と保健
5. コミュニケーション	5. 住宅
6. 司法，警察および刑務所	6. **生産**
7. **公共事業**	7. 商業
8. 公衆衛生	8. **労働**
9. 教育	9. 教育と福祉
10. 土地と測量調査	10. 通信と交通
11. **労働**	11. 銀行，通貨，重量および測定単位
12. その他	12. **公共事業**
	13. 司法，警察，刑務所，および華人保護
	14. 立法
	15. **財政**
	16. その他
	17. **一般**

2ヵ年にわたって共通する章名を太字で示す。

採用された。このたびの統一は非連邦州を含み，英領マラヤ全域で採用実施されたようにみえる。ただし，これらの変化は記載内容の細部にわたる統一まで実行したものではなかった。

　各州報告書の間には，章名を共通にする場合と，独自の章名を持つ場合とがあるが，年次の経過とともに共通性が高くなっていった。ここで，マレー連邦州の代表的な州であるペラの年次報告書を基準として，他の州の報告書における章立てがどの程度の一致を示すかを，客観的な数値で示す試みを行ってみよう。ペラと比較対象州において一致する用語が用いられている章の数（章が分割されて一部が一致する場合も一致として数える）を両州報告書の合計章数で除した数値をパーセントで示し，対応度の高さの指標とする。記述内容の類似にかかわらず，章名に異なった用語を用いる場合は，独自性の維持と判断した。マレー連邦州の中心であったスランゴールを基準として使用しなかったのは，同州において，二つの独自な章名への固執があり，このために同州を基準にすると対応係数が十分に高くならないからである。

　上述の手続きによる計算結果を表0-4に示す。年次進行につれて対応係数が上昇していくことが確認されるが，著しく上昇するのは1928年以降である。マラヤ諸州が統合へと向かっていく過程を明示している。1927年における数値の低さは，同年にスランゴールを中心に行われた年次報告書構成変更にペラの対応が遅れたためである。対応係数は概してマレー連邦州の間で相対的に高いが，ケダーの場合はそれらと同等の高さを維持している。1918年以前のクランタンにおける対応の低さ，ジョホールにおける1930年に至るまでの独自性の維持なども興味深い。

本書における参照項目

　年次報告書の利用は上述の状況の中で行われる。マレー半島開発の中で諸州の多民族化の過程を跡付けるという本書の目的からすれば，各章の中から，特に，鉱業（錫を含む），農業（ゴム栽培を含む），人口，労働，華人保護（人口数，移民数の動向を含む），さらに保健（死亡状況を含む）に関する章が重要である。これらの事項に関連する章を，各州の年次報告書の中から取り出して一覧表にすると表0-5のようになる。鉱業，農業に関する章は，後期になると，生産（Production）という大項目に統合されるものの，比較的連続的に存在している。

表 0-4　ペラを基準とした年次報告書章名対応係数　　1901-1939

年次	スランゴール	パハン	ジョホール	クランタン	ケダー
1901	75				
1902	75				
1903					
1904	67	64			
1905	59	57			
1906					
1907	45	38			
1908	58	51			
1909	51	50			
1910	74	76			
1911	67	69			
1912	74	64			
1913	69	67		42	69
1914	68	69	65	16	64
1915	65	64	60	32	64
1916	63	67	55	34	70
1917	65	65	54	33	70
1918	58	65	58	33	72
1919	63	67	59	60	74
1920	95	70	59	70	78
1921	72	74	70	67	73
1922	75	71	67	63	78
1923	73	77	61	62	77
1924	68	74	63	60	72
1925	76	77	69		79
1926	76	77	72		79
1927	32	32	69	26	82
1928	96	100	37	100	
1929	92	100	43	100	100
1930	88	92	36	96	96
1931	88	100	100	67	60
1932	88	100		97	97
1933	94	100	97	97	97
1934	86	97	94	94	94
1935	86	97	94	94	94
1936	86	97	94	94	94
1937	89	97	86	91	94
1938	89	100	97	91	97
1939	89	100			97

対応係数は総章数（ペラと当該州の合計）に対する名称が一致する章の割合（％）。

表 0-5a　年次報告書関連項目記載状況 1　鉱業および農業　　1896-1939

	スランゴール		ペラ		パハン		ジョホール		クランタン		ケダー	
1896			Mn									
1897			Mn	LA								
1898			Mn	LA								
1899			Mn	LA								
1900			Mn	LA								
1901	Mn	LA	Mn	LA								
1902	Mn	LA	Mn	LA								
1903	Mn	LA	Mn	LA								
1904	Mn	LA	Mg	GP	Mn	LA						
1905	Mn	LA	Mg	GP	Mn	LA						
1906	Mn	LA										
1907	Mn	LA	Mn	RP	Mn	LA						
1908	Mn	LA	Mg	A, GP	Mg	LA						
1909	Mn	LA	Mg	A, GP	Mg	LA						
1910	Mg	LA	Mn	LA, GP	Mg	LA						
1911	Mg	LA	Mg	LA	Mg	LA						
1912	Mg	LA	Mn	LA	Mn	LA						
1913	Mg	LA	Mn	LA	Mn	LA			LA		Mn	L, A
1914	Mg	LA	Mn	LA	Mn	LA	A		TAI		Mn	L, A
1915	Mg	LA	Mn	LA	Mg	LA			TAI		Mn	L, A
1916	Mg	LA	Mn	LA	Mg	LA			TAI		Mn	L, A
1917	Mg	LA	Mn	LA	Mg	LA			TAI		Mn	L, A
1918	Mg	LA	Mn	LA	Mg	LA			TAI		Mn	L, A
1919	MnD	LA	Mn	LA	Mg	LA	LM		TAI		Mn	L
1920	Mn	LA	Mn	LA	Mg	LA	LM		LA		Mn	L
1921	MnG	LA	Mn	LA	Mg	LA	Mn	A	LA		Mn	L
1922	MnG	LA	Mn	LA	Mg	LA	Mn	A	LA		Mn	L
1923	MnG	LA	Mn	LA	Mg	LA	Mn	A	LA		Mn	L, A
1924	Mg	LA	Mn	LA	Mg	LA	Mn	A	LA		Mn	L, A
1925	Mg	LA	MnG	LA	Mg	LA	Mn	A			Mn	L, A
1926	Mg	LA	MnG	LAA	Mg	LA	Mn	A			Mn	L, A
1927	Pro	Pro	MnG	LAA	Pro	Pro	Mn	A	Pro		Mn	L, A
1928	Pro	Pro	Pro	Pro	Pro	Pro	Mn	A	Pro			
1929	Pro	Pro	Pro	Pro	Pro	Pro	Mn	A	Pro		Pro	Pro
1930	Pro	Pro	Pro	Pro	Pro	Pro	Mn	AG	Pro		Pro	Pro
1931							Pro	Pro	Pro		Pro	Pro
1932	Pro	Pro	Pro	Pro	Pro	Pro			Pro		Pro	Pro
1933	Pro	Pro	Pro	Pro	Pro	Pro	Pro	Pro	Pro		Pro	Pro
1934	Pro	Pro	Pro	Pro	Pro		Pro	Pro	Pro		Pro	Pro
1935	Pro	Pro	Pro	Pro	Pro		Pro	Pro	Pro		Pro	Pro
1936	Pro	Pro	Pro	Pro	Pro		Pro	Pro	Pro		Pro	Pro
1937	Pro	Pro	Pro	Pro	Pro		NR	NR	Pro		Pro	Pro
1938	Pro	Pro	NR	NR	NR		NR	NR			NR	NR
1939	Pro	Pro	NR	NR	NR		NR				NR	NR

Mn	Mines	L	Land	A	Agriculture (Agricultural)
Mg	Mining	LA	Land and Agriculture	LAA	Land Administration and Agriculture
MnD	Mines Department	Pro	Production	AG	Agriculture and Gardens
MnG	Mining and Geology	NR	Natural Resources	TAI	Trade, Agriculture and Industries
LM	Land and Mines	GP	Government Plantations		
		RP	Rubber Plantations		

序章　年次報告書という宝庫 | 13

表 0-5b　年次報告書関連項目記載状況 2　華人保護，労働，人口　　1895-1939

年次	華人保護 スランゴール	ペラ	パハン	ジョホール	クラン タン	ケダー	労働 スランゴール	ペラ	パハン	ジョホール	クラン タン	ケダー	人口 スランゴール	ペラ	パハン	ジョホール	クラン タン	ケダー
1895													P					
1896		CP												PI				
1897		CP												P				
1898		CP												P				
1899		CP												P				
1900		CP												P				
1901	CP	CP											P	P				
1902	CP	CP											P	P				
1903	CP	CP											P	P				
1904	CP												P	P	PI			
1905	CP												P	P	PI			
1906	CP																	
1907	CP	CA											BD	PI	PI			
1908	CP	CA											BD	P, II	PI			
1909	CP	CA											BD	P, II	PI			
1910	CP	CP											BD	BD, I	P			
1911	CP	CP											BD, C	C	P			
1912	CP	CP											BD		P			
1913	CP	CP						L					BD		P			
1914	CP	CP	CP					L					BD		P			
1915	CP	CP	CP					L					BD		P			
1916	CP	CP	PM					L					BD		P			
1917	CP	CP	PM					L					BD		P			
1918	CP	CP	PM					L					BD		P			
1919	CP	CP	PM				LD				LD		HBD		P			
1920		CP	PM				L				LD			P				
1921	CP		CP				L				L							
1922	CP		PL				L				L							
1923	CP		PL		CP		L				L							
1924	CP		PL		CP		L				L							
1925	CP		PL		CP		L	L			L							
1926	CP	CP	CP		CP		L	L			L							
1927		CP	CP		CP		L	L	L		L	L						
1928			CP				L	L	L	L								
1929			CP				L	L	L	L	L							
1930			CL				L	L	L		L	L						
1931											L	L	P					
1932							L						PV	P		P	P	P
1933							L						PV	P		P	P	P
1934							L						PV	P		P	P	P
1935							L		L				PV	P		P	P	P
1936							L		L				PV	P		P	P	P
1937							L		L	L			PV	P		P	P	P
1938							L	L	L	L	L		PV	P		P	P	P
1939							L	L	L	L			PV	P		P	P	P

CP　Chinese Protectrate　　　　　　　　L　Labour　　　　　　　　P　Population
CA　Chainese Affairs　　　　　　　　　LD　Labour Department　　BD　Births and Deaths
PM　Chinese Protectorate and Monopolies　　　　　　　　　　　HBD　Health Department and Registry of Births
PL　Chinese Protectorate and Labour Department　　　　　　　　　　and Deaths
CL　Chinese Protectorate and Labour　　　　　　　　　　　　　PI　Population and Immigration
　　　　　　　　　　　　　　　　　　　　　　　　　　　　　　I　Immigration
　　　　　　　　　　　　　　　　　　　　　　　　　　　　　　II　Indian Immigration
　　　　　　　　　　　　　　　　　　　　　　　　　　　　　　C　Census
　　　　　　　　　　　　　　　　　　　　　　　　　　　　　　PV　Population and Vital Statistics

表0-5c　年次報告書関連項目記載状況3　保健　　1896-1939

年次	スランゴール	ペラ	パハン	ジョホール	クランタン	ケダー
1896		PH				
1897		H				
1898		H				
1899		H				
1900		H				
1901		H				
1902	H	H				
1903	H	H				
1904	H	H	H			
1905	H	H	H			
1906			H			
1907	H		H			
1908	H		H			
1909	H	Md				
1910	H	H	H			
1911	H	H, M	H			
1912	H	H, M	H			
1913	H	H, M	H		M	M
1914	H	H, M	H	PH		M
1915	H	H, M	H	PH, M		M
1916	H	H, M	H	PH, M		M
1917	H	H, M	H	PH, M		M
1918	H	H, M	H	PH, M		M
1919	HBD, Ho	M	H	M	M	M
1920	M	M	H	M	M	M
1921	H	M	HD, M	M	M	M
1922	H	M	M	M	M	M
1923	H	M	MH	M	M	M
1924	H	M	MH	M	M	M
1925	H	M	MH	M		M
1926	H	M	MH	M		M
1927	PH	M	PH	M	PH	M
1928	PH	PH	PH	M	PH	
1929	PH	PH	PH	M	PH	PH
1930	PH	PH	PH	M	PH	PH
1931				H	PH	PH
1932	MH	H	H		H	H
1933	MH	H	H	H	H	H
1934	H	H	H	H	H	H
1935	H	H	H	H	H	H
1936	H	H	H	H	H	H
1937	H	H	H	H	MH	H
1938	H	MDV	H	H	MH	H
1939	H	MDV	H	H		H

H　　Health
HBD　Health Department and Registry of Births and Deaths
Ho　　Hospitals and Dispensaries
M　　Medical
PH　　Public Health
MH　　Medical and Health
Md　　Medical Department
MDV　Medical, Health and Veterinary Services
HD　　Health Department

保健に関する章は，州によっては医療（Medical）によって代替される場合や，医療と並列的な関係を保つ場合があるが，比較的満遍なく見出される。人口と労働に関する章に関しては連続性が曖昧で，見出しに含まれる内容も限定される場合がある。たとえば，初期の「人口」に含まれるのは，主として出生と死亡統計で，スランゴールでは1907年から「出生と死亡」と特定した章によって代替される。労働に関する章は，しばしば労働局の管轄下で主としてインド移民を扱う。1931年以降は，「労働」の章名を残存させたスランゴールを除いて，「賃金および生計費」の章名の下に記載の重点を移行させた。華人労働者については，「労働」の章ではなく，華人組織，女子の保護とともに「華人保護」（Chinese Protectorate）の章で扱われている。すなわち，労働局では主としてインド人移民，華人保護局では主として華人労働者という，主管部局別の報告がなされるのである。「華人保護」は，1930年代の章統合に際して，独立した章としての姿を消し，「その他」の章の中に取り込まれた。

情報の限定性

各章の中で，特定の事項に関する情報の連続性はしばしば限定的である。各章の記述を客観的に裏付ける数値記載の連続性はさらに不確実である。それにもかかわらず，記述の連続性と客観性において，年次報告書に代わる資料はなく，その価値は大きいといえる。記述が植民地官吏の観点で行われていることを十分認識する必要がある。この立場は，記述内容の経済的側面への限定と，支配者としての英人の視点による見解を含んでいる。本書では，このような記述の行間を読むばかりでなく，植民地官吏の意図とは独立に，記述の連続により明らかになる事実の積み上げから趨勢を把握することを目指したい。

州単位の報告書には限界がある。各州の移民数が明確に示されないのは，海に面して数多くの港あるいは上陸地を有するために，移動の実態を数的に把握することが困難なためでもある。陸路に関しても，州境に管理官を配置し，時間を限って管理しない限り，人の出入りを把握することが困難であった。鉄道の開設は，半島内の人の動きを活発にすると同時に，把捉をより困難にした。マレー半島の各州は，各々を独立国とみなすには力不足であった。他方，マレー半島の英国の保護下にある地域とシャム王国との境界には，国境としての認識が成立していったと解される。

ヨーロッパ，インド，中国などの遠隔地からの人と物資の動きは，限定された港を介して行われたため，かなりの程度の把捉が可能であった。この時期における英国の海域支配の下で人や物資は，海峡植民地を経由してマレー諸州に導入され，マレー半島の産物も同じ経路をたどるのが通例であった。この意味で，海峡植民地の年次報告書に視野を拡大することが必須となる。海峡植民地にかかわる情報として重要なのは，物資の移動すなわち貿易に関する統計，および華人労働者とインド人労働者の動向に関する統計である。

海峡植民地年次報告書による補完

　海峡植民地は，マレー連邦とは別個の植民地組織であるが，その総督は海峡植民地の最高主権者であると同時に，マレー連邦および非連邦諸州に対して高等弁務官の資格を保有していた。海峡植民地の年次報告書は，マレー諸州において駐在官あるいは顧問官の名で報告されたものと異なり，植民地官吏の統括する各部局からの報告書の綴じ込みの性格を示している。本書では，報告書が連続的に入手できた1905年以降を主として利用することになるが，1938年に至るまで，『海峡植民地政府部局年次報告書』(Annual Departmental Reports of the Straits Settlements) という同じ表題を維持している。時には大部となる報告書の配列は，各部局報告書が立法評議会 (Legislative Council) に提出された順にしたがい，ページ数が通しで与えられている。巻頭に目次 (Table of Contents) が付されるが，これは目次というよりは，索引としての役割を果たすものである。各部局の年次報告書は，(1)行政と財政，(2)医療，(3)貿易，経済，および移民，(4)犯罪，(5)土地と測量調査，(6)郵便，(7)教育，(8)その他，に分類されて，それぞれの項目ごとに，報告者名，所属部局，および先頭ページ番号が印刷されている。各部局間の独自報告書のファイルというのが実態である。
　海峡植民地にとって最重要な関心事である貿易については，詳細な統計が添付されているが，継時的な比較が困難な場合がある。品目名の記載に連続性が欠如することがその一因である。海峡植民地がシンガポール，ペナン，マラッカの3主要地域に分けて記載されたり，3者が一括されたりする。マレー諸州に関する記述も，各州別になったり，地域的なくくりを行ったりして地域単位としての連続性を欠く場合がある。後期においては，マレー諸州は海峡植民地と一体化してマラヤという単位で示され，輸出入先としての識別が失われる。

移民に関しては，華人については華人局あるいは華人保護局局長（または代理）による報告書が，若干の欠年をともなうものの，初期から提出されており，インド人については労働保護官（または代理）による報告が，初期の欠年があるものの，1912年から提出されている。移民についてはこのほかに，移民管理官（Superintendent of Immigrants），移民官（Immigration Officer）などの報告書が，20世紀初頭および1930年代に添付されたり，統計局による計数とその報告が若干年について提出されたりした。

　『海峡植民地政府部局報告書』の報告者の地域分掌が，対象領域および時代によって，海峡植民地に限定されたり，海峡植民地とマレー連邦州となったり，マラヤ全域となったりすることは，植民地行政の進展状況を反映するという意味で興味深いが，記述の連続性という点では欠陥となる。

国民国家形成以前の状況

　植民地行政が変容する過程の中で，州別であれ，海峡植民地であれ，年次報告書の性格も変化している。そうした中で多民族社会あるいは多民族国家形成の基盤となった人の動きに焦点をあてるのが本書の目的である。年次報告書の時代は，少なくとも植民地官僚にとっては，多民族社会以前の状況として認識されていた可能性がある。それぞれのレベルでの立法評議会あるいは行政評議会は，大多数を英人行政官が占めつつも，限られた数の民族代表を参加させている。この状態は異民族支配の工夫と捉えられ，そこには国民の姿はまだ見られない。年次報告書の背後には，スルタンと植民地官吏との関係があり，また，華人結社と植民地官吏との関係があった。移民統制も労働力対応の観点からなされ，それはいうまでもなく国民国家形成以前の状況であった。

第1部

マレー半島の開発と移民

第 1 章
海峡植民地と移民

マレー半島要図

—·—·— 国境
—··—··— 州境

1. 海峡植民地の形成

海峡植民地の成立

　海峡植民地は，シンガポール，マラッカ，およびペナン等からなる英国直轄植民地を指す。マレー半島南端の島嶼に位置するシンガポールは，ジョホール王国のスルタンおよび現地支配者トモンゴンとの協定を契機にして1819年に英人ラッフルズによって海港都市として建設された。建設当時はほとんど無人の状態であったが，その後英国のインド植民地管轄下で発展を続け，1867年に英国の直轄植民地となった。マレー半島西海岸に位置するマラッカは，海峡植民地の間ではもっとも古い歴史をもち，マラッカ王国の首邑として15世紀を中心に繁栄したが，1511年にポルトガル人の攻略，1641年にオランダ人による占領などを経て，1824年に英国の植民地となった。この後，繁栄はシンガポールに移り，昔日の面影は失われた。ペナンは，マレー半島西岸のペナン島およびその対岸プロビンスウェルズレイからなる。1786年に英人フランシス・ライト（Francis Light）の働きで，ケダーのスルタンから英国が譲り受け，1790年の永久割譲，1800年のプロビンスウェルズレイ割譲を経て形成された。1805年には東インド政庁の支配下に置かれたが，1867年にシンガポールと並んで英国の直轄植民地となった。海峡植民地の本庁は，初めはマラッカに置かれていたが，1805年にペナンへ，さらに1836年からシンガポールに移った。

マレー半島諸州の保護領化

　海峡植民地が立地するマレー半島には，9州からなる英国保護領が形成された。これらは，マレー連邦州と非連邦州に分けられ，前者はペラ，スランゴール，ヌグリスンビラン，パハンの4州，後者はジョホール，ケダー，クランタン，プルリス，トレンガヌを含む。マレー半島諸王国の英国保護領化は，1873年にペラから始まり，1874年スランゴール，1885年ジョホール，1887年ヌグリスンビラン，1888年パハンと進められた。1896年には上述のマレー連邦州

が形成され，1909年にはバンコク条約の結果，クランタン，トレンガヌ，ケダー，およびプルリスの各州が非連邦州に加えられた。

2. 中継貿易港としての海峡植民地

中継貿易の機能

海峡植民地は英国の保護下に入ったマレー半島諸州と密接な経済関係を保ちながら存続したが，蘭領インド，すなわち今日のインドネシア各地との関係もまた密接であった。ラッフルズによって建設されたシンガポールは，自由貿易港としての役割を標榜しつつ，かつてマラッカなどが営んだ東西中継貿易の独占を狙った。19世紀末から20世紀初頭にかけての海峡植民地はシンガポールを中心に，中継貿易の基地としての地位を確保していた。

1885年シンガポール貿易統計

海峡植民地の中心となったシンガポールまたはシンガポールを中心とする地域単位の輸出入の流れを，1885年，1910年および1935年について示すと図1-1〜図1-3のようになる。（詳細な統計数値は巻末付表1-1〜付表1-3参照）。1885年はマレー連邦州が形成される前年にあたり，シンガポール建設後64年が経過している。

1885年におけるシンガポールの貿易の特徴は以下の通りである（図1-1）。
(1) 重要な取引先は英国および蘭印で，マレー半島西海岸がこれに次ぐ。蘭印との取引の重要性を見過ごしてはならない。
(2) 重要な取引品目は，綿製品，阿片，米，ガンビール[1]，グッタペルカ[2]，

---

1) ガンビール（やし科の植物）から作った薬剤。染料，皮なめし剤。止血剤としても用いる。
2) グッタペルカ（gutta-percha）の木の乳液を乾燥したもので，歯科用充てん材，電気絶縁材等として用いられる。

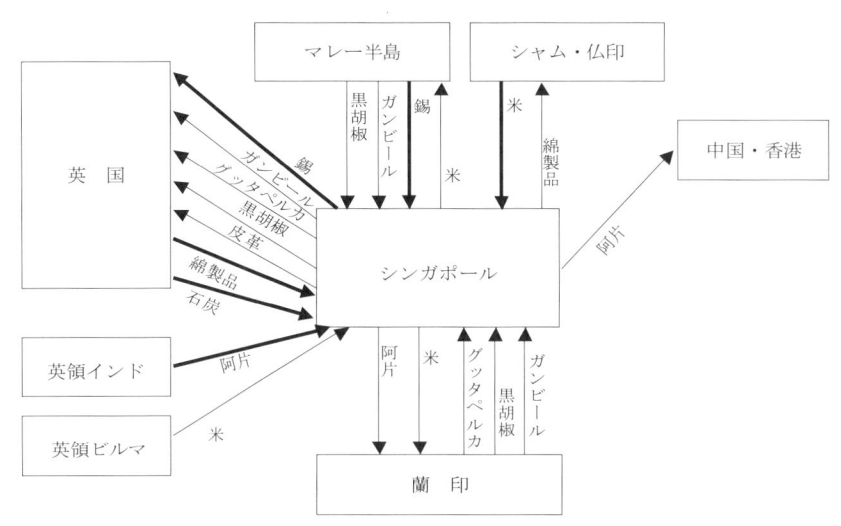

図1-1　シンガポール輸出入の流れ　1885年

注：太線は200万海峡ドル以上の取引を示す。

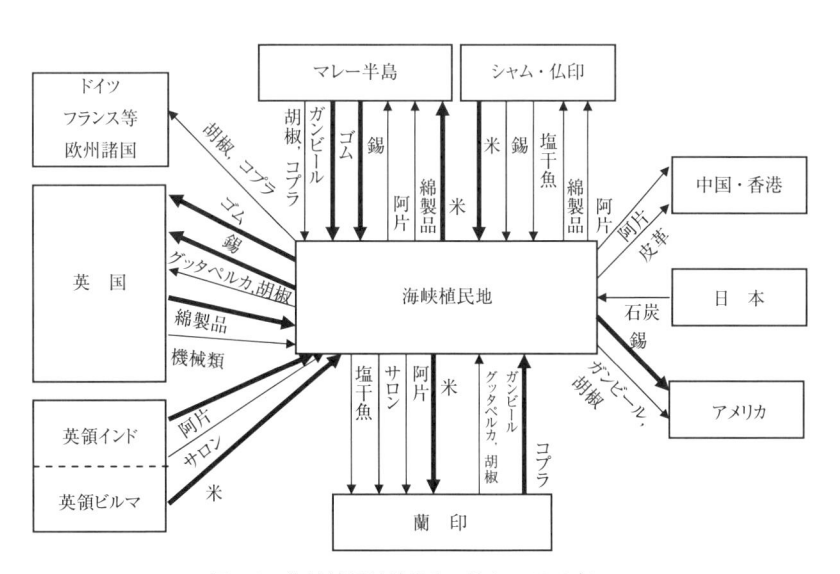

図1-2　海峡植民地輸出入の流れ　1910年

注1：太線は1,000万海峡ドル以上の取引を示す。
注2：海峡植民地は，シンガポール，ペナン，マラッカ等を含む。

第1章　海峡植民地と移民 | 25

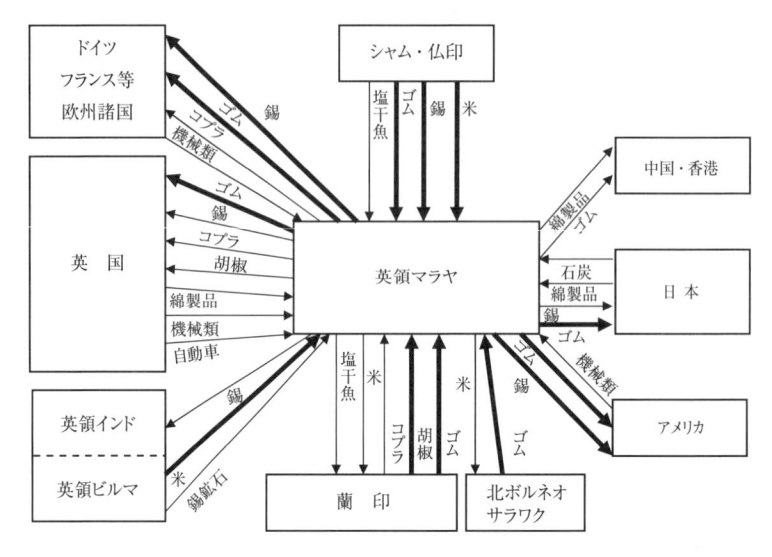

図1-3　英領マラヤ輸出入　1935年

注1：太線は1,000万海峡ドル以上の取引を示す。
注2：英領マラヤは，海峡植民地および英領マラヤを含む。

黒胡椒，錫などで，この時点ではゴムは姿を見せていない。綿製品，ガンビール，グッタペルカ，黒胡椒，錫についてはそれぞれがシンガポールを経由する典型的な中継貿易の形をとっている。
(3) 綿製品は主として英国から輸入され，仏印，シャム，蘭印など東南アジア各地への再輸出が主流である。
(4) 阿片は英領インドから輸入され，相当部分が現地消費されると見られるが，蘭印への輸出もかなり大きい。
(5) 米は英領ビルマおよびシャムから輸入され，現地消費分のほかに，蘭印への輸出も無視できない。
(6) ガンビール，黒胡椒などは蘭印およびマレー半島西岸からの輸入が競い合い，もっとも重要な輸出先は英国である。
(7) グッタペルカについては蘭印からの輸入が顕著である。もっとも重要な輸出先は英国である。
(8) 錫はマレー半島産のものが多く，主として英国に輸出されている。
(9) 石炭に関しては輸入のみで輸出に関する記載がない。主として蒸気船の燃

1930年頃のポートスウェトナム。シンガポールやペナンとスランゴールをつなぐ港として重要であった。

かつてはペラのポートウェルドもタイピンと鉄道で結ばれ、人や物の移動に重要な役割を果たした。現在、鉄道は撤去され、華人の漁船が停泊するのみである。

料補給のために海峡植民地内で消費されると考えられる。英国からの輸入が大部分を占める。

1910年海峡植民地貿易統計

25年後の1910年になると，品目別の統計は，海峡植民地を単位として報告されている（図1-2）。シンガポールが海峡植民地において大きなシェアを占めることに留意しつつ，変化の様相を示すと以下のようになる。
(1) 品目別輸出入額においてそれぞれ上昇が見られる。
(2) 重要な取引品目は，綿製品，阿片，米，ガンビール，グッタペルカ，胡椒，錫，コプラ[3]，ゴムなどである。ゴムが重要な品目に加わっている。品目としては後三者の重要性が顕著である。
(3) 中継貿易という性格は変わらない。取引先としては英国，蘭印が重要であるが，錫，ゴムに関してはマレー半島の役割が大きくなっている。
(4) 米は英領ビルマおよびシャムから輸入されるが，現地消費分のほかに，蘭印への輸出も無視できない。
(5) 石炭の取引先が代わり，英国からの輸入が減少し，日本からの輸入が首位となっている。

1935年マラヤ貿易統計

さらに25年後の1935年には以下のようである（図1-3）。この場合，品目別輸出入統計の単位がマラヤになっているが，実際上ほとんどが海峡植民地で取り扱うものである。
(1) 品目別輸出入額においてさらに拡大が見られる。
(2) 輸出入先の多様化が見られると同時に，英国のシェアの縮小，米国のシェアの拡大，日本の台頭などが指摘される。
(3) 綿製品は英国からの輸入が大幅に減少し，日本からの輸入が最大となる。
(4) ゴムおよび錫の取引が，全世界を取引先として，圧倒的な重要性を示すようになる。ゴムが錫を上回る取引額を示す。ゴムおよび錫の主要輸出先は英

---

3) ココやしの果実の固形化した胚乳を乾燥したもの。油脂原料。

国から米国へと移行している。

錫，ゴム，コプラの集荷

品目や取引先に関する変動があるものの，海峡植民地の中継貿易港としての性格は，1935年までは一貫して保たれている。中継貿易対象品目の例として，マレー半島周辺の主要産品である錫，ゴムおよびコプラの輸入，すなわち海峡植民地への集荷についてやや詳しく述べよう。

錫鉱石および錫の輸入を1905年から1935年に至る30年間について5年おきに観察すると表1-1のようになる。錫扱い額は1925年に最大に達した。1925年における最大の供給元はマレー連邦州で，次いで蘭印，シャムであった。この時点での蘭印からの輸入額はマラヤ（マレー連邦州および非連邦州）からの額の4割弱であったが，1905年に比べると18倍近くの増加である。ただし，1930年には量的に増加するものの，金額にして1925年の6割程度まで減少し，1935年時点ではほとんど皆無となる。年次報告書にしたがって各年の数値を観察すると，蘭印からの輸入量および輸入額の減少は1931年から目立ち始め，1934年に突然ほとんど皆無となる。これは生産量の減少のためではなく，おそらく直接出荷への移行のためであろう。シャムからの輸入額は1925年時点でマラヤの15パーセント強に過ぎないが，その後も増加が続き，1935年にはマラヤからの出荷額の22パーセント程度になる。輸出総額に対するマラヤ以外の地域からの輸入錫の占める割合は，1932年に最大の40.8パーセントに達

表1-1 海峡植民地への錫および錫鉱石集荷 1905-1935

(1,000 海峡ドル)

年次	マラッカ	マレー連邦州	マレー半島東部	マラヤ計（除SS）	蘭印	英領北ボルネオおよびサラワク	シャムおよび属領	英領インドおよびビルマ	仏印	香港・中国	オーストラリア
1905	64	70,991	420	71,411	2,254	46	6,753				
1910		53,633	516	54,149	3,955		5,512				2,229
1915		60,375	4,411	64,786	8,045		10,491				1,984
1920		80,605	5,281	85,886	15,755		15,569	1,250		445	40
1925		98,994	4,402	103,396	40,264		15,975	2,653	344		
1930				83,157	24,060		13,401	1,641	537		
1935				89,612	42		19,496	5,252			153

ARSS 各年度版より作成。
1930年および1935年のマラヤ計は，総輸出額と総輸入額との差として算出。

表1-2　海峡植民地へのゴム集荷　1905-1935

(1,000 海峡ドル)

年次	マラッカ	マレー連邦州	マレー半島東部	マラヤ計	蘭印	英領北ボルネオおよびサラワク	シャムおよび属領	英領インドおよびビルマ	仏印	マラヤ輸出額
1905		601	56	657						
1910		11,516	1,921	13,437	525					
1915		34,972	10,057	45,029	4,733	850	129	123		
1920		89,759	30,695	120,454	30,009	5,090	558	421	1,074	
1925		98,656	133,980	232,636	195,881	24,848	9,965	4,580	1,387	519,025
1930				199,630	31,470	5,311	1818	1,009	2,162	199,630
1935				191,129	44,618	10,154	6,562	1,260		191,128

ARSS 各年度版より作成．
マラヤ輸出額は Drabble 1991, Appendix 4 による．
Drabble による 1925 年の数値はマラヤおよびマラヤ以外を含む輸入総額 574,807,859 ドル（ARSS1925, Appendix J）に近く，マラヤ単独のものではないのに対して，1930 年および 1935 年はマラヤのみの数値である．

している。同年の錫輸出総量に対する輸入錫の占める割合は，59.4 パーセントであって，相対的に安価な錫鉱石が，錫への精錬過程をともないつつ中継貿易港を大量に通過したことを示唆している（1925 年〜1937 年の海峡植民地錫鉱石輸入額データは巻末付表 1-4 参照）。

　ゴム（パララバー）については以下のような状況が見られる（表 1-2 参照）。ゴムはこの地域にとって比較的新しい作物で，その導入に引き続き，組織的な輸出が行われるようになったのは 20 世紀に入ってからであった。1905 年時点では，マレー連邦州を中心にマレー半島から小額のパララバーが海峡植民地に集荷されて輸出された。1910 年には蘭印からのゴムがこれに加わり，1915 年になると英領北ボルネオ，シャムおよびその属領，ビルマなどが産地に名を連ねる。1920 年には，海峡植民地のゴム集荷額（輸入額）は，マレー連邦州を中心に，錫集荷額（輸入額）を上回るようになった。蘭印からの集荷（輸入額）も急増し，マレー半島非連邦州と並ぶほどになった。1925 年になると海峡植民地の集荷額（輸入額）における順位は，蘭印，マレー非連邦州，マレー連邦州という順に逆転している。1925 年における総輸出額に対する蘭印からの輸入額の割合は 25.9 パーセント，輸入量の割合は 43.3 パーセントであった（1925 〜1937 年の海峡植民地ゴム輸入各年データは巻末付表 1-5 参照）。1930 年には，マラヤからの集荷分がゴム輸入統計に含まれなくなっているので，比較が困難になるが，ゴム不況の影響で蘭印からの輸入額は 1925 年の 6 分の 1 に過ぎなくなった。1930 年におけるゴム総輸出額に対する蘭印からの輸入額は 13.0 パーセント，総輸出量に対する蘭印からの輸入量は 19.5 パーセントであった。

表1-3　海峡植民地へのコプラ集荷　1905-1935

(1,000 海峡ドル)

年次	マラッカ	マレー連邦州	マレー半島東部	マラヤ計（除SS）	蘭印	英領北ボルネオおよびサラワク	シャムおよび属領	英領インドおよびビルマ	仏印	香港・中国	スル諸島およびナツナ諸島
1905	214	201	947	1,148	4,832	87	43	30			1,539
1910		812	2,046	2,858	11,221	95	447				
1915		1,607	2,380	3,987	6,570	124	252				
1920		5,928	8,024	13,952	13,855	387	361	173	602	106	
1925		8,780	7,106	15,886	11,075	794	856				
1930				15,258	9,473	951	357			29	
1935				9,520	6,514	204	168				

ARSS各年度版より作成。
1930年および1935年のマラヤ計は，総輸出額と総輸入額との差として算出。

　コプラ集荷額（輸入額）は，1905年時点で蘭印優位であったが，1920年にはマレー連邦州と非連邦州の合計値が僅かながら蘭印を上回り，1925年には合計値は蘭印との差をさらに拡大している（表1-3参照）。しかし，蘭印からの輸入量はその後も増加を続け，海峡植民地からの総輸出量の40パーセントを上回る状態が1935年に至るまで続いた（1926〜1937年の海峡植民地コプラ集荷量各年データは巻末付表1-6参照）。1936年には蘭印からの輸入量は総輸出量の50パーセントを上回るようになった。ゴム栽培の発展の陰でマラヤにおけるココヤシ栽培が伸び悩んだことが，このような経過をもたらしたと考えられる。海峡植民地の扱い産物の中で，品目によっては，蘭印の役割がマラヤよりも大きいことを示す。

3. 海峡植民地を介した人の動き

移民の中継地としての海峡植民地

　海峡植民地は，マレー半島の連邦州および非連邦州とのかかわりを保ちながらも，蘭印，英領北ボルネオ，サラワク，シャム，ビルマを含む周辺地域と貿易を介した密接な経済関係を維持してきた。人の動きについて同様の状況を指

摘することは重要である。従来，国を単位とすることが多かった人口研究においては，この側面が不当に軽視されてきたからである。海峡植民地で下船および乗船した人々に関する統計は，1922年に設立された統計局によって整理されて，年次報告書にその一部が掲載されている。ここでは，比較的詳しい記載内容を含む1925年および1931年の記事と付表を参照しながら，要点および問題点について述べよう。

華人の通過港

　海峡植民地を中心としてみた1925年の華人の発着状況は，図1-4の通りである。1925年のマラヤ経済は上昇過程にあり，到着総数が出発総数をかなり上回っている。蘭印，中国，インド（ビルマを含む），その他の諸国を出発地とする華人到着総数は288,255人で，うち中国からの到着は209,946人，蘭印からの到着は57,185人であった。海峡植民地からこれらの諸国へ向かった華人総数は197,140人で，うち中国へ向かったのは92,462人，蘭印へ向かったのは80,492人であった。中国から海峡植民地への到着者の蘭印その他への乗り継ぎ渡航が時を移さず実行されたと仮定すると，マラヤ（海峡植民地を含む）残留者は105,268人で，中国から海峡植民地に向かった者の50.1パーセントにあたる[4]。同様に中国以外の各地から海峡植民地へ到着した華人が，時をおかず中国へ向かったと仮定するならば，マラヤに居住する華人の中国帰国者は14,153人ということになる。移動によるマラヤ（海峡植民地を含む）の人口増加は91,115人である。

　同年の年次報告書にはシンガポール，ペナン，マラッカを発着地とする華人の移動が付表にまとめられている。ここでは，シンガポールとペナンの数値を引用しておく。華人船客の88.4パーセントがシンガポールに，10.4パーセントがペナンに到着している。出発者については，85.7パーセントがシンガポール，12.1パーセントがペナンから乗船している。中国からの華人船客の場合は，その90.8パーセントがシンガポールに到着し，中国への帰国者の87パーセントがシンガポールから乗船している。なお，外国からマラッカに直接到着した

---

[4] この仮定は統計局年次報告において採用され，同報告書に記載されたマラヤ残留者数はこの計算と一致している。これは単なる仮定というよりは，移民の動きの大要を把握した上で適用されたと考えられる。

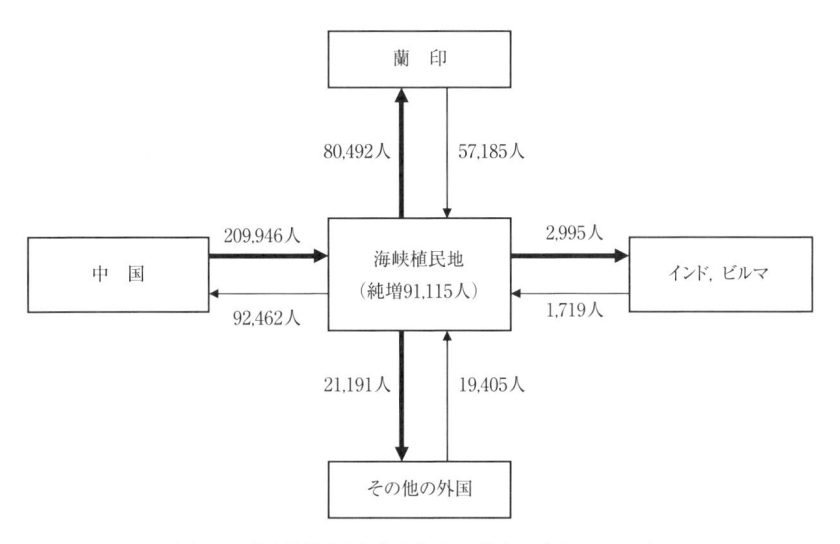

```
                        ┌─────────┐
                        │  蘭 印  │
                        └─────────┘
                      ↑ 80,492人   ↓ 57,185人
                     ┌──────────────┐
        209,946人    │   海峡植民地  │    2,995人
┌──────┐ ─────────→  │              │ ─────────→ ┌──────────┐
│ 中 国│             │(純増91,115人)│            │インド,ビルマ│
└──────┘ ←─────────  │              │ ←───────── └──────────┘
        92,462人     └──────────────┘    1,719人
                      ↓ 21,191人   ↑ 19,405人
                        ┌──────────┐
                        │その他の外国│
                        └──────────┘
```

図1-4　海峡植民地を中心とする華人の流れ　1925年

ARSS1925: 22-30により作成。

のは1人，マラッカから外国に向けて出発した者は148人に過ぎない。華人移民の発着にシンガポールがほぼ独占的な役割を果たしたことが分かる（1925年海峡植民地華人発着数およびマラヤ内の移動については巻末付表1-7a参照）。

　1931年の数値を同様に示すと図1-5のようになる。マラヤでは3年ほど前から錫・ゴムの不況が始まっており，移民制限法によって華人移民の入国は，1930年8月1日から1ヵ月あたり6,016人に制限されるようになった。特に1932年8月から1934年4月にかけては月間1,000人（女子を除く）という厳しい規制が行われた。1931年には，1月から9月まで月間5,238人，10月から12月まで月間2,500人という規制が実施された。この年の海路到着者総数は，海路出発者総数をかなり下回っている。蘭印，中国，インド（ビルマを含む），その他の諸国を出発地とする華人到着者（海路）総数は175,672人で，うち中国からの到着は83,474人，蘭印からの到着は76,852人であった。海峡植民地から諸国へ海路で出発した華人総数は290,206人，うち中国へ向かった者は218,059人，蘭印へ向かった者は61,573人であった。1925年と同様の仮定の下では，中国からの到着者のうちマラヤに留まったのは11,327人で，13.6パーセントに過ぎない。中国以外から海峡植民地に到着した華人がすべて中国へ向

第1章　海峡植民地と移民　33

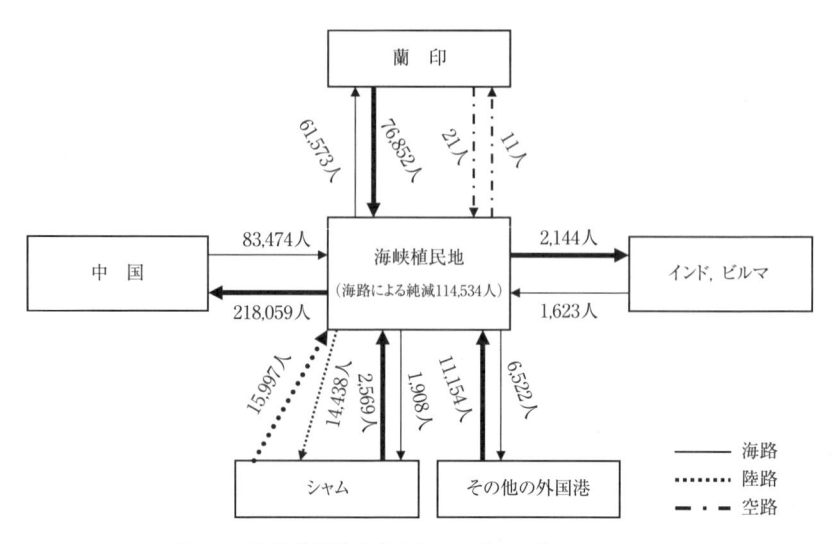

図1-5　海峡植民地を中心とする華人の流れ　1931年

ARSS1931: 399-400 により作成。

かったとすると，海峡植民地を含むマラヤから中国へ向かった者は125,861人となり，中国からの到着者のうちマラヤに留まった者をこれから差し引くと，この年のマラヤ（海峡植民地を含む）からの華人純減は114,534人となる。1931年センサスによるマラヤとシンガポールの華人人口は1,704,452人で，華人は単年で6.7パーセント以上を海路による移動によって失ったことになる。1931年に見られる新しい様相は，空路および陸路による移動が加わっていることである。空路に関しては蘭印との間の移動者が記録され，華人については21人が到着，11人が出発している。陸路はシャムとの間の往来であって，華人については15,997人が到着し，14,438人が出発している。陸路の動きは1,559人の純増をもたらし，海路による出国過剰とは逆の現象であるが，その意味については今後の検討を要する（1931年海峡植民地華人発着数については巻末付表1-7b 参照）。

　華人移民に関しては，年次報告書中の華人保護局報告から時系列データを作成することができる。到着者については1896年以降の数値が入手できるが，出発者については1920年以降の数値のみ記載がある。数値は原則として各年に示されるほか，一定期間分が表示されることもある（図1-6参照，数値およ

34　第1部　マレー半島の開発と移民

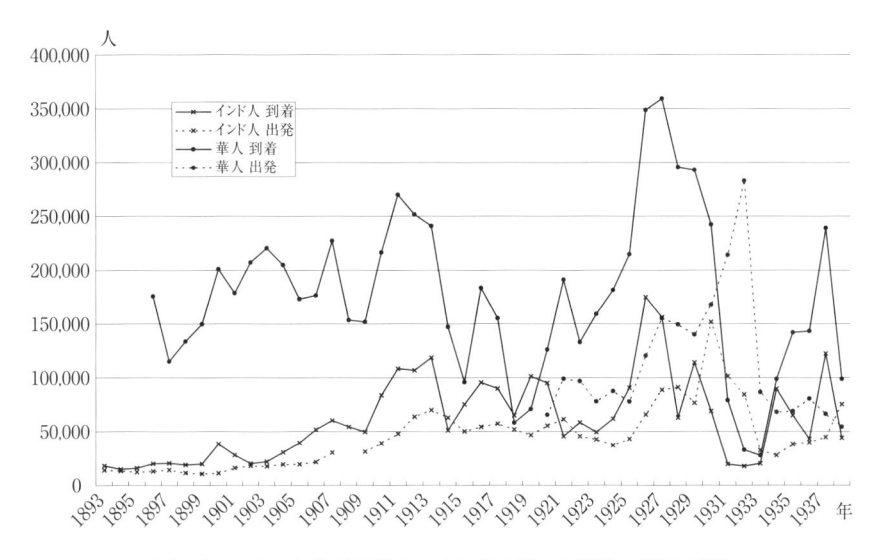

図1-6 マラヤにおける華人・インド人移民の推移 1893-1938

び要因については巻末付表1-8)。1925年の華人保護局の数値を既に示した統計局の数値と比較すると，華人保護局の示す到着者数214,692人は，統計局の華人到着者総数288,255人には対応せず，中国からの到着209,946人に近い。また華人保護局による出発者数77,920人は，統計局数値のうち，中国へ向かって出発した92,462人をかなり下回っている。1931年については，華人保護局による到着者数79,422人は統計局による中国からの到着者83,474人をやや下回り，出発者数213,992人は統計局による中国への出発218,059人をやや下回るもののおおよそ近似の値となっている。これらの数値から判断すると，華人保護局の移民に関する数値は，マラヤ（シンガポールを含む）への入国と同地からの出国に関するもので，海峡植民地を経由した移民全般の動きを示すのではない。また，統計局の数値との差は，華人保護局の数値が過小評価であり，おおよその目安となるに過ぎないことを示唆するようであるが，後述のインド移民の検討からは統計収集期間との関連における食い違いではないかと見られるふしもある。

シンガポールに到着した華人の一部はそのままペナンに向かいそこで上陸した。華人保護局の統計では，1904年から1915年までの期間（ただし1908年，1909年を除く）に関してペナン到着数が示されている。その数は6万人台であ

ることが多く，最大は1911年の81,624人，最小は前年8月から移民禁止が実施された1915年における28,441人であった。ペナン到着者の一部はさらにインド（ビルマを含む）や蘭印へ向かったが，その数はおおむね年間5,000人であった。

インド人の上陸地

　インド人の海峡植民地出入は，華人と並んで重要である。1925年と1931年について検討すると以下のようになる。統計局の数値は，華人と同じ年次について南インド人と北インド人とに分けて報告されている。ここでは，ゴム園開発との関係で重要性を示してきた南インド人（大部分がタミル人）について観察を行う。統計は華人の場合と同様，蘭印発着をも示しながら作成されているが，1925年においてはインドから海峡植民地への到着者総数53,445人に対して，海峡植民地からインド以外の諸外国へ出発した南インド人を除いた，マラヤ（海峡植民地を含む）に留まった南インド人は48,895人ということになる。他方，海峡植民地からインドへと出発した南インド人32,312人を含んで，諸外国に出発した南インド人総数は36,862人で，到着者総数57,934人との差21,072人がマラヤ（海峡植民地を含む）の南インド人移民純増ということになる。南インド人の移民においては，華人と異なり，海峡植民地とインドとの単純往復が主流を形成していたことが明らかである（図1-7，図1-8，巻末付表1-9a，巻末付表1-9b）。

　インドからの移民の場合，入港地として重要な役割を果たしたのはペナンであった。1925年にインドから海峡植民地に到着した南インド人53,445人のうち，81.6パーセントにあたる43,621人がペナンに上陸している。南インド人の多くはマラヤに留まり，蘭印に向かうことは少なかった。ちなみに，同年中に蘭印に向けてペナンを出発した南インド人は862人，蘭印に向けてシンガポールを出発した南インド人は1,561人であった。蘭印に対してはシンガポールを出発する者のほうが多い。ジョホールに向かうためにもシンガポールが利用されており，同年中に4,487人の南インド人がシンガポール経由でジョホールに向かった。

　1931年には華人の場合と同様，南インド人も帰国の途につく者が多かった。統計局報告書では，同年中にインドから海峡植民地に到着した南インド人は

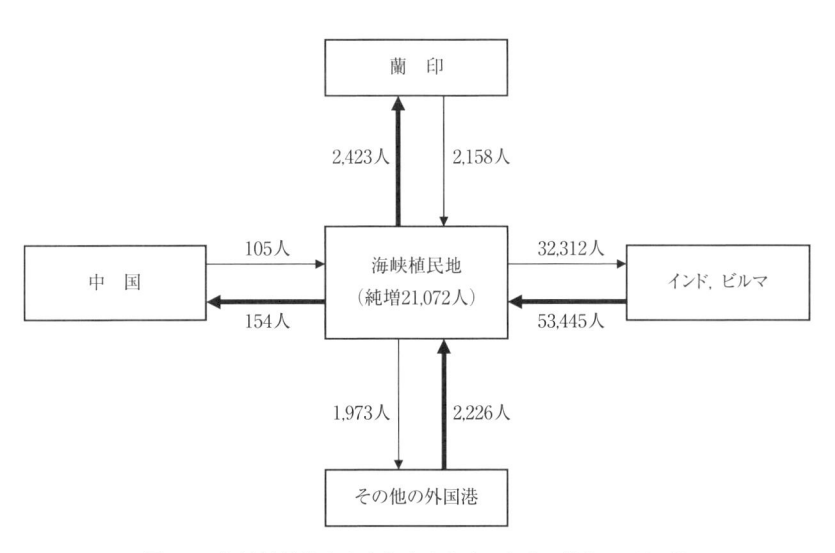

図1-7　海峡植民地を中心とする南インド人の流れ　1925年

ARSS1925: 22-30により作成。

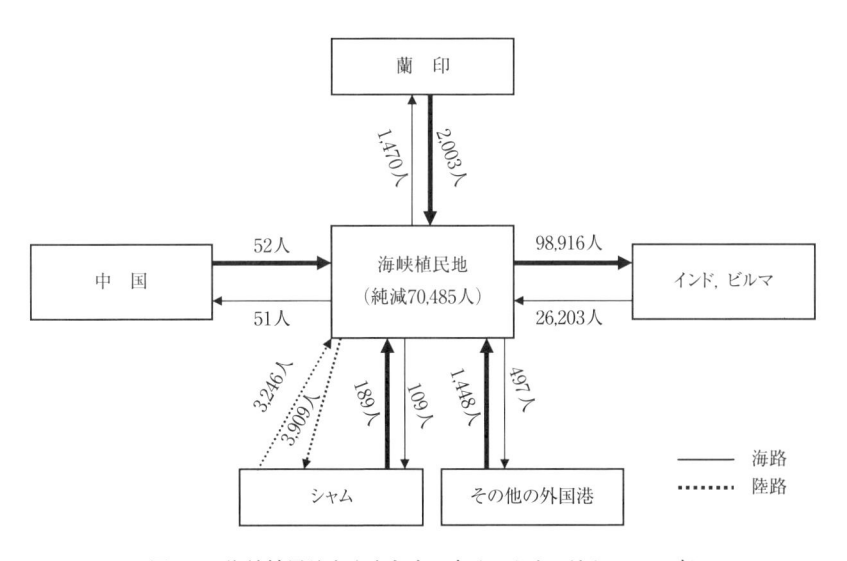

図1-8　海峡植民地を中心とする南インド人の流れ　1931年

ARSS1931: 399-400により作成。

第1章　海峡植民地と移民 | 37

26,203 人で，同年中に他国へ出発した者を除くと 24,076 人がマラヤ（海峡植民地を含む）に留まった。他方，海峡植民地からインドへ出発した南インド人は 98,916 人で，インド以外から海峡植民地に到着した南インド人をこの数値から除くと，95,224 人が海峡植民地を去ってインドに帰国したことになる。この数は華人に及ばないが，1931 年センサスにおける南インド人人口 582,212 人（1947 年センサス報告書，p. 78）に対して 16.4 パーセントに相当する。

統計局による 1931 年の南インド人移動統計では，陸路による数値が加わっている。陸路はシャムとの間で 3,246 人が到着し，3,909 人が出発している。この動きは前述の華人における純増とは逆で，海路による南インド人のマラヤからの出国過剰と一致する。

インド人移民の場合，統計データは労働局年次報告にも記載されている。労働局の数値では，1925 年における到着者総数は 90,708 人，出発者総数は 43,144 人であった。これらの数値は南インド人のほかに北インド人を含むが，統計局データにおける，南インド人に北インド人を加えたインドから海峡植民地への到着者総数 65,569 人，全外国から海峡植民地への到着者総数 72,763 人，海峡植民地からインドへの出発者総数 39,877 人，海峡植民地から各地（インドを含む）への出発者総数 45,684 人は，最後の数値を除いていずれも労働局統計の数値に及ばない。1931 年については，労働局統計では，到着者総数 19,692 人，出発者総数 101,347 人である。対応する統計局データはインドから海峡植民地への到着者総数 37,898 人，全外国からの到着者総数 46,123 人，海峡植民地からインドへの出発者総数 110,085 人，インドを含む各地への出発者総数 115,968 人で，いずれも統計局データのほうが多い。労働局統計の前年の値を見ると，1924 年においては到着者総数 62,052 人，出発者総数 37,326 人であった。また，1930 年の値はそれぞれ 69,114 人，151,735 人であった。異なる部局から報告された数値の間には，対象とする期間に関して相違があるのではないかと思われる。前年度の数を対応させつつ，若干のずれを勘案すると，労働局の数値と統計局の数値との間のずれが解消できそうでもある。

4. 華人およびインド人移民の動向

　海峡植民地に到着した華人には蘭印への移動を意図する者が含まれ，この意味でシンガポールを中心とする海峡植民地は，貿易の場合に似て中継地としての役割を果たしたと評価できる。これに対してインド人移民は，ゴム園労働者を獲得するためのプランテーション経営者の組織がマラヤにおいて形成され，官民一体となったインドとマラヤを結ぶ出稼ぎ労働の仕組みの中に取り込まれていた。民間色の強い華人移民と，政府の後押しが目立つインド移民との間には，共通点と同時に相違点が存在する。共通点は移民数がマラヤ経済における景気の波に対応して増減すること，相違点は中国とインドそれぞれの国内事情ないし国内景気が移民動向に影響したこと，マラヤの行政組織の上で華人に対しては華人保護局，インド人に対しては労働局がそれぞれ別個に対応したことなどであろう。以下，全体としての動きを把握するために，海峡植民地年次報告書の中に記載された移民に関する数値を集成して，移民到着と移民帰国の変動を示す。

華人移民労働者の動向

　華人については華人保護局年次報告を中心に，到着移民に関する数値がかなりの長期にわたって得られる。ここでは1896年以降の数値を示す。他方，海峡植民地出発者（中国への帰国者と想定される）に関する数値は，1920年以降において得られるのみである[5]。このことは，植民地政府が海峡植民地に到着する者に関心を示すが，去る者については必ずしも注意を払わなかったことを示唆する。1896年から1938年について図1-6および巻末付表1-8に示すように，華人到着者数は年間15万人ないし20万人をめどに波動的な推移を示している。波動の振幅は時代が下がるにつれて大きくなる。観察期間を1911年以前と以後に区分すると，1911年以前においては多少の振幅を示しつつも趨勢としての増加を，1911年以後においては顕著な振幅の発現と趨勢としての横

---

5) Saw Swee-Hock は1916年以降の数値を示している。

ばいを指摘することができる。1911年以前において増減の要因として指摘されているのは，中国における不作（1902年），中国における豊作（1904年），蘭印政府によるバンカ錫鉱山労働力需要との競合（1906年），南中国不作・ゴム園労働需要増大（1910年），中国凶作（1911年）などである。1911年以降には，第1次大戦中の移民禁止（1914年8月～15年3月），脳脊髄膜炎流行のため香港からの移民禁止（1918年4月～10月），植民地物価高情報の流布・中国蘭印間定期船の運航（1919年），南中国政情不安定・植民地米価低下・渡航賃低下（1921年），マラヤ不況・香港海員スト・アモイ反英ボイコット・香港検疫制限（1922年），マラヤ錫・ゴム景気改善・中国内戦による脱出者増加（1924年），錫・ゴム好景気（1926年），錫・ゴム不況（1928年），移民制限法による移民制限（1930年～1938年）などであった。とりわけ，移民制限法の下で移民輸送が年間を通して1ヵ月あたり1,000人に制限された1933年には華人到着者は27,788人まで減少するのである。世界経済に直結した植民地政府の対応が重要かつ直接的な影響を及ぼした。

　出発者数（帰国者数）については既に述べたように限られた期間についてのみ観察可能であるが，1920年から1938年の間では，世界恐慌時に対応する3ヵ年を除いて，到着者数を下回り，マラヤの華人人口に移動による純増をもたらしたことを示している。純増数は1926年に年間228,285人に達する最大値を示している。1921年の華人人口は1,171,740人，1931年は1,704,452人（1947年センサス報告書，p. 75）であったから，その相対的な大きさが分かる。仮に1931年人口との比をとっても1926年には年率13.4パーセントの人口増が移動によって生じたことになる。移動による純減の最大値は1932年の249,854人であった[6]。

---

6) センサス人口と自然増および社会増との対応関係については，検討の余地がある。1921年から1931年にかけての華人人口センサス間増加は532,712人であるが，移民統計による社会増の合計は，もっとも少なく見積もって1,018,939人である。これらの数値の差を出生に対する死亡の過剰だけで説明することは困難である。センサス人口を受け入れるならば，社会増の過大が問題となる。到着者数が過大に記録されたということは受け入れにくいので，出発者数の過少記録のために社会増が実際よりも多くなっていると考えるのがもっとも妥当性が高い。

インド人移民労働者の動向

　インド人については，労働局年次報告を中心に，到着者と出発者の統計を集成することができる。(海峡植民地インド人到着および出発数ならびに要因については巻末付表 1-9a，巻末付表 1-9b，および巻末付表 1-10 参照)。出発者の数値も早い時期から入手できる。インド人労働者に対する関心と管理において植民地政府の態度の違いを見出すことになる。

　1893 年から 1938 年について観察すると，インド人到着者数は常に華人到着者数を下回っている（図1-6 参照）。19 世紀末から 20 世紀初頭においては，インド人到着者が年間 5 万人を超えることはまれであった。マラヤにおける労働力としてインド人が多数流入したのは，ゴム栽培が導入されマラヤの主要産業として成長していく過程と軌を一にしている。華人と同様 1911 年までは原則として増加傾向を示すが，少数からスタートしただけに増加の勾配は華人よりも著しい。1911 年以降は景気を反映する波動状態に移行する。インド人労働者がゴム園労働に採用されたことは，ゴム市場の動向とインド人の出入の連動を示唆している。たとえば，ゴム価格が低下した 1930 年には，8 月 1 日からリクルートが停止され，到着者数は前年の 114,252 人から 69,114 人に減少した。同年のインド人出発者 151,735 人の中には，成人 56,063 人，年少者 15,873 人，乳児 5,825 人の経営側負担による本国送還者が含まれる。翌 1931 年のインドからの到着者は 19,692 人に減少し，他方，出発者は 101,347 人（本国送還の対象となった成人 40,655 人，年少者 11,215 人，乳児 4,249 人を含む）を数えた。

　他方，移民送り出し国であるインドでも，1932 年に，政府はマラヤにおけるインド人労働者の賃金引下げに反発して，インド人労働者のマラヤへの出国を禁止した。この禁止は 1934 年に廃止されたが，1938 年 9 月 17 日に再び新しい法令によってインド側からの移民禁止が実行された。1932 年におけるインド移民到着数は 17,734 人，帰国者数は 84,501 人であった。1938 年におけるインド移民到着数は 44,207 人，帰国者数は 75,479 人であった。1938 年の禁止は，マラヤ政府とインド政府の交渉にもかかわらず，廃止されることなく，このことはマレー半島のインド人人口のその後の増加に対して著しい影響を及ぼすことになった。

　インド人出発者すなわち帰国者の変動は華人の場合よりも著しい。年季奉公

からカンガニ募集を経て援助移民へと，雇用形態は時代とともに変化してきたが[7]，インド人労働者の出稼ぎ志向は華人よりも顕著であったようにみえる。このことは，到着者に対する出発者の割合が，平均的に見て華人よりも大きいことからも裏づけられる。また，出発者数が到着者数を上回る年次が1920年から1938年の間に7回も出現することは，インド人の出稼ぎが景気に敏感に対応したことを物語っている。植民地政府および雇用者の労働力調整のすばやさもこの理由の一つとして挙げる必要があろう。

インド人移民統計と華人移民統計との比較は，出所が異なる移民統計に対する検討と評価を必要とする。1921年と1931年のインド人人口センサス間増加は151,667人であったが，移民統計による社会増の合計は，もっとも少なく見積もって113,525人，もっとも多く見積もって179,302人である。これらの数値と自然増減によってセンサス間増加を説明することは可能である。インド人の場合は移民統計の信頼性が比較的高いと評価することができる。

インド人の場合，移動による純減の最大値は1930年の82,621人で，1931年のインド人センサス人口は621,847人であったから，1930年単年の帰国による減少率は，少なく見積もっても，在住インド人人口の10パーセントを超えるものであった。南インド人の出国過剰はとりわけ顕著であったと考えられる。インド人においては華人に先行して出国過剰が出現していることに注意したい。

性比の変化

華人およびインド人出稼ぎ者に関して注意を要するのは性比である。労働者としてマラヤに渡ったのは主として男子であった。華人の場合，成人到着者における性比は，1910年以前は，女子1人に対して男子10人を超えるものであっ

---

[7] 初期のインド人移民としてしばしば言及されるのが，年季奉公（indentured）およびカンガニ募集である。これらの移民形態は，マラヤ独自のものではなく，インド人の海外移民に際して，一般に見られた形態である。年季奉公による移民入国数は，1900年に8,694人を数え最大を記録したが，この時点で，インド移民入国総数の22.9パーセントを占めていた。年季奉公は，時には奴隷的と表現された労働条件の劣悪さのため，非難の対象となり，1910年に禁止された。プランテーション労働者が故郷に帰って新規労働者を勧誘するカンガニ制度は，1900年時点では7,828人の入国移民を数え，1907年にはインド移民入国総数の43.4パーセントにあたる26,948人に達したが，1908年から援助移民制度に代替された。（Saw Swee-Hock 1988: 23–27）

た。インド人の場合，大量の移民が行われるようになったのは，華人よりも後になってからであるが，1910 年において，当時の移民労働者の標準的なタイプとなっていた援助移民到着者（12 歳以上）についてみると，女子 1 人に対して男子 6.55 人で，華人に比してやや低い。その後移民到着者の性比には，華人，インド人ともに着実な低下が観察される。とはいえ，1930 年頃までは移民到着者性比は 3 を上回る水準であった（巻末付表 1-11）。華人到着者の性比はインド人の場合よりも高かったが，不況のために男子到着者が大幅に減少した 1919，1920 年や，男子に対する移民制限が厳しくなった 1932 年以降にはインド人を下回る数値が現れている。

5. 海峡植民地の位置づけ

結節点としての海峡植民地

　当時の英領マラヤは三つの部分から構成されていた。その 1 は海峡植民地，その 2 はマレー連邦州，その 3 はマレー非連邦州である。海峡植民地は，シンガポール，ペナン，マラッカおよびラブアンやディンディンなどの直轄領，マレー連邦州はスランゴール，ペラ，ヌグリスンビラン，パハンの諸州，マレー非連邦州はケダー，プルリス，クランタン，トレンガヌ，ジョホールであった。英国の植民地支配体制は，政治・経済的関与の程度においてこれらの三つの部分で異なっており，英人官吏と企業者との繋がりも三つの部分で相応の差があったと見られる。移民労働者の獲得は政府中枢に近い位置ほど有利であったと思われるが，彼らの移動に関して目立った規制はなかったようである。今日でも州として維持されているそれぞれの政治経済単位は，互いの独立性を保ちつつ，ある程度の情報交換を行い，人や産物の移動を通してそれぞれの経済を維持していた。海峡植民地は，これらの全体の中で，外界との結節点に位置し，人々の往来と物資の集散の中心としての役割を果たした。海峡植民地間では，既に述べたように行政的中心としての統括機能は，マラッカからペナンへさらにシンガポールへと移行した。この過程で，ペナンの外港としての役割は

部分的に保たれたが，マラッカの外港としての機能はほとんど消失した。ペナンは航路における近接性のために，インド人労働者受け入れに大きな役割を果たした。ペナンで検疫，入国手続きを済ませたインド人労働者の一部は汽船を乗り継いで，ポートスウェトナムで上陸し，スランゴール内陸部などへと向かった。他方，シンガポールに到着した華人は，蘭印の諸地方に向かう汽船に乗り換える者や隣接するマレー半島に移動する者が大部分を占めたが，一部はペナンまで船を乗り継いでそこでマレー半島の目的地に向かい，少数の者はさらに英領ビルマなどに向かった。このようにペナンはシンガポールに次ぐ中継地としての役割を演じた。

　シンガポールやペナンの存在意義は自由貿易港として交易の便を提供することにあった。ラッフルズ以来の伝統は，これらの港湾都市の中継機能において発揮されてきた。この意味で，シンガポールはマラヤの港湾都市というよりも海峡諸地域のハブの中心としての役割を果たした。ペナンには，マラッカ海峡の水路で結ばれたシンガポールの分身としての役割を認めることができる。他方，交易都市として長い歴史を持つマラッカは，後背地との関係によって支えられる内国航路の港としての地位に甘んずる状態になった。東南アジア地域の中心港として，シンガポールが独占的な地位を維持し続けたというのはやや誇張的な表現かもしれない。中国と蘭印を直接結ぶ航路が開設されたり，蘭印バンカ島産錫鉱石のシンガポールへの輸出が，突然その姿を消したりすることが，海峡植民地年次報告書の中からも読み取れるからである。しかし，シンガポールの優位は存続したのである。

害悪を財源とする行政中心

　海峡植民地は，自由貿易を標榜する港湾都市としてその機能を営んできた。このことは，その収入源が，関税以外に求められたことを意味している。交易によって成立する港湾都市が，関税徴集権を放棄するという一見矛盾的な発想がその背後にあった。このような都市は人口をそこに集めること自体によって自らの存続を図らねばならない。自らの存続とは，港湾を維持し，官吏を養い，居住者の福祉を実施するという内容を含む行政組織の維持である。海峡植民地政府収入のかなりの部分は，ライセンス料あるいは専売による利益に依存することになった。阿片取り扱いのライセンスあるいは阿片専売の利益が，その財

ポートスウェトナムの鉄道駅(1910年代)。スランゴール錫鉱地域の中心として発展し, マレー連邦州の中心都市となったクアラルンプールとポートスウェトナムの港を結んでいる。

クアラルンプール駅（1965年頃）。クアラルンプールのシンボルであった。現在はその役割をクアラルンプール中央駅に譲っている。

源としてとりわけ重要であり，これに酒類のライセンスを加えた額は，19世紀末から20世紀初頭においては，海峡植民地政府収入の過半を占めるものであった。たとえば1902年における収入総額は7,754,733海峡ドルであったが，そのうち阿片と酒類のライセンス収入は4,629,954海峡ドルに達し，全収入の59.7パーセントを占めていた。阿片のライセンスは3,732,000海峡ドルで，全収入の48.1パーセントをもたらした。金額は相対的に少ないが，同年の質屋営業ライセンスは243,716海峡ドルで，全収入の3.1パーセントに相当するものであった。阿片の重要性はその後さらに増大し，1911年には総額7,707,067海峡ドルで海峡植民地政府全収入11,409,221海峡ドルの67.6パーセントに達するものとなっていた（引用の数値はARSS各年度版による）。財政における阿片の役割はやがて相対的に低下していくが，社会生活および健康維持の側面から阿片を悪ないし害として位置づけるならば，海峡植民地は財政基盤を害悪の源に設定していたということになる。

　海峡植民地人口は，既に述べたように移住者を多く含んでいた。マレー半島における錫鉱労働者，プランテーション労働者として渡航してくる者のほかに，都市住民として商業やサービス業に従事する者も多く，彼らは最初の上陸地であるシンガポールやペナンを就業地としたのである。英人の存在は植民地の支配のために重要であったが，その数は比較的少なかった。シンガポールの場合，英人を含むヨーロッパ人は，1901年には総人口229,904人に対して3,840人（1.7パーセント），1931年には総人口570,128人に対して10,826人（1.9パーセント）に過ぎなかった。数的にもっとも多かったのは華人で，1901年には164,681人（71.6パーセント），1931年には423,793人（74.3パーセント）であった。土着の住民が少ないという意味で，交易型植民地としての特色をよく示している。ペナンとマラッカにおいては，華人の数は土着のマレー人の数を下回っていた。これらの植民地は，それぞれ市街地のほかに農業用地としての領土を有し，そこに生業を持つ土着要素およびそこに展開したプランテーションの役割が相応に存在したからである。

　海峡植民地人口のもう一つの特性は，その性・年齢構造において認められる。その1は高い性比である。華人女子の海外移民の少なさについては，国による禁止は存在せず，慣習や家族制度による制約が大きかったとみられる。混血華人文化，ババの存在はこのような状況を背景にしている。19世紀半ばまでマレー半島への華人移民はほとんど男子に限られ，錫採鉱が軌道に乗った1870

年以降に，売春婦を中心に女子が現れ始め，やがて，錫鉱やプランテーションでの労働者としても一定の存在が認められた。インド人女子についても，同様に，慣習や家族制度による制約が働いたものとみられる（Chin 1984: 358-359; Purcell 1967: 124-125）。シンガポールのヨーロッパ人の場合，1901年における性比は，2.17，1931には2.42であった。同民族の女性の少なさを背景にユーラシアンが誕生し，1901年においてその数はヨーロッパ人を上回るほどであったが，ヨーロッパ人女性の増加とともに割合が低下し1931年にはヨーロッパ人100に対して64となっている。華人の場合，1901年のシンガポールでは3.9という高い性比が見られたが，1931年には1.68まで低下した。その2は年齢構成における歪みで，1931年のシンガポールでは20-29歳男子が男子人口のほとんど4分の1を占めていた。このような人口構造は，娼婦と売春宿の存在を要求し，悪徳を公認しつつ社会秩序が維持される状況をもたらした。

　海峡植民地は中継貿易の独占を目指すラッフルズの創案に基づいて建設されたが，物資のみならず人的資源の移動をも中継する役割を果たすことになった。ラッフルズが標榜した自由貿易港としての仕組みが中継機能を支えたが，その維持は流入した一時的居住者の貯蓄達成と健康維持を犠牲にして可能であった。当時の価値観がどのようなものであれ，後世の観点からすれば，害悪を財政基盤とする統治組織が形成されたのである。産業革命が都市に流入した労働者にとって暗黒の側面を強調する場合があるように，そこには先進的植民地経営の暗黒面が出現した。海峡植民地がもたらしたのが暗黒面であったというのは，もちろん一面的な記述である。経済発展と企業家群の成長を背景に，近代社会の技術や教育システムが導入され，病院や医療においても著しい向上があった。

移民の出入り口の機能

　海峡植民地の人口構造は都市的といえるが，それは交易・商業空間としての人口集中に加えて，出稼ぎ的な滞留人口の一時的，流動的な性格によって強化されている。出稼ぎという側面を強調すれば，それは海峡植民地に限定されず，隣接するマレー連邦州，およびマレー非連邦州に連続するものであって，そこでは非都市的でありながら流動的な社会が成立することになった。後に見るように，そこでの性比は海峡植民地以上に高いものであった。英国は海峡植民地

設立後，自由貿易という当初の目論見を越えて，プランテーション農業を基軸にマレー半島における土地生産力への関心を高めたが，マレー半島スルタン諸国はこの過程に沿って英国の支配・監督下に入った。そこで実現するのは，区画化された多民族社会であった。海峡植民地は東南アジア島嶼部世界における中継貿易機能を継承するとともに，錫採鉱の時代を経て，半島に成立したプランテーション農業空間との経済関係を強化していった。物資の移動のみでなく，企業家や労働者の出入り口としての機能が改めて重要になったのである。

第 2 章
錫とゴム

1. 人口移動の契機

錫とゴムの開発

　植民地期マレー半島の人口構造を形成したのは，錫とゴムの開発であったといっても過言ではない。錫は英国による植民地化に先立って，マレー半島の主要な産物であり，特に西海岸のスルタンにとって重要な収入源で，採鉱事業や交易の実務に携わる華人との密接な経済関係が維持されてきた。植民地化の進展は，ヨーロッパにおける産業発展とあいまって錫の生産を飛躍的に増加させ，採鉱に従事する華人労働者の大量の導入をもたらした。他方，ゴム栽培は錫よりもかなり遅れて 20 世紀初頭から本格化した。ヨーロッパ人プランターは労働力の補給をインドに求め，タミル人を中心とした南インド人労働者の組織的な導入が図られた[1]。

　華人も華人経営のゴム園を中心にゴム産業にかかわったし，半島諸地方のマレー人も小規模経営者としてゴム栽培を開始し，周辺諸島の住民もまたゴムに関与してマレー半島へ移住することがあった。近隣諸島からの労働力としてはジャワ人が重要であった。マレー半島における移民労働の導入は錫とゴムに限られたわけではない。コーヒー，ココヤシ，アレカナッツ，タピオカなどさまざまな作物のプランテーションが試みられたし，道路や鉄道建設を含む土木工事にも多くのタミル人が雇用された。とはいえ，趨勢は上述のように錫とゴムによって決定されたのである。

景気変動と労働力

　錫とゴムは世界市場において取引される産物である。この意味でマレー半島は世界の経済市況に直結していた。好況は移民を呼び寄せ，不況は彼らの帰国

---

1) マラヤの錫産業に関する総合的な研究書としては，Wong (1965)，Yip (1969)，またゴム産業に関しては Drabble (1973)，Drabble (1991) などがある。本書では，これらの書物で扱われたマラヤ全体の動向を背景に，州別の動向に関するより詳細な把握を試みる。

を強いた。このような状況の中で，地域差をともないながら定着者が増大していった。マレー半島の定着人口は，土着者と企業的パイオニアを除けば，ある意味では移民残留者から成立していた。これらの者が共通の目標を創設して国民形成へと取り組むのは，太平洋戦争後の独立を契機としてであった。流動的な出稼ぎ者を擁していた植民地期は，国民以前の時代さらには住民以前の時代であった。

　ここでは，上述のような人口形成に関与した錫採鉱とゴムプランテーションの発展とその変容をスランゴールとペラにおける年次報告書の記述を整理しながら描き出すことを試みる。

2. 錫鉱業の発展と変容

中心地としてのスランゴールとペラ

　スランゴールとペラはマレー半島の代表的な錫産地であった。これらの地域では古い時代から錫が採取されていたが，20世紀初頭を中心に錫採鉱が著しく進展した。年次報告書には，錫生産高およびその価格，労働者数（民族別，採鉱方法別，雇用形態別），機械馬力数，事故件数および死亡者数などが，前年との比較をともないながら記載されている。これらをまとめることによって，19世紀末から太平洋戦争直前までの変動を把握することができる。残念なことには，上述の全期間にわたって各項目の統計がもれなく示されているわけではない。

　年次報告書には，包括的な「生産」の章が設定される1927年に至るまで，「鉱業」の章が必ず設けられており，このことだけでも，その主要内容を構成する錫生産に植民地官吏の関心が向けられていたことが分かる。以下，1896年から1900年に至る5ヵ年の年次報告書に見られた錫生産に関する記述を抜粋する。

スランゴール
1896年　錫の輸出は346,653ピクル（20,391英トン）を数えたが，昨年に比し

華人経営の露天掘り錫採鉱現場（ペラ，1920年代）。

現在でも細々と営まれている数少ないペラ州内の錫採鉱現場の一つ。

て14,847ピクル（873英トン）減少した[2]。この減少は，他の箇所でも言及したように市場価格のためであって，資源が減少したためではない。産出量が市場価格によって調整されるのである（ARS1896: 4, pgh11）。

1900年　錫は年中高値を維持し，輸出量は1899年よりもかなり多かった。輸出税額は史上最高に達した。1900年にスランゴールから送りだされた錫の量は269,490ピクル（16,041英トン）で[3]，前年の産出量を14,791ピクル上回った。（中略）生産量の増加は，前年に比して可能となった労働力供給の上昇によっておそらく説明できる。乗船地における規制の撤廃のために，鉱山経営者は以前よりも多くの華人クーリーを導入することが可能になった。鉱業局は，年央時点で68,000人以上のクーリーが雇用されていたと報告している。12月には州内の鉱山で155基のエンジンが，9,872人のクーリーに相当する労働力節減のために稼動していた（ARS1900: 4, pgh11）。

ペラ

1896年　「ペラ鉱業生産は以前の記録を上回った」という慣例的な記述は，1896年には繰り返すことができない。錫の低価格，米および阿片の高価格が理由として挙げられる。12月における産量は異常な降雨のためにかなり低下した（ARP1896: 9, pgh50）。

1897年　錫輸出は351,945ピクル（20,702英トン）で，1896年は383,227ピクル（22,542トン）であった。（中略）鉱業局長によれば，年初の錫低価格と，採鉱に従事するクーリーの減少とが生産量減少の二大原因であり，後者がより重要という見解である。本官も同じ意見である。キンタ郡では現在約35,000人の鉱夫が雇用されているが，鉱山主によって導入される新家〔新規契約華人労働者〕の数は比較的少ない。これは資金不足や逃亡の恐れのためでもあるが，移民が減少して，道路や鉄道の建設，農業エステートの発達を背景に華人労働力の競合が生じたためである（ARP1897: 3, pgh11）。

1898年　産量の減少は，当分ありそうにもない州の錫資源枯渇のためではな

---

[2] 1ピクル（pikul）は一担ぎ，すなわち100斤（60kg）に相当する重量単位。1英トン（1,016.1キログラム）は16.8ピクルとされているが，ここでは17ピクルの換算率が採用されている。この場合1英トンは1,020キログラム相当となる。錫および錫鉱石が総量として表示される場合には，錫鉱石を錫金属量に換算した数値が使用される。この時代の換算率は65パーセントであったとみなされるが，ペラでは1899年から68パーセント，後には70パーセントが適用された。ちなみにマラヤの錫鉱石の錫含有量は70–75パーセントとみなされている（Yip 1669, p.87）。

[3] ここでは1英トン＝16.8ピクルの換算率が適用されている。

く，労働供給不足のためである。これにはいくつかの原因があり，中国，仏印，オランダ植民地における華人労働需要の増大，過去数年にわたる錫安値のためとされるが，筆者の見解ではある程度は1895年に施行された労働法改定のためである。新法の下で，鉱山主は新家の導入を極端に嫌い，登録システムが破棄されたので，現在では鉱業に従事する新家（年季契約華人クーリー）は存在しないといいうる。錫輸出量は，1896，1897，1898年に続落したが，これは価格のみでは説明できない。1898年の高値は労働力をいくらか増加させたが，それにもかかわらず錫産量は減少した（RFMS1898所収ペラ行政報告：17, pgh21）。鉱業局長は州の鉱業クーリー数を50,000人と60,000人の間と見積もっており，さらに10,000人が必要とされている（RFMS1898所収ペラ行政報告：17, pgh22）。

1899年 年末に行われたキンタ郡のセンサスによると，鉱業従事人口は45,468人であった。熟練華人労働の払底のため，おそらく本州において初めてタミル人クーリーが荷役あるいは同等の鉱山関係の作業に雇用された。労働の値段は，錫価格に連動して，1896年の1日33セントから，1898年の40ないし50セントを経て，1899年の70ないし80セントに上昇した（ARP1899: 4, pgh13）。労働力供給の不足のため，昨年は移民問題が特に重要であり，中国およびインドからの労働者供給を増加させるためさまざまな計画が立案された。（中略）鉱業局長の見積もりによれば，鉱業目的の既譲渡地を活用するためにはペラだけでもさらに20,000人の労働者が必要とされる（ARP1899: 22, pgh71）。

錫生産量と労働力

　この時期における錫生産が，価格の変動にしたがって増減しながら，労働力不足という状況の下で行われていたことが分かる。スランゴールとペラの錫生産量および輸出額をそれぞれの年次報告書から集めると，図2-1および巻末付表2-1のようになる。（生産量と輸出量は，生産地と輸出港との食い違い，当年の生産量と輸出量との違いなどのために厳密には一致しないが，重大な違いはない。）20世紀に入るとスランゴールの錫生産が横ばい状態で推移するのに対し，ペラの生産は次第に拡大していったことが分かる。両者ともに景気変動の影響を受け，さらに1931年以降は国際的な生産制限協定の下で生産が行われたが，ペラの錫生産地としての主導的な地位は保たれた。ペラにおける錫生産の主力

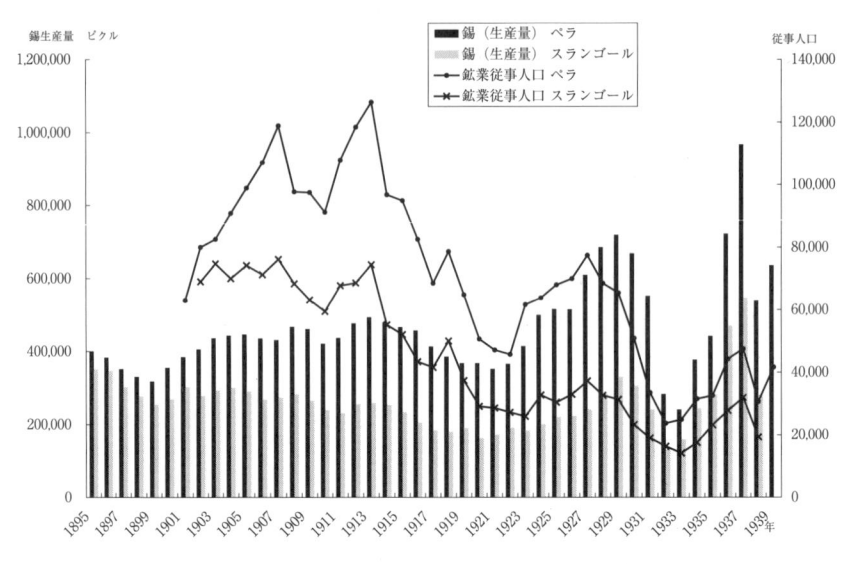

図2-1　ペラ，スランゴール錫生産量と鉱業従事人口の推移　1895-1939

はキンタ地方に移行した[4]。

　1901年以降のスランゴールとペラにおける錫生産量（output）と鉱業労働力の動きは以下のようである（図2-1，図2-2および巻末付表2-1，巻末付表2-2参照）。なお，1902年の時点でこの地域を結ぶ鉄道が全線開通している。1903年に向かってペラでは錫生産量の顕著な増加があり，金属換算で，年間436,369ピクル（25,770英トン，メートル法換算26,180トン）に達している。その後数年間，生産量は微増ないし横ばいに留まるが，1905年に価格と生産量について，「高値は必ずしも生産量の増加を意味しない。値段がよければ一生懸命働く必要がないからである」（ARP1905: 7, pgh15）という注釈がある。

　ペラの生産量は，1908年にはこれまでの最大467,783ピクルとなった。スランゴールでは1901年に302,598ピクルを記録してから横ばいないし微減状況が続いた。1908年に錫鉱業に関して僅かなかげりがあり，両州で生産量の増加にもかかわらず，評価額（value）の下落があった。この前年（1907年）に両州の鉱業従事人口はペラ118,863人，スランゴール76,139人とこれまでの最大を記録している。1909年に錫に関して不況があったが，1910年（ペラ）ない

---

[4] キンタ地方の錫産業については，Khoo & Abdur-Razzaq 2005に詳しく紹介されている。

56　第1部　マレー半島の開発と移民

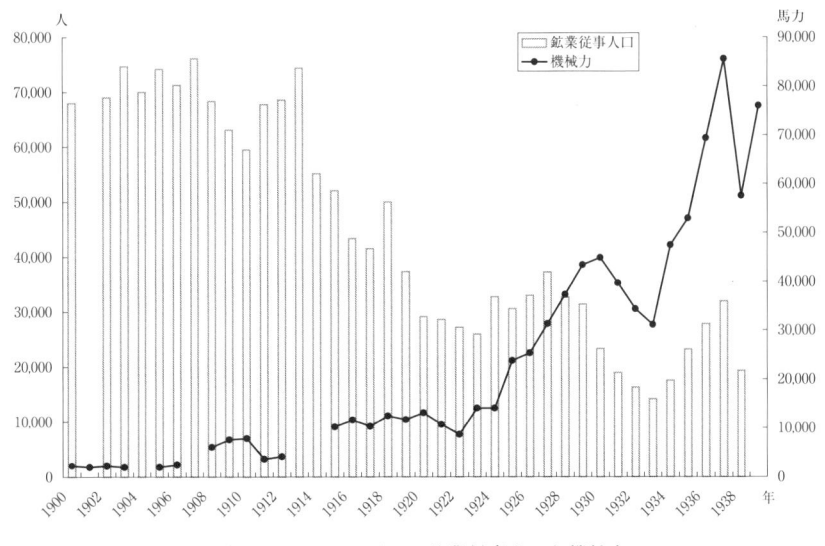

図 2-2　スランゴール鉱業従事人口と機械力　1900-1939

し1911年（スランゴール）を底にして生産量が回復し，1913年にはペラの錫生産量は過去最大となった。スランゴールでも生産量の増加が見られ，錫生産は回復から上昇機運へと移行した。ペラで鉱業従事人口が126,361人となって史上最大を記録したのはこの年で，スランゴールでも過去最大の1907年にせまる74,410人が記録された。

　1914年以降には一転して生産量，価格，労働人口に関して急激な低下傾向が現れた。この時点で機械力使用が馬力に換算して労働力をはるかに上回っていることに注意したい。1915年には生産量の減少があるが，評価額はペラではむしろ上昇している。労働力減少は続く。1916年には生産量減少，評価額の横ばいないし上昇，労働力減少が記録されている。スランゴールにおける労働力減少についてはゴム園労働との競合が指摘されている。評価額は一旦底を打ち1919年に小反発が見られ，労働力も錫需要にしたがった動きをしている。労働力増加は束の間の現象で，1920年（スランゴール）ないし1921年（ペラ）に向かって生産量減少とその後の横ばいに対応して，1922年（ペラ）ないし1923年（スランゴール）には労働力は最低を記録した。1920年前後においてペラの機械動力使用は総馬力数においても，人力との比においてもスランゴールを上回っている。

第 2 章　錫とゴム　|　57

1923年になると景気が回復に転じ，ペラでは労働力の大幅な増加があった。生産量の増大と軌を一にして労働力が増加し，1927年に再びピークに達した。しかし，その数はペラ77,417人，スランゴール37,232人で，1913年をはるかに下回るものであった。生産量の上昇はその後2, 3年続き，1929年にペラにおいては過去最高を記録した。労働力はそれにもかかわらず下降線をたどり，1932年（ペラ，23,736人）ないし1933年（スランゴール，14,145人）に過去最低を記録した。この後，1937年のピークに向かって生産量，労働力ともに増大した。1937年の生産量は1929年のピーク時を凌駕したが，労働力は同年をはるかに下回るものであった。

機械力の導入

錫採鉱の方法は，露天掘り（open-cast），地下採鉱（underground），水力利用（hydraulic and *lampan*），ドレッジ（bucket dredging）に大別されるが，初期には総じて露天掘りが多かった。新しい採鉱技術であるドレッジが導入されたのは，ペラでは1912年，スランゴールでは1918年であった。採鉱のための機械力利用については，比較的早い時期から言及があり，スランゴールでは1899年時点で8,000人相当，ペラでは1901年に20,000人相当という評価が行われている。1馬力が8人に相当するとする計算である。ペラでは1910年に，機械力が人力を上回った。動力としては，蒸気機関が主力を占めていたが，内燃機関や電気の発達につれて，1937年のペラでは蒸気機関はもはや過去のものになったという記述がある。

鉱業従事者数は，1913年にペラ126,361人，スランゴール74,410人というこれまでの最多を記録した後，錫生産量の変動に応じて増減を示すものの，趨勢としては下降に向かっている。1920年代に錫生産量が上昇し，1929年の生産量は1913年をはるかに上回るが，この時点での鉱業従事者数は，ペラでは65,411人，スランゴールでは31,346人に過ぎない。機械力の導入が労働者数の減少をもたらしたと考えられる。

労働力としての華人

錫採鉱に従事する労働者の大部分は華人で，鉱業従事者数が最大となった

機械力を利用して水底の錫を採取するドレッジ。ペラ州タイピン地域のカムンティン（1930年頃）。

ドレッジの一つが今は野外博物館として保存されている。ペラ州キンタ郡タンジュントゥアラン。

1913年においては，ペラではその94.0パーセントが華人であった。その後インド人やマレー人の参入がやや増加して，1938年時点では，ペラにおける華人の割合は76.5パーセントになっている。鉱業従事者としては数えられていないデュラン（dulang）とよばれる盆状の簡単な錫採取用具を用いて作業を行う者の大部分も華人女性であった。デュラン作業許可証（dulang pass）発行数は，ペラでは1919年に9,378件，スランゴールでは1918年に5,134件で，それぞれの年に最大を記録した（巻末付表2-2参照）。

　上に述べたように，錫は華人労働者の導入に大きな役割を果たした。センサス年次である1911年には，ペラにおける華人男子人口の55.6パーセントが鉱業従事者であった。デュラン作業者のすべてが華人女子であったとすると，1911年にはペラの華人女子人口の19.9パーセントがこの作業に関与していたことになる。華人男子人口に対する鉱業従事者の割合は，1921年には25.8パーセント，1931年には12.9パーセントとなり，錫採鉱の占めるウエイトが次第に低くなった。スランゴールでは統計数値が得られる年次が限られているが，限られた数値から判断してペラと同じ傾向があったと推定できる。

　ペラにおいてもスランゴールにおいても，鉱業労働者数は，1913年に最大値を示した後，少なくとも3回の波動を示しながら減少していく。一部は他の仕事に移り，他の一部は本国へ帰国したと考えられる。1913年当時の労働者が後の時期まで残留したわけではなく，景気の変動に基づく雇用者数の変動に応じて大幅な入れ替えがあったとみなされる。1913年以後の錫鉱労働者の減少に関して，特に目立った年次報告書の記述に以下のようなものがある。ゴム園労働への移行および数度にわたる大規模な本国送還に注意したい。

スランゴール

1914年　年末における錫鉱山労働力は55,147人で，1913年に比して18,891人〔原文のまま〕[1]の減少であった。（中略）約10,000人の華人が本国送還された。多くは老弱者である（ARS1914: 4, pgh20）。年内の登録されたボイラー数は683基，合計27,765馬力で，前年に比して僅かに減少した（ARS1914: 5, pgh26）。海路で州に入った華人は28,631人，州を去った華人は39,379人であった。これらの数値は記録が取られていない鉄道による出入を含まない（ARS1914: 10,

---

[1] 1913年末に報告された労働力は74,410人であった（ARS1913: 3, pgh12）。年次報告書においては，ときどきこのような不一致がみられる。

pgh53)。

1916年　採鉱地で雇用された労働力は年末に43,389人で，前年に比して8,699人〔原文のまま〕減少した。（中略）労働統計に含まれていないデュラン作業許可証は，1915年の4,946件から4,196件へと減少した。（中略）労働力報告は数年間の最低であるが，これはゴム園で高賃金とより軽い労働を獲得できるためである（ARS1916: 4, pgh23）。

1919年　年末の鉱山雇用労働力は37,352人で，うち36,253人が華人であった。1918年に比して12,657人減少した。デュラン作業許可証発行数は4,608件で，1918年は5,134件であった（ARS1919: 6, pgh22）。

1920年　年末のセンサスによる鉱業従事労働力総数（デュラン作業許可証所有者を除き，個人ライセンス保有者を含む）は29,129人で，1919年の37,352人に比して8,223人，すなわち22.015パーセントの減少であった（ARS1920: 3, pgh20）。1920年には4,023件のデュラン作業許可証が発行された（ARS1920: 3, pgh21）。鉱業に使用された蒸気，ガス，油，水力，電気動力の総計は13,145馬力と推定される（ARS1920: 3, pgh22）。

1931年　年末センサスによると，鉱業に従事する労働者数は，デュラン作業許可証保有者を除けば，18,990人であった。1930年には23,288人で4,298人減少した（ARS1931: 18, pgh136）。1931年に発行されたデュラン作業許可証は2,008件で，1930年には1,709件であった。保有者のうち1,960人は華人，48人がマレー人であった（ARS1931: 18, pgh137）。

ペラ

1914年　州の鉱山で雇用された労働力総数は96,740人で，前年の126,361人に比して29,621人減少した。この減少は主としてキンタ郡のイポー区およびバトゥガジャ（Batu Gajah）区で生じた。ゴペン（Gopeng）区のみは461人の僅かな増加を示した。蒸気，ガス，石油，水力，および電力の合計は28,390.5馬力で227,124人分に相当する（ARP1914: 12, pgh19）。

1916年　1916年12月の労働力総数（デュラン作業者を除く）は82,534人で，1915年に比して12,331人の減少であった（ARP1916: 5, pgh12）。

1919年　定例の12月鉱業センサスでは，鉱業労働力はデュラン作業者を除いて64,760人で，1918年12月に比して13,861人（17パーセント）減少した（ARP1919: 3, pgh22）。鉱山で使用された全原動力は37,889馬力で，303,112人の労働力に相当する。内訳は蒸気力15,746馬力，蒸気発電791馬力，水力

14,941馬力,水力発電2,462馬力,ガスエンジン1,096馬力,オイルエンジン1,653馬力,オイル発電1,200馬力である(ARP1919: 3, pgh25)。

1920年 定例の12月鉱業センサスでは,鉱業労働力はデュラン作業者を除き50,622人で,1919年12月に比して14,138人(21.8パーセント)減少した。(中略)ヨーロッパ人166人,華人46,069人,インド人3,245人,マレー人1,113人,その他29人であった(ARP1920: 3, pgh24)。鉱山で使用された全原動力は40,990馬力で,303,112人〔原文のまま〕の労働力に相当する。内訳は蒸気力17,295馬力,蒸気発電1,161馬力,水力15,692馬力,水力発電2,589馬力,ガスエンジン765馬力,オイルエンジン3,450馬力,水車34馬力である(ARP1920: 3, pgh27)。

1931年 1931年末の鉱業労働者は33,486人であった。1930年末には43,699人〔原文のまま〕,1929年12月には65,411人であった(ARP1931: 41, pgh271)。この年に21,176人の失業中あるいは病弱の華人男子が保護局によって本国送還された。このうち13,584人が失業者で,9月におけるマラヤ錫割り当ての激減の結果,8月から11月の間に本国送還された(ARP1931: 40, pgh270)。若干の暴動や5月初めにクアラカンサ(Kuala Kangsar)において,コンサイエステートの労働者とマレー人が店舗を襲い食糧を強奪した事件が発生したが,厳しい失業や主要2産業における最低生活レベルに至る賃金低下にもかかわらず労働争議はなかった(ARP1931: 41, pgh272)。

3. ゴムの導入とゴム園労働の展開

ゴム栽培の導入

マレー半島における伝統的な産物であった錫に対して,ゴムは世紀の転換とともに急激に増大した新作物であった。それまでにもさまざまなプランテーション作物の試みが行われていたが,ゴムの導入はマレー半島の産業構造に決定的な影響を及ぼした。また,インドからタミル人などの導入に拍車をかけ,この地に多民族社会を形成する大きな契機となった。まず,スランゴールおよ

びペラの年次報告書を中心に，19世紀末から20世紀初頭におけるゴム導入前後の様相に関する記述を抜粋する。

スランゴール

1896年　主要作物はリベリアコーヒーで，ヨーロッパ人およびアジア人によって栽培され，栽培は州内各郡に広がった。ヨーロッパ人所有プランテーションは72を数え，約47,000エーカーを占めており，うち10,835エーカーが既に開墾されて栽培下にある。雇用労働力は約4,000人で，主としてタミル人およびジャワ人である（ARS1896: 3, pgh10）。

1897年　プランターの注意はリベリアコーヒー以外の作物にも向けられている。ラミー，ゴム，ココナツが注目されている。報告者にはラミー栽培が実用化したとは思われない。パララバーの試験栽培が行われており，これはこの土地にもっとも適した栽培種であるようにみえ，この目的の土地獲得に対するきわめて有利な条件が今年認可された（ARS1897: 7, pgh16）。

1900年　現状の価格に直面して予想されたように，コーヒー栽培は拡大されなかったが，前年植えられたものは市場価格復活を期待して注意深く育てられている。（中略）既に広く植えつけられたパララバーの面積はさらに拡大した。かなり多くの *Ficus elastica* 種が加わった。ココナツに対する注目は続いているが，ヨーロッパ人経営下の栽培総面積はまだ大きくなく，ココナツ産業はさらに発展する可能性がある。（中略）ラミーを植え付けたエステート所有者たちは繊維に対する需要不足のため，現在，製品処理をほとんど停止しており，ココナツおよびゴムに注意を向けている（ARS1900: 3, pgh9）。

1901年　1901年末におけるヨーロッパ人プランターの栽培面積は14,661エーカーで，うち7,487エーカーがパララバーである。（中略）パララバーの見通しはきわめてよく，樹木がタッピング〔樹液の採取〕可能になるまで現在の価格が維持されるならば，この栽培形態を採用した者の将来には明るいものがある（ARS1901: 3, pgh16）。

1903年　若干の例外を除けば，プランテーション・コミュニティの注意はパララバーに集中したままである。収穫可能なエステートはまだないが，大部分のエステートは検査および評価のため英国に見本を送ることができた。栽培された品種は当地の気候でよく成長し，プランターが今後予期せぬ困難に遭遇することがあるとしても，現在のところ見通しは非常に明るい（ARS1903: 3, pgh10）。

1904年　スランゴールのヨーロッパ人所有パララバー植え付け面積は現在約15,000エーカーで，約2,000エーカーはランボン（Rambong）品種が植えられている。ゴムの見通しが非常に良いので，当然期待されるように，ゴムはヨーロッパ人プランターの大部分の注意をひきつけている（ARS1904: 3, pgh8）。

1905年　ゴムは州のすべての郡において，さまざまな程度で植え付けられているが，クランおよびクアラスランゴールの沿岸郡はもっとも強い関心をひきつけ，クラン川とスランゴール川間のほとんどすべての接近可能な土地は，現在，既に占有されているか，または申請中である（ARS1905: 4, pgh17）。

1907年　州全域のプランターが彼らの土地の残りを年中開墾し植え付けを行ったので，ゴム園面積は1907年中に大幅に拡大した。植え付け面積は年末に66,692エーカーに達したと推定される。（中略）年内に輸出されたゴムは前年の681,040ポンドに対し，1,198,751ポンドを示したと報告されている（ARS1907: 5, pgh14）。

1908年　ゴム植え付用地の申請および申請面積に顕著な減少があった。現在のコミュニケーション方法の下で利用可能な範囲の適地はほとんどすべて手がつけられており，既に割り当てられた土地で満足的な開発が続行されている。年末には87,321エーカーのゴム植え付地があると推定される。1907年の植え付面積に比して20,629エーカーの増加である。年内の生産数値は着実な増加を示し，特にウルランガットおよびクランのエステートにおいて顕著であった（ARS1908: 4, pgh11）。

ペラ

1897年　ココナツとパララバーの植え付けは急激に広がっており，扱いがやや難しい新繊維ラミーの試験栽培が行われている（ARP1897: 3, pgh9）。

1898年　リベリアコーヒー ―― 継続的な低価格が栽培を現在利益のないものにしている。土着民はほとんど彼らの小農園を放棄しつつあるが，ヨーロッパ人および華人プランターは過日のセイロンプランターの勇気を示し，パララバーや他のゴム品種，ココナツ，その他の作物を植えて，コーヒーの回復を待っている。（中略）パララバー ―― この作物は広く栽培されている。政府農園から32,000個の種子と，59,718本の苗木が売られ，森林局は広い苗床を保有している（ARP1898: 5, pgh12）。

1899年　ペラにおいて農業用に譲渡された土地の総面積は244,215エーカーに上り，主要産物は米，砂糖，ココナツ，リベリアコーヒー，およびゴムである。

（中略）特に年初の数ヵ月間コーヒーの市場価格が低かったために新規の土地がその栽培に向けられることはほとんどなく，大量の土地に種々のゴム —— 主にパラおよびランボン品種 —— の植え付けが行われた（ARP1899: 3, pgh8）。

　プランティング・コミュニティは労働市場において鉱山所有者との競合があった。この種の競合が深刻に感じられることは近年までなかった。プランテーションに雇用される労働力は，華人砂糖栽培を除けばほとんど排他的にインド人，鉱山で雇用される労働力は華人であったからである。しかしながら，最近，腺ペストによる検疫制限のために華人労働力の供給が需要に対して過少になったので，華人プランター，華人鉱山所有者ともにそれをインド人の雇用で補ったのである（ARP1899: 16, pgh53）。

　ヨーロッパ人プランター間では砂糖産業に関係するものだけが順調であった。これまでヨーロッパ人の主要栽培作物であったリベリアコーヒーの価格が年中低かったためである。（中略）プランターの注意はグッタおよびゴムの大きな需要に向けられ，ほとんどすべてのヨーロッパ人所有エステートではその一部にゴムを産する樹木を植え付け中である（ARP1899: 16, pgh53）。

1900年　パララバーは現在では多くのエステートで広く植え付けられている。手入れがよければよく成長し，若い木は強く健康である。しかしながら，多くの場所で，木の根を攻撃する白蟻が危険な敵となり，プランターが戦うべき相手となっている。樹木が十分成熟してタッピング可能なエステートはまだない（ARP1900: 4, pgh13）。

1903年　パララバーはそれに値する注意を要求し続けている。既に植え付けられた区域は注意深く維持され，新たな土地が植え付け中である。ランボン品種のゴムも良好である。現在のところ，われわれのゴムエステートの成功を確実にするためには，細心の世話以外にはないように見える。しかしながら，ペラのエステートのゴムは大部分が未成熟な状態なので，結果を報告できるまで数年待つ必要がある（ARP1903: 3, pgh11）。

1904年　パララバーはここ数ヵ月マタン（Matang）のジェボンエステート（Jebong Estate, Mr. Frank Stephens）から定期的に輸出されている。これは規則的なタッピングが行われている唯一のエステートである（ARP1904: 3, pgh10）。

1906年　バタンパダン（Batang Padang）—— ゴムプランターたちがこの郡に殺到し，主幹線道路沿いの土地を占有した。現在，24のゴムエステートが

17,635 エーカーを保有し，次々に開発されている。しかし，労働力問題が大きい。パール（Parr）氏は賢明にも彼らにジャワ人を勧めている（ARP1906: 8, pgh14）。

1907 年　農業局長の報告によるとペラには 115 のエステートがあり，総面積 141,283 エーカーで，45,000 エーカーにゴムが植え付けられている。ゴムの生産は 1906 年の 94,848 ポンドから本年の 238,929 ポンド〔原文のまま〕へと増加した。雇用された労働者数は 20,432 人で，前年より 6,000 人多い（ARP1907: 26, pgh35）。

1909 年　ゴム栽培はすばらしい発展を示した。国の景観が一変した。無数の会社が設立された。政府ローンは大部分返還された。すべての民族の人々がさまざまな方法でゴム栽培のために大小の土地を入手しつつある（ARP1909: 11, pgh20）。

ゴム栽培の進展

　1909 年以降の年次報告書に記されたゴム栽培の動向を要約すると以下のようになる（ゴム作付面積の推移は巻末付表 2-3 参照）。

　スランゴールにおけるゴム園面積は増加の一途をたどった。スランゴールでは 1908 年になるとゴム植え付け用の土地申請は減少するが，植え付けは進行し輸出量も年々倍増した。ペラでもゴムの伸びは著しく，1912 年および 1913 年にはゴムの輸出が急激に増加している。ペラでは 1911 年頃からマレー人が非マレー人に土地を売却する傾向があることが指摘され始める。他方，ゴム価格が低下して 1913 年には輸出総額は減少した。1913 年および 1914 年にスランゴールのゴム輸出は量的には増加を続けるが，総価格は続けて低下した。ゴム栽培面積はこの期間も増加を続けている。1918 年にはスランゴールゴム栽培史上初めて輸出量，輸出総価格がともに減少した。

　1920 年時点において，スランゴールのゴム栽培面積（409,257 エーカー）はペラ（339,260 エーカー）を上回っている。農業用地面積はスランゴール（630,946 エーカー）よりもペラ（886,148 エーカー）のほうが大きい。スランゴールでは米が 15,534 エーカーに過ぎないのに対してペラでは 124,517 エーカーを占めている。ココナツはスランゴールでは 62,217 エーカーであるのに対してペラでは 95,633 エーカーであった。スランゴールではゴムへの特化がより著しい。

ペラにおけるゴム栽培面積は，この後スランゴールと拮抗関係を示すようになり，1934年以降はスランゴールを上回るようになった。

ゴム不況への対応

スランゴールでは1923年にゴム面積の減少が記録された。ゴム輸出制限下における実際の植え付け面積調査のためと理解されており，統計法上の見かけの変化である。1931年にはゴム産業にとって史上最悪の不況が記録され，タッピングの停止が相次いだ。スランゴールのゴム栽培面積はこの年にも微増している。ペラにおけるゴム栽培面積も増加を続け，1930年には545,514エーカーに達した。1932年にペラ，スランゴールともにゴム栽培面積が僅かながら減少を示した。1932年以後数年はタッピング完全停止や部分的停止などが記録されている。不況は1933年も続いているが，価格改善の兆しがあるとタッピングが再開された。ゴム生産制限の導入とともにゴム価格が上昇し，以後この状況の下に生産が行われる。1934年には不況の影響がやや弱まり，タッピング休止面積が前年よりも減少した。スランゴールでは1935年に生産制限の下で特異に発達したクーポン取引の存在が指摘されている。ペラでは1934年に

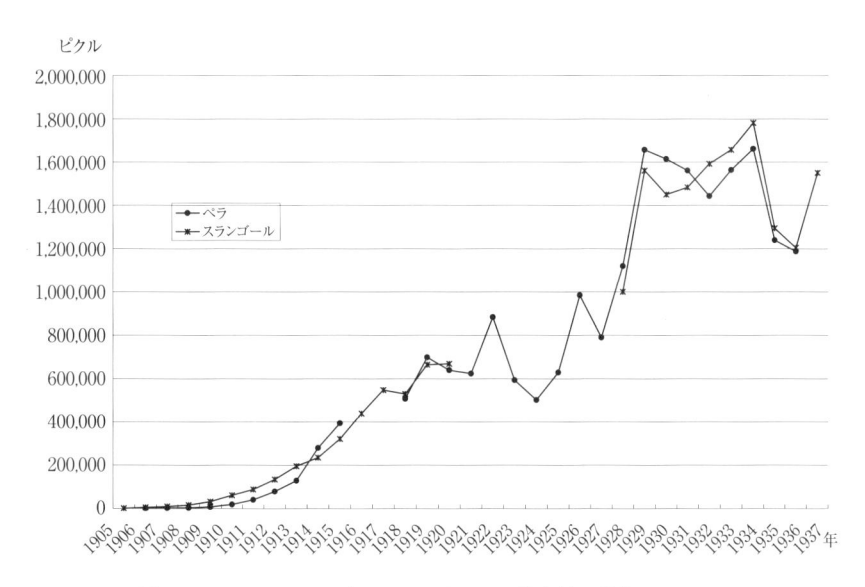

図2-3　ペラ，スランゴールにおけるゴム輸出量の推移　1905-1937

はゴム面積が回復している。ゴム不況およびそれに続く生産制限はかなり長期にわたるが、ゴム栽培面積自体は微増を続けている。

　ゴム輸出が統計として年次報告書に現れるのは、スランゴールでは1905年、ペラでは1906年である。ゴム輸出量の変化を図2-3および巻末付表2-1に示す。1906年以降はゴム園開発が急速に進行し、多くのエステートが開かれ、ゴム生産も増大していった。しかし1906年時点ではゴム園労働者は錫採鉱従事者をはるかに下回っている。初年度の輸出量はスランゴールでは1,191ピクル、ペラでは1,142ピクルであった。輸出量に関するスランゴールの優位は1913年まで続くが、その後両州の輸出量には大差が見られなくなる。それぞれの州からの輸出量の最大値は、スランゴールでは1934年の1,782,530ピクル、ペラでは同年の1,660,529ピクルであった。ゴムの場合、きわめて短期間のうちに輸出額が上昇した。スランゴールでは、1910年に錫輸出額を凌駕し、その後一貫して錫輸出額を上回った。錫の重要度が高いペラでも、1916年にゴム輸出額が錫輸出額を上回り、続く4ヵ年はゴム優位の状態が続いたとみられる。その後ペラではゴムと錫が互いに競り合うことになった。

　ゴムにおいては輸出量および輸出額の変動が、錫よりも激しく、1920年代と1930年代に大きな不況を経験している。1930年代の不況時におけるゴム栽培者の対応について年次報告書から若干の記述を抜粋する。

スランゴール

1931年　ゴム産業はゴム栽培プランテーション開始以来最悪の不況を経過しつつある。8月および9月には史上最低価格が記録された（ARS1931: 14, pgh98）。収益性がない価格のために29エステートではタッピングを完全に停止し、198エステートでABCシステムにしたがって一部でタッピングを行うか、収量の低い地域での作業を停止した（ARS1931: 14, pgh99）。

1933年　ゴム栽培面積は503,000エーカーであるが、うち48,500エーカーでは年内にタッピングが行われなかった（ARS1933: 17, pgh88）。ゴム価格は1933年3月まで下落が続き、スモークドシート1ピクルあたり＄5.50という最安値に達した。4月には明らかな改善があり7月まで続いて、若干の地域ではスモークドシート1ピクルあたり＄19をつけた。以後年末まで価格は＄15から＄17の間で安定した（ARS1933: 17, pgh89）。低価格のために多数の小ゴム園やエステートでタッピングが行われなかったが、価格が改善し始めると多くのゴム園で再開された。ほとんどの大規模エステートでは控えめなタッピング方法が採

用された（ARS1933: 17, pgh90）。

1934年　年初におけるスモークドシート1ピクルあたり価格は＄17.65であった。生産制限のうわさが広まると価格が上昇し，5月には＄31となった。6月にゴム生産制限法が施行されると，ピクルあたり＄28に低下し，年末まで安定した。価格が改善されると多くのエステートおよび小ゴム園がタッピングを再開した。大部分のゴム園では発行されたクーポンの価値に見合うだけのラテックスが採取されたが，大規模エステートでは一部分を定期的に休ませるという精巧なシステムが好まれた。多くの小ゴム園ではシェアーシステムによるタッピングが継続され，他の場合には乾燥ゴム1カティ〔1斤＝600グラム〕あたり8ないし9セントがタッパーに支払われた。平常ウルスランゴールの小ゴム園に雇用されていた華人タッパーやインド人タッパーの多くは大規模エステートに仕事を求めてもひきあうようになり，不況期に村を離れ稲作地，漁業，公共事業局に仕事を求めていた多くのマレー人は自分のゴム園を整備し，自己所有のゴムをタッピングするために帰村した（ARS1934: 9）。

1935年　ゴム価格は年内に何度も変動した。スモークドシートは内陸部で1月にピクルあたり約＄25であったが，3月には＄22に下がり，5月および6月には改善して維持され，10月にかなり急な上昇があって，小規模ゴム園の最上級生産物に対して＄28をつけた。市場でもっとも目立った様相は，特にウルスランゴール，クラン，およびウルランガットにおけるクーポン取引の発達であった。ゴム現物をともなわないクーポン市場が成立したために広大な地域でタッピングが行われなくなった。労働雇用がされても，タッピングから得られる利益はクーポン売却利益に比して無視できるほどだからである（ARS1935: 19）。

1937年　3月および4月に上昇があったとはいえ，ゴム価格の趨勢は年中下落に向かっていた。1月のスモークドシート価格はピクルあたり＄48であったが，3月に＄56に上昇し，6月には＄42に急落した。以後年末まで漸次的な低下があり，12月の価格はピクルあたり＄32であった。（中略）比較的規模が大きいエステートでは，生産制限のために部分的なリプランティングが可能になったことを利用して，収量が低いゴム園や，生産力がなくなったゴム園を接木やクローン種子を用いて代替すべく，大規模なリプランティング計画が実施された（ARS1937: 31）。

1938年　1月において小ゴム園産の良質のスモークドシート価格はピクルあ

たり＄29.50 であったが，3月には＄24 に下落し，6月に＄31 に上昇した。価格は9月に再び＄28.70 に下落し，10月に＄35 に上昇して年末に向かって＄35 と＄34 の間に留まった（ARS1938: 24）。

ペラ

1932年　11月の統計では，ペラでは100エーカー以上のエステートの6.1パーセントがタッピングを完全に停止し，13.3パーセントが部分的に停止した。100エーカー未満の小規模所有者については80ないし90パーセントがなおタッピングを続けている（ARP1932: 10, pgh51）。

1933年　1933年末におけるペラのゴム面積は総計521,905エーカーで，大規模エステートと小規模所有者の成熟，未成熟別面積は下記の通りであった[1]（ARP1933: 11, pgh58）。

	タッピング可能	未成熟
100エーカー以上のエステート	249,946エーカー	211エーカー
100エーカー未満のエステート	240,106エーカー	11,642エーカー

12月の統計によると100エーカー以上のエステートでは，4,398エーカーすなわち州の総栽培面積の1.8パーセントにおいてタッピングが完全に停止されていた。1932年12月の数値は13,441エーカーすなわち5.6パーセントであった。交互タッピングシステム（alternate systems of tapping; 著者注：ローテーションシステムを含むと考えられる）採用による部分的停止が1933年12月に34,156エーカーすなわち13.6パーセントで実施されていた。1932年12月には30,667エーカーすなわち12.9パーセントであった（ARP1933: 11, pgh59）。

小規模所有者については同等に信頼できるデータが入手できないが，州の選択された地域で定期的に行われている道路側観察によると，同年最終四半期において，91パーセントがタッピングを行っていた。第1四半期末においては約70パーセントであった（ARP1933: 11, pgh60）。

1934年　12月の統計では，100エーカー以上のエステートで2,249エーカー

---

1) 巻末付表2-3におけるペラの作付面積（1933年）は490,052エーカーで，ここに列挙された数値のうち，タッピング可能面積の合計に等しい。ゴム園面積に関して年次報告書で定義が明確になされることは少ないので取り扱いには注意を要する。

スランゴール州のゴムプランテーション。樹齢3年程度の若いゴムの木が整然と並んで植えられている（1910年頃）。

タッピング作業。ゴムの樹皮をナイフで傷つけると、やがて白い樹液がしみだしてくる（1970年頃）。

が完全にタッピングを停止していた。1933年12月には4,398エーカーであった。タッピングの部分的停止は32,058エーカーにおいて実施されている。1933年12月には34,156エーカーであった。上記に加えて12月末にはタッピングが行われたことがない成熟したゴムが合計11,781エーカー存在する（ARP1934: 10, pgh61）。四半期ごとの小規模所有者のタッピングに関する道路側調査が継続され，推計の基礎として使用されている。これに基づくと，稲作作業の必要に応じた稲作地帯における変動を除けば，年後半には州の小規模ゴム園の約95パーセントがタッピングを行っていたと推定される（ARP1934: 11, pgh62）。

1936年　ペラにおけるゴム面積は，1936年末において552,109エーカーと推定され，うち307,805エーカーは100エーカー以上のエステートの保有，244,304エーカーは100エーカー未満の小土地保有である（ARP1936: 15, pgh82）。1936年12月の統計では，100エーカー以上のエステートでは，9,424エーカーすなわち3.2パーセントがタッピングを完全に中止していた。タッピングの部分的な停止は（ローテーションシステムで休止中のものを除く）63,356エーカーで21.5パーセントにあたる。1935年12月には10,400エーカー（3.5パーセント）および60,288エーカー（20.4パーセント）であった（ARP1936;15, pgh83）。

　ゴム現物なしでクーポンを売却することは至るところで見られる。クーポンの価格は，クーポン付のゴム価格の約5分の4であるが〔原文のまま〕，正確には四半期ごとに変動する（ARP1936: 15, pgh85）。ゴムなしクーポンの売買は，小規模所有者の大きな割合がタッピング離れを起こす原因となった（ARP1936: 15, pgh86）。

1937年　ペラにおけるゴム面積は，1937年末において571,540エーカーと推定され，うち307,345エーカーは100エーカー以上のエステート保有，264,195エーカーは100エーカー未満の小土地保有である（ARP1937: 18, pgh99）。1937年12月の統計では，100エーカー以上のエステートにおいて，1,477エーカー，すなわちタッピング可能面積の0.5パーセントが完全にタッピングを中止していた。タッピングの部分的な停止は，ローテーションシステムで休止中のものを含んで69,893エーカーでタッピング可能面積の24パーセントにあたる（ARP1937: 18, pgh100）。クーポン売買は年中続き，クーポンはいまや全般的に独立した商品として扱われている。（中略）通常の価格はクーポン付生産物の25パーセントから33パーセントである（ARP1937: 19, pgh103）。

1938 年 ペラにおけるゴム面積は，1938 年末において 563,146 エーカーと推定される。100 エーカー以上のエステートが 306,882 エーカー，残りの 256,264 エーカーは小規模所有者および 100 エーカー未満のエステートである。1938 年 12 月の統計では，100 エーカー以上のエステートに関して，10,199 エーカー，すなわちタッピング可能面積の 3.6 パーセントが完全にタッピングを中止していた。タッピングの部分的な停止は，ローテーションシステムで休止中のものを含み 123,923 エーカーで，タッピング可能面積の 43.4 パーセントにあたる。（中略）ゴム取引をともなわないクーポンの処理は，年中減少の気配がなかった。（中略）年末において，小規模所有の約 36 パーセントはタッピングを行っていなかった（ARP1938: 23）。

　ゴム不況は，錫の不況と重なり，両州における労働力に甚大な影響を及ぼした。ゴム園で働く労働者は，錫採鉱における華人とは対照的に，タミル人を中心とするインド系出稼ぎ者が多かった。彼らの場合もまた，労働力の変動をめぐって好況時の入国者と不況時の帰国者が大きな影響を示すが，これらについては移民の項で詳述する。

第 2 部

開発先進地域と多民族化

第3章
マラヤ諸州の多民族社会形成 I　スランゴールとペラ

スランゴール要図

―――	州境
-------	郡境
―――	川
▰▰▰	鉄道

1. 初期人口状況

　スランゴールとペラはいずれもマレー半島西海岸に位置し，シンガポール，マラッカ，ペナンなどの海峡植民地に続いて英国による植民地化の過程に組み込まれ，錫，ゴムなどの生産の増加とともに，中国，インドからの大量の労働者をいち早く受け入れたという意味で，植民地的生産の場として典型的な姿を示した。本章では人口の側面におけるその過程を追跡する。

小人口状況

　19世紀中葉において，ペラが 25,000 (Low 1849: 606-607) ないし 35,000 (Newbold 1839: 418-419) の人口を擁したのに対し，スランゴールは 3,000 (Low 1849: 606-607) ないし 12,000 (Newbold 1839: 418-419) に過ぎなかった。1947年時点で，ペラの面積は 7,890 平方マイル (20,340 平方キロメートル)，スランゴールは 3,166 平方マイル (8,200 平方キロメートル) であった[1]。総面積と利用空間とが必ずしも対応しないとしても，ペラはスランゴールの約 2.5 倍の面積を有するので，人口密度の観点からは両者に大きな差はない。当時の人口を上記より多めに見積もっても，1平方キロメートルあたり2人以下である。人口規模が小さく人口密度も低いという点で，いずれも小人口状況を呈していた。

スランゴール：早期の華人居住

　スランゴールが上記の時点でそれぞれどのような民族構成を有していたかは明らかではない。やや遅れて 1884 年に，総人口 46,568，その他のマレーシアン 17,856，華人 28,236，インド人 369，ヨーロッパ人（ユーラシアンを含む）107 という数値が英国議会報告から引用されている。(1947年マラヤセンサス報告書，Appendix C)。この時点でマレー人というカテゴリーはない。

---

1) 1947年センサス報告，p.136。日本の九州は 35,660 平方キロメートル，四国は 17,760 平方キロメートルであるから，ペラは九州の2分の1強，スランゴールは四国の2分の1強の大きさである。

1886年にスランゴールについて示される人口の民族的構成において，総人口60,000の内訳は以下のようになる（Colonial Office 1886, pgh92）。マレー人というカテゴリーが現われ，その人口18,000人のうち3分の2に相当する12,000人が蘭領インドの出身であるという（Colonial Office 1886, pgh91）。

ヨーロッパ人およびユーラシアン	100
サカイ（原住民）	900
インド人	1000
マレー人	18,000
華人	40,000
計	60,000

　1887年に簡単な人口センサスが行われ，同年末の人口総数は97,106人であった。下記の数値は民族別人口を示す（ARS1887, pgh73）〔記載順は上記に合わせて入れ替え。1947年マラヤセンサスAppendix Cでは，原住民とマレー人を合わせた17,856人がその他のマレーシアンとして一括されている〕。

ヨーロッパ人	156
原住民	950
インド人	1,261
マレー人	21,584
華人	73,155
計	97,106

　スランゴール人口に関して注目すべきことは，半島の土着住民であったマレー人が絶対数としても比率としても少ないことである。この時点でマレー人をはるかに上回る多数の華人が既に居住していた。錫鉱を求めて来住した華人を中心にすると考えられ，1886年の数値では華人の割合は66.7パーセント，1887年の数値を採用すると75.3パーセントに達している。インド人は少なく，彼らの大量の来住はより後のことであった。

　1895年にスランゴール人口は華人100,000人を含んで150,000人に達した（ARS1895: 8, pgh32）。1896年人口は160,000人を超えている可能性があり，そ

の3分の2が華人であると報告されている（ARS1896: 10, pgh43）。

ペラ：マレー人の多さ

　スランゴールに比較してペラではマレー人人口の大きさが顕著であった。1879年に，マレー人は奴隷3,050人を含んで59,682人で，総人口80,984人の73.7パーセントを占めていた（表3-1）。10年後の1889年には総人口が194,801人となり，この間に華人が20,373人から98,304人に増加したため，マレー人の割合は43.7パーセントになった（表3-2）。スランゴールではほぼ同じ時期（1887年）にマレー人割合は22.2パーセントであった。1890年にはマレー人は100,667人で，ペラ総人口212,997人に対して47.3パーセントになっている（表3-3）。1890年の数値は1889年の「おおまかなセンサス」によるものよりも高い精度を持つとみなされ，年次報告書ではマレー人の数が華人を上回っていることに対する満足の意が表明されている（ARP1890: 18, pgh61）。

表3-1　ペラ民族別人口　1879

ナショナリティ	男子	女子	計
マレー人，自由民	29,223	27,409	56,632
マレー人，奴隷および債務奴隷	1,503	1,547	3,050
マレー人合計	30,726	28,956	59,682
華人	19,114	1,259	20,373
インド人	756	81	837
シャム人	1	4	5
シンハリ人	3	2	5
ヨーロッパ人およびユーラシアン	58	24	82
総　　数	50,658	30,326	80,984

ARP1890: 18, pgh61 より引用。

表3-2　ペラ民族別人口　1889

民族	人口
ヨーロッパ人およびユーラシアン	460
マレー人	85,103
華人	98,304
その他	10,934
計	194,801

ARP1890: 17, pgh61 より引用。

表3-3　ペラ民族別人口　1890

民族	人口
ヨーロッパ人	363
ユーラシアン	267
マレー人	100,667
華人	94,360
インド人	14,955
その他	2,385
計	212,997

ARP1890: 17, pgh61 より引用。

　上述のペラの数値から華人が大幅に導入されたのは1880年代であったと考えられる。導入された華人はペラでもスランゴールでもこれまでのところ10万人に達しなかったが，従来の小人口構造のために華人の割合を突出させた。後に重要な役割を演じるインド人は，1879年のペラでは837人に過ぎず，1889年には「その他」の中に埋没しているが，翌1890年には14,955人が記録されている。ゴム栽培に先立って，プランテーションの農業労働や政府の土木作業のためにインド人労働者の導入が始まっていた。1890年の統計の欄外に，調査の困難さのために実際数よりも少ないと注記して原住民人口5,895人が記載されている。彼らが一般人口の範疇から除外されていることは，植民地行政のあり方を物語るものとして興味深い。

　半世紀後の1939年にはペラの総人口は約95万人，スランゴールは約67万人と，4倍ないし6倍に達する。この変化がどのような社会増と自然増によるものなのかが問題である。

2. センサス人口の民族別構成

民族構成の変化

　スランゴールとペラについて1891年から1931年まで10年ごとに行われた5回のセンサスにおける民族別人口およびその総数に対する割合は表3-4のよ

表3-4 センサスにおける民族別人口 スランゴール，ペラ 1891-1931

スランゴール民族別人口

年次	総人口	マレー人	その他のマレーシアン	華人	インド人	ヨーロッパ人	ユーラシアン	その他
1891	81,592	23,750	2,828	50,844	3,592	190	167	221
1901	168,789	34,248	6,392	109,598	16,847	511	580	613
1911	294,466	45,474	19,588	151,172	74,079	1,389	1,257	1,507
1921	401,103	63,995	27,826	170,726	132,561	2,470	1,598	1,927
1931	533,535	64,436	58,502	241,496	155,960	2,806	2,138	8,197

ペラ（ディンディンを含む）民族別人口

年次	総人口	マレー人	その他のマレーシアン	華人	インド人	ヨーロッパ人	ユーラシアン	その他
1891	217,869	99,069	7,324	95,277	15,143	372	297	387
1901	333,778	134,263	10,771	151,192	35,037	674	594	1,247
1911	502,359	159,121	44,670	219,435	74,771	1,451	850	2,061
1921	611,169	190,901	53,369	227,602	134,215	2,078	990	2,014
1931	785,660	215,446	64,801	332,584	163,940	2,386	1,286	5,217

スランゴール民族別割合（％）

年次	総人口	マレー人	その他のマレーシアン	華人	インド人	ヨーロッパ人	ユーラシアン	その他
1891	100	29.1	3.5	62.3	4.4	0.2	0.2	0.3
1901	100	20.3	3.8	64.9	10.0	0.3	0.3	0.4
1911	100	15.4	6.7	51.3	25.2	0.5	0.4	0.5
1921	100	16.0	6.9	42.6	33.0	0.6	0.4	0.5
1931	100	12.1	11.0	45.3	29.2	0.5	0.4	1.5

ペラ（ディンディンを含む）民族別割合（％）

年次	総人口	マレー人	その他のマレーシアン	華人	インド人	ヨーロッパ人	ユーラシアン	その他
1891	100	45.5	3.4	43.7	7.0	0.2	0.1	0.2
1901	100	40.2	3.2	45.3	10.5	0.2	0.2	0.4
1911	100	31.7	8.9	43.7	14.9	0.3	0.2	0.4
1921	100	31.2	8.7	37.2	22.0	0.3	0.2	0.3
1931	100	27.4	8.2	42.3	20.9	0.3	0.2	0.7

1947年センサス，Appendix Cによる。

うになる。マレー人，その他のマレーシアン，華人，インド人，ヨーロッパ人，ユーラシアン，およびその他に大別されたそれぞれの州の人口が，この40年間に全体として著しい増加を示したことが明らかである。土着性が高いと想定されるマレー人が着実な増加を示しつつも全体に対する割合を低下させていく様相が明らかとなる。ジャワ人等を含む，東南アジア域内から移動した「その他のマレーシアン」の割合が，ペラで1901年から1911年の間に著しく増加しそ

の後横ばいに移るのに対し，スランゴールでは1921年から1931年の間に急激な増加が見られる。華人は1901年までは顕著な増加を示すが，スランゴールでは1911年から1921年にかけてマレー人と同様全人口に対する割合が低下した。ペラでは1921年における割合の低下が著しい。1921年における華人総数は1911年に比して増加しているが，男子に限定するとスランゴール，ペラともに減少が観察される（1947年センサス，Appendix C）。1931年には再び華人の割合の上昇が見られる。インド人はスランゴール，ペラにおいて，初期には比較的少ないが，着実な増加を示し，1921年に華人の割合が低下するのに対して，この民族としては総人口に対する最大の割合を示した。すなわち，スランゴールでは33.0パーセント，ペラでは22.0パーセントとなった。同年のインド人人口がスランゴールでは132,561人，ペラでは134,215人とほぼ同じであることにも注意したい。ヨーロッパ人は総人口に対して微々たる割合に留まるもののその増加は著しい。スランゴールにおけるヨーロッパ人人口は1921年時点でペラを凌駕する。ヨーロッパ人に対するユーラシアンの比率がスランゴールではペラよりも高いことは興味深い。

　スランゴールとペラにおける人口の民族的構成の変化は上述のように複雑な様相を示している。開発の進行とともに各民族が独自の動きを示し，民族別割合はその結果であることを認識する必要がある。

3. 年次報告書と推計人口

不確かな推計人口

　マラヤ各州の年次報告書には多くの場合当該年次の推計人口が報告されている。また，初期における不完全さが目立つものの出生数と死亡数が記載され，推計人口を用いて出生率と死亡率が計算されている。移動については，一時は州への出入者数が記載されるが，鉄道による輸送が発達するにつれて計数自体が断念された。

　マラヤ大学アジア・ヨーロッパ研究所において，年次報告書に記載された統

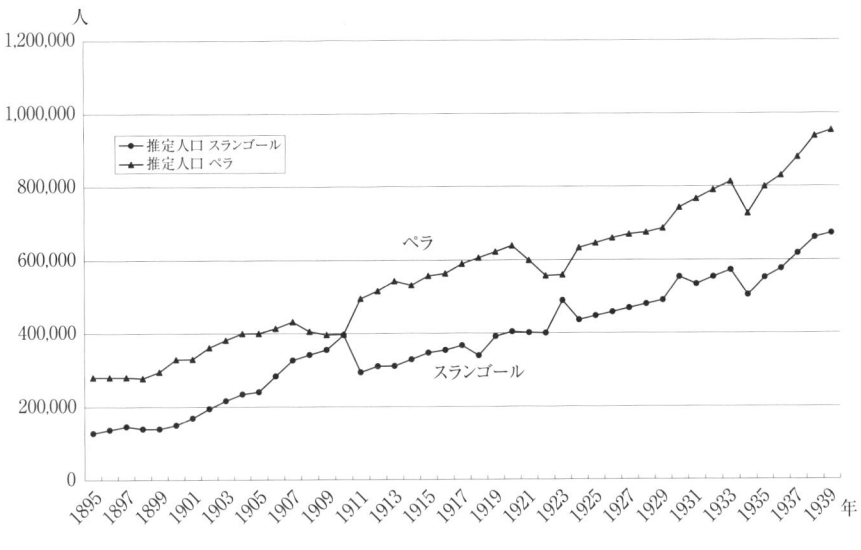

図 3-1　ペラ，スランゴールにおける推計人口の推移　1895-1939

計数値を丹念に収録したデータベースが作成されている[2]。ここでは，まずこのデータベースに収録された1895年以降の推計人口と出生数および死亡数をスランゴールとペラについて図3-1，図3-2および巻末付表3-1に示す。推計人口は，それぞれの州で若干の波動をともないつつも急激な増加を示している。変動を概観すると，一時的に下降するペラ人口と上昇するスランゴール人口とが1910年に接近しており，また再度一時的に下降するペラ人口と上昇するスランゴール人口とが1923年を中心にやや接近している。この動きからペラから隣接するスランゴールに向かって何らかの理由で人口移動があったように見えるかもしれない。しかしながら，このような推測は早計に過ぎる。1910年のスランゴール人口については，推計人口が過剰に見積もられていたことが1911年センサスによって明らかにされている。1923年の接近についても1921年から1922年にかけてのペラにおける人口減少に対してスランゴール人口は横ばいのままで，1922年から1923年にかけてはペラの微増に対してスラン

---

[2] このプロジェクトは，ペラの次期スルタン継承権者ラジャ・ナズリン（Raja Nazrin Shah）および当時のマラヤ大学アジア・ヨーロッパ研究所長シャハリル・タリブ（Dr. Shaharil Talib）氏を中心に，半島マレーシア経済史の量的把捉をめざして，長期にわたって継続的に実施されてきた。ここでは人口に関するデータの一部を使用させてもらった。

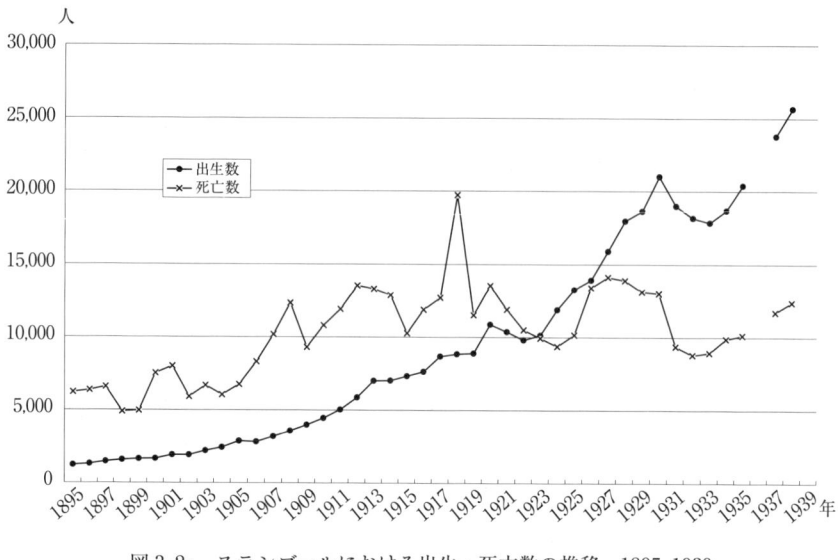

図 3-2a　スランゴールにおける出生・死亡数の推移　1895-1939

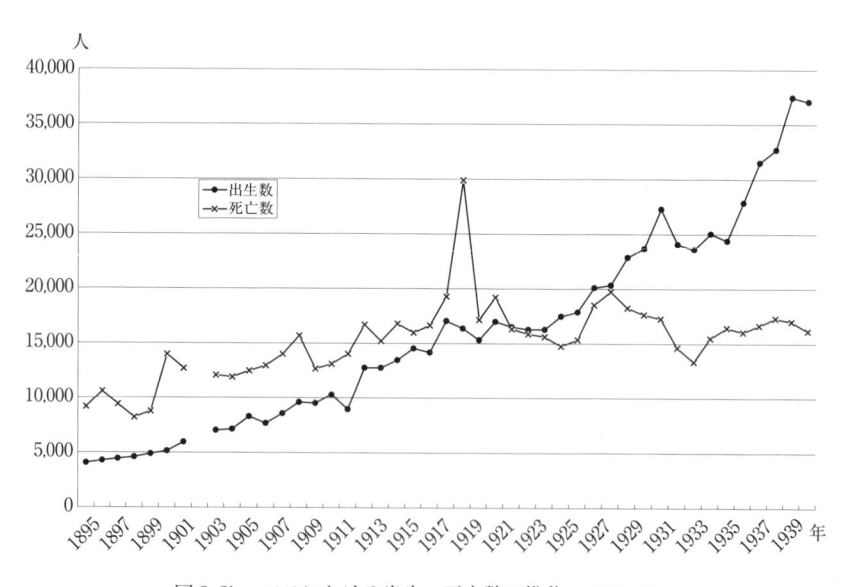

図 3-2b　ペラにおける出生・死亡数の推移　1895-1939

ゴールの急増がみられるというように，両州の人口増減に対応関係は認められない。

1934年を中心に両州の人口は一時的な下降を示す。これは1930年代に深刻になった不況の影響とみられるが，労働人口に対する不況の影響は1932年には発現している（ARS1932: 5, pgh16; ARP1932: 4, pgh14）はずであり，人口減少の開始時期に遅れがある。このことは1934年に先行する年次の推計人口が疑わしいことを示唆している。このように各年に報告された推定人口の値そのものに問題がある。

スランゴールおよびペラの年次報告書においては，ある時期まで，過去の増加率を将来人口の推計に適用する方法が用いられた。このため，不況による人口流出が生じても，推計人口が増加し続けた。過大になった推計値がセンサスなどに依拠して修正されると，見かけ上急激な人口減少が出現した。移動統計を用いた社会増と出生・死亡統計を用いた自然増を使用する推計法は，統計の不備あるいは過少記録のために，統計法の改善を待ってのみ適用可能であった。

出生数と死亡数は人口の動きを直截的に反映しているので，推計人口が過大に向かっているか，過少に向かっているかを判定する手がかりとして利用することができる。ただし，出生数は当時多数を占めていた単身男子の増減に対して鋭敏に反応するとはいえず，また，死亡数は流行病に対して過敏に反応することがあるので，通常の人口増減だけの指標とはならない。これらを利用して推計人口に対する修正値を連続的に提供することは困難であるが，総合的に方向性を示唆することはできる。たとえば，出生数，死亡数がともに減少している年次は，人口自体の減少を想定することができる。ただし，該当年次に住民の健康状態が良好であったかどうかも同時にチェックする必要がある。年次報告書の中に移民や労働者の減少に関する記載があるかどうかも重要なチェック項目となる。また，開発の停滞は開発前線での病気発生を減少させて死亡率の低下をともなうことがあるので，この影響をどのように評価するかも課題である。推計人口値を概観すると，上述の観点からは，スランゴールにおいて1909年，1910年，1915年，1923年，1924年，1932年，1933年，ペラにおいて，1898年，1899年，1913年，1924年，1925年，1932年などに過大な人口推計が現れた可能性を指摘することができる。

人口推計値に対する不信

　年次報告書を執筆した植民地官吏は，人口推計値の信頼性の欠如にしばしば言及している。推計人口における問題の存在は，当時の植民地官吏によっても強く意識されていたのである。以下に若干の例を示す。

スランゴール

1890 年　数値が推測的なものであるから州人口に関する数値を印刷することは無用である（Colonial Office 1890b: 29, pgh35）。

1909 年　次回センサスが行われるまで人口は憶測レベルに留まるので，出生率および死亡率の計算は試みないほうが良い（ARS1909: 28, pgh101）。

1932 年　州人口は幾何級数法（geometrical progression）によって1931年センサス数値から1932年の年央値が算出された。かなりの数の華人およびインド人が帰国したので，修正された数値は先回センサス値よりも低くなると思われる。しかしながら，この計算法は過去に用いられ，また半島中で用いられているのでこの報告を採用し続ける（ARS1932: 5, pgh16）。

ペラ

1899 年　半数以上が華人からなる推計人口は，1898年の273,000に比して295,000であった。しかしながら，信頼の置ける統計がないのでこれらの推計はおおよそのものと考えられるに過ぎない（ARP1899: 13, pgh45）。

1900 年　年末にまとめられる信頼度がより低い数値よりも，1901年3月に実施された最近のセンサス数値を引用するほうが満足度が高いものとなる。これらの報告によるとペラ人口は328,801を数える。1899年末には295,000であった。後者は概数としてのみ受け入れられる（ARP1900: 21, pgh74）。

1910 年　州人口は397,000と推定されるが，この数値はかなりの保留つきで受け入れられねばならない（ARP1910: 21, pgh30）。

1918 年　年央推計人口は605,964で，うち華人262,795，マレー人237,746，インド人99,938であった。これらの数値にはあまり信頼を置くことができない。二つのセンサス間の増加が規則正しく維持されるという仮定に基づいているからである（ARP1918: 17, pgh33）。

1919 年　人口は622,403と推計される（華人269,492，マレー人243,433，タミル人103,816）。しかし，推計は1911年センサスの数値を基礎にして一定の増加

率を適用したもので，おそらく低過ぎる（ARP1919: 8, pgh71）。
1932年　公的な方法（幾何級数法）で推計された人口は年央人口790,131で，この数値が死亡率その他の計算に用いられた。しかしながら，実際の人口はずっと少なく，1932年末には730,000人まで減少した可能性がある（ARP1932: 3, pgh14）。

4. 出生と死亡

出生と死亡の把握

　出生と死亡の観察を通して人口の動向をある程度察知できることは既に述べた。マラヤ各州において，植民地官吏はかなり早い時期から出生と死亡の把握を試みており，年次報告書では，推計人口の記載を欠くことがあっても，「人口」の見出しの下に出生数と死亡数だけが記録される場合がある。これらの記録は早い時期には不完全であったが，ここで植民地官吏自身の評価を引用しておこう。

スランゴール
1887年　警察で出生および死亡の記録をとっているが，入手された統計は公的統計用には不完全である（Colonial Office 1887, pgh93）。
1889年　下記の表（省略）は本年中に警察または土着村長に報告された出生および死亡数を示す。しかしながら，これらの数値は，年内の州死亡数を大体示すものとさえいえない。病院での死亡者を含まず，またそれと同数の華人が鉱山や遠隔地のジャングルで死亡したと思われるが，これらについて政府に報告が届くことはない（ARS1889: 73, pgh69）。
1890年　出生，死亡の登録に関する適切な制度はまだ導入されておらず，警察あるいは村長への報告は自発的なものだけに過ぎない（ARS1890: 29, pgh35）。
1895年　登録のシステムはなおきわめて不完全で，これらの数値は実際の出生，死亡率を示すものとして信頼することができない（ARS1895: 9, pgh34）。
1907年　登録官によれば年間出生数は3,188件で約半数がマレー人であった。

地方からの報告が次第に増加していることは，出生届出の必要性が一般に理解されつつあることを示唆している（ARS1907: 22, pgh97）。

ペラ

1905 年　出生および死亡の登録システムが非常に粗雑なので，本官はこの問題を審議し改善策を示すために委員会を任命した（ARP1905: 8, pgh16）。

1930 年　出生数はペラの記録上もっとも多く，出生率はなお上昇中である。これは，ある程度は，過去 2 年の間に出生届出に関する注意がより払われるようになったためであろう（ARP1930: 11, pgh109）。

出生・死亡を通してみた人口変動

　年次報告書に記載された民族別出生数および死亡数を 1895 年から 1939 年についてまとめると巻末付表 3-2，巻末付表 3-3 のようになる。連続データが確保できる 1903 〜 1938 年のスランゴールにおける華人とインド人についてこの間の出生数と死亡数の変化を示すと図 3-3 のようになる。出生数の変動が女子人口の変動を反映していること，出生の増加傾向に対して死亡の激しい変動に続く横ばいないし下降傾向が明らかなこと，この結果，出生数と死亡数の差として人口純増が出現することなどが明らかである。

　華人やインド人の死亡の変動率を，移動による変動が比較的少ないマレー人の死亡の変動率と比較すると，華人やインド人の移動を示唆する兆候を見出すことができる場合がある。華人死亡数の前年に対する比をマレー人死亡数の前年に対する比で除すことによって，華人死亡変動指数を求めてみた。この指数の値が 0.9 より低くなったのは，スランゴールでは，1898，1899，1908，1909，1915，1920，1923，1930，1932，1933，1936 の各年である。ペラに関しては，1912 年から 1921 年に至るデータ欠如期間を除けば，1905，1909，1910，1931，1932，1933，1936 の各年である。インド人について観察すると，スランゴールでは，1899，1909，1912，1915，1917，1922，1923，1929，1930，1931，1932，1933，1936，1938，ペラでは 1896，1901，1904，1910，1922，1923，1929，1931，1932，1936，1938，1939 の各年である。1932 年および 1936 年においては両州の華人およびインド人において低下が認められ，不況が人口減少を引き起こしていることが想定される。華人において減少が顕著な年次（1909, 1933），インド人において減少が顕著な年次（1922, 1923,

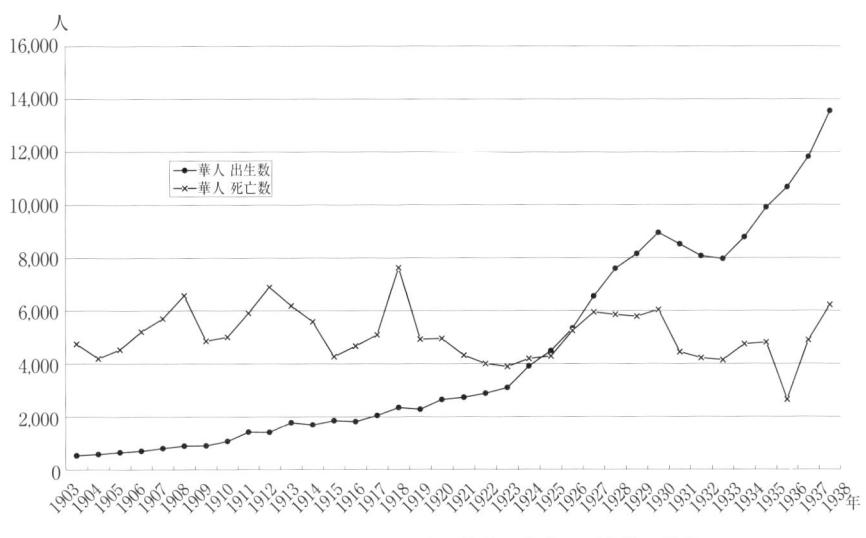

図 3-3a　スランゴールにおける華人の出生・死亡数の推移

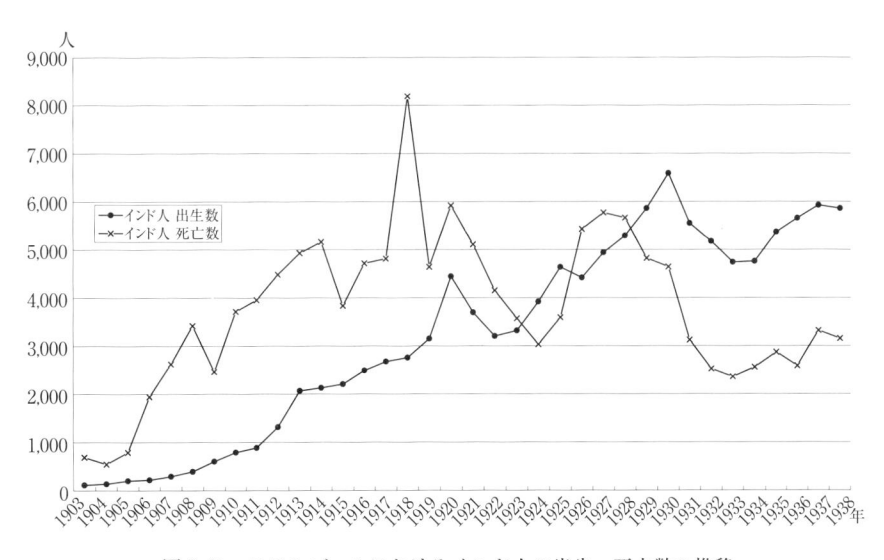

図 3-3b　スランゴールにおけるインド人の出生・死亡数の推移

1938),スランゴールにおいて減少が顕著な年次（1899, 1909, 1915, 1923, 1933),ペラにおいて減少が顕著な年次（1910, 1931) などに注目しながら，年次報告における移民や労働事情などの記事を参照することによって事情が判明する場合があるかもしれない。

5. 移民と出入者統計

移動統計の不完全さ

　推計方法の制約のために上述の観察ではスランゴールとペラの人口推計は実際とずれたままで記載される場合があった。出入者の統計が入手できれば実際の動きに即した人口推計を行うことができることは当時の植民地官吏も理解していたが，この作業は実際には困難であった。年次報告書における以下のような記述がそれを物語っている。
スランゴール
1890年　海路による華人の到着および出発に関する海岸発着所の報告にいくらかでも信頼がおけるとすれば，到着・出発とも減少があった。しかし，汽船および鉄道による輸送の増大，米輸入の増加，満足的な錫輸出を考慮すると，華人の移入・移出に関するクランの統計は受け入れることができない。本年は信頼できる報告を記載することができない。また，これまでの報告も粗い概数とみなされねばならない（Colonial Office 1890b: 36, pgh104, pgh105）。
1903年　数値は州の港を発着した者を扱うのみで，陸路を経由した者は数えていない。一つの港以外から州に出入りした者の数はこれまでは取るに足らなかったが，北はペラ，南はヌグリスンビランを結ぶ鉄道の開通が事情を完全に変化させ，出入者数の報告を不完全なものにしてしまった（ARS1903: 12, pgh65）。
1905年　人口および移民数推計は信頼できるとは考えられないので記載しない。かつて州への出入り口が水路または道路のみであったときは，民衆の動きを注意深く調べることにより，比較的正確な数値を得ることができた。数千の

ポートスウェトナム港の桟橋に停泊する汽船（1910年頃）。多くの移民がここに上陸した。

ペラ州クアラスブタンに残るポートウェルドの駅板。同地はかつて錫積出港として栄えた（第1章 p.27写真参照）。

第3章　マラヤ諸州の多民族社会形成 I　93

人々が鉄道で出入りするので，この種の旅客を除く計算は不正確かつ誤解を招くものとなる（ARS1905: 18, pgh95）。

1906年　陸路による到着および出発数に関する情報の欠如のため，州人口推定は行うことができない（ARS1906: 20, pgh92）。

1913年　海路で州に入った華人は44,558人と報告され，うち，4,951人が成人女子であった。海路で州を去った者は25,289人であった。これらの数値は華人人口にさらに増加があったことを示すと受け取られる可能性があるが，記録がとられていない鉄道による出入を含まないので疑わしいものである（ARS1913: 9, pgh33）。

1916年　1916年に海路で州に入った華人は26,867人で，1915年には17,114人であった。海路で州を去った者は15,757人あった。多くの華人が鉄道や道路で旅をするので，これらの数値はあまり価値がない（ARS1916: 9, pgh51）。

1917年　鉄道で州に出入りする華人数が入手できないので，誤解を避けるために海路で出入りした者の数は省略する（ARS1917: 5, pgh62）。

ペラ

1889年　報告はポートウェルド（Port Weld）およびトロアンソン（Tolok Anson）においてのみなされている。しかし，多くの移民，特にマレー人は数多くのより小さい港に入るのである（ARP1889: 19, pgh59）。

1890年　昨年の港湾統計は，到着67,637人，出発62,188人で，到着過剰が5,449人であった。1889年には到着72,025人，出発58,952人であったから，本年の移民による増加は相対的に少なかった。しかしながら，これらの数値はラルット（Larut）および下ペラ（Lower Perak）の港で得られたもののみで，ほかに，海岸沿いおよびプロビンスウェルズレイ，ケダー，パタニー，パハンおよびスランゴールとの内陸境界沿いに多くの出入場所がある（ARP1890, pgh63）。

1904年　諸港およびクリアン（Krian）における出入報告によると，すべての民族を合わせて約237,000人が州に到着した。約17,000人の入超である。スランゴールとの州境については報告がない（ARP1904: 7, pgh16）。

1907年　政府に提出された入境，出境報告に重要性を認めることができないので，ここには引用しない（ARP1907: 13, pgh18）。

1908年　移民報告は信頼できない（ARP1908: 14, pgh25）。

　移民が出入りする港や道路が多く，把握が困難であったこと，20世紀に入ると鉄道が移動を加速し，州レベルでの移民の計数を不可能にしたことが分か

る。特にスランゴールでは鉄道輸送の発達とともに，出入者数の記録は曖昧なものになっていった。それは20世紀初頭に指摘され始め，1917年の年次報告書においては移動統計の記載が中止されるのである。

6. 労働力の輸入

労働力の増加

　既に述べた統計上の不備にもかかわらず，19世紀末から20世紀初頭における移民や労働者の増減に関する記述は人口動態を具体的に伝えている。特に著しい増加について抜粋すると以下の通りである。
スランゴール
1890年　スランゴールではインド人労働力の需要が恒常的にあり，主としてマドラスから供給される。主な雇用は政府の仕事を行う道路工事労働者である。ネガパッチナム（Negapatam=Nagappattinam）と海峡植民地の港を結ぶ定期便が補助金を受けた汽船によって運行され，労働者の定常的な供給を確保している（ARS1890: 37, pgh89）。
1898年　本年，州に入った者の総数は52,436人で，移出数は49,042人であった。（中略）前年に比して華人移民に改善が見られたことは喜ばしい。入境移民は出境移民を3,000人上回った。しかし，さらに大きな華人労働者の流入が緊急に必要である（ARS1898: 9, pgh30）。
1899年　入手可能な限りでは人口に関する報告は勇気づけられる性質のものであった。移民の波が再び徐々に上げ潮となってきた兆候がある。1899年の入境者数は62,110人，出境者数は48,195人で，差は13,915人であった。（中略）華人移民は満足すべき程度に増加した。新規到着者は出境者を11,811人上回った。1899年には38,429人の華人が州に入ったが，この数は1896年の数値を著しく下回るものではない。伝染病による中国からの移民制限を考慮すれば，改善は格別に満足的なものである（ARS1899: 13, pgh39）。
1900年　入境移民および出境移民の報告はきわめて勇気づけられる性質のも

ので,長期にわたる産業人口記録中,最大の増加を示すものであった。ヨーロッパ人とマレー人の動きは通常通りであったが,現実に労働力を供給している華人とインド人の流入は過去10年のどの年よりも多く,記録上最大に達したとみなされる。その原因を要約すると以下のようになる。通商の発展と労働力需要の進展,インド政府の承認と協力によるインド人労働者移民に対する奨励と便宜供与の増大,中国の諸港からの移民制限の撤廃。報告は82,373人が州に入り57,000人が出発して,居住人口が25,373人増加したことを示している。(中略)50,220人の華人が州に入り,35,164人が去った。15,056人の人口増加である。(中略)1895年には華人到着が多かったが,1900年にはそれを700人上回った。13,432人のインド人が到着したが,うち5,377人は公共事業およびエステート労働のための労働者および家族であった。出発はこの半分で,州は約6,700人を得た[3]（ARS1900: 16, pgh38）。

1907年　年初における錫の高値のためにスランゴール海岸諸港への華人移民は1903年以降のどの年よりも多く,また,全体の25パーセントに達する満足的な割合の女子を含んでいた。他方,出港者数には僅かな減少があり,年末の錫価格の下落は移民の流入に顕著な影響がなく,また,目立った流出のきっかけにならなかった（ARS1907: 12, pgh46）。

ペラ

1899年　中国南部の検疫規制が解かれ,年末2ヵ月間には大量の華人移民の流入があった。保護官の報告によれば2,000人以上の新家（年季契約移民）が同年中にペラにもたらされた。(中略)インド人年季契約移民（statute immigrants）総数は2,268人に達し,また,同年中に1,110人の移民が自由労働者として契約なしでインドから到着した（ARP1899: 13, pgh46）。労働力供給不足のため,移民問題が特に重要となり,中国およびインドからの労働者供給を増加させるためさまざまな計画が立案された。(中略)鉱業管理官の見積もりによれば,鉱業目的の既譲渡地を活用するために,ペラだけでもさらに20,000人の労働者が必要とされる（ARP1899: 22, pgh71）。

1900年　下記の表に示すようにインド移民のかなりの増加があった（ARP1900:

---

3) 本文中の数値と同年の年次報告書巻末付表K（ARS1900: xxxii, Appendix K）に収録された民族別人口移動に関する数値の間に若干の相違があり,後者では到着総数83,153人,出発総数57,474人,華人到着50,634人,華人出発33,608人,インド人到着13,458人,インド人出発6,761人となっている。後者の方がより正確と考えられる。

22, pgh76)。

	1899 年	1900 年
契約移民	2,268	4,289
自由労働者	1,031	1,610
計	3,299	5,899

移民の減少と帰国

19世紀末以来，スランゴールやペラを含むマラヤ諸州においては，移民の導入が顕著になったが，既に述べたように，到着数には年次的な変化があるばかりでなく，帰国者数が到着者数を上回ることもあった。以下，労働者や移民の減少あるいは帰国に関する目立った記述を年次順に示す。

スランゴール

1890年　華人労働力供給における連続的な減少は報告に明らかである。これは中国の港における現地官吏による妨害や，デリのタバコプランターとの競合などのためとされる。労働力輸入の下落が錫生産の顕著な増加と同時に生じたのは確かに奇妙である（ARS1890: 36, pgh101）。可能性があるのは，錫価格がこれまでになく上昇した1888年にスランゴールの華人資本家が，最終的に雇用できる以上，すなわち州の労働需要以上の華人労働者を輸入したことである。錫における正常な価格の再確立とともに，既発あるいは計画中の企業が放棄され，労働者の輸入が止まり，余剰労働の漸次的な脱出が始まった（ARS1890: 36, pgh102）。

1908年　年末の2ヵ月に実施されたセンサスによると，前年に比して7,794人の労働者の減少があった。総数は前年の76,139人に対して68,345人である（ARS1908: 6, pgh15）。

1909年　鉱業局センサスによると，雇用労働者数はさらに減少を示した（ARS1909: 7, pgh19）。

1914年　海路で州に入った華人数は28,631人，州を去った者は39,379人であった。これらの数値は記録が取られていない鉄道による出入を含まない（ARS1914: 10, pgh53）。

1915 年　1915 年に州に入った華人の数は 17,114 人であった。1914 年には 28,621 人であった。本年前半は，移民は禁止あるいは制限された。海路で州を去った者は 17,937 人であった。本年の年末数ヵ月には入境者数が出境者数をかなり上回った。これらの数値は相当数にのぼる鉄道による出入を数えていない（ARS1915: 11, pgh58）。

1930 年　5 月に華人労働者の失業率が顕著となり，年末まで上昇し続けた（ARS1930: 23, pgh274）。〔華人〕身体虚弱労働者 1,002 人が 1 人あたり$15（マレー連邦政府負担）プラス$1（華人失業救済基金）で本国送還された（ARS1930: 23, pgh275）。ポートスウェトナム（Port Swettenham）における年内の援助移民到着数〔インド人〕は 1929 年の 59,159 人に対し 27,920 人であった。成人男子 16,761 人，成人女子 5,696 人，子供 5,463 人であった。これらの移民は鉄道または汽船で目的地へと分散した（ARS1930: 23, pgh276）。ポートスウェトナムの移民基地から本国送還されたインド人労働者数は 1929 年の 2,310 人に対し 1930 年には 31,410 人であった。労働局によって本国送還された労働者の大部分は失業のためである（ARS1930: 23, pgh278）。

1931 年　ポートスウェトナムにおける援助移民到着数は，〔1930 年の〕27,920 人に対して 67 人であった。これらはすべて非募集移民で，成人 52 人，年少者 13 人，乳幼児 2 人からなっていた。この減少は募集が年中停止されたためである（ARS1931: 23, pgh172）。ポートスウェトナムにおける非援助移民到着数は 1930 年の成人 4,061 人，年少者 307 人に対し成人 1,482 人，年少者 214 人であった（ARS1931: 23, pgh173）。ポートスウェトナムの移民基地を経て本国送還された南インド人（年少者および乳児を含む）は 1930 年の 31,429 人に対し 24,759 人であった（ARS1931: 24, pgh174）。

　本年の華人出国デッキパッセンジャーは 20,885 人であった。前年は 10,817 人であった。これらのうち 2,132 人は女子，1,584 人は 10 歳未満の子供である。前年はそれぞれ 1,659 人，467 人であった（ARS1931: 44, pgh344）。華人入国デッキパッセンジャーは 5,303 人で，1930 年には 9,947 人であった。964 人が女子，269 人が 10 歳未満の子供であった。前年はそれぞれ 1,467 人，456 人であった（ARS1931: 44, pgh345）。

1932 年　ポートスウェトナムを経由した華人移入移民，移出移民は 2,419 人および 11,054 人であった。1931 年には 3,471 人および 17,768 であった（ARS1932: 23, pgh165）。

ペラ

1909年　保護官報告による華人移動は，州の諸港からの出発数および鉄道によるペナンへの出発数が到着数を上回った。(中略) インド人移民がかなり到着し，インド人人口は増加した (ARP1909: 14, pgh25)。

1914年　本年の移出民は移入民を 22,111 人上回った。(中略) 年を二部分に分けた数値には興味深いものがある。

1月から7月	海路による人口減 (華人のみ)	1,740
8月から12月	同上	7,490
1月から7月	鉄道による人口減 (全民族)	3,610
8月から12月	同上	9,271
	計	22,111

　年の第1期における海路移入移民は 14,058 人であった。第2期 (5ヵ月) にはデッキパッセンジャーの移入が禁止されたため 2,876 人のみであった。海路による減少 9,230 人のうち，女子は 379 人のみであった。月別報告によると，州からの人口移動 (おそらく錫およびゴムの下落による) は年初から始まっている (ARP1914: 20, pgh25)。

1915年　〔華人保護局報告〕2ヵ月間 (9月および10月) を除けば，移入に対する移出の過剰が見られ，人口減は 11,814 人であった〔原文のまま。これは鉄道による人口減に相当する〕。前年 (の人口減) は 22,111 人であった。移入禁止は7月に廃止された。

1月から7月	海路による人口減 (華人のみ)	3,437
8月から12月	同上	1,968
1月から7月	鉄道による人口減 (全民族)	10,339
8月から12月	同上	1,475

統制下における月平均減少数は 1,968 人で，制限解除後は 689 人に減少した。制限解除は華人の移動に大きな影響を与えたとは見えない。これはおそらく中国からのデッキパッセンジャー運賃の上昇によるものである (ARP1915: 17,

pgh25)。

1930 年 年の前半にはインド人労働者に深刻な失業状態はなかったが，継続するゴム不況のために 7 月以後深刻になった。次の 4 ヵ月間は失業者数の著しい増加が見られた。この状況は無料本国送還によって対処され，年末には正常に復した。11 月 3 日にトゥルアンソン（Teluk Anson）に本国送還事務所が開設され失業者や他の希望者の群に対応した。事務所は年末に閉鎖された。年内に本国送還されたインド人労働者は 5,951 人であった（SRP 1930: 23, pgh232）。

1931 年 21,176 人の失業あるいは病弱状態の華人が保護局によって本国送還された。このうち 13,584 人は失業者で，9 月におけるマラヤ錫割り当て激減の結果，8 月から 11 月の間に本国送還された（ARP1931: 40, pgh270）。1931 年末時点で採鉱所において雇用されていた労働者は 33,486 人であった。1930 年末は 43,699 人，1929 年 12 月には 65,411 人であった。1 ヵ月間の最大減少は 9 月の 5,544 人であった（ARP1931: 41, pgh271）。労働者に関する報告が 888 のエステートおよび採鉱所から得られた。1930 年には 886 であった。12 月 31 日現在の労働者数は以下（表 3-5 参照）の通りである（ARP1931: 41, pgh274）。年内にエステートおよび採鉱所において雇用された労働者数は 18,297 人減少した。1930 年末に比して減少率は 21.06 パーセントであった（ARP1931: 42, pgh278）。政府部局に雇用された労働者数は各年末において以下（表 3-6 参照）の通りであった（ARP1931: 42, pgh279）。

1932 年 1932 年末における採鉱所雇用労働者数は 22,777 人であった。1931 年末には 33,487 人，1930 年 12 月には 43,699 人であった。1 ヵ月間の最大減少は，1 月の 3,348 人，および 6 月の 2,807 人であった（ARP1932: 49, pgh308）。労働者に関する報告が 978 のエステートおよび採鉱所から得られた。1931 年には 888 事業所であった。12 月 31 日現在での労働者数は以下の通り（表 3-5 参照）である（ARP1932: 49, pgh310）。年内にエステートおよび採鉱所に雇用された労働者数は 7,996 人減少した。1931 年末に対する減少率は 11.66 パーセントであった（ARP1932: 50, pgh314）。政府部局雇用労働者数は各年末において以下の通り（表 3-6 参照）である（ARP1932: 50, pgh315）。

移民数の変動

スランゴールおよびペラにおける移民導入は，19 世紀末および 20 世紀初頭

にその著しさが強調されている。実数としての増加も重要であるが，植民地行政官の態度ないし社会風潮として，移民労働者待望を基調とした記述が見られることに注意したい。他方，中国，インドなどの移民送り出し国の事情も移民数に影響していることが指摘されている。

　1914/15年，1931/32年には，第1次世界大戦，世界不況などを背景に，失業と移民制限さらには労働者の帰国などが顕在化し，華人，インド人を中心に人口減少が生じた。鉱山やエステートにおける雇用労働者の減少は顕著であるが，失業者のすべてが帰国したわけではない。女子の帰国傾向が男子ほど顕著ではなかったことにも注意しておきたい。このことは性比の均衡化と後の人口増加に寄与した。

　スランゴールおよびペラにおいては移民に関する統計の不備が多く，長期にわたる観察期間を確保できないことについては既に述べた。交通機関の発達が不十分な比較的初期においてはそれぞれの州の到着者数が年次報告書に記されている（巻末付表3-4，巻末付表3-5）。スランゴールとペラを比較できる年度は限られているが，これらの州における入境者および出境者数の動きには共通するものがある。特に1897年総数における入境者の減少に注目したい。この年

表3-5　ペラ民族別労働者数　1929–1932

民族	1929	1930	1931	1932
インド人	67,309	53,604	42,490	38,366
華人	21,736	29,631	22,644	19,060
ジャワ人	593	628	657	671
その他	3,885	3,035	2,810	2,508
計	93,523	86,898	68,601	60,605

ARP1931およびARP1932により作成。

表3-6　ペラ政府雇用労働者数　1929–1932

民族	1929	1930	1931	1932
インド人	9,517	9,658	7,861	5,758
華人	176	98	126	93
ジャワ人	10	0	1	1
その他	836	720	842	503
計	10,539	10,476	8,830	6,355

ARP1931およびARP1932により作成。

における社会減は出境者の増加によるものではなく，出境者数もまた減少していることが興味深い。民族別にみた場合，社会増減の現れ方がやや複雑になる。すなわち，華人男子においてはスランゴールとペラともに社会減が認められるが，華人女子ではスランゴールにおいて社会減が見られるものの，ペラにおいては逆に社会増があった。インド人とマレー人に関しては，スランゴールで男女ともに社会増が記録され，ペラで男女ともに社会減があった。ヨーロッパ人においてはスランゴールでは男女ともに社会増があり，ペラでは男子において社会増が，女子に社会減があった。総数における社会減は華人男子の動きに影響されている。

　スランゴールとペラでは面積と人口規模の差にもかかわらず，元来人口数に違いがあったマレー人を除けば，この時点では人口移動の規模に大きな差がないことにもまた留意すべきであろう。

7. 社会増減・自然増減と人口

社会増減の優越

　人口移動統計に基づく社会増減と，出生・死亡統計に基づく自然増減を累計して全般的な人口推計を行うためには資料が不足している。しかし，1891年から1901年に至る10年間のペラの統計は，期首および期末年次のセンサス人口，入境出境統計，出生死亡統計が比較的整っており，若干の補完値を挿入すれば，民族別，男女別に人口増に対する各要因の関与の度合いを知ることができる[4]（表3-7）。人口増加の大きな部分が社会増に依存していることが明らかである。総人口においては，自然増の寄与はマイナスとなっている。ヨーロッパ人においては自然増の寄与は認められるもののきわめて低く，マレー人にお

---

[4] 欠落数値の補完のためには，1893年の各値について前後の年次の平均値を適用し，1898年の移動に関する男女別数値については，男女移動総数を前年の実績に対応して配分した。また，各センサス人口は，後にペラ領に編入されたディンディン（Dindings）を含み，操作上年初のものとしている。

表 3-7　社会・自然動態に基づく民族別人口推計（摘要表）　ペラ　1901 年

		センサス人口(1891)	センサス人口(1901)	センサス間増加	自然増加	社会増加	動態増加	合成人口(1901)	動態増加/センサス間増加	合成人口/センサス人口
全人口	総数	217,869	333,778	115,909	-48,886	154,380	105,934	323,803	0.914	0.970
	男子	158,847	242,173	83,326	-53,153	142,384	89,232	248,079	1.071	1.024
	女子	59,022	91,605	32,583	4,707	11,996	16,702	75,724	0.513	0.827
ヨーロッパ人	総数	669	1,268	599	140	1,037	1,177	1,846	1.965	1.456
	男子	436	785	349	71	1,140	1,211	1,576	3.470	2.007
	女子	233	483	250	69	-65	4	237	0.016	0.490
華人	総数	95,277	151,192	55,915	-51,432	117,846	66,365	161,642	1.187	1.069
	男子	89,337	137,362	48,025	-50,705	111,963	61,259	156,536	1.276	1.140
	女子	5,940	13,830	7,890	-777	5,883	5,106	11,046	0.647	0.799
マレー人	総数	106,393	145,034	38,641	9,810	4,280	14,089	120,482	0.365	0.831
	男子	56,973	77,010	20,037	3,598	2,142	5,740	62,713	0.286	0.814
	女子	49,420	68,024	18,604	6,212	2,137	8,349	57,769	0.449	0.849
インド人	総数	15,143	35,037	19,894	-7,343	13,548	6,205	21,348	0.312	0.609
	男子	11,867	26,329	14,462	-6,237	11,505	5,268	17,135	0.364	0.651
	女子	3,276	8,708	5,432	-1,105	2,043	938	4,214	0.173	0.484

合成人口（1901）＝センサス人口（1891）＋自然増加＋社会増加

いてのみ自然増が社会増を上回っている。華人とインド人において人口増加は完全に社会増だけに依存して実現している。

　全人口については，二つのセンサス間の人口増加数は，社会増と自然増を加えて算出された人口増加数を僅かながら上回り，社会増あるいは自然増のいずれかあるいは双方において記録漏れがあることを示唆している。出生・死亡登録制度が不完全で，死亡よりも出生の届出に欠落が多いことも考えられる。出生後まもなく死亡した者は出生統計にも死亡統計にも現れず，自然増加数に影響を及ぼさないこと，この時代の自然増加率は定住人口においても決して高くはなかったことは考慮に入れてもよい。推計人口増加（自然増加数＋社会増加数）が過少となる原因は，社会増の算出のための基礎数値すなわち入境者数と出境者数において，前者が相対的に過少評価されたためとみなすのがもっとも自然であろう。数字が既に与えられている出境者数について報告数が過大とみなすこと自体が矛盾を含むからである。逆に，推計人口増加のほうが過大となった場合は，出境者が過少に評価されたためと考えると分かりやすい。既に数値が与えられている入境者数について報告数が過大とみなすこと自体が矛盾を含む

からである。

　ヨーロッパ人については，総数において合成期末人口（期首センサス人口＋自然増加数＋社会増加数）が期末センサス人口を45.6パーセントも上回る。これは男子人口における推計人口がセンサス人口の2倍強になることによって生じたもので，過少評価が出境者において生じたためと理解したい。ヨーロッパ人女子においては逆に社会増が負となっており，実際に生じた人口増加は入境者の記録が不十分であったことを示唆している。華人においては，男子人口，女子人口の双方においてヨーロッパ人と同様の傾向が見出される。インド人については，男子人口，女子人口ともに合成期末人口が過少となっている。すなわちこの時期のインド人については，男子においても入境者の把握に問題があったと考えられる。ただし，女子における把握の不十分さがより著しいのである。

　マレー人に関しては，インド人の場合と同様，男子，女子ともに合成期末人口が過少となっている。マレー人の場合男子の過少が著しい。地の利をわきまえているマレー人が，ペラ海岸の各所から入境することがこの原因であろう。マレー人の場合，社会増の過少評価があったとしても，死亡に対する出生の過剰すなわち自然増加が人口増加に寄与している側面を軽視することができない。華人やインド人と異なり，男子人口と女子人口の均衡が想定され，また生活環境の変化も少ないところから，ある程度の自然増加が確保できたと考えられるのである。

　マレー人を除けば，すべての民族において男子については合成期末人口がセンサス人口を上回り，女子についてはセンサス人口が合成期末人口を上回るということは示唆的である。これが男子における出境者数の過少評価，女子における入境者数の過少評価によって説明されるとすれば，このことは植民地官吏が労働者として入国する男子により大きな関心を示したことと整合的である。各民族の性比をセンサスから算出して，1891年から1931年に至る変化を表示すると表3-8のようになる。男子労働力の陰で明示的に言及されることが少なかった女子人口の増加が性比の変化として明確に捉えられることに注意したい。入国における女子の計数の不徹底，女子の滞留傾向の相対的な強さ，そして自然増加による男女均等への変化がこの背後に存在したと考えられる。

表 3-8 民族別性比の変化 1891-1931

	総人口	マレー人	その他のマレーシアン	華人	インド人	ヨーロッパ人	ユーラシアン	その他
スランゴール								
1891	4.61	1.46	2.13	14.72	5.32	3.22	1.83	1.48
1901	4.28	1.37	2.07	8.63	4.05	2.60	1.36	1.03
1911	3.03	1.20	2.03	4.70	3.22	2.54	1.14	0.74
1921	2.00	1.18	1.56	2.50	2.13	1.87	1.14	0.97
1931	1.59	1.06	1.31	1.77	1.72	1.80	1.10	1.94
ペラ								
1891	2.69	1.13	1.44	15.04	3.62	2.41	1.40	1.53
1901	2.64	1.11	1.47	9.93	3.02	2.19	1.18	1.23
1911	2.29	1.08	1.31	5.13	2.99	2.45	1.04	0.68
1921	1.72	1.04	1.22	2.64	2.17	2.02	1.00	0.88
1931	1.54	1.01	1.23	1.99	1.84	1.79	1.05	1.45

センサス数値より算出。

8. 自然増の評価

死亡の超過

通常の人口動態統計においては，出生数が死亡数を上回ることによって自然増加が確保されている。既に述べたようにスランゴールおよびペラでは逆に死亡数が出生数を上回り，人口増加が移民の過剰によって実現する状態がかなり長く続いた。図3-2（前掲, p. 86）に示すように，スランゴール総人口において出生数が死亡数を上回るようになったのは1923年，ペラではそれよりも2年早い1921年であった。死亡数が出生数を上回ったのは，死亡傾向の高さに加えて，男子の占める割合が異常に多い人口構造のためである。性比が正常化へ向かう過程がそれぞれの民族において異なるならば，出生数が死亡数を上回るようになった年次に違いが見出されるはずである。スランゴールのマレー人においては1896年時点で既に出生数が死亡数を上回っており，インド人においては1924年，華人においては1925年に出生数が死亡数を上回るようになっ

た。ペラのマレー人においても，1895年時点で既に出生数が死亡数よりも多く，華人において1928年，インド人において1929年に出生数が死亡数を上回る状況が見られるようになった。

男子過剰社会における自然増加の意味

　通常の人口学的操作においては出生数と死亡数の差は自然増として扱われるが，男子移民を多く含む社会では注意深く解釈する必要がある。自然増がマイナスであることは，人口の減少を意味する。図式的には，流入する人口が死亡の過剰を補い，さらにそれを上回る数を補充することによって，人口増加が実現する。全人口を，単身で一時的に滞在している部分と，結婚して既に再生産体制に入っているか将来結婚して再生産体制に組み込まれる可能性がある部分に二分すると，よりダイナミックな構造的理解が可能となる。すなわち，前者は在住人口の死亡と流入人口による補充のみで成り立つのに対して，後者では再生産可能人口の自然増が人口増加要因に加えられる。

　女子人口が実際にはある程度の流動的出稼ぎ者を含んでいることを認めつつも，ここでは定住人口に該当するとしてこの問題に対する検討を進めると以下のようになる。観察対象はスランゴールの女子である（表3-9）。マレー人女子の場合，統計が得られる最初の年である1896年において既に出生数が死亡数を上回っている。華人女子において出生数が死亡数を上回る最初の年は1915年であり，それが恒常化するのは1919年以後である。インド人女子においては出生数が死亡数を上回る最初の年は1924年で，それが恒常化するのは1928年以後である。華人においてもインド人においても，再生産人口に組み入れられないような女子が女子人口の中に存在し，そのことが女子人口における死亡数を相対的に高くしていたことは想定できる。それにもかかわらず，女子人口における再生産に組み入れられる部分は男子人口におけるよりも相対的に多かったはずである。このような状況下で出生数が死亡数を上回る時点が全人口に僅か数年先行するに過ぎないということに注意すべきであろう。ゴム園開発などに従事した一部の男子人口を除いて，マレー人は比較的安全な環境の中で生活していたために死亡率が比較的低く，自然増加が確保できたという見方が可能である。これに対して，華人やインド人の生活環境は，男女を通じて相対的に厳しく，死亡率の低下が現れ，自然増加が確保されるようになったのは

表3-9 スランゴール女子における出生と死亡 1896-1938

	マレー人		華人		タミル人（インド人）	
	出生	死亡	出生	死亡	出生	死亡
1896	452	337	101	164	17	60
1897	546	398	111	160	12	62
1898	583	390	119	181	27	89
1899	607	407	119	204	24	84
1900	546	478	149	263	39	324
1901	620	460	215	264	36	447
1902	556	335	190	249	46	227
1903	616	403	233	282	59	154
1904	638	389	241	337	75	181
1905	771	464	281	393	107	191
1906	709	545	320	390	101	459
1907	790	548	356	430	139	581
1908	822	674	399	517	204	732
1909	933	598	398	506	312	604
1910	943	591	466	548	375	1,102
1911	954	571	652	882	418	1,197
1912	1,230	724	625	839	678	1,238
1913	1,255	660	762	786	993	1,486
1914	1,203	754	747	834	1,026	1,732
1915	1,237	777	795	736	1,068	1,349
1916	1,188	949	773	824	1,241	1,724
1917	1,463	1,019	904	947	1,302	1,799
1918	1,325	1,337	1,043	1,357	1,353	2,944
1919	1,183	658	1,014	948	1,569	1,685
1920	1,387	951	1,155	1,095	2,145	2,306
1921	1,370	898	1,180	1,025	1,856	1,967
1922	1,821	828	1,253	959	1,594	1,611
1923	1,226	932	1,353	929	1,656	1,879
1924	1,358	759	1,754	1,018	1,921	1,204
1925	1,377	789	1,950	1,102	2,284	1,575
1926	1,315	985	2,383	1,343	2,232	2,426
1927	1,454	814	2,972	1,536	2,488	2,509
1928	1,677	856	3,461	1,616	2,635	2,444
1929	1,419	869	3,702	1,654	2,928	2,198
1930	2,545	1,045	4,039	1,847	3,248	2,160
1931	2,349	844	3,823	1,422	3,871	1,448
1932	2,322	910	3,615	1,445	2,572	1,173
1933	2,431	1,113	3,561	1,513	2,344	1,133
1934	2,397	1,185	4,011	1,639	2,333	1,205
1935	2,396	1,079	4,587	1,737	2,665	1,330
1936	2,864	1,222	4,868	1,780	2,719	1,193
1937	2,893	1,271	5,527	2,069	2,856	1,541
1938	2,952	1,330	6,397	2,440	2,939	1,484

ARS 各年度版より作成。

20世紀に入って，10年ないし20年経過してからのことであったとみなしてもよさそうである。

第4章
マラヤ諸州の多民族社会形成 II　パハンとジョホール

ジョホール要図

─··─··─	国境
─···─···─	州境
────	川
▰▰▰▰	鉄道

1. 後発地域としての性格

初期状況

　スランゴールやペラに隣接するパハンとジョホールは，前二者が早い時期から開発が進められたのに対して，どちらかといえば後発地域としての特性をもつ。パハンはマレー半島東海岸に位置し，広大な森林に覆われているため，その開発は近年まで続けられた。パハンが連邦州の一員として植民地政府の直接支配下に置かれたのに対して，ジョホールは非連邦州の立場を維持したため，シンガポールとの近接にもかかわらず，連邦州とはやや異なった様相を示した。ここではパハンとジョホールを比較しながら，人口増加と多民族社会の形成過程を描き出すことを試みる。

　19世紀前半の時点で，ニューボールドはパハンの人口を40,000，ジョホールの人口を25,000と推定している（Newbold 1839: 418-419）。この時点のペラの人口はニューボールドの同書によると35,000とされ，パハンはペラよりもやや大きい人口を擁すると考えられていたが，パハンの面積を考慮するとその人口分布は相対的に疎であった。ちなみに1947年時点におけるペラの面積7,890平方マイル（20,430平方キロメートル）に対してパハンはその1.8倍の13,873平方マイル（35,920平方キロメートル）であった（1927年年次報告書では14,006平方マイル。ARPa1927: 1, pgh2）。また，スランゴール人口12,000に対してパハンは3.3倍の人口を有するが，スランゴール面積3,166平方マイルに対してパハンは4.4倍である。ジョホールは人口に関してペラよりかなり小規模であるが，その面積7,321平方マイル（1947年時点）はペラに迫るほどであった。スランゴールに対してもほぼ匹敵する人口密度を示していた。すなわち，19世紀前半ないし中葉においては，人口総数は異なるもののジョホールはスランゴール，ペラに類似した人口密度を示し，パハンはより顕著な疎人口分布を示していた。

　パハンやジョホールがどのような民族構成を有していたかは，スランゴールやペラ以上に曖昧である。1891年センサスによると，パハンの総人口57,444は，マレー人50,009，その他のマレーシアン3,095，華人3,241，インド人583，

表4-1　センサスにおける民族別人口　パハン，ジョホール　1891-1931

	総人口	マレー人	その他の マレーシ アン	華人	インド人	ヨーロッ パ人	ユーラシ アン	その他
パハン								
1891	57,444	50,009	3,095	3,241	583	102	41	373
1901	84,113	65,571	7,891	8,695	1,227	134	46	549
1911	118,708	75,840	11,269	24,287	6,611	137	85	479
1921	146,267	86,465	15,840	34,254	8,694	282	116	616
1931	180,117	90,914	20,214	52,291	14,820	390	145	1,343
ジョホール								
1911	180,632	71,989	38,058	63,547	5,669	213	76	1,080
1921	282,594	90,258	67,652	97,397	24,184	742	183	2,178
1931	505,589	113,247	121,256	215,257	51,048	723	307	3,751

	総人口	マレー人	その他の マレーシ アン	華人	インド人	ヨーロッ パ人	ユーラシ アン	その他
パハン								
1891	100	87.1	5.4	5.6	1.0	0.2	0.1	0.6
1901	100	78.0	9.4	10.3	1.5	0.2	0.1	0.7
1911	100	63.9	9.5	20.5	5.6	0.1	0.1	0.4
1921	100	59.1	10.8	23.4	5.9	0.2	0.1	0.4
1931	100	50.5	11.2	29.0	8.2	0.2	0.1	0.7
ジョホール								
1911	100	39.9	21.1	35.2	3.1	0.1	0.0	0.6
1921	100	31.9	23.9	34.5	8.6	0.3	0.1	0.8
1931	100	22.4	24.0	42.6	10.1	0.1	0.1	0.7

1947年センサス報告書，Appendix Cより作成。

ヨーロッパ人102，ユーラシアン41，その他373から成り立っていた（表4-1）。マレー人が87.1パーセントを占めて圧倒的に多かったことに注意したい。ジョホールについて民族別人口が明示されるのは，1911年になってからであるが，この時点の総人口は180,632で，マレー人71,989，その他のマレーシア人38,058，華人63,547，インド人5,669，ヨーロッパ人213，ユーラシアン76，その他1,080から構成されていた。同時期のパハンのマレー人人口は75,840でジョホールをやや上回るが，華人人口は24,287に過ぎず，ジョホールがこの時期までに多数の華人を受け入れていたことが分かる。ジョホールにおいては

表 4-2 センサス男子人口　パハン，ジョホール　1901-1931

	総人口	マレー人	その他の マレーシ アン	華人	インド人	ヨーロッ パ人	ユーラ シアン	その他
パハン								
1901	46,746	33,518	3,541	8,225	1,075	108	31	248
1911	72,234	38,121	6,135	21,827	5,820	109	56	166
1921	88,068	43,764	8,840	27,830	7,092	214	73	255
1931	105,514	45,099	11,065	37,662	10,458	254	76	900
ジョホール								
1911	122,324	36,143	23,640	56,914	4,763	179	46	639
1921	186,556	46,047	39,910	79,209	19,295	584	106	1,405
1931	323,660	56,280	69,150	158,488	36,860	502	160	2,220

1947年センサス報告書．Appendix C より作成．

その他のマレーシアンが多いが，そのうちジャワ人が 30,904 人を占めている。

　パハンが連邦州の一つでありながら相対的に緩やかに開発されていったのに対し，ジョホールは非連邦州でありながら，1920 年から 30 年の間に急速に開発されていった。スランゴールやペラにおいて 1911 年センサスから 1921 年センサスの間に見られた華人男子人口の減少は，パハンとジョホールにおいては認められない（表 4-2）。

ジョホール開発とゴム栽培

　ジョホールにおいて開発の主役となったのはゴム栽培であった。錫採鉱も行われていたが，重要性においては取るに足らない。錫輸出量が最大に達したのは 1917 年であるが，54,966 ピクル，評価額は 4,161,000 ドルであった。主要錫産地ペラにおける同年の錫産出量は 7.5 倍強の 414,000 ピクルであった。同年のジョホールにおけるゴム輸出額は 37,881,000 ドルに達していた。パハンでは，同年にジョホールを僅かに上回る 58,734 ピクルの錫を産出していたが，ゴム輸出額 3,679,335 ドルはジョホールの 10 分の 1 にも達しないので，錫の相対的な重要性を指摘することができる。

　ジョホールにおけるゴム栽培は，スランゴールやペラに比して開始が遅れ，上述の 1917 年時点での輸出量は，スランゴールやペラの 2 分の 1 程度であっ

第 4 章　マラヤ諸州の多民族社会形成 II　113

表 4-3　ゴム作付面積（エーカー）1928-1939

年次	ジョホール	パハン	(参考) ペラ	スランゴール
1928	579,317	145,168	516,202	482,995
1929	579,977		533,506	485,500
1930			545,514	501,351
1931	765,282	188,500	511,556	501,417
1932	800,000	188,900	488,773	500,184
1933		189,400	490,052	503,000
1934		170,287	553,040	508,300
1935	839,350	167,240	564,441	509,280
1936	875,183	166,115	552,109	507,236
1937	883,904	165,124	571,540	508,598
1938	891,151	165,130	563,146	511,977
1939	929,312	178,725	584,399	520,917

各州年次報告書より作成。

た。しかしながら，ジョホールのゴム栽培はその後も急激な拡大を続けて，10年後の1927年には両州と並び，さらに10年後の1937年には，両州をはるかに凌駕するのである。パハンにおけるゴム栽培も遅ればせながら拡大の途につくが，ゴム園面積が最大に達した時期が世界不況と重なり，1933年の189,400エーカーをピークに，その後しばらく漸減の状態が続いた（図4-1, 表4-3, 巻末付表2-1参照）

2. 推計人口

パハン人口に関する記載

パハンおよびジョホールにおいては，年次報告書の記載がスランゴールやペラに比してやや粗雑である。人口に関しても推定の不確かさを指摘する記述がより多く見られる。パハンの人口に関しては以下のような記述がある。

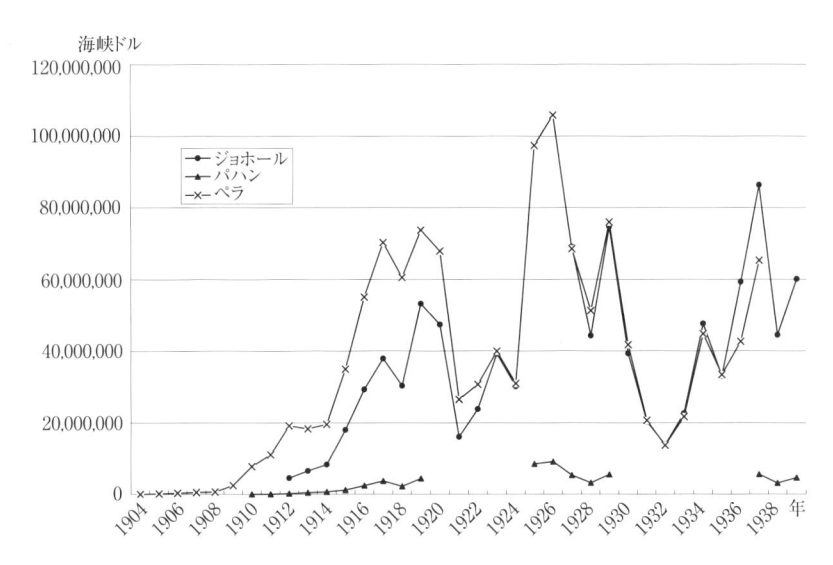

図4-1　ジョホール，パハン，ペラにおけるゴム輸出額の推移　1904-1939

パハン

1896年　1891年に実施されたセンサスによると，人口は57,462[1]であるが，計数が完全から程遠いものであり，約2,000人のマレー人と3,000人の原住民が含まれていないということを信じるべき確かな理由がある。このために，センサスの数値は最低限とみなされる（ARPa1896: 14, pgh54）。

1900年　1891年センサスは正確とはみなされない。当時は多数のマレー人が計数漏れとなっていた。1891年センサスにおけるマレー人は53,104人に過ぎなかったが〔マレーシアンを含む〕，今年行われたセンサスでは72,774人であった。この州のマレー人人口が過去10年に著しく増加したかどうかは個人的には疑問である。スマンタン（Semantan）の暴動の結果かなり多くのマレー人が州を去った。当時の逃亡者においては病気による死亡率が非常に高かったに違いない。他方，これらの原因による人口減少を埋め合わせるほどマレー人移入者がなかった。また，死亡に対する出生の超過による通常の人口増加は明らかに小さい（ARPa1900: 19, pgh60）。

1903年　1903年末における州人口を正確に確かめる方法はなく，付表J（省

---

1) 1947年センサスにおける集成値よりも18人多い。

略）における85,000という数値は大まかな推定値とみなされねばならない（ARPa1903: 13, pgh82）。

1911年 パハン人口は1901年の84,113から1911年の118,708へと上昇した。（中略）クアンタン郡では145.9パーセントの増加があったが，主として鉱業に従事する華人の増加を示している。増加がもっとも少なかったのはペカンの12.8パーセントであった。1901年に73,462であったマレー人人口〔マレーシアンを含む〕は1911年には87,109になった。13,647の増加である。華人は8,695から24,287に，インド人は1,253〔1947年センサス集成値は1,227〕から6,611に増加した。原住民統計〔1947年の集成表においてはマレーシアンの中に含まれる〕は1901年の7,340から1911年の10,213への増加を示している。これはおそらく，1901年よりもより徹底的なセンサスが行われたことによって説明できる（ARPa1911: 16, pgh39）。

1916年 州人口はマレー連邦州先任保健官によって，1916年6月30日現在135,135と推定されている。パハン州医務官は138,600としている（ARPa1916: 18, pgh22）〔AEIによる州推計人口集成表Aは後者を採用している〕。

1917年 1917年の州人口は先任医務官によって140,000，すなわち前年に比して1,400の増加と推定されている。他方，マレー連邦州の先任保健官は138,595と推定している。陸路による到着と出発をチェックする方法がないので，いずれの推計もおおよそのものに過ぎない（ARPa1917: 13, pgh22）。

1918年 1918年の州推計人口は142,000であった。1917年には138,500であった〔前年度の記載と異なる〕。しかしこの州では移動に関する統計がとられていないので，これらの数値は粗雑な概数である（ARPa1918: 19, pgh23）。

1919年 1919年の州推計人口は146,400であった。前年は142,000であった。しかし，移民に関する完全な統計が入手できないので，これらの数値はあまり信頼できない（ARPa1919: 23, pgh24）。

1920年 州の推計人口は152,800であった。この年はセンサスサイクルの最終年にあたり，特に移民統計を入手できない状況下で，推計値はもっとも信頼が置けない状態にある（ARPa1920: 13, pgh17）。

1922年 1921年センサスから得られた州人口最終値は146,064で〔1947年センサスAppendix Cより203人少ない〕，10年間に23パーセントの増加を示す。1922年6月末の推計人口は149,484であった（ARPa1922: 8, pgh99）〔人種別人口が1921年センサス結果として示され，その後数年間人種別推計人口が記載されて

いる。これらをまとめると巻末付表4-2のようになる］。
1933年 1931年センサスの人口から幾何級数法によってパハンの年央人口190,316が得られた（ARPa1933:4, pgh9）。
1934年 1931年センサスの人口から収支法（balancing equation）によってパハンの年央人口179,075が得られた（ARPa1934: 4, pgh9）。
1935年 1931年センサスの人口から収支法によってパハンの年央人口186,473が得られた（ARPa1935: 4, pgh9）。

パハンにおける緩やかな移民流入

　推計人口を手がかりにする限り，パハンの人口はスランゴールやペラに比して増加傾向が緩やかであるが，1915年，1921年，1931年，1934年を除いて基本的に上昇傾向がみられ変動が少ない（図4-2，巻末付表4-1参照）。1921年および1931年はセンサス年次にあたり，これらの年にセンサスで把捉された人口が推計人口を下回るために，見かけ上減少が記録され，実際には推計値ほどに人口増加がなかったと考えられる。増加傾向の緩やかさは，土着のマレー人人口が多く，流入移民が相対的に少なかったということによって説明が可能であろう。すなわち，連邦州の辺縁に位置するこの州には，その空間的な余裕にもかかわらず，この時期までは移民の流入がスランゴールやペラほどに多くなかった。変動の少なさについては，事実であるというよりは人口把捉の不十分さに起因すると考えられる側面もある。

ジョホール人口に関する記載

　ジョホールに関する人口記載は他州よりも遅れて1911年人口センサスの公表とともに初めて現れる。その後の記載の主なものは以下の通りである。
ジョホール
1919年 1911年センサス人口は180,412であったが，過去9年における州の全般的な開発とともに数値が大きく増加したに違いない。推計の基礎とすべき統計はないが，300,000は過大とは考えられない（ARJ1919: 19, pgh76）。
1922年 州センサスが1921年4月24日に行われた。最終的な数値は人口282,234で，1911年センサスにおける180,412に比して56.4パーセントの増加

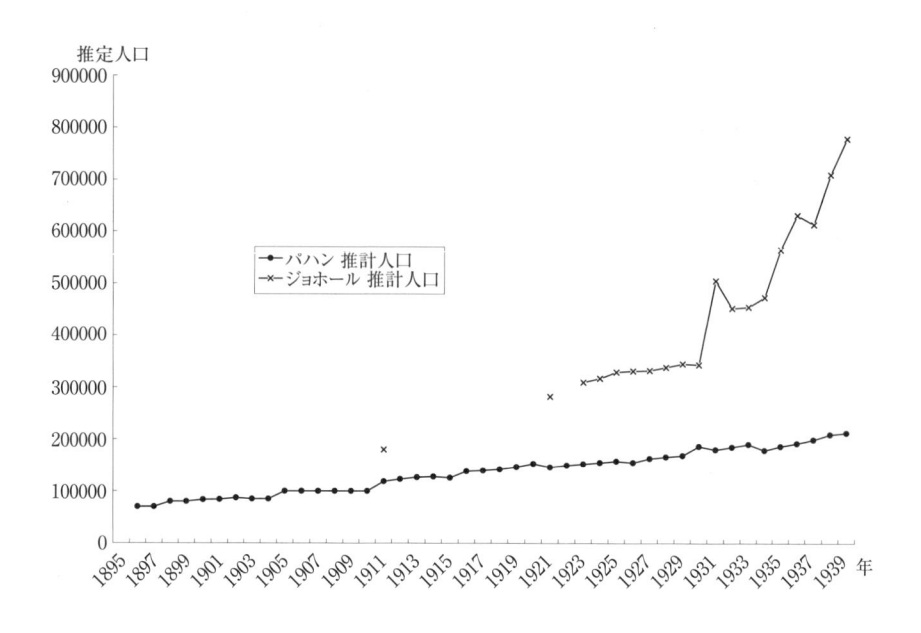

図4-2　ジョホール，パハンにおける推計人口の推移　1896-1939

であった（ARJ1922: 17, pgh115）。
1928年　1928年推計人口（移入者および移出者を除く）は，338,392であった（ARJ1928: 26, pgh170）。
1929年　本年の推計人口は344,965であった。この推計はチェックが行われていない移入者および移出者を除くものである（ARJ1929: 25, pgh145）。
1930年　1931年センサス予備報告によると，ジョホール人口は500,000を超えている。近年では移民が行われるという状況の下でおおよその人口推計値を得ることさえ非常に困難になっている（ARJ1930: 26, pgh149）。
1931年　1931年マラヤセンサス予備報告によると人口は505,309で，1921年の282,234に対して79.04パーセントの増加である。この人口は下記の人種からなる。マレー人235,019，華人214,401，インド人51,077，ヨーロッパ人719，ユーラシア人290，その他3,803（ARJ1931: 4, pgh11）。
1932年　幾何級数法によって推計された年央人口は545,320であった。人種別には次の通りである。マレー人252,837，華人232,104，インド人55,184，ヨーロッパ人782，ユーラシアン327，その他4,086（ARJ1932: 5, pgh11）。

第2部　開発先進地域と多民族化

1933年　幾何級数法によって推計された年央人口は580,020であった。マレー人268,806，華人246,873，インド人58,783，ヨーロッパ人833，ユーラシアン348，その他4,377（ARJ1933: 5, pgh11）。

1934年　幾何級数法によって推計された年央人口は617,340であった。マレー人286,024，華人262,726，インド人62,640，ヨーロッパ人886，ユーラシアン370，その他4,694（ARJ1934: 5, pgh11）。

1935年　1931年センサス時およびそれにやや先立って，不況にともなう移民人口の脱出のため人口は急激に減少していた。この減少は流れが変わるまで少なくとも3年間続いたと考えられる。人口は1934年末にようやくセンサス時の数値にまで回復した。これまでの報告書の基礎として採用されてきた幾何級数法による推計法は，このような状況下では明らかに不満足なものである。ジョホールの場合，推計値はほぼ年率8パーセント複利方式で増加し，過大な推計人口と過小な対人口比率とを生み出した。本報告書のために基礎数値を変更し，マラヤの他行政体によって行われているように，センサス数値にセンサス以後の出生と死亡の差と，マラヤ移民統計における移民過剰の一定割合を加えることによって推計値が求められた。人口において移民が他地域よりも大きな要素となっているジョホールでは，このような推計における誤差はかなり大きい（ARJ1935: 5, pgh11）。

1936年　本報告書においては1931年英領マラヤセンサス監督官が移動の大きい人口のために考案した方法が用いられた。この方法は発展させられ，5年間テストされ，シンガポール市における5ヵ年センサス結果との厳しい比較で良好と判断された（ARJ1936: 5, pgh11）。

虚像としてのジョホール推計人口

　統計記録が得られるようになった時期がかなり遅いが，ジョホールの人口は特に1930年代に急激な増加を示し，1935年にはスランゴールを凌駕した。スランゴールやペラに比して相対的に遅れて出現した著しい人口増加は，非連邦州でありながら開発の対象となったこの地域の性格を示している。

　しかしながら実際の人口についてはその不正確さが著しい。移民の出入りが激しいために，センサス人口を基礎とする人口推計においては，現実から乖離した過少あるいは過大な値が提示されていた。1921年人口を基礎として幾何

級数法すなわち一定の増加率の適用によって得られた1930年までの推計人口は1931年センサスに比して過少であることが判明した。この結果が年次報告書の数値において1930年と31年の間の現実には存在しない巨大な人口増加となって現れている。1931年以降は，以前の経験を背景に，人口推計にあたってより大きな増加率が適用されたが，今度は経済の流れが変わって過大な推計が出現する結果となった。自然増と社会増を考慮して新たな推計方法が導入されたのは1935年のことであった。このようにジョホールの場合，各年に報告された推計人口を単純に繋ぐと拡大する現実との隔たりと数年後のつじつま合わせによる急転が，一つの虚像として描かれる。ジョホールにおける移民の動きはそれ程激しかったのである。

3. 出生と死亡

パハンの出生・死亡統計

　出生と死亡に関する記録にも問題が多い。しかしながら，これらに関しては次第に改善されていった形跡を読み取ることができる。パハンに関しては年次報告書に以下のような記載がある。

パハン
1896年　出生，死亡統計はまったく信頼できない。遠隔地ではその事実が政府当局者に報告されることなく出生や死亡が起こっている。状況を改善するための法律が最近州評議会を通過し，これが施行されると信頼できる統計が手に入ることになる。この法律は，連邦州内の他州で実行されているものをモデルにしており，規定では村長がすべての死亡と出生を報告する責務を負う（ARPa1896: 14, pgh54）。

1897年　警察に報告された死亡数は955件であった。しかしながら，報告されない死亡が遠隔地では多数ある。また，女子の死亡が多数登録漏れになっている可能性が高く，男子778件に対し女子の死亡は177件に過ぎなかった。新しい法律は年末まで施行されないので，出生に関する信頼できる統計を示すこ

とができない（ARPa1897: 21, pgh70）。

1899年　出生および死亡登録法が年初に施行され，各郡で登録官および登録官代理が任命された。本年初めて比較的正確な出生，死亡記録がとられた。以前はこれらに対する登録がまったく行われず，正確な記録を行うすべがなかった。州の僻村では現在でも報告を欠くことが多い。年内に記録された出生は1,240件，死亡は1,479件であった（ARPa189: 24, pgh80）。

1900年　1900年に登録された出生は1,184件のみで，センサス人口に対し14.16パーミルであった。パハンのマレー人以外の民族には独身者が多く，もっともらしい比較をするためには，人口は約73,000と考えるべきであるが，この数値をとっても，出生率は16.21に過ぎない（ARPa1900: 19, pgh61）。

1901年　年内に記録された出生は1,726件，死亡は2,189件であった（ARPa1901: 10, pgh54）。

1903年　この年の死亡率は22.17パーミル，出生率は21.57であった。これらの数値は1901年センサスによる総人口84,113を基礎にしているが，移入，移出統計が入手できないので正確な推計値に対する可能な代替とみなされても良い（ARPa1903: 13, pgh83）。

1904年　出生と死亡統計は付表I（省略）に示す。移民出入統計がないので，大体正確な数値さえ示すことができない。マレー人人口に関しては，出生，死亡統計がある程度正確なので，一定のアイデアを得ることができる（ARPa1904: 15, pgh98）。

1909年　年内に記録された死亡は3,012件で，1908年は2,810件であった。出生は2,300件，1908年には2,438件であった。出生，死亡登録に関する法律はパハンのような州では完全に施行することができないのでこれらの数値は信頼できない。死亡は出生よりは正確に登録されている可能性がある。トゥムローのマレー人統計は，1908年に出生721件，死亡455件，1909年には出生610件，死亡592件となっているが登録の不完全さ以外の原因は考えられない。トゥムローの出生率低下を信じる理由はない（ARPa1909: 12, pgh33）。

1911年　1911年3月に行われたセンサスによると，パハン総人口は118,708で，1901年センサスから34,595増加している。年内に登録された出生は3,245件，死亡は3,157件であった。年央推計人口119,570に対する出生率は27.13，死亡率は26.40であった。マレー人における出生超過は861であった（ARPPa1911: 13, pgh31）。

1915 年　記録された出生数は 3,761 件で，死亡数は 3,148 件であった。出生が死亡を 613 上回っている。超過は僅かであるが州の歴史に記録されたものとしては最大で，他のいかなる理由よりも出生がより注意深く記録されたためであろう。以前は，遠隔地諸郡においては出生が死亡と同等の注意を払って報告されることがなかったのである（ARPa1915: 21, pgh20）。

1919 年　全民族に対する出生数および死亡数は以下の通りである。

	1918 年	1919 年
出生	3,676	3,926
死亡	6,428	3,816

死亡数の顕著な減少は，インフルエンザの流行による 1918 年の異常のためである。出生数は死亡数を 101〔原文のまま〕上回った。1918 年においては死亡が出生を 2,752 上回った（ARPa1919: 23, pgh24）。

1920 年　乳児死亡率は出生に対して 204.79 パーミルであった。1919 年には 193.85 であった（ARPa1920: 14, pgh17）〔1921 年以降の数値を含めて表 4-4 に収録〕。

1929 年　出生 1,000 に対する乳児死亡率は 244.56 であった。1928 年には 279.40，1927 年には 291.68 であった（ARPa1929: 13, pgh181）。エステートの全労働力の死亡率は 1,000 に対して 14.39，インド人労働力においては 25.31 であった（ARPa1929:13, pgh182）。

1931 年　1931 年には出生 6,408 件，乳児死亡 1,049 件があり，乳児死亡率は 164 パーミルであった。乳児死亡率はなお高いが過去 6 年に年 21 パーミルの著しい低下が見られる。パハンには他州のような乳児福祉センターが設置されていないが，助産婦を訓練して村に送る努力がなされている。現状ではこれが最良の方法である。州が大きく，人口が分散し，町から離れているので，たとえ資金があっても，1，2 の町における乳児福祉センター設立では不足するのである（ARPa1931: 5, pgh15）。

1933 年　エステート，鉱山，および工場におけるインド人労働者の死亡率は平均人口 2,913 に対して 12.70 であった。1932 年には平均人口 2,884 に対して 9.02 であった。比較にあたっては，雇用者が不況に対応して労働力を削減した

表4-4　乳児死亡率　パハン，ジョホール　1916-1939

年次	パハン	ジョホール
1916		244
1917		319
1918		234
1919	194	200
1920	205	
1921	204	176
1922	186	175
1923	197	196
1924	254	183
1925	189	195
1926		213
1927	292	256
1928	279	161
1929	245	181
1930	196	186
1931	164	152
1932	165	140
1933	149	149
1934	185	229
1935	172	182
1936	153	181
1937	155	154
1938	158	170
1939	140	125

ARPa, ARJ 各年度版より作成。
小数点以下は四捨五入。

際，当然ながら健康記録の良好な者を残したという事実を顧慮する必要がある（ARPa1933: 7, pgh18）。

1934年　エステート，鉱山，および工場におけるインド人労働者の死亡率は平均人口3,797に対して12.11であった。1933年には平均人口2,913に対して12.70であった。比較にあたっては，雇用者が不況に対応して労働力を削減した際，当然ながら健康記録の良好な者を残したという事実を顧慮する必要がある（ARPa1934: 7, pgh18）。

1937年　エステートにおけるインド人労働者の死亡率は，平均人口7,119人に対して18.9パーミルであった。1936年には平均人口5,923人に対して15.9であった（ARPa1937: 8, pgh21）。

第4章　マラヤ諸州の多民族社会形成Ⅱ　123

1938年　華人の出生は1937年の2,766件から1938年の3,414件に増加した。出生率は45.5から50.9へ上昇した（ARPa1938: 5, pgh11）。
1939年　華人の出生は1938年の3,414件から1939年の3,964件に増加し，出生率は1938年の50.9から57.2に上昇した（ARPa1939: 3, pgh9）。1939年には〔全民族で〕出生9,799件および乳児すなわち1歳未満児の死亡1,368件があり，1938年には8,875件および1,404件であった。乳児死亡率は目に見えて低下し，1938年の158に対して1939年には140になった（ARPa1939: 5, pgh14）。母子福祉に関する組織的活動は1936年に始まったが，今年も着実に進展した（ARPa1939: 5, pgh15）。

パハンにおける死亡過剰

　パハンの全人口において死亡に対する出生の過剰が発生するのは1911年で，スランゴールの1923年，ペラの1921年に先行している。このことはパハンにおける良好な衛生環境を示唆するわけではなく，パハンの人口においてはマレー人が占める割合が大きいことが影響している可能性がある。性比が正常に近いマレー人においては出生が死亡を上回る状態が1901年時点において既に観察されている。ちなみに華人においては出生が死亡を上回るのは1926年以後のことであり，スランゴール，ペラに大差はない。
　パハンにおける出生，死亡の変化については，不明年の存在のために完全な観察が不可能であるが，1918年の死亡率の異常な上昇を除けば概してなだらかで，急激な変動は認められない（巻末付表4-1，巻末付表4-3参照）。健康な者が雇用され続けるという解釈とともに，1930年代にインド人労働者の増減に対応して死亡率が増減する様相が示されている。死亡率の変動よりも，付記された労働力の変動の激しさに注意すべきかもしれない。

ジョホールの出生・死亡統計

　ジョホールについては年次報告書から出生率および死亡率に関する記述を拾い出すことができる。記述にしたがって変化を追うことも興味深いが，重複部分が多いので表に一括して示す（巻末付表4-1，巻末付表4-4参照）。率計算に際しては，過去のセンサス人口が用いられたり，急激な人口増加を背景に過少

になっている推計人口が用いられたりするので，センサスからの時間経過とともに，数値が実際から乖離していく過程が分かる。出生数あるいは死亡数の変化自体が人口変化を察知するより重要な手がかりを提供する時期があった。年次報告書作成者もこのことを意識しているので，以下彼らによる評価を含めて，若干の例を引用する。乳児死亡に関する記述の若干を合わせて示す。

ジョホール

1916年　現在人口の統計がないので，出生率，死亡率に関して有用な数値を示すことができない（ARJ1916: 4, pgh18）。

1917年　出生登録は9,296件（男子4,847，女子4,449）であった。1916年には7,060件，1915年は6,971件であった。死亡登録は11,436件（男子8,180，女子3,256）であった。1916年には8,161件，1915年は6,358件であった。これらの数値は人口が年を追ってかなり増加していることを示しているが，現在人口に関して妥当な推計を得るための材料は入手できない（ARJ1917: 4, pgh13）。

1918年　人口1,000に対する死亡率は，信頼できる人口統計の欠如のため利用価値があるかどうか疑わしい。1911年センサス報告に基づいて計算すると78.68となり，1917年に対して15.29の上昇となる（ARJ1918: 4, pgh19）。

1919年　1919年の出生率は51.66で，先行3ヵ年は39.15, 51.53, 49.50であった。マレー人においてもっとも高く70.35であった。死亡率は54.36で，先行3ヵ年には45.25, 63.39, 78.68であった。乳児死亡率は199.79で，〔先行3ヵ年の〕244.05, 319.81, 233.53に比してかなり改善されている（ARJ1919: 19, pgh76）。

1921年　1921年センサスの数値に基づくと出生率は36.02，死亡率は31.07である。マレー人においては出生率47.61，死亡率27.27であった。乳児死亡率は176.26である（ARJ1921: 14, pgh95）。

1925年　推計人口320,876に対する出生率は38.95，死亡率は27.85であった。本年の乳児死亡率は195.33で，1924年は182.90であった。訓練された助産婦の増加により乳児死亡率が低下することが望まれる。訓練を終えた助産婦は実習のため出張所へ送られる。彼らは自立できるまで政府から補助金を受け取る（ARJ1925: 24, pgh104）。

1926年　乳児死亡率は213.26で，1925年には195.33であった。この数値は失望的だが，ジョホールバルに幼児福祉センターが開設されたところなので，教育の改善にともない，死亡率が低下するであろう（ARJ1926: 18, pgh68）。

1927年　推計人口332,337に対する出生率は50.35，死亡率は46.71であった。

1926年にはそれぞれ46.07および39.44であった。もっとも高い出生率はバトゥパハ(Batu Pahat)郡における69.41であった。最低はエンダウ(Endau)郡(29.04)であった。バトゥパハ郡の人口は主にマレー人移民によって構成されている。エンダウ郡は華人鉱夫人口の大部分を含む（ARJ1927: 21, pgh65）。乳児死亡率は255.76であった。1926年は213.26であった。ひきつけによる死亡が3,096件にのぼった（ARJ1927: 21, pgh66）。

1928年　民族別にみたもっとも高い出生率はユーラシアンの58.82で、マレー人が56.67でこれに次ぐ（ARJ1928: 27, pgh172）。もっとも低い出生率はヨーロッパ人に見られ、14.00であった（ARJ1927: 27, pgh173）。乳児死亡率は161.27であった。1927年には255.76、1926年は213.26であった。これはジョホールで記録されたもっとも低い乳児死亡率である（ARJ1928: 27, pgh176）。

1929年　出生率は再び上昇を示し55.09であった（ARJ1929: 25, pgh146）。民族別出生率においてもっとも高いのは華人の59.48で、マレー人が53.58でこれに次ぐ。もっとも低い出生率はヨーロッパ人の13.85であった（ARJ1929: 25, pgh147）。

1930年　出生率は58.10で増加を示している（ARJ1930: 26, pgh150）。死亡率は40.35で、1929年および1928年にはそれぞれ34.77、35.87であった。本年の乳児死亡率は185.83で、1929年は180.64であった（ARJ1930: 26, pgh151）。

1936年　粗出生率は1935年の40.77に比して40.87で、民族別ではマレーシアンが43.70でもっとも高く、華人が41.33でこれに次ぐ。しかしながら性比の異常のために、これらの数値は相対的な出生力を示すとみなしてはならない。女子人口のみを基礎とする率は華人136、マレーシアン93である。登録された死亡総数は12,632件で、男子7,748、女子4,884であった。粗死亡率は20.01で記録上最低であった。（中略）この好ましい結果は、部分的には移民における傾向の変化のためである。労働年齢成人の流入による中間年齢人口の増加がこの結果をもたらしたのである（ARJ1936: 6, pgh11）。

1937年　1935年と1936年に生じた男子人口の大流入は維持されることなく、経済指標の下降にしたがってかなりの脱出があった。他方、女子人口の増加は1937年中続き、余剰男子移民の脱出と結びついて性比の正常化をさらに押し進めた。これらは当然、過去3年間性比の悪化のために低下していた出生率の上昇をもたらした。死亡率は1936年よりもやや高く、20.01から21.10になった。この死亡率に関しては、出生率の上昇が必然的に死亡率の上昇を含むこと

を考慮する必要があり，他の条件が同じなら1937年に記録された死亡率上昇は特に注意する必要がない。健康状況のきわめて敏感な指標である乳児死亡率は満足すべき低下を示している（ARJ1937: 6, pgh11）。

パハンとの比較

　ジョホールにおいても1928年以降に乳児死亡率の下降が顕著になることに注意しておきたい。全民族に関する限り1931年以降のパハンとジョホールでは大きな差は認められない。パハンではマレー人の割合が相対的に高く，マレー人の乳児死亡率が他の民族を上回るとすれば，この時期のジョホールにおける乳児死亡率はパハンを下回るとはいえない。1928年以前においてパハンでもジョホールでも時には250を超える乳児死亡率が見出されたことに注意する必要がある。
　ジョホール華人において出生が死亡を上回るのは1927年以降である。この時期はパハンとほぼ等しい。インド人において出生が死亡を上回るのは1932年で，この時期のパハンの数値は欠落が多いが，これもまたパハンと大差がないものと思われる。これらの転換はスランゴールやペナンに比してやや遅れをとっている。

4. 移民と出入者統計

労働力構成

　パハンやジョホールにおいても，労働者の流入が人口増加に大きく影響した。労働力の調達方法や労働者の生活状態には，時代による変動があったが，観察期間の最終期にあたる1930年代の様相をそれぞれの州の年次報告書から引用すると以下のようになる。
パハン
1937年　パハンの労働力は，事実上，華人，南インド人，およびジャワ人か

ら構成される。マレー人には一般に受け入れられている意味での賃金労働者は少ない。彼らは自分の好きな時間に好きな方法で働くが，予定にしたがう雇用を好まず，大部分が自分の土地で耕作に従事するか，海岸で漁業に従事する（ARPa1937: 46, pgh148）。

ジョホール

1933年　ジョホールの賃金労働者は主として南インド人，華人，およびジャワ人からなる。大多数の労働者は農業に従事している。日当を得るために働くマレー人はこれまでにはきわめて少なく，マレー人はエステート労働者の2パーセントを超えることはない（ARJ1933: 25, pgh71）。

1935年　南インド人労働者は主として，タッピング，除草，エステートにおける屋内外の作業，公共事業局の道路作業，タウンボードの草刈，道路掃除，鉄道の常雇的業務に雇用されている。ジャワ人はエステートで同様の仕事を行い，また，公共事業局の河川浚え，タウンボードの草刈作業に雇用されている。エステートの華人労働者は，通常タッパー，ジャングル伐採の重労働，あるいは除草作業に雇用される。華人は鉱山，パイナップルプランテーション，工場の労働力の大部分を占め，政府部局の下では主として保全，土木作業に従事する（ARJ1935: 29, pgh77）。

労働者募集方法

　南インド人募集方法を簡単に述べると以下の通りである。労働監督官およびインド政府マラヤ駐在エージェントとの個人面接で適任であることを認められると，募集権限を与えられたエステート労働者は，ライセンスを得てインドの出身村へ行く。そこで親戚や友人に，マラヤへ移民して少なくとも1ヵ月彼が来たエステートで働くよう勧誘する。応募者は村の治安判事の下に出頭し，親族の同意を得て自由意志で出かけること，移民の条件を承知していることを証明した後，自費を用いずにマドラスあるいはネガパッチナムのマレー政府の集合所に送られ，マラヤ移民コミッショナーおよびインド政府によって任命された移民保護官の審査を受ける。問題がなければ，汽船でペナンまたはポートスウェトナムに運ばれ，検疫の後に雇用地に近い鉄道駅まで送られる。労働者は借金なしの状態で州に到着してから，1年以内ならいつエステートに到着してもよい。労働者は病気，労働不適，虐待，あるいはその他のしかるべき理由

があれば本国に送還される（ARJ1934: 24, pgh73）。

多くの華人はマラヤへの運賃を自費で支払い独立して働く。このほかに，州到着前に締結した労働契約を強制されないとしても，特定の場所で働くという条件で前渡し金を受け取る者もある（ARJ1932: 27, pgh78）。華人は重労働に雇用され，現地の労働者の中でもっとも賃金が高い（ARJ1932: 27,pgh79）。華人労働者の賃金は1日25-70セントであるが，ほとんどが請負か，出来高払いで雇われる。彼らの主食は米で，価格は1ガロンあたり35セントである。華人労働は食事の水準が高いことに特徴がある（ARJ1932: 27, pgh80）。
〔次年にあたる1933年には，条件は以下のように変化している。「華人労働者の賃金は1日40セントないし1ドル10セントであるが，ほとんどすべては請負か，出来高払いで雇われる。米は彼らの主食で，彼らの消費する米は1ガロンあたり27セントである」ARJ1933: 28, pgh79〕

ジャワ人は通常自費で移民するので，非常に独立的である。しかしながら，友人から援助を受け一定の期間無償で働く者もある。（中略）ジャワ人は通常ヨーロッパ人の事業に出来高あるいは日当制で雇用される。（中略）賃金は南インド人と同様である。彼らの米は1ガロン34セントである（ARJ1932: 27, pgh81）。〔次年にあたる1933年には，条件は以下のように変化している。「ジャワ人の米は1ガロンあたり27セントである」ARJ1933: 28, pgh80〕

労働者の食糧消費

華人，インド人，ジャワ人を問わず，労働者の主食は米である。一人前の男子労働者が必要とする米は1ヵ月あたり6ガンタン，女子は5ガンタン，夫婦で約10ガンタンである。インド人はインドあるいはビルマからのパーボイルドライス（第5章註1参照）を食べるが，1937年における価格は1ガンタンあたり27セント，1936年には26.3セントであった。華人およびジャワ人はシャム米を好み，1937年における価格は1ガンタンあたり33.4セント，1936年には31.2セントであった（ARPa1937: 47, pgh153）。1ヵ月の稼ぎを食糧米に換算すると，日当50セントの一人前のインド人男子は1ヵ月44ガンタン，すなわち必要量の約7.5倍，ジャワ人は35.5ガンタン，すなわち必要量の6倍を稼ぐ。この比較は華人には適用できない。彼らの大部分は請負仕事で雇われるので，

平均収入を正確に決定することが困難である（ARPa1937: 47, pgh154）。

移民に関する断片データ

パハンにおいてもジョホールにおいても移動統計の不備が顕著で，欠陥の多い記述の中から移動の実態を探ることが必要となる。パハンの年次報告書にみられる移民あるいは労働者に関する記述は，継続性を欠き，せいぜい数ヵ年の数値を挙げるに過ぎない。ここでは，記述部分を若干引用し，関連する数値を表にまとめて示す。年次報告書の充実につれて，後の時期の情報が多いため，1930年代の不況期以降の記述が量的に目立っている。

パハン

1896年 1891年以来，移入移民は移出移民をかなり上回っている。この点に関して信頼できる数値を挙げることはできない。海路でパハンに入るのは移入移民の取るに足らぬ部分に過ぎないからである。主な流入経路はパハンと西海岸諸州を隔てる脊梁山脈を越える乗馬道や踏み分け道，あるいはパハンとクランタンおよびトレンガヌを隔てる山を越える道である。これらの経路をとる移入移民に関しては信頼できる数値が入手できない。しかしながら，ウルパハン郡では昨年度だけで3,000人の人口増加があったとみられる。本官は現在のパハン人口が70,000人以上と推定する（ARPa1896: 14, pgh54）。

1899年 下表は州の主港であるペカンにおける到着数と出発数を示す。

	ヨーロッパ人	マレー人	華人	インド人	計
到着	24	1,489	670	52	2,235
出発	69	1,337	713	40	2,159

パハン幹線道路を経由する陸路による到着および出発数は海路よりも多いが，現在のところこれらを記録する手段がない。ペカンの統計ではヨーロッパ人では到着数に比して出発数が多いが，これは多くの者が主としてこの経路でパハンを去ることを好むのに対してごく少数がこの経路で到着するからである。本部や鉱業利権地が位置する地区に赴くためにはスランゴール経由およびパハン幹線道路経由がはるかに便利である（ARPa1899: 24, pgh81）。

1912 年　インドにおいて 55 人のタミル人労働者が集められた。19 人のカンガニの努力の結果としては満足的なものとは考えられない。本官は担当局によるより多くの募集を期待したい（ARPa1912: 18, pgh32）。
1913 年　337 人のタミル人労働者がインドで集められた（ARPa1913: 19, pgh26）。
1915 年　州の西側においては入境・出境移民をチェックする方法がなく，総数であれ，民族別であれ，人口を正確に推計することは不可能である。タミル人とその近縁人種はおそらく減少している。ウルパハンの華人鉱業コミュニティにおける 300 人以上の増加は，約 2,500 人の鉱夫等のクアンタン郡からの退出によって相殺されている。鉄道建設に雇用された華人労働者数には大きな減少があった。また，1914 年の初めに人であふれていたクアラリピスの町は 1915 年末には部分的に見捨てられている。同様の事情はタンベリンおよびクランビの村についても該当する（ARPa1915: 20, pgh20）。
1916 年　クアラパハンおよびクアンタンの港における到着数と出発数は以下の通りである。

到着	6,948	
出発	6,578	（ARPa1916, pgh4）

　1915 年報告書に記したように，現在，州の西側においては移入，移出をチェックするすべがないので，上述の数値（省略）は大まかな推定に過ぎない（ARPa1916: 18, pgh22）。

　ウルパハンの鉱山局長補は，彼の地区における減少（973 人）は，現実ではなく見かけ上のものであるという。半分近くは実際にはいない故人のライセンスで，残りは労働が楽で不安定さの少ないゴム植え付けに移動したことがほとんど確実である（ARPa1916: 12, pgh15）。全州の鉱業がゴムの魅力のために影響を受けたことは疑いない（ARPa1916: 13, pgh15）。
1927 年　年内の華人移出デッキパッセンジャー数は 3,196 人であった。前年は 1,957 人であった（ARPa1927: 15, pgh170）。華人移入デッキパッセンジャー数は 4,768 人で，1926 年は 3,004 人であった（ARPa1927: 15, pgh171）〔デッキパッセンジャー数の記載はこの後数年分に過ぎない。まとめて表 4-5 に示す〕。政

表4-5　華人デッキパッセンジャー数　パハン　1926-1929

年次	移入数	移出数
1926	3,004	1,957
1927	4,768	3,196
1928	4,143	3,299
1929	3,048	2,747
1930	2,360	1,619

ARPa 各年度版より作成。

表4-6　パハン政府部局雇用労働者数　1927-1929

年次	インド人	華人	ジャワ人	その他
1927	2,467	1,017	32	766
1928	2,268	865	28	740
1929	2,435	969	15	1,032

ARPa 各年度版より作成。

府各部局の雇用労働者は 1927 年 12 月 31 日現在で，インド人 2,467 人，華人 1,017 人，ジャワ人 32 人，その他 766 人であった〔表4-6 に総括〕（ARPa1927: 15, pgh172）。同日付のエステート人口はインド人 5,464 人，華人 2,467 人，ジャワ人 2,626 人，その他 393 人であった（ARPa1928: 15, pgh173）。

1928 年　クーリー労働力の供給は適当であったが，熟練労働者には若干の不足があった（ARPa1928: 12, pgh162）。タミル労働者は政府部局やエステート，華人労働者は鉱山，華人所有ゴム園，公共事業局契約労働に，ジャワ人労働者はエステートで雇用されている（Arpa1928: 12, pgh163）。海岸地域ではインド人タッパーの日当は 50-65 セントで，除草や野外作業には男子約 50 セント，女子 40-45 セントの日当が支払われる（ARPa1928: 12, pgh164）。内陸地方では，賃金は標準男子 58 セント，女子 46 セントから，男子 65 セント，女子 50 セントに及ぶ（ARPa1928: 12, pgh65）。鉱山労働者の賃金は年内に 10 パーセントほど下落した（Arpa1928: 13, pgh166）。

労働法によるエステートおよび鉱山報告によると，1928 年末労働者数は，インド人 4,995 人，華人 4,452 人，ジャワ人 3,422 人，その他 793 人である（Arpa1928: 13, pgh169）。

1929 年　労働法によるエステートおよび鉱山報告によると，1929 年末労働者数は，インド人 5,683 人，華人 4,837 人，ジャワ人 3,455 人，その他 833 人である（ARPa1929: 17, pgh247）。

表4-7 パハン鉱山民族別雇用労働者数 1930-1939

年次	ヨーロッパ人	華人	インド人	マレー人	その他
1930	55	4,036	358	385	
1931	43	2,728	271	334	3
1932	41	2,872	263	360	4
1933	39	3,285	267	410	13
1934	41	3,468	279	598	5
1935	46	4,775	256	640	6
1936	48	5,275	283	726	9
1937	52	5,342	312	811	5
1938	51	4,873	366	732	6
1939	62	4,501	449	634	7

ARPa 各年度版より作成。

表4-8 パハン鉱山種類別雇用労働者数 1930-1939

年次	錫	金	タングステン	方鉛鉱
1930	4,291	550		
1931	2,523	910		
1932	2,483	1,057		
1933	2,403	1,611		
1934	2,863	1,528		
1935	3,727	1,926	33	70
1936	4,374	1,967		
1937	4,515	1,974	33	
1938	3,915	2,093	20	
1939	3,469	2,160	24	

ARPa 各年度版より作成。

1931年　錫および金鉱山において雇用された労働力総数は3,433人で，うち2,523人が錫鉱山，910人が金鉱山で雇用されていた。1930年に比して全労働力において1,408人の減少があり，錫鉱山で1,768人の減少，金鉱山で360人の増加があった。これらの2ヵ年における民族別雇用労働は以下の通りである〔表4-7および表4-8に総括〕。華人の大幅な減少は主として錫輸出制限の導入とこれにともなう生産制限，錫価格の低迷のためである。パハン統合会社（Pahang Consolidated Company）のみで1,000-1,200人の労働力削減を行い，丘陵地域のランパン採鉱〔洗滌選別法〕場においては200-300人を減じた。政府によって本国送還されたパハンの鉱山労働者は970人で，残りの鉱山失業者は主として野菜栽培で生計を立てたり，他州で仕事を探したりしている（ARPa1931: 16,

pgh46)。

1932年　華人の大幅な減少は主として錫輸出制限の導入とこれにともなう生産制限，錫価格の低迷のためである。最大の鉱脈採鉱を行うパハン統合会社は年末に約1,500人の労働力を有していたが1931年末も同様であった。生産制限によって生じた余剰労働力は1931年に処理済みとなっていたので，年内に本国送還されたパハンの鉱山労働者は少なかった（ARPa1932: 17, pgh47）。

　1932年末のゴム栽培面積は約188,900エーカーで，1931年とほとんど変わらない。現在のゴム低価格の観点からすればパハンでこのように比較的小面積が栽培されてきたのは喜ぶべきことである。全面積の約3分の1がヨーロッパ人の経営で，会社によって所有され，残りは華人とマレー人，そして僅かがインド人個人所有である。25エーカー以上のエステート220ヵ所からの報告によると，約7,450人の労働者が雇用され，その内訳は次の通りである（表4-9に総括）。雇用数は1931年に比べて1,450人減少したが，主要3民族に等しく配分された形である。25エーカー未満の小ゴム園で独立して働く華人またはマレー人の数に関する正確な推計値を上げることはできない（ARPa1932: 19, pgh48）。

1933年　1933年末のゴム栽培面積は約189,400エーカーで，1932年とほとんど変わらない。（中略）1932年に比べて雇用数は1,300人増加した。25エーカー未満の小ゴム園で独立して働く多くの華人またはマレー人の数に関する正確な推計はできない（ARPa1933: 18, pgh48）。

1934年　錫および金鉱山において雇用された労働力総数は4,391人で，うち2,863人は錫鉱山，1,528人が金鉱山で雇用されていた。1933年に比して全労働力において377人の増加があった（ARPa1934: 17, pgh47）。

　1934年末のゴム栽培面積は約170,287エーカーであった。（中略）1933年に比べて雇用数は約4,500人増加した。25エーカー未満の小ゴム園で独立して働く華人またはマレー人の数に関する正確な推計値を上げることができない（ARPa1934: 19）。

1937年　年内には鉱山労働者の深刻な失業は発生しなかった（ARPa1937: 23, pgh64）。

1938年　国内錫生産割り当ての減少のため，州内の労働力は1937年12月の6,522人から1938年12月の6,028人へと緩やかに減少した（ARPa1938: 23, pgh64）。

表4-9　パハンゴム園民族別労働者数　1932-1934

(25エーカー以上のゴム園)

年次	インド人	華人	ジャワ人	その他
1932	2,400	4,100	750	200
1933	2,650	5,050	750	300
1934	4,847	7,518	447	600

ARPa各年度版より作成。

パハンにおける開発の後発性

　パハンの移民労働者数がペラやスランゴールに比して量的に少ないことは明白である。1930年代初頭では，パハンにおけるゴム園開拓は他州に比して遅れた状態にあり，折からの不況に際して，この遅れのための影響の小ささを幸運と評価する記述がみられる。錫鉱山労働者もまた不況に連動して帰国あるいは転業するが，その過程で，金鉱山労働者の増加が現れた。この間に年次報告書に現れた断片的な統計数値をまとめて表4-8に示す。開発の遅れにもかかわらず，また，地理的な遠隔にもかかわらず，パハンが不況の影響を人口変動に反映させている状況を窺うことができる。広大な未利用地を有するパハンが，顕著な人口流入を迎えるのは不況後の1934年と推定される（表4-9）。しかしながら，この年には，ゴム園労働者数の大幅な増加が記録されるものの，栽培面積の増大は記録に現れない。推計人口もこの年には最低値を記載したままである。僅かに，出生数の増加が実際の人口増加を推測する手がかりを提供している（巻末付表4-1，巻末付表4-3参照）。この後間もなく太平洋戦争が勃発し，パハンが大掛かりな開拓と人口増加に向かうのは独立後の開発計画策定後のこととなるが，独立後はマレー人優先の開発計画が進行したため，パハンの人口構成は異なった方向を向くことになった。

ジョホール移民の急増

　ジョホールの人口変動がパハンよりも激しかったことは，既に見たように推計人口の修正に現れている。ジョホールの移民や労働者については，年次報告書から次のような記述を拾い出すことができる。スランゴールやペラに続いて，遅ればせながら急増したエステート労働者の存在と，まもなく始まった不況への対応が記され，後者に関する叙述が目立つが，それ以前の人口増加が顕

著であったことを見落としてはならない。

ジョホール

1914年 移民統計がないため，現在，この国でその数を推計することができないが，戦争の勃発で雇用がなく，多くの華人が帰国したことが知られている（ARJ1914: 6, pgh15）。

1917年 労働者人口は9,650人増加した。すなわち，1916年の28,208人から37,858人になった（ARJ1917: 4, pgh18）。

1918年 エステートで雇用された全労働者数は月平均43,678人で，1917年よりも5,820人増しであった。増加は主として華人およびジャワ人労働者〔Japaneseと誤植〕で，5,031人増加した（ARJ1918: 5, pgh27）。

1922年 過去5ヵ年にジョホールのエステートで雇用されたインド人労働者数は以下の通りである（ARJ1922: 5, pgh26）〔ジョホールのインド人労働者数は1918～1924年について巻末付表4-5aに総括〕。

1926年 労働管理官の報告によると過去2ヵ年の労働者数は以下の通りである（ARJ1926: 7, pgh22）〔1925年以降1939年に至る民族別労働者数は巻末付表4-5bに総括〕。すべての港に到着した旅客数は118,953人，出発した旅客数は103,608人で，それぞれ18,690人，19,307人の増加であった（ARP1926: 18, pgh64）。

1927年 年末において労働力供給は適切なように見える。過剰はない。エステートを解雇された労働者が他の場所で仕事を見出すのに困難はない（ARJ1927: 8, pgh23）。

1928年 年初にはエステートでは一般に労働者を削減する傾向があったが，失業は少なかった（ARJ1928: 9, pgh60）。

1930年 8月1日に施行された海峡植民地華人労働者移民制限は失業の増加を防止するためにかなり役立った（ARJ1930: 12, pgh74）。

1932年 タミル人本国送還数は，1932年には，前年の成人4,258人，子供962人から成人6,667人，子供1,972人へと増加した。長期にわたる居住と財の蓄積のため，またおそらく南インドにおけるより良い生活条件の見通しがないために，労働者は多くの場合低賃金で現在地に留まるほうを選ぶ。1,400人以上の華人が本国送還された（ARJ1932: 27, pgh83）。

1933年 タミル人本国送還数は，1932年の成人6,667人，子供1,972人から，成人1,179人，子供178人へと減少した。5月以後，ゴム価格が改善され

たので本国送還は医療的に不適な者に限られるようになった。華人は43人，すべて熱帯の労働に不適な者がジョホールから本国送還された（ARJ1933: 28, pgh82）。

1934年 1930年8月以来停止されていた南インドからの移民は本年5月に再開されたが，当国のエステートに雇用されていた者と現在の労働者の親族に限定された。この意図はカンガニ募集をできるだけ避けて，自発的な労働力に代替することにあった（ARJ1934: 25, pgh73）。労働階級の華人移民は通常自力でマラヤに来る。現在その数は移民割り当ての範囲内に留まっている。割り当て以外で，中国で契約し，政府から雇用者に与えられた特別許可で来住する者もある（ARJ1934: 25, pgh74）。ジョホールでは雇用主によるジャワ人労働者の直接募集は行われていない（ARJ1934: 25, pgh75）。

1935年 南インドからの移民は1年を通じて行われた。後半期には労働需要は明らかに低下したが，旅費補助は主としてこの国の家族の下に戻る者に対して与えられた。募集ライセンスは若干のみ発行され，以前インドとの労働関係がなかった茶および油やしエステートに限られた。この意図は可能な限りこの形の移民を避けて，自主的な労働力で代替しようとすることにあった（ARJ1935: 28, pgh71）。

〔華人〕1935年に月間4,000人の移民割り当てが課せられた。年初には華人労働力の不足があり，7月に不足が解消されるまで割り当てを超えて移民を認める特別許可が発行された（ARJ1935: 29, pgh73）。エステート，鉱山，および材木伐採飯場における華人労働者は通常，家族を中国に残してきている（ARJ1935: 31, pgh84）。貯蓄が若干できた労働者が家族を中国から呼び寄せる傾向は徐々に増加しており，これは労働者の生活をより正常なものにしつつある（ARJ1935: 31, pgh86）。

1936年 インドからの援助移民は通年，制限下で行われた。（中略）マラヤに上陸したジョホールへの援助移民総数は715人であった（ARJ1936: 32, pgh65）。援助移民のほかに援助を受けない移民の流入がかなりあった。（中略）マラヤに入ったこの種の移民のどれほどがジョホールに向かったかは不明である（ARJ1936: 32, pgh66）。ジョホールバルの労働事務所を通して年内に本国送還されたインド人労働者総数は1,321人であった（ARJ1936: 32, pgh67）。

1937年 1935年と1936年に生じた男子人口の大流入は維持されることなく，経済指標の下降にしたがってかなりの脱出があった。他方，女子人口の増加は

1937年中続き，余剰男子移民の脱出と結びついて性比の正常化をさらに押進めた（ARJ1937: 6, pgh11 再掲）。

1938年　インドからの援助移民はインド政府によって7月に禁止されたが，既にマラヤで雇用されている労働者の妻および家族は彼らの親族に合流することが許され，旅費を支給された。年内にマラヤに到着したジョホール行きの援助移民総数は554人であった（ARJ1938: 29, pgh67）。援助移民のほかに援助を受けない移民の流入がかなりあった。（中略）マラヤに入ったこの種の移民（39,627人）のどれほどがジョホールに向かったかは不明である（ARJ1938: 29, pgh68）。ジョホールバルの労働事務所を通して年内に本国送還されたインド人労働者数は1937年の1,019人に対して4,535人であった（ARJ1938: 29, pgh69）。

1939年　本年中マラヤに到着しジョホールに向かった援助移民の数は43人であった（ARJ1939: 20, pgh46）。援助移民のほかに援助を受けない移民の流入がかなりあった。（中略）この種の移民のマラヤに入った総数は23,674人であった。インド政府による労働者移民の禁止のためこれらのうち労働者は少ない。この種の移民のどれほどがジョホールに向かったかは不明である（ARJ1939: 21, pgh47）。ジョホールバルの労働事務所を通して年内に本国送還されたインド人労働者数は1938年の4,535人に対して2,151人であった（ARJ1939: 21, pgh48）。

　ジョホールに関してはパハンに比してより大きな人口規模から記述が始まっているが，移動量もまた大きい。1925年以降の労働者数の統計は人口の動きを表現している。男子人口が経済の動きに敏感に反応しているのに対して，女子人口の増加が維持されていることが指摘されている。

5. 人口動態の趨勢

移民の増減

　パハンにおいてもジョホールにおいても，流入あるいは流出する移民が在住

人口に大きく影響している。在住人口は移民数の変化に鋭敏に反応するので，センサス人口を直線で繋ぐだけでは，その変動を十分に表現できない。年次報告書における記述は，変動の事実をきめ細かに伝えることがあるが，大きな流れを示すにはあまりにも断片的である。趨勢を確認するためには年次報告書に現れた数値を繋ぎ合わせる作業が必要である。各年の推計人口は10年ごとのセンサスには現れない一時的変化を記録している。しかしながら，特に1930年以前は，一定の増加率を適用するという推計方法が採用されていたために実際の変化が捉えられていない。

　既に述べたように，出生数および死亡数の変化は人口の変動を直接伝えている側面があるが，人口の動きと独立している側面もある。すなわち，出生届出の改善に加えて，女子人口の相対的な増加を背景に通常の性年齢構造の下ではみられないような急上昇が生じる事情が出生統計には含まれている。また，死亡統計には乳児死亡率の低下（表4-4参照）によって示されるような全般的な医療事情の改善による死亡の減少と流行病による死亡率の波動が含まれている。

　労働者数は，人口構成の一部分を捉えたものであるとしても，不況による出稼ぎ者の帰国を背景に，人口変動の存在を示唆している。パハンでは華人を主体とする鉱山労働者数が1931年に最低に達した後，再び回復に向かう様相が確認される。また，錫鉱山労働者から金鉱山労働者へのシフトが並行的に行われたことが分かる（表4-7および表4-8参照）。ジョホールの労働者統計では，1932年の不況に向かってインド人および華人労働者数が激減していく様相が明らかである（図4-3，巻末付表4-5参照）。失業者のすべてが帰国するわけではなくマラヤに滞留する者も多いので，雇用者数の変動は人口変動を誇張した形で表現しているとみなす必要がある。華人とインド人における景気への鋭敏な反応に対して，ジャワ人労働者の対応がそれほど直接的ではないことも興味深い。

西海岸先進地域との比較

　スランゴールやペラと比較した場合，各民族間に見られる微妙な差異に興味深いものがある。パハンとジョホールにおいては，1911年センサスから1921年センサスの間でスランゴールやペラに見られたような総人口における華人割

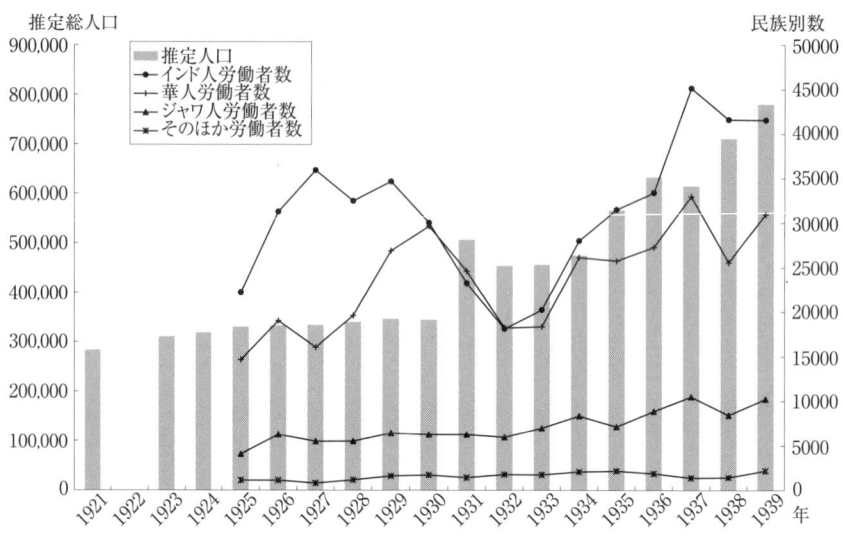

図 4-3　ジョホールの推計総人口と民族別労働者数の推移 1921-1939

合の著しい低下が認められない。スランゴールおよびペラにおいてはこの間にインド人がそれぞれ 1.79 倍，1.80 倍に増加しているのに対して，パハンでは 1.32 倍，ジョホールでは 4.27 倍へと増加している。パハンの増加率の低さはインド人の流入が小規模で開始された状態，ジョホールの増加率の高さは導入期における急増と小規模性を反映するものであろう。両州におけるインド人労働者の導入は 1921 年から 1931 年の間に活発化するが，1931 年時点でも総人口に対する割合はパハン 8.2 パーセント，ジョホール 10.1 パーセントに留まる。この時点でペラにおけるインド人労働者数は既に 42,490 人に達していたのに対してジョホールでは 23,253 人であった。ジョホールにおけるインド人労働者数がピークに達するのは，6 年後の 1937 年でその数は 45,153 人であった[2]。

---

2) ジョホールのプランテーション労働者については，州年次報告書のほかに，ジョホールプランターズ協会の年次報告書があり，プランテーション労働者の動きをより詳しく記録している。

第5章
病気との闘い I　スランゴールとペラ

ペラ要図

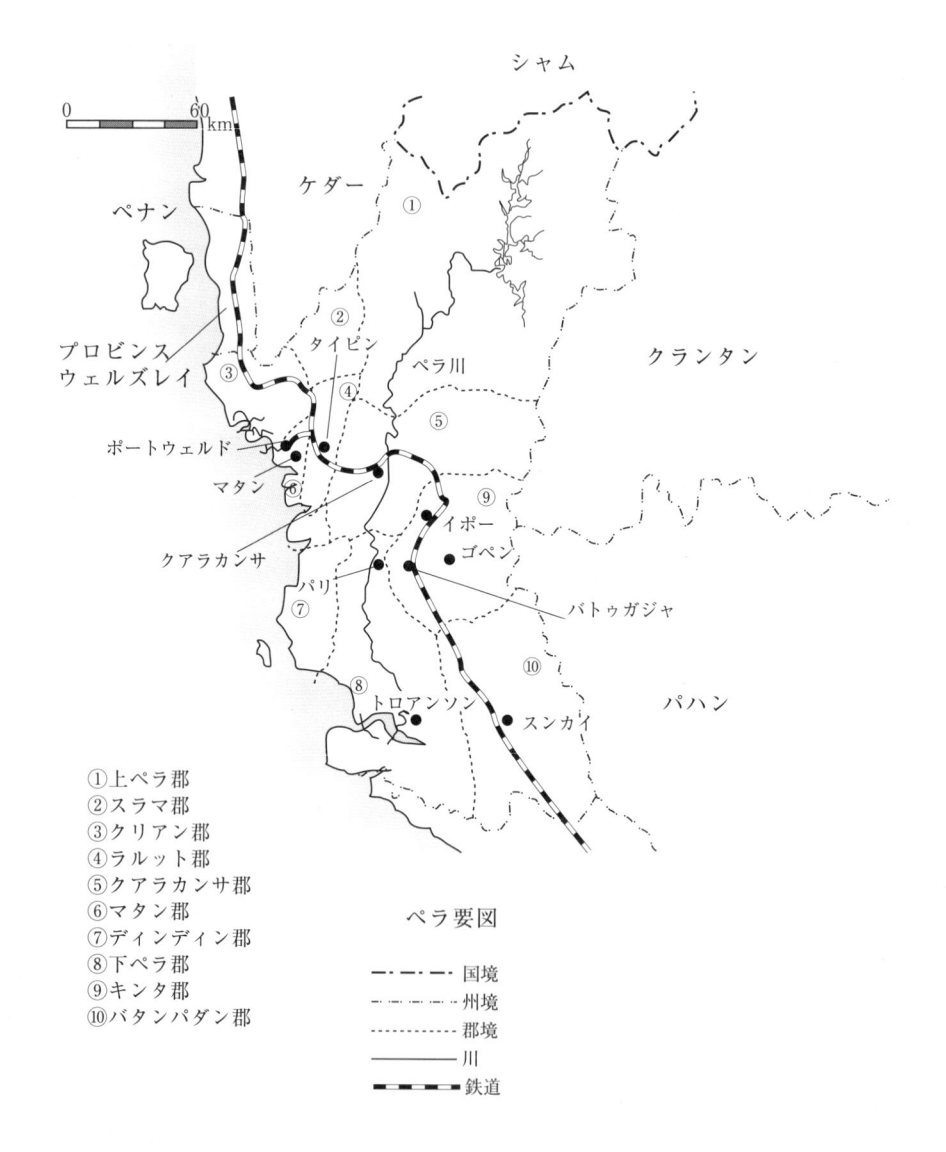

① 上ペラ郡
② スラマ郡
③ クリアン郡
④ ラルット郡
⑤ クアラカンサ郡
⑥ マタン郡
⑦ ディンディン郡
⑧ 下ペラ郡
⑨ キンタ郡
⑩ バタンパダン郡

―・―・― 国境
――― 州境
・・・・・・ 郡境
――― 川
▬▬▬ 鉄道

1. 熱帯環境と死亡

　一時期のマレー半島では出生よりも死亡が多い状況が統計として現れる。このことは，移民として加わる者がなければ人口が減少し，やがては消滅すると受け取られるかもしれない。流入してきた移民に単身男子が多いという異常な人口構造は，単身男子群が消滅した後に，正常な性・年齢構造を有する残余の部分が再生産を続け，人口は一時的な減少の後に増加を維持する可能性がある。マレー半島において土着的な性格が強いマレー人は比較的均衡した性比を示し，彼らの間では出生が死亡よりも多い。しかしながら，彼らの間でさえ，20世紀の初年までは時として死亡が出生を上回る年次があった。マレー人がマレー半島の風土に適応していたのに対して，外来の華人やインド人は不慣れな気候と環境の中で生活を始めねばならなかった。ヨーロッパ人にとっても事情は同様であった。しかも，彼らの生活は，自足的な農業生産とはまったく異なった錫採鉱，ゴム栽培などのための新環境下において営まれた。この意味で，外来者にとって熱帯気候下のマレー半島は病気との闘いの場であった。ここでは，スランゴールとペラにおいて，病気が外来者の生活を如何に脅かしてきたかを検討する。

2. 脚　気

錫採鉱労働と脚気

　植民地的開発の比較的早い時期に，多くの死亡をもたらしたのは脚気であった。脚気は特に錫採鉱労働者に多く，輸入精米に依存する人為的環境において発生した。開発前線の病気であったが，熱帯の生物環境と直接のかかわりはなかった。脚気がビタミン欠乏症として認識される以前から，精白米の摂食と脚気の発生との間には関連づけが行われており，この線に沿った対応とともにこ

の病気が減少している。年次報告書には次のような記述が見られる。
スランゴール
1887年 州病院で治療された患者数は 3,175 人で，内 870 人が脚気患者であった。一般患者の死亡率は 15 パーセントで，脚気は 16 パーセントであった（Colonial Office 1887: 42, pgh72）。脚気に対する特別の治療法はまだ発見されていないようである。しかしながら，他の地域よりも発生が多い地域がある。この病気の初期に患者が病院に運ばれてきた場合，換気，食物の改善，および清潔への配慮が，通常，効果的である。多くの場合，不幸にして病状が進行してから入院するので回復の希望は少ない（Colonial Office 1887: 42, pgh75）。
1890年 脚気に関する統計は，例のように特別の注記が必要である。われわれはこの恐ろしい病気の治療に対して試験段階を越えていないように思われる（ARS1890: 29, pgh 26）。
1909年 フリア（Freer）医師の指摘では，1908 年と 1909 年の間に脚気の減少が認められるが，年次統計を吟味すると顕著な改善はない。患者の大部分は華人で，シャム米使用を中止しない限りこの病気に対する相対的免疫性の確保が不可能なためである。エステートのインド人労働者はパーボイルドライス[1]を使用し，実際に脚気とは無縁である。また，精神病院においても同様の食事が採用されてから発症が見られない（ARS1909: 26, pgh 94）。
1910年 脚気による死亡率は記録上最低で，フリア医師によれば，おそらく，パーボイルドライスのみを使用するというすべての病院における新食事基準が，死亡率の大幅な低下を説明する（ARS1910: 23, pgh 88）。
ペラ
1890年 脚気患者数は 1889 年の 3,075 人から 2,157 人へと減少し，死亡率は 9.2 から 6.7 になった。この病気の性質を考え，それがペラで猛威をふるったもので，これらの数字がすべての州にわたるということを考慮すると改善は顕著で満足的である。タイピンのエンワ（Yeng Wah）病院における脚気死亡数は 1881 年に 518 件に達したが，昨年は同病院で 23 件のみであった。タイピンの郡医官フォックス（Fox）医師はこの病気に関して非常に興味深い統計をまとめ，病院で治療を受けた 4,000 人以上の患者のうちに女子がなく，16 歳少年が 1 人

---

1) 籾に蒸気を通して煮熱したのち籾殻を取り去ったもので，その組織は玄米に酷似する（松田 2006: 148）。今日でもバングラデシュでは常食となっている。

華人の中にはカトリックに改宗した者もある。ペラ州バトゥガジャのカトリック教会墓地。

第5章 病気との闘いⅠ

含まれるがそれ以下の年齢の者がいないことに注意を喚起している（Colonial Office 1890b: 16, pgh46）。

1895 年 脚気については，3,922 人以上がキンタ病院で治療を受けたが，これは 1894 年に比して 1,000 人以上の増加である。これまで記録された中で 1895 年が最多雨年であったことがおそらくこの説明となる（ARP1895: 13, pgh 41）。

1900 年 多くみられる病気は，脚気，マラリア熱，赤痢および下痢であった。病院で治療された脚気は 6,737 件で，25,552 人が院外治療を受けた。入院患者の死亡率は 14.75 パーセントであった（ARP1900: 15, pgh57）。

1904 年 脚気は 4,414 件で疾病リストの首位を占める。死亡率は 25 パーセントを超え，11 年間中最高であった（ARP1904: 8, pgh19）

1905 年 脚気の犠牲者は 1899 年を除けば最少であった（ARP1905: 8, pgh 18）。

1907 年 脚気患者数（1,957 件）は，この 11 年間でもっとも少なかったが，死亡率は 38.42 パーセントで高かった（ARP1907: 16, pgh21）。

1909 年 脚気に関する数値は特に目立つので，別に示すと以下のようになる。

	1908 年	1909 年
全ケース	3,618	1,778
死亡	838	184
死亡率	23.16	10.34

しかし，診療された脚気数の減少については，パーボイルドライス使用，フレーザー・スタントン（Fraser-Stanton）説[2]のいずれによっても説明されないので結論を急がぬほうが賢明である。脚気入院患者は精白米を食用とする民族に属するにもかかわらず，1908 年よりも 1,840 人少ないのである。しかしながら，死亡率の改善は病院におけるパーボイルドライス使用によって容易に説明される。パーボイルドライスは治療薬として作用するように見える。ブリッジス（Bridges）医師は以下のように書いている。「確かなことの一つは，手足の

---

[2] フレーザーとスタントンは 1908 年から 1 年間をかけて白米とパーボイルドライスの食用の違いにともなう脚気の発症についての研究を行った（松田 2006 : 148）。

力を完全に失った患者が，パーボイルドライスを食べるとより確実かつ速やかに力を回復するということである」(ARP1909: 16, pgh28)。

1921 年 脚気による死亡は 22 人で，この病気の発生は低い状態が続いている (ARP1921: 6, pgh64)。

1923 年 多くの死亡の原因となった病気は，マラリア，赤痢，および肺結核であった。脚気による死亡は 31 人で，1922 年は 24 人であった (ARP1923: 10, pgh132)。

脚気の激減

錫採鉱労働者である華人の白米摂食にともなって原因不明のまま多発していた脚気が，やがて食物に起因する疾病と認識され，治療法の確立とともに 1910 年頃から激減していった過程を年次報告書の記述から読み取ることができる。この過程を経て，従来華人の病気とされた脚気はやがてマレー人の病気として捉えられるようになった。1939 年のスランゴール年次報告書には以下のような記述が見られる。

「政府病院における脚気入院患者数には顕著な減少があった。1938 年の 444 件に対し 224 件であった。過去 3 年における入院数は以下の通りである。

1939 年	224
1938 年	444
1937 年	128

患者は適切な治療を受けるが，治療そのものはこの病気の予防にあまり役に立たない。村落訪問の際この病気の原因と予防に関して多くの時間が割かれているが，主たる患者であるマレー人は白米から糠付米あるいはパーボイルドライスに代えようとしないので進展は遅々たるものである」(ARS1939: 4)。

脚気による入院数および死亡数（病院統計）をスランゴールとペラについて比較すると（図5-1および巻末付表5-1），世紀の変わり目あたりに，ペラの死亡数がスランゴールを上回るようになり，両州で脚気死亡数が著しく減少する 1909 年頃までこの状態が持続する。ペラにおける錫鉱開発の進行と相関する

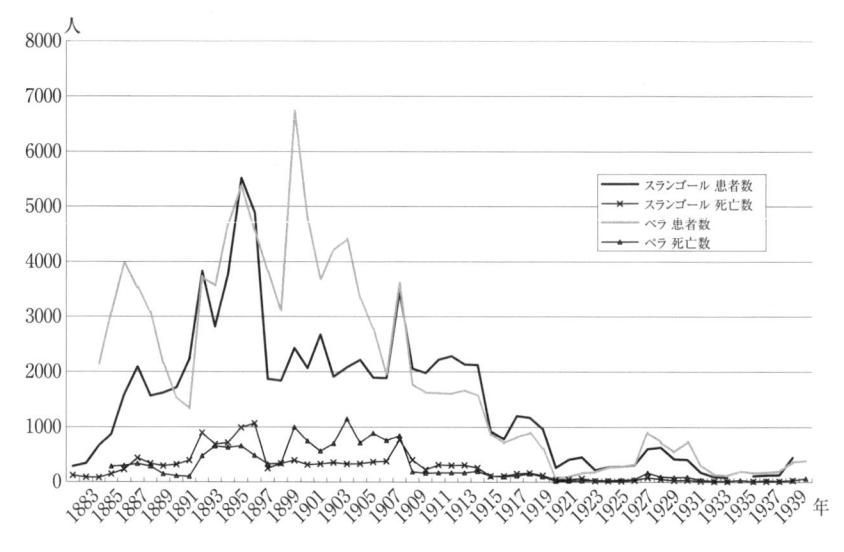

図 5-1　スランゴール，ペラにおける脚気患者・死亡者数の推移　1883-1939

現象であろう。1920年代には脚気による死亡は著しく減少し，脚気は主な病気のリストから完全に脱落する。

3. マラリア

ゴム園労働とマラリア

　脚気に代わって多くの人命を奪うようになったのはマラリアであるが，熱帯林伐採をともなうゴム園開発との関係が重要である。マラリアの発生に関する記述を年次報告書に見ると以下のようになる。
スランゴール
1899年　州の健康状況は沿岸部を除けば満足的であった。沿岸部では間歇タイプの熱病が発生し，すべての民族を襲った（ARS1899: 9, pgh26）。
1900年　マラリアはかつての重症のものはほとんどみられず，通常，治療

が容易な軽症の間歇タイプで，死亡率が低い軽い病気として特徴付けられる。死亡の多くは合併症，あるいはマラリア性衰弱の貧血に起因するものである（ARS1900: 14, pgh28）。

1903年　1902年に記録されたマラリア患者の減少は続いている。本年の治療数は1902年の2,977件，1901年の5,445件に対して，2,977件であった。州医務官はこの減少はクランとポートスゥェトナムで施工された排水工事や衛生工事によるものと考えている（ARS1903: 10, pgh55）。

1907年　マラリア患者数に顕著な増加があった。主な罹患者はクランおよびクアラルンプール郡への新規到着者であった。この疾患のかなりの部分はバトゥティガ（Batu Tiga）村のマラリア環境に起因し，そこから周辺のエステートに広まった（ARS1907: 21, pgh87）。

1910年　クアラルンプール郡では，本年中に総額$21,128がマラリア対策のため排水や沼地埋め立て工事に支出された（ARS1910: 10, pgh36）。患者治療数は前年よりも2,193人多かった。マラリア患者の入院だけで増加を十分説明できる（ARS1910: 21, pgh85）。

1911年　マラリアは10,780件で治療された主な病気の首位を占めている（ARS1911: 17, pgh109）。1910年に比較してマラリアは2,658件増加し，死亡率は4.54から6.75になった。この病気が増加した原因は，新しい土地がゴム園のために開かれ，移民労働者が大幅に流入したことであるといわれる（ARS1911: 17, pgh110）。ヨーロッパ人病院および一般病院の立地する谷には，パナマで採用された方法にしたがって地下排水管が1910年の間に敷設された（ARS1911: 17, pgh111）。

1916年　1915年に30.13であった死亡率〔人口1,000に対する死亡率〕の33.5への上昇は，主としてマラリアの流行に帰せられる（ARS1916: 19, pgh124）。

1917年　全死亡の35パーセントをマラリアが占めるが，赤痢および下痢による死亡や脚気による死亡も増加した。エステート労働者の死亡率は平均人口83,340に対して21.99パーミルであった（ARS1917: 10, pgh130）。

1922年　マラリアおよび赤痢による死亡は顕著な減少を示した。（中略）マラリアの場合，数値は記録上最低であった（ARS1922: 8, pgh83）。

1924年　マラリア発生は再び非常に満足的な減少を示した。（中略）人口比においてマラリア死亡率は6年間に20.29から7.70に低下した。しかしながら，マラリアは他の病気による死亡の原因となっていると考えられる（ARS1924: 8,

pgh88)。

1925年　マラリア治療は1924年の4,442件，死亡数232から，1925年には6,424件，死亡数247に増加した。治療数に対する死亡の割合は，1924年の5.22パーセントから1925年の3.84パーセントへ低下した。死亡率低下は病気が劇症あるいは悪性のものではなかったためである（ARS1925: 8, pgh101）。

1926年　病院で治療されたマラリアは，1925年の6,424件，死亡数247から，11,755件，死亡数452へと増加した。死亡率は両年とも等しく3.84パーセントであった。3月，4月，5月にもっとも多く発生した。インド人労働者の大部分がこの3ヵ月間に到着している（ARS1926: 9, pgh104）。

1929年　主な病気は，マラリア，性病，鈎虫症，赤痢，下痢，脚気，肺炎，および肺結核である。（中略）マラリアの減少は非常に著しい（ARS1929: 15, pgh148）。

1931年　ほとんど30年にわたるマラリアとの闘いにおける集中的な努力にかかわらず，この病気（はっきりしないものを含む）はマレー連邦州の人命に対して大きな損害を与え続けてきた。1931年に記録された全死亡の40パーセントはこの種の病気によるものである（ARS1931: 9, pgh49）。

1933年　マラリアの類は全死亡の34.2パーセントに関与している（1932年は31.2パーセント）。しかしながら，この全数のうち診断されたマラリアは3パーセントのみである（ARS1933: 7, pgh25）。

1936年　全州においてマラリアの減少があり，この病気による死亡も減少した（ARS1936: 10）。

1938年　この病気の発生に顕著な増加があり，罹病率，死亡率ともに人口に大きな損失をもたらした。1937年11月のピークに続いて，1938年初めにさらなる上昇があり，その後の低下は以前の通常値まで達しなかった。マラリアおよび特定されない熱病による死亡は3,439件で，1937年より382件多かった。全死亡数に対する熱病の割合は27.8パーセントであった。昨年は26.1パーセントであった。ゴムエステートにおける新規植え付けや植え替えが増加の重要な要因と考えられる。

　政府病院でのマラリア入院数は大きく増加し1937年に比して49.3パーセント上昇した。入院数は7,254件で，1937年は4,859件であった。エステート病院では5,648件で，昨年の5,437件に比して3.9パーセントのみの増加であった。エステート人口1,000に対して，1938年，1937年にはそれぞれ52.1，51.5であっ

た。マラリアの増加は制御された衛生委員会管轄地区外で生じたように見える（ARS1938: 7）。

ペラ

1900 年　多くみられる病気は，脚気，マラリア熱，赤痢および下痢であった（ARP1900: 15, pgh57）。

1904 年　マラリア熱は 4,404 件で（脚気の）次位となっているが，死亡率は僅か 5 パーセントであった（ARP1904: 8, pgh19）。

1907 年　労働法の規則で，エステート所有者は自前の病院を設けて，罹病した労働者の面倒を見ることが義務付けられた。インド人移民労働者の増加がきわめて大きいので，政府病院では治療を要する労働者すべてを収容することができず，また遠距離のために患者の移動は好ましくないからである（ARS1907: 25, pgh117）。

1909 年　全州に広くキニーネを配布するステップがついに取られようとしている（ARP1909: 16, pgh28）。

1913 年　すべての町で排水溝の拡張が行われているが，組織的な対マラリア工事はほとんど行われていない。（中略）キニーネ配布は続行され，100,000 カプセル以上がプングル（村長），学校，警察，その他の政府部局に無料で支給され，15,000 カプセルがタイピンの町での有料頒布のためにラルットの郡長に支給された（ARP1913: 23, pgh28）。

1915 年　少なくとも 7,876 件すなわち全死亡の 50 パーセントがマラリアによるものであった（ARP1915: 25, pgh31）。

1917 年　これらの高い数値の第一の原因はマラリアで 9,323 件の死亡があり，全死亡の 48.35 パーセントを占め，人口 1,000 に対して 15.81 であった。1916 年には 8,749 件で，全死亡の 52.6 パーセントに相当した（ARP1917: 18, pgh33）。

1918 年　キニーネの配布が続けられ，病院，施療所，移動施療所，警察，学校，税関，プングルに 539 ポンドが配布された。沼地埋め立て，発生が疑われる地域の排水，オイル散布は着実に行われている。ゴペン（Gopeng）における山に近い地域の地下排水の効果は，不幸にして長く続かず，以前と同じタイプのマラリアの再発が 8 月にあった（ARP1918: 15, pgh32）。

1919 年　マラリアは死亡の 48 パーセントを占めている（ARP1919: 8, pgh74）。

1920 年　マラリアは死亡の 33.41 パーセントを占めている（ARP1920: 8, pgh75）。

1924年 病院で治療された患者数はきわめて満足的な減少を示している。1923年は10,509件であったが，1924年には8,456件になった。死亡率は4.49パーセントで，1923年の4.79パーセントに比して低下を示している（ARS1924: 16, pgh184）。

脚気との首位交代

20世紀に入ると，ゴム栽培の導入とゴム園開発にともない，マラリアによる死亡が脚気による死亡を上回るようになった（図5-2および図5-3参照）。重大な病気としての脚気との首位交代を1910年と見当づけることができる。ここでマラリアとよぶのは，必ずしも実際に診断されたものではなく，マラリアと疑われる熱病をすべて含むが，1910年代にはこの病気による死亡が全死亡の半分を占めるとみなされた。マラリア対策の効果があがって状況は次第に改善されていったが，流行には波があり，植民地官吏を一喜一憂させながら根絶には至らなかった。スランゴールとペラにおけるマラリアによる入院数と患者死亡数の推移を観察すると（図5-4および巻末付表5-2参照），両州に共通する流行の波があって，1913年前後，1920年前後，1928年前後にそれぞれのピー

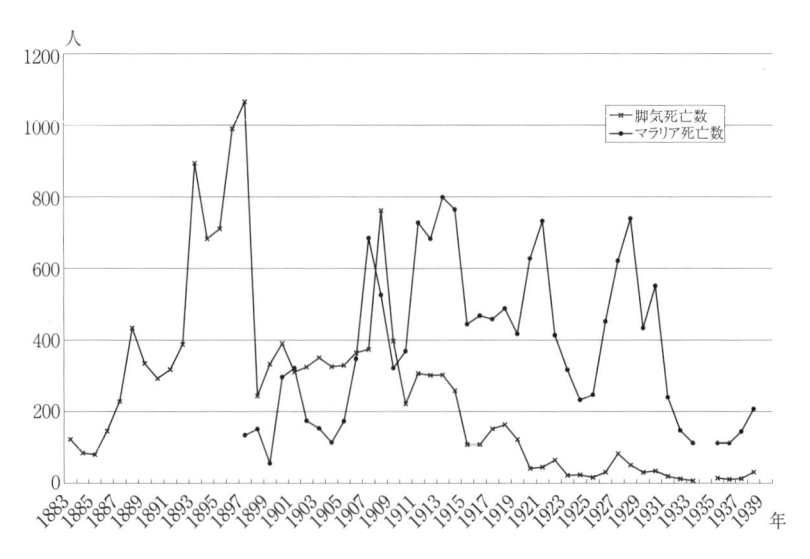

図5-2　スランゴールにおける脚気，マラリア死亡者数の推移　1883-1939

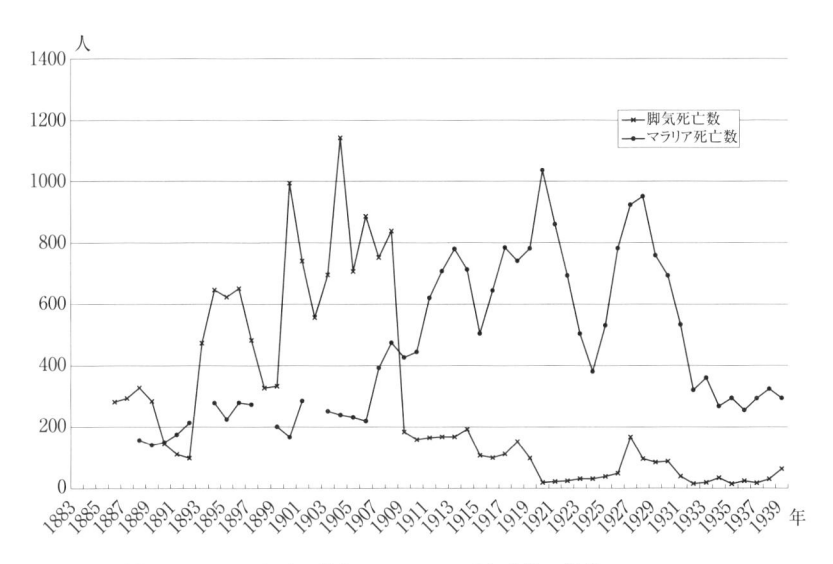

図 5-3　ペラにおける脚気，マラリア死亡者数の推移　1883-1939

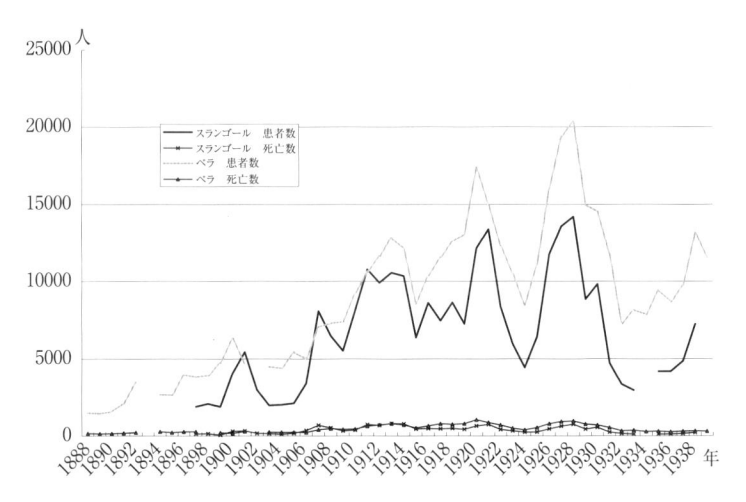

図 5-4　スランゴール，ペラにおけるマラリア患者・死亡者数の推移　1888-1939

第 5 章　病気との闘い I　153

クが見られる。これらの年はゴム輸出が好調であり，その背後でゴム園開発が進行していたと考えられる。他方，ゴム輸出の不振が明らかな1924年頃や1932年頃には両州に共通してマラリア死亡者が少なかった。1930年代後半に不況が収束し，ゴムエステートの活動が活発になると，再びマラリアの増加が認められた。マラリアはこの意味でゴム産業に付随する産業病的な性格を有していた。

4. 肺結核

肺結核の出現

　人口増加にともなう都市の発達と，華人移住者を中心とする街での生活は，住民の密集にともなう劣悪な居住環境の拡大とともに肺結核による死亡を増加させた。関連する記述をクアラルンプールが立地するスランゴールの年次報告書から抜粋する。

1901年　肺病は明らかに増加を示している。1899年の治療数は271件であったが，1900年には747件，1901年には814件になった。結核による死亡は183件，肺炎によるものは66件あった。結核は主として人口が混み合ったクアラルンプールの街に発生している（ARS1901: 14, pgh79）。

1903年　肺病治療数は811件で死亡266件であった。1902年にはそれぞれ850件，241件であった。死亡のうち177件は結核によるものであった。これに関連して州医務官は次のように書いている。「肺病による死亡数がマラリアあるいは下痢による死亡数を超えたことは，通風の悪さや家屋内の採光不足の害をともなう街の過密問題に対する政府の注意を必要とする」（ARS1903: 11, pgh56）。

1907年　肺病と診断された1,442件のうち527件が結核であった。これは1906年に比して160件の増加で，死亡は253件，死亡率48パーセントであった。住居の検査や過密の阻止によって感染危険性を低下させる努力はされておらず，健康状態の悪化した労働者が働くことができずに街に集中し，体力が低

下しているので特に感染しやすい状態に置かれている（ARS1907: 21, pgh89）。
1921 年　結核による死亡は記録上最多であった。（中略）多くの赤痢，結核患者は病気が進行した状態で運び込まれている（ARS1921, pgh83）。
1924 年　結核患者の死亡率は例年のように高い。患者が手遅れになるまで入院しようとしないからである。しかしながら総数は 700 以下であり，クアラルンプール人口に対する比率は，1923 年の 2.91，1922 年の 3.33 に比して，2.66 に低下した。これは非常に満足的な減少である（ARS1924: 8, pgh90）。
1925 年　肺結核（phthisis）による死亡率は高いままである。感染した者は病気が治療不可能になるほど進行してから初めて病院にくるからである。しかしながら，クアラルンプールの修正死亡率は 1924 年 2.66，1923 年 2.91，1922 年 3.33 に対して 1.75 パーミルで〔原文のまま，パーセントの間違い〕非常に満足すべき減少を示している（ARS1925: 8, pgh103）。
1927 年　654 件の肺結核が病院で治療され，352 人が死亡した。1926 年には 650 件，死亡 287 人であった。死亡率はそれぞれ 53.82 パーセント，44.15 パーセントであった（ARS1927: 11, pgh126）。

都市の疾病

　肺結核による死亡が，クアラルンプールを中心に次第に重大とみなされていく過程が明らかである。この病気の特徴は重症になるまで入院せず，入院者の死亡率が高いことである。しかしながら，この病気による死亡者の実数はマラリアに比してずっと少ない。スランゴールの病院統計を見る限りでは，肺結核による死亡は 1920 年代にピークに達し，30 年代にはかなり減少している（巻末付表 5-3）。この病気はペラでも注目され，毎年報告されるようになっている。1924 年のペラ年次報告書には，次のような言及がある。「1923 年の 910 件に比して 1,085 件が病院で治療された。死亡率は 1923 年の 47.47 パーセントに対し，43.78 パーセントであった。死亡率は僅かな低下を示す。多くの肺結核はカンパル（Kampar）に集中している」（ARP1924: 16, pgh184）。ペラにおける統計も病気の発生が同様の経過をたどったことを示している。この病気が華人に多く，また入院した華人の死亡率が高いことも分かる（巻末付表 5-4 参照）。

5. 赤痢と下痢

熱帯の消化器病

　赤痢と下痢は熱帯における移住者の生活につきまとう病気であった。これらの病気による死亡は時にはマラリアを上回ることもあったとみられる。年次報告書には次のような記述が見られる。

スランゴール

1890年　死亡率が高かった唯一のエステートはバトゥケーブ（Batu Caves）であった。そこでは1888年および1889年初めに赤痢が大規模に発生した。水源の放棄，河川近辺のクーリー長屋の移動，井戸の掘鑿が労働者の健康状態の改善をもたらした（ARS1890, pgh99）。

1903年　州医務官によれば，腸疾患者の顕著な減少は，給水，排水，および衛生一般の改善のためである（ARS1903: 10, pgh54）。

1906年　下痢および赤痢の増加は，マラリアの場合と同様，多数のインド人労働者の到来に帰せられる。州医務官はこれらの疾病の発生と激しさが到着したインド人労働者数にしたがって変動することを示す興味深い数値を示している（ARS1906: 19, pgh83）。

	患者数	死亡数	
1901年	3,826	1,143	スランゴールにおける鉄道建設。大量の移民。
1902年	2,488	848	
1903年	1,712	588	特別な工事なし。通常の移民。
1904年	1,140	328	
1905年	1,550	471	
1906年	2,134	871	ゴム園開設。大量の移民。

1912年　クアラルンプールの町の修正死亡率は38パーミルと報告された。主な死因は赤痢と下痢であった（ARS1912: 21, pgh138）。

1922年　マラリアおよび赤痢による死亡は顕著な減少を示した。(中略) 多くの赤痢, 結核患者は病気が進行した状態で運び込まれている (ARS1922: 8, pgh83)。

ペラ

1900年　多くみられる病気は, 脚気, マラリア熱, 赤痢および下痢であった (ARP1900: 15, pgh57)。

1904年　赤痢は1,853件で死亡率33パーセント, 下痢は951件で死亡率24パーセント, いずれも深刻な苦難の原因であった (ARP1904: 8, pgh19)。

1919年　マラリアは死亡の48パーセントを占めている。赤痢と下痢は8パーセント, 肺結核は6パーセントである (ARP1919: 8, pgh74)。

1923年　多くの死亡の原因となった病気は, マラリア, 赤痢, および肺結核であった (ARP1923: 10, pgh132)。

1927年　死亡率の上昇が続くことは説明が困難である。コレラ, ペスト等による死亡は昨年に関しては部分的に説明できるが, 特に赤痢および下痢, 肺結核, 肺炎に関する入院患者の死亡率の上昇(1926年の6.98パーセントから7.88パーセントへ) は, 人々の抵抗力の弱化を示すように見える。おそらく気候にまだ馴れない多くの新来者があったためであろう (ARP1927: 10, pgh64)。

恒常的な疾病

　赤痢と下痢は, 脚気やマラリアなどのような特別な注目を受けることがなく, 付随的に記載されることが多かったが, 死亡率に関しては常にある程度の関与を保ってきた。病院統計に示される限りでは, 死亡数のピークは, スランゴール, ペラ両州において, マラリアの増加に先行する1908年に見られた。1912年時点で, 赤痢と下痢はクアラルンプールにおける死因の第1位に挙げられ, その都市的な性格を示している。この病気は次第に減少していくが, 1927-1928年に一時的な増加が見られた (図5-5, 巻末付表5-5)。1927年は華人およびインド人の海峡植民地への到着が最大を記録した年であった。

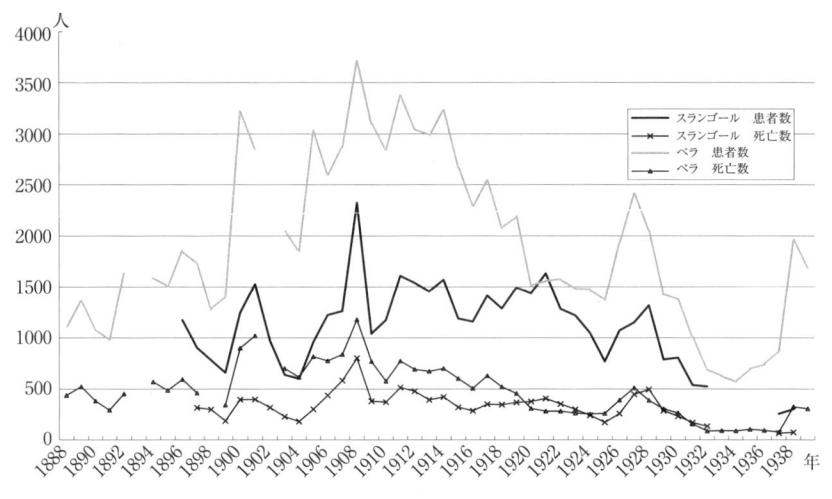

図 5-5　スランゴール，ペラにおける赤痢患者・死亡者数の推移　1888-1939

6. 疱瘡とコレラ

古い時代の大流行

　疱瘡とコレラは本書の対象とする時代に先行するより古い時代のマレー世界で，大きな流行があったことが伝えられており，住民から恐れられてきた流行病である。植民地時代には，種痘や検疫の実施が流行を予防する効果があり，死亡数が比較的少なくなっている。以下，年次報告書から記載の若干を引用する。

スランゴール
1887 年　州の健康は概して良好で，病気の流行はなかった。コレラはなく，クアラルンプールおよびウルスランゴール郡で若干の疱瘡が発生したのみであった（ARS1887: 42, pgh71）。
1889 年　疱瘡は少なく，間隔を置いて発生したが広まることはなかった。疱瘡は 9 月にサラワクからグッタ採取に来たダヤクの一団によってウルスラン

ゴールにもたらされた（ARS1890: 29, pgh36）。2月にクランでコレラが報告され、通常の注意が払われたが、医療当局者はこれが真性アジアコレラとは考えていない（ARS1889: 29, pgh37）。州における予防接種の進展は満足的といえない。本年接種を受けたのは567人（1888年には501人）で、この結果を得るために338チューブの痘苗が$94.98の費用をかけて英国から輸入された（ARS1889, pgh55）。

1890年　6月にウルランガット郡において疱瘡の発生があった。郡全体に対して種痘が強制された。6月に若干の新しい患者が見られ、8月に1件発生した後消滅した。ウルスランゴールでは1件報告された（ARS1890: 27, pgh12）。州医務官の報告によれば、本年接種を受けた者は550人（1889年は567人）であった（ARS1890: 29, pgh29）。

1896年　2月、労働者を満載した2隻の華人ジャンクが、コレラ患者を乗せてスマトラから到着した。クラン川河口近くの島に隔離施設が設営され、医務官の監督の下に、労働者全員がこの目的で建てられた仮設棟に収容された。乗船者147人のうち、50人が感染し32人が死亡した。しかし、病気は本土には広がらなかった（ARS1896: 8, pgh34）。

1913年　62,193人の移民労働者が年内に検疫キャンプを通過した。42人がステーションで死亡した。18件のコレラで13人が死亡、20件の疱瘡で2人が死亡している（ARS1913: 17, pgh78）。

1923年　インドからの移民船30隻が到着した。これらのうち1隻は疱瘡、1隻はコレラに感染していた（ARS1923: 9, pgh94）。

1924年　ペストの発生はなかったが、6月に検疫キャンプにおいてインドから新しく到着した労働者の間でコレラが発生し85人が死亡した（ARS1924: 8, pgh91）。

1925年　ポートスウェトナムの検疫所において、48,749人の移民のうち184人が入国時または検疫期間中にコレラを発症した。63人が死亡し、死亡率は34.23パーセントであった。ペストのケースはなかった（ARS1925: 9, pgh104）。

ペラ

1889年　ライト（Wright）医師によると、州の健康一般は不良であった。コレラが再びキンタ、ラルット、および下ペラで発生した。疱瘡はクリアン郡およびクアラカンサにおいて常になく激しかった（Colonial Office 1889: 37, pgh174）。

1890 年　接種は成功裏に行われ，昨年の1,176 件に対し，2,977 件実施された。失敗のケースが多くあったのは英国から受け取った痘苗の質が悪かったためである。疱瘡による死亡が1 件のみであったことは特記して喜ぶべきである。疱瘡はペラ・マレー人の恐れの対象で，何百人という死亡をもたらしたものである（ARP1890: 37, pgh47）。

1892 年　州医務官の報告によれば，1892 年の健康状況は不良であった。ペナンからもたらされた疱瘡はほとんどすべての郡に留まり，54 人の犠牲者が出た（ARP1892, pgh29）。

1894 年　1894 年における州の健康状況はおおむね良好であった。コレラは1 件もなく，疱瘡は36 件で14 人が死亡した（ARP1894, pgh39）。

1912 年　1911 年に比して，幸いに本年はコレラ，疱瘡が顕著に少なかった（ARP1912: 20, pgh28）。

1919 年　1919 年は疱瘡，ペスト（plague），およびコレラの流行の欠如が顕著であった。疱瘡は8 件が6 ヵ所で，コレラ（死亡4 件）は3 ヵ所で，ペストは1 件発生した（ARP1919: 8, pgh73）。

1920 年　142 件の死亡をともなう514 件の疱瘡が発生した。患者の多くはパリ（Parit）近辺のペラ川河岸で発生している。この病気はディンディンからペラへもたらされた。河岸における通信手段の不備やモーターボート不足，さらには隔離の意味を理解せず，患者をカンポンやジャングルに隠そうとする散在住民に対する強制隔離が不可能なために，病気の激増に対処することが困難であった。（中略）年末には流行はほとんど終息した（ARP1920: 8, pgh74）。

1921 年　75 件の疱瘡が発生し12 人が死亡した。1920 年7 月に始まったパリおよびペラ川河岸の流行は，1921 年2 月まで続いた。1921 年の発生の半数以上はスンカイ（Sungkai）で生じた。スンカイの流行はパリ地方から行方をくらました1 人の接触者によってもたらされた。スンカイの流行は6 月までに終息した。ペストあるいはコレラの発生はなかった（ARP1921: 6, pgh63）。

1922 年　疱瘡の発生が10 件あったが，どの地域でも流行に至らなかった。ペストあるいはコレラの発生はなかった（ARP1922: 9, pgh111）。

　1920 年代初めにペラで疱瘡が流行したり，半ばにスランゴールの検疫所でコレラが発生したりしている。これらの病気はこの年代まで種痘の隙間や検疫の水際で発現することがあったが，かつての大流行はもはや見られない。発生

件数は少ないが，過去の流行の記憶を留めて予防体制がさらに強化されつつあった。

7. 性　病

　必ずしも致命的ではなく死亡数もそれほど多くないが，単身男子の割合が高い移民社会においては性病の蔓延は不可避であった。関連する記述を若干引用する。
スランゴール
1890年　性病の発生は相変わらず多い。救貧病院（患者は主に華人）担当の郡医務官ウェルク（Welch）医師は以下のように記している。「救貧病院に入院した患者には梅毒が特に多い。この病気で入院する者は多いが，合併症を持たないのは僅かである」。1890年には602人すなわち男子589人および女子13人の性病患者が州立病院で治療を受けた（ARS1890: 27, pgh15）。年中性病が多く，増加傾向にあるように見える（ARS1890: pgh39）。
1927年　病院で治療された性病は1,392件で21人が死亡，1926年には1,391件で15人が死亡した。上述のほかに12,663件が外来患者として州内の診療所で治療された（ARS1927: 11, pgh125）。
1929年　主な病気は，マラリア，性病，鉤虫症，赤痢，下痢，脚気，肺炎，および肺結核である（ARS1929: 15, pgh148）。
ペラ
1918年　性病は前年よりも少なかったが，この病気が本当に減少したかどうかは疑わしい（ARP1918: 15, pgh32）。

8. その他の病気

　以上のほかに，一時的に激発した病気として1918年に世界的に流行したインフルエンザがある。スランゴールにおいてもペラにおいても1918年の死亡数は前年の1.55倍となった。スランゴールに関しては1918年の民族別死亡数

が分かっていて，華人は前年の1.50倍，インド人は1.70倍，マレー人は1.25倍になっている。年次報告書におけるインフルエンザに関する記述は以下のようである。

スランゴール

1918年　世界の他地域と同様，スランゴールにもインフルエンザが訪れ，3,308人が感染して523人が病院で死亡した。この数値は523件の死亡をともなった1,300件の肺炎を含まないが，このうち600件と死亡340件はおそらくインフルエンザによるものである。外来患者として9,049件のインフルエンザが処置された。流行は7月に始まって9月中旬に深刻になり，10月に最高に達し，やがて沈静化に向かって11月中旬に終息した（ARS1918: 13, pgh152）。

ペラ

1918年　死亡の増加は疑いなくインフルエンザのためで，登記係の見解によれば，少なくとも10,000件の死亡がこの病気として記入され，これらすべてが6週間のうちに発生した（ARP1918: 17, pgh33）。

以上のほかにもさまざまな病気の存在が知られるが，主な病気を羅列した際に，しばしば鉤虫症が言及されていることにも注意しておきたい。

9. 乳児死亡率

乳児死亡はそれ自体で人口増加に対する障害であると同時に，住民の健康状態に関する重要な指標である。年次報告書における乳児死亡率および出産事情に関する記述には次のようなものがある。

スランゴール

1921年　乳児死亡率はさらに非常に満足的な低下を示した。過去3年の数値は以下の通りである。1920年246パーミル，1921年241パーミル，1922年186パーミル（ARS1922: 8, pgh88）。

1927年　乳児死亡率は189.91で，1926年には207.56であった（ARS1927: 12, pgh135）。華人産科病院への入院は1926年の1,633件から2,168件に増加した。293件の出産が病院婦長および助手によって病院外で介助された。出産に際して7人の産婦が死亡した。死亡率は3.23パーミルであった（ARS1927: 12,

pgh140)。

1929 年 1 歳未満児の死亡は 3,333 件で，乳児死亡率は 178.87 であった。1928 年には 3,041 件および 169.31 であった（ARS1929: 15, pgh143）。本年中に（政府）病院で扱われた出産は 1,335 件で 55 件の死亡があった。1928 年には出産 1,152 件，死亡 53 件であった。正常な出産ケースは 1,043 件で，前年は 921 件であった（ARS1929: 16, pgh154）。

クアラルンプールの華人産科病院は，政府の補助を受けている大規模な私立産科病院である。この病院では 1928 年の 2,801 件に対して，3,018 件の出産があった。これに加えて，婦長および助産婦は 332 件の院外出産を扱った。8 人の見習い助産婦が政府の助産婦試験を受けて全員合格した（ARS1929: 16, pgh155）。

1932 年 1 歳未満の乳児の死亡が 2,364 件あった。乳児死亡率は出生 1,000 に対して 130 であった。1931 年は，乳児死亡 2,416 件，乳児死亡率 127 であった（ARS1932: 6, pgh20）。

ペラ

1923 年 1 歳未満の乳児死亡は 2,770 件で，乳児死亡率 170.21 となる。前年は 2,474 件，151.98 であった（ARP1923: 10, pgh129）。

1928 年 1928 年の乳児死亡率は 161.52 であった。1 歳未満児 3,691 人が死亡した。1927 年には 3,687 人であった（ARP1928: 9, pgh78）。

1931 年 もっとも低い死亡率ともっとも高い出生率を示すマレー人は，また，もっとも低い乳児死亡率 122 を示す。インド人はもっとも高い 167 を，華人は中間の 138 を示す（ARP1931: 4, pgh16）。

1932 年 子供の死亡は 3,156 件で，乳児死亡率は 133 であった。（中略）1932 年の数値はペラにおける最低記録である（ARP1932: 4, pgh16）。

乳児死亡に対する関心と統計整備は 1920 年代になって高まってきた。もっとも 1920 年代から 30 年代にかけての乳児死亡の報告がどの程度正確であったか疑問がないわけではない[3]。1920 年代初頭のスランゴールでは乳児死亡率は 240 を超えていたが，それはモデル生命表において，30 歳程度の平均寿命

---

3) 1931 年におけるマレー人のもっとも低い乳児死亡率（122）とインド人のもっとも高い乳児死亡率（167）という報告は，パハンに関して示された傾向とは逆になっている（p.194 参照）。パハンでは複数年次の記述があるので，パハンで述べた見解が正しい可能性がある。

表5-1　乳児死亡率　1920-1938　スランゴール，ペラ

年	スランゴール 乳児死亡数	乳児死亡率	ペラ 乳児死亡数	乳児死亡率
1920		246	3,064	180
1921		241	2,652	161
1922		186	2,474	152
1923			2,770	170
1924			2,767	158
1925			2,964	166
1926		208	3,459	172
1927		190	3,687	181
1928	3,041	169	3,691	162
1929	3,333	179	3,672	155
1930	3,405	162	3,924	144
1931	2,416	137	3,299	137
1932	2,364	133	3,156	133
1933	2,542	142	3,695	148
1934	2,772	149	4,012	164
1935	2,853	140	3,842	138
1936	3,065	137	4,488	142
1937	3,472	146	4,590	140
1938	4,010	156	4,988	132

ARS および ARP 各年度版より作成。

に対応する。その後乳児死亡が徐々に低下してきたことは上述の断片的な記述からでも明らかであるが，1920年以降についてはペラにおいて乳児死亡統計が毎年報告されているので表5-1に示す。ちなみに1931年における日本の乳児死亡率は131.5で，スランゴールおよびペラの137を僅かに下回る程度であった。ただし翌1932年には日本では117.5に低下しており両州の数値133をかなり下回っている。

10. 民族別にみた死亡率

　移民の生活環境が高い死亡率を発生させたという見方がある。年次報告書における記述からこのようなニュアンスが感じられる場合がある。それぞれの民

族の性・年齢構造が異なっているので，人口に対する死亡率をそのまま比較に用いることには問題がある。ここでは，年次報告書にみられる民族を意識した死亡発生状況およびその対策に関する記述を若干示す。

スランゴール

1906年　下痢および赤痢の増加はマラリアの場合と同様，多数のインド人労働者の到来に帰せられる。州医務官はこれらの疾病の発生と激しさが到着したインド人労働者数にしたがって変動することを示す興味深い数値を示している（ARS1906: 19, pgh83 再掲）。

1908年　過去数年間に治療された患者の増加とタミル人移民数とが符合することが重要である。タミル人は明らかに肉体的に繊細と認められねばならない（ARS1908: 20, pgh77）。

1909年　フリア（Freer）医師の指摘では，1908年と1909年の間に脚気の減少が認められるが，年次統計を吟味すると顕著な改善はない。患者の大部分は華人で，シャム米使用を中止しない限りこの病気に対する相対的免疫性の確保が不可能なためである。エステートのインド人労働者はパーボイルドライスを使用し，実際に脚気とは無縁である。また，精神病院においても同様の食事が採用されてから発症が見られない（ARS1909: 26, pgh94 再掲）。

1919年　エステート労働者総数は83,786人で，うち70,857人がインド人であった。記録された死亡数は1,261件で死亡率は15.05である。記録された死亡総数のうち1,183件はインド人で死亡率16.68である（ARS1919: 23, pgh171）。

ペラ

1911年　各政府病院で診療を受けた者の国籍は以下の通りである（表5-2に集約，1911年参照）。マレー人診療数に僅かながら増加が見られた。マレー人用に分離された施設があるクアラカンサでは473人の患者が受け入れられた（ARP1911: 22, pgh27）。

1913年　入院患者数（1912年および1913年の民族別患者数を表5-2に集約）。マレー人を除くすべての民族においてかなりの増加がある（ARP1913: 22, pgh28）。

1918年　この病気〔インフルエンザ〕による死亡は民族によって異なり，数値からいえば，インド人は抵抗力が低く肺炎になりやすい（ARP1918: 17, pgh33）。

	人口に対する死亡率		増加率
	1917年	1918年	
マレー人	27.37	39.90	45.7
華人	32.05	43.48	35.6
インド人	48.36	88.65	83.31

1931年 もっとも低い死亡率ともっとも高い出生率を示すマレー人は，また，もっとも低い乳児死亡率122を示す。インド人はもっとも高い167を，華人は中間の138を示す（ARP1931: 4, pgh16 再掲）。

1932年 数的に多数を占める人種の中では，インド人がもっとも低い死亡率を有する。1932年においては，マレー人19.2，華人16.0，インド人15.2で，1931年にはそれぞれ18.5，19.1，19.7であった（ARP1932: 4, pgh17）。

1933年 1933年における各人種の死亡率は，マレー人23.7，華人16.7，インド人16.4であった（ARP1933: 5, pgh22）。

1935年 数的に多い3人種のうち，インド人がもっとも低い死亡率を有する。1935年の人種別死亡率は下記の通りである（ARP1935: 6, pgh34）。

	1935年	1934年
マレー人	21.5	25.4
華人	19.5	21.3
インド人	19.4	20.6

　以上の記述から，インド人移民が相対的に虚弱な体質を有すると同時に，病院，医療に対する親近性を示すという見解が読み取られる。ペラにおける民族別病院患者数（表5-2参照）は，民族別人口に対応せず，インド人の不釣合いな多さを示している。1911年の民族別センサス人口に対する各民族患者数は，インド人20.1パーセント，ヨーロッパ人10.3パーセント，華人8.5パーセント，ユーラシアン4.8パーセント，マレー人0.9パーセントであった。正確な意味での民族別死亡率については，人口の性・年齢的構成を斟酌して慎重に判断する必要があるが，早い時期に高い死亡率を示したインド人が，衛生環境の改善，医療設備の整備によって1930年代に入ると著しい死亡率の改善を示したと捉

表5-2　民族別病院患者数　ペラ　1902-1915

民族	1902	1903	1911	1912	1913	1914	1915
ヨーロッパ人	64	70	150	170	263	252	210
ユーラシアン	69	42	41	54	75	53	73
華人	14,855	17,640	18,566	22,121	24,217	23,582	17,719
マレー人	372	490	1,443	2,137	2,142	2,209	2,125
タミル人	5,872	5,584	15,052	17,447	18,598	19,282	15,723
その他	802	865	2,221	138	114	217	182
計	22,034	24,691	37,473	42,067	45,349	45,595	36,032

ARP 各年度版より作成。
1912年の数値は，1912年および1913年に報告されているが，数値がより大きい1913年のものを採用した。

えることも可能であろう。

11. 死亡に関する暫定的結論

　植民地官吏による報告を通覧すると，スランゴールとペラにおいて，19世紀末にきわめて高かった死亡率が，1930年頃までにかなり低くなっていたことが分かる。19世紀末に高い死亡率をもたらしたのは，19世紀にこの土地の住民を脅かした記録や伝承を持つコレラや疱瘡ではなく，植民地生活において新たに増大した脚気やマラリアなどであった。これらの疾病は，同じ時期にすべての移民を襲ったのではなく，移民の生活環境に対応して発生した。すなわち，19世紀末ないし20世紀初頭までは，錫採鉱地に殺到した華人労働者の生命を原因不明の疾病である脚気が奪うという状況があったが，精白米の使用と脚気との関係が明らかになるにつれてこの病気で死亡する者が減少していった。続いて，ゴム園開発にともなって，マラリアによる死亡が急激に増大した。1910年代はマラリアの時代として捉えることができる。この頃にはマラリアは原因不明の病気ではなく，1880年のマラリア原虫発見に続いて，1890年代後半には蚊による媒介の立証が行われている。植民地政府はこれらの根拠に基づいてマラリア制御のためにさまざまな手段を実行している。脚気とマラリア以外の病気も死亡発生に寄与した。病院の建設とその普及，助産婦教育の強化などを含む施策が功を奏して，1930年代には病気の発生と死亡は既にかなり

抑えられているように見える。州立病院における入院患者数の変化をまとめて巻末付表 5-6 に示す。

　既に指摘したように，人口が正確に把握されていないので，それぞれの病気による死亡率を明示した検討を行うことができない。死亡原因あるいは病名記載についても，記述方法の変動がある。たとえば，初期にはマラリアと一括されて記載された熱病が，「診断されたマラリア」と「特定されない熱病」に分離されるようになったりしている。

　人口の考察において興味深いのは，熱帯の開発という状況の中で，死亡が実際に出生を上回ったかどうかということである。土着性が強いマレー人の間でも，19 世紀末において死亡数が出生数を上回る年次が観察されることは，熱帯環境が人間の生存に対して厳しい存在であることを示唆している。しかしながら，この時期にスランゴールやペラで生活していたマレー人も移住者としての性格を保有しており，彼らの性比も完全に均衡的とはいえない。土着性が相対的に高いと見られるマレー人女子だけに着目すると，出生が死亡を上回る傾向が認められ，少なくともマレー人においては，この環境下で僅かながらも自然増加の仕組みが確保されていたことを示唆する。華人やインド人が環境に不慣れな移民として，マレー人よりも高い死亡率を示した可能性は大きい。ただし，出生と死亡の統計数値からこのことを直接主張することには問題がある。移民における男子人口の相対的な多さのために，現象的には出生数に対して死亡数が異常に多くなっているからである。女子の人口動態に着目すると，華人においてもインド人においても，出生数と死亡数の差が縮小するが，死亡は依然として出生を上回っている。移民女子のすべてが人口増殖にかかわるわけではなく，ある部分は男子と同様出稼ぎ労働者としての性格を持っていたので，実態を正確に把握するには問題が残る。見かけ上現れた死亡の過剰はこのような検討の過程を経てかなり圧縮されるとはいえ，移民において出現した死亡の過剰は少なくとも一時的には確かに存在したとみなすことができそうである。

　「瘴癘（しょうれい）の地としての熱帯雨林がそこに生活する人々の生命を奪い，人口の維持は外部からの補充によってのみ可能であった」という一見科学的に見え，本質的に文学的な表現は，いくらかのニュアンスの変更をともないながら限定的に受け入れられることになる。すなわち，移民をともなう植民地的開発においては高い死亡率が出現したが，それは熱帯環境の中に構築しようとした，採鉱地やプランテーションなどの人工的環境において一時的に見られたものであっ

イポー（ペラ）の繁華街（1920年代）。英語，中国語などの看板が目立つ。

イポーの町の裏通り（現代）。

第5章 病気との闘いⅠ

た。それは伝統的に確立された熱帯に生きる知恵に抗した開拓者の行為に対する自然の逆襲と捉えることもできる。またその一時性を強調すれば，植民地政府が採用した近代医学による科学的制圧の成功とも捉えられる。

　多民族社会の形成過程の中で，民族比率の決定や変動の要因として民族別に異なる死亡率が及ぼした影響に注目することは興味深い。しかしながら，それは大量の移動の波の中での副次的な現象として位置づけられるのである。

第6章
病気との闘いⅡ　パハンとジョホール

パハン要図

1. 確認のための観察

　スランゴールとペラにおいて観察された住民および移民に対する病気の影響は，遅ればせながら同じ開発の経路をたどったパハンとジョホールにおいても同様に観察される。この意味で，パハンとジョホールについての検討は確認作業としての役割が大きい。既に指摘したように，パハンやジョホールでは錫が果たした役割は，スランゴールやペラに比して相対的に小さかった。パハンではゴム栽培の進展が相対的に遅れたこと，土着人口の比率が高いこと，人口の分散が著しいことが独自の傾向を生み出した可能性がある。ジョホールにおいては開発の開始は遅れたが，加速化された状況が見られ，急激な移民と人口増加が独自性を発現させた可能性がある。以下，スランゴールとペラで検討した手順にしたがって記述を行う。スランゴールやペラに比してパハンでは年次報告書の整備が遅れ，非連邦州の一つであったジョホールでは年次報告書の公表がさらに遅く，またしばしば一貫性を欠くことが資料的な制約になっている。

2. 脚　気

　パハン年次報告書およびジョホール年次報告書には次のような記述がある。
パハン
1896年　ペカン刑務所における服役者の健康は不良で，脚気17件とコレラ18件が発生した。刑務所の立地は不良で，州医務官は土壌が脚気菌に冒されていると報告している（ARPa1896: 12, pgh47）。
1897年　州医務官によれば高い死亡率は脚気に起因するもので，特にペカン病院で多かった。この病気の罹患者の多くはロンピンの谷で伐採に従事する労働者で，担架に載せられて，照りつける熱帯の太陽の下，60マイルの距離を海岸沿いに搬送され，瀕死の状態で到着することがしばしばあった（ARPa1897: 17, pgh50）。
1898年　発生が多い病気は，例年のように下痢，赤痢，マラリア，および

脚気であった。最大の入院数は熱病によるものであったが，脚気が2位で201人の入院があった。脚気は以前よりも治癒率が高い。1898年には脚気による死亡は15人のみで，死亡率は7.4パーセントであった。1897年には死亡率40パーセント（170件中死亡68件），1896年には46.1パーセントであった。州医務官はこの満足すべき変化は，華人が治療可能な罹患初期に入院を求めるようになったこと，および退院を許可されるまで病棟に留まるようになったためであるとしている（ARPa1898: 18, pgh54）。

1902年　政府病院で多く治療された病気は，脚気，マラリアおよび腸疾患であった。脚気の多くはベントンで発生し，そこでは治療を受けた75人中25人が死亡した。州医務官は鉱山地域における脚気のタイプはまだ非常に激しいものであるが，この病気は年々少なくなっていると報告している（ARPa1902: 6, pgh13）。

1903年　政府病院で多く治療された病気は，先行諸年のように，マラリア，脚気，および腸疾患であった。マラリアで入院する者がもっとも多かった。脚気による死亡率は非常に高く，159件の罹患に対して死亡率22.22パーセントであった。35件の死亡のうち，21件はベントン病院で起こった。この病気はほとんど完全に錫鉱採取人口に限定されている（ARPa1903: 10, pgh62）。

1904年　先行諸年と同様，マラリア，脚気，赤痢および下痢が主な病気であった（ARPa1904: 13, pgh77）。脚気は219件で，死亡37人，死亡率16.89パーセントであった。この病気はクアンタンにおいてなお非常に激しい（ARPa1904: 13, pgh79）。

1908年　クアラルンプールの精神病院では，1人1日あたり21タヒル〔約800グラム，1 tahil=37.8グラム〕のビルマ米を含む食事は脚気を引き起こすが，ビルマ米に代えてパーボイルドライスを使用すると病気が発生しないことが示されている（ARPa1908: 10, pgh41）。

1909年　449件の脚気があり，死亡率は9.85パーセントであった。1908年には579件で，死亡率は9.15パーセントであった。すべての政府病院では治療用の米が与えられており，その使用は刑務所にも及ぼうとしている（ARPa1909: 14, pgh38）。

1916年　死亡の主要原因は病院統計に見られるものと原則的に同じで，マラリア，赤痢，下痢，肺炎，肺結核，気管支炎，および脚気である（ARPa1916: 18, pgh22）。

1920年　下記の比較表は過去5年間に病院で治療された主な病気〔の件数〕を示す〔脚気のみ示す〕。

	1916年	1917年	1918年	1919年	1920年
脚気	209	357	335	212	45

上記から，脚気はほとんど消滅したことが分かる。医療当局によれば，これは食糧管理期間中シャム米が用いられなかったことに帰せられる（ARPa1920, pgh17）。

1922年　輸入再開による精白米消費の増加にともない，脚気が再び増加しつつある（ARPa1922: 15, pgh108）。

ジョホール

1914年　首席医務官の報告では，マラリアは年初および年末の月々に多く，脚気は年中，赤痢は年央に多かった（ARJ1914: 7, pgh18）。

1917年　脚気は全死亡の9.7パーセントの原因となり，州全域，特にゴム園で華人，ジャワ人，およびマレー人労働者が同様に罹患している。首席医務官は脚気について以下のように書いている。「特に涼しく湿った天候に加えて，米の品質の悪さおよび窒素含有食物の価格上昇がおそらく素因となっている。死亡数は1,110件〔州における脚気による死亡総数〕で，1916年より516件増加した」。この顕著な発生数および死亡率の上昇は，雨量過多および高湿度低気温が脚気の素因であるという説を私に確信させるものである。もっとも，それは精白米（特に低品質の）使用が脚気の主原因であるという信念を弱めるものではない（ARJ1917: 4, pgh14）。

1918年　脚気はいつものように多かったが，死亡は1917年ほど多くなく，死亡数は15パーセント少なかった。首席医務官はこの病気の発生と多雨との間に存在するようにみえる関係に注意を促している（ARJ1918: 4, pgh21）。

1920年　この病気による死亡は1920年には388件記録された。1919年には580件，1917年には1,110件であった。この大きな減少はおそらく食糧管理のためであろう。すなわち，シャム米が大幅に他の米および副食によって代替されたのである（ARJ1920: 13, pgh76）。

1922年　この病気に起因する死亡は338件から318件に減少したが，政府病

院での治療数は246件から396件に増加した。食糧管理期間には顕著であった病気発生の改善が次第に失われつつある恐れがある（ARJ1922: 18, pgh120）。
1923年　この病気に起因する死亡は318件から83件に減少し，政府病院での治療数は396件から364件に減少した（ARJ1923: 20, pgh120）。

対応の遅延

　パハンとジョホールにおける脚気入院患者数は巻末付表5-1に示す通りである。1920年代の患者数およびその死亡数を，スランゴールおよびペラと比較すると，パハンやジョホールでは人口規模に比して，この病気による死亡者数が相対的に多い。病院での死亡率もまた相対的に高い。スランゴールやペラに比して脚気対策が遅れていたとみられる。脚気による入院患者の死亡数がもっとも多かったのは，パハンでは1927年98人，ジョホールでは同年の272人（エステート病院を含む）であった。同年のスランゴールでは82人，ペラでは167人であった。スランゴールでこの病気による死亡が最大を記録したのはそれより30年前の1897年で1,066人が死亡しており，ペラではやや遅れて1904年に1,143人が死亡している。1897年にパハンでは脚気で68人が死亡，1904年には37人が死亡しているに過ぎない。同時期のジョホールでの死亡数は不明である[1]。

　1920年にシャム米輸入の減少と軌を一にしてパハン，ジョホールいずれにおいても脚気の減少が顕著にみられた。1919/20年におけるシャムの厳しい不作のため，1920年のシャム米輸入が激減したのである。連邦州では補助金を出してビルマ米の輸入を増やした。同様の動きはスランゴールやペラにおいても指摘されている。脚気による死亡の減少傾向は1920年以前に現れており，この時点で白米の摂取と日照の不足が脚気の発生に関係することが既に視野に入っている。この病気に関する治療法は，マレー半島の各地域にほぼ同じ時期に普及したとみられるが，治療法に関する理解と現実の疾病発生との間にギャップがあったと考えられる。

---

1) 1916年から1923年までの間にジョホールで示されている脚気による死亡数は，病院外の死亡をも含む州全体の数値とみなされる。1917年に脚気による死亡が1,110件に達しているが，これは全死亡の10パーセント弱に相当するものである。

スランゴールやペラでは脚気は鉱山労働者の疾病として特徴付けられたが，パハンとジョホールでは事情がやや異なっている。パハンでは，脚気に関する最初の記述が刑務所における発生状況であったことは興味深い。1917年のジョホール年次報告書に，「州全域，特にゴム園で華人，ジャワ人，およびマレー人労働者が同様に罹患している」という記述があることは示唆的である。かつて錫鉱山労働者に特徴的であった精白米の食用が，その強度を弱めつつもジョホールのゴム園地域に適用され，そこで脚気を残存させたとみられる。

3．マラリア

パハン年次報告書およびジョホール年次報告書におけるマラリアに関する記述には以下のようなものがある。

パハン

1899年　病院で多い病気は，マラリア（352），脚気（141），赤痢（83），下痢（34）であった（ARPa1899: 19, pgh56）。

1903年　政府病院で多く治療された病気は，先行年のように，マラリア，脚気，および腸疾患であった。マラリアで入院する者がもっとも多かった（ARPa1903: 10, pgh62）。

1908年　統計表では1,602件の患者数と76件の死亡がマラリアに分類されているが，この分類は間違いを含み，この病気の多さを誇張した見方を与える。医務官はパハンの町と村には比較的マラリアが少なく，それは川が深い水路を形成して速く流れるため，急傾斜の河岸から水中にかけて原則として雑草が繁茂しないためであると報告している（ARPa1908: 9, pgh40）。

1909年　パハンのような広大な未開発の州でマラリアを予防する唯一の方法は，民衆特に政府官庁から遠く離れている人々にキニーネを無料で配布することである。私見では，排水によるマラリア蚊の減少は，若干の町を除いて問題にならない（ARPa1909: 13, pgh37）。

1911年　2,137人のマラリア患者が入院治療を受けた。このうち1,144人がラウブ（Raub）で治療を受けている。医務官マスターズ医師（Dr. Masters）はラウブにおけるマラリアはきわめて悪性のものであると報告している（ARPa1911:

13, pgh31）。

1915年　クアラリピスでは対マラリア工事は行われていないが，新しい鉄道工事が町の低地埋め立てに利用されている。クアラリピスの町は，市街の一端を除けば現在ではかなりマラリアが少ない。もっとも，現在，数年前よりも明らかにマラリアが多くなっている。ゴムを植えるためにリピスの内外で原生林が住民によって伐採されているので，将来健康状態に悪影響をもたらすかもしれない。クアンタンでは，町とブキウビ（Bukit Ubi）の間の沼沢地が干拓され，マラリア減少に効果があった。施薬所，プングル，学校教師を通じてキニーネが無料で配布された（ARPa1915: 23, pgh20）。

1916年　主な死亡原因は病院統計に見られるものと原則的に同様で，マラリア，赤痢，下痢，肺炎，肺結核，気管支炎，および脚気である。マラリアは1,658件の死亡，すなわち全死亡の49.73パーセントを数える（ARPa1916: 18, pgh22）。

　マレー連邦州先任保健官は，1916年にエステートで雇用された労働力総数を4,468人，死亡率を29.99パーミルとしている。前年の数値は労働力総数4,032人に対し17.82パーミルであった。1916年のマラリア流行が死亡率の大幅な上昇をある程度まで説明する。先任保健官は報告書の中で，本年マレー連邦州全域にわたってマラリアのぶり返しがエステート労働者の健康に悪影響を与えたと述べている（ARPa1916: 21, pgh22）。

　クアンタンの広面積にわたる沼地が，ガリン川に排水された。ベントンの政府事務所および宿舎近辺で地下排水路が構築された（ARPa1916: 21, pgh 22）。

1917年　マラリアは1,939件の死亡の原因となった。全死亡の47.82パーセントである（ARPa1917: 14, pgh22）。

1919年　マラリアは死亡の50パーセントを占める。報告された実数は1,924件である（ARPa1919, pgh24）。

1920年　4,196件の死亡のうち2,271件すなわち54.12パーセントがマラリアによるものであった。この原因による政府病院での死亡は僅か86件であった。以上に加えて，172件の死亡がひきつけ（convulsions）のためとされるが，これは幼児において通常マラリアによって引き起こされる（ARPa1920: 14, pgh17）。

1922年　マラリアによる死亡は1,809件で，全死亡の48.19パーセントであった（ARPa1922: 9, pgh102）。

1925年　マラリアによる入院が前年よりも多かった。マラリアは1,878件の死亡原因となり，全死亡の47.55パーセントを占めた（ARPa1925: 11, pgh142）。

1927年　マラリアによる入院は著しく増加した。この病気は例年のように他の病気を上回る病院における死亡原因となった（ARPa1927: 12, pgh125）。

1931年　マラリアは政府病院入院数の31.17パーセントを占め，死亡数の21.27パーセントを占める。2,970人の患者がマラリアと診断され，死亡は141件で，死亡率4.75パーセントであった。民族別病院患者は以下の通りである（ARPa1931: 7, pgh2）〔以下，1931-1939年の数値を巻末付表5-2に一括して示す〕。

マラリア予防手段には下記のものを含む（ARPa1931, pgh21）。

a. 衛生局の蚊撲滅委員会コントロール区域内における発生に関する連絡。25エーカー以上のエステートでは間接的な連絡も行われる。移民労働者を雇用している25エーカー以上のエステートの支配人は，マラリア発生数および死亡数を地域保健官に毎月報告する義務がある。
b. 保健支所による成虫および幼虫の日常的調査および特別調査。
c. 対マラリア工事。すなわち，オイリング，地下排水管を含む排水施設構築，沼沢地埋め立て等。
d. 希望者に無料配布を行うため移動施薬所，学校，警察署，プングル等に対する保健分所からのキニーネ錠剤配布。年内に203,600錠が配布された。
e. 保健支所によるエステート労働者および学校児童の脾臓肥大および貧血徴候に関する定期検査。
f. 広報活動。

1935年　マラリア入院患者に顕著な増加が見られた（ARPa1935: 8, pgh21）。

1937年　マラリア入院患者には再び増加が見られた。過去5ヵ年の数値は以下の通りである。

1933年	2,717
1934年	2,495
1935年	3,910
1936年	4,041
1937年	5,778

（中略）1937年がマラリアにとって悪い年であったことは否定できない

(ARPa1937: 9, pgh24)。

1938年 マラリア入院患者には再び増加が見られた。本年は再びマラリアにとって悪い年であった。本年は貿易および雇用においても悪い年で，マラリアの増加はかなりの程度，資金不足のため栄養がとれず，人々の抵抗力が低下したためである。コントロール区域からの発生数が1937年よりも少なかったという事実はこの推測を支持する（ARPa1938: 9, pgh24）。

1939年 マラリア入院患者には再び増加が見られた。過去5ヵ年の数値は以下の通りである〔1938年以降のみ示す〕。

1938年	6,992
1939年	8,620

（中略）既に述べたように，1939年にこの病気が5年前と同じ程度発生したとしても，以前よりも多くの人々が病院に治療にくることがありうるので，この数値はマラリア増加の証拠として決定的ではない。しかしながら，1939年には若干の新しいゴム植え付けがあったことが重要である。開拓は常にマラリア増加の原因になりやすい（ARPa1939: 7, pgh22）。

ジョホール

1911年 1911年初めは特に乾燥し高温であった。この時期に激しい疱瘡の発生があり，マラリア熱の大きな増加があった。後者は5月から8月にかけてさらに激しくなった。ゴム園労働者がこの病気にもっともかかりやすい（ARJ1911, pgh60）。

1912年 前年と同様に6月頃からマラリアが増加し，1911年を特徴付けた高死亡率には達しなかったが，マラリアの流行が半島を通り過ぎた。このマラリアの小流行が8月および9月に最高潮に達した後，次第におさまった。年半ばに劇症タイプのマラリアが，マレー人および華人コミュニティを中心に，町のみならず地方においても発生し，若干のプランターは大きな影響を受けて移転やシンガポールの病院での治療を必要とした（ARJ1912: 4）。

1916年 年中かなり激しいマラリアが発生し，3,846件の死亡，すなわち総死亡数の47パーセントの原因となった（ARJ1916: 4, pgh21）。

1918年 マラリアは全死亡のほとんど50パーセントに相当する6,999件の死

亡の原因となっている（ARJ1918: 4, pgh20）。

1919 年　あるエステートで，1915 年に 22.22 であった死亡率が本年 119.85 に上昇し，緊急対策がとられた。マラリア蚊調査の結果，何千もの幼虫が近辺で発見された（ARJ1919: 19, pgh77）。

1920 年　マラリア熱：諸病院（政府およびエステート）で 21,752 件が報告され，920 人が死亡した。本年中に行われた各学校の少年 1,182 人に対する検査の結果，18.3 パーセントに触知できる脾臓肥大があった（ARJ1920: 18, pgh76）。年初にマラリア対策委員会が任命された。首席医務官，町議会代表，州建設官，および州保健官から構成されている。会議が数回開催され，多くのマラリア対策事業が委員会の下で実施された（ARJ1920: 18, pgh77）。

1921 年　マラリア熱：諸病院（政府およびエステート）において 15,259 件の報告があり，675 人が死亡した。本年，マラリアはジョホールバルのヨーロッパ人において特に多かった（ARJ1921: 14, pgh96）。

1922 年　1922 年にはマラリアの数値は大幅に改善した。死亡数の減少（1921 年の 4,179 件に対し 1922 年は 3,821 件）のみならず，病院治療数に対する死亡率も著しく改善した（1921 年 8.81 パーセントから 1922 年 5.33 パーセント）〔原文のまま〕（ARJ1922: 18, pgh120）。

オイリングおよびマラリア対策排水路維持のために，$15,000 が保健局の監督の下に支出された（ARJ1922: 18, pgh127）。ジョホールバルでは現実の繁殖地や可能的な繁殖地を，埋め立てや地下排水溝によって破壊するためかなりの量の恒久的な工事が行われた（ARJ1922: 18, pgh128）。

1923 年　1923 年にはマラリアの数値は増加した。しかしながら，死亡数が減少した（1922 年の 3,821 件に対し 1923 年は 3,687 件）のみならず，病院治療数に対する死亡率も著しく改善した（1922 年 5.33 パーセントから 1923 年 3.28 パーセント）（ARJ1923: 20, pgh119）。

オイリングおよびマラリア対策排水溝維持のために，$14,000 が保健局の監督の下に支出された（ARJ1923: 21, pgh127）。ジョホールバルにおいては現実の繁殖地や可能的な繁殖地を埋め立てや地下排水溝によって破壊するために，かなりの量の恒久的な工事が行われた（ARJ1923: 21, pgh128）。

1924 年　ジョホールバルの対マラリアサーベイが実施され，町周辺のさまざまな沼地で地下排水工事が行われた（ARJ1924: 20, pgh130）。

1926 年　マラリア熱：39,839 件で 899 人が死亡。1925 年は 12,000 件で，死

亡380人であった（ARJ1926: 19, pgh70）。当該年はマラリアの発生率，死亡率において大きな増加があった。首席医務官によれば主な原因は(a)雨が少なかったのでアノフェレスが通常の場所以外に繁殖地を求め，コントロールされていない場所で繁殖したこと，(b) 幼虫を洗い流し絶滅させる熱帯の豪雨が少なかったこと，(c) 感染した労働者のエステート間移動や感染地域に入ると簡単に屈する免疫のない労働者の大量導入である。恒久的なマラリア予防方策が予算と人力の許す限りジョホールバルおよびムルシンで実施された。オイリング作業が広く行われ，州全体のすべての町に及んでいる。マラリア蚊調査が多くの村やエステートで行われた（ARJ1926: 21, pgh80）。

1930年　マラリア熱：38,506件，死亡892が報告されている。1929年には34,490件，死亡821であった（ARJ1930: 27, pgh152）。エステート労働者の死亡率は，本年は19.93，1929年21.00，1928年26.47，1927年は32.64であった。マラリアによる死亡率は3.49パーミルで，1929年4.21，1928年5.90，1927年7.87であった（ARJ1930: 30, pgh184）。

マラリアの重要性

　錫採鉱の役割が相対的に低いパハンとジョホールでは，比較的早い時期から主な死因の配列順において，マラリアによる死亡が脚気による死亡を上回っていたことが分かる。1920年前後には，パハンにおいてもジョホールにおいても，マラリアが全死亡の半分を占めているという記述がある。特に1920年のパハンにおいては全死亡の54.12パーセントがマラリアによると報告されている。パハンやジョホールにおいてマラリアの被害はスランゴールやペラよりも大きかったかもしれない。もっとも，診断に正確さが加わるにつれて，かつてマラリアとして統計に記載されたものが，「特定されない熱病」として分類されるようになり，診断に依拠する限り，マラリアは現実よりも少なく記載されることになる。

　1931年における政府病院のマラリア入院患者数はスランゴールでは4,732人，ペラでは11,755人であったのに対して，パハンでは2,970人，ジョホールでは6,048人であった。死亡数はスランゴール240人，ペラ533人に対して，パハン141人，ジョホール194人であった。マラリア入院患者の死亡率は，スランゴール5.1パーセント，ペラ4.5パーセント，パハン4.7パーセント，ジョ

ホール 3.2 パーセントである。同年のゴム輸出量は，スランゴール，ペラ，ジョホールにおいてほぼ等しく，ゴム園作業がほぼ同じ規模で行われていた。ジョホールにおけるマラリア患者数が相対的に少ないが，これは政府病院の密度の違いを示す。ジョホールでは1930年と1931年の間にみられる統計提示内容の変更にともない，1931年だけについては政府病院とエステート病院を合わせたマラリア患者数と死亡数が報告されており，それによると患者数16,822人，死亡数286であった。患者数に限っては，ジョホールにおけるマラリア発生が並々ならぬものであったことを示している。エステート病院を合わせた死亡率は1.7パーセントと低くなり，接近可能な身近な存在としてのエステート病院が果たした役割を考慮すると判断は微妙になる。前年（1930年）にはジョホールエステート病院を含む数値のみが記載されているが，それによると患者数38,506人，死亡数892人であった。この数値は同年のスランゴールおよびペラの政府病院の数値をはるかに上回り，ジョホールにおけるマラリア発生の多さを示唆する数値である。決定的とはいえないが，病院統計から判断する限りでは，ほぼ同規模のゴム生産状況下で，ジョホールのマラリア患者数および死亡数が目立った存在となっている。1931年前後のパハンにおけるゴム作付面積がジョホールの4分の1，輸出額が10分の1以下であったことを考慮すると，パハンのマラリア死亡数はきわめて顕著なものとして浮かび上がってくる。

ジョホール年次報告書における1911/12年の流行，パハン年次報告書における1916年の流行に付随する記述は，流行が半島的規模で生じていることを指摘している。実際1916年の流行については，既に見たようにスランゴール年次報告書にも記述されている。1932年から1934年にかけてはパハンにおいてもジョホールにおいてもマラリア患者数と死亡者数は低減状態を保ち，スランゴールやペラで指摘された不況とマラリア発生の少なさとの相関を追認することができる。

広大な地域に広がるパハンでは，一部の地域を除いて，排水溝の建設を含むマラリア対策のための土木工事は行われていない。土木工事をともなう対策が実効的ではないという点でパハンにおけるマラリアは放置状態に近かった。ジョホールではスランゴールやペラと同様，排水溝の建設がしばしば報告されている。

パハンにおける民族別マラリア患者数および死亡数は，患者の死亡率がインド人よりも華人において高かったことを示している（巻末付表6-1参照）。プ

ランテーションに雇用されるインド人が比較的軽症でも入院するのに対して，華人が重症になるまで病院にいかないという傾向に対応する。華人患者数は1935年まではインド人患者数よりも少ないが，1937年にはインド人を凌駕するようになった。しかしながらこの程度の変化では，インド人の4倍に上る人口を有する華人の病院に対する態度がいくらか向上しつつあるという評価ができる程度である。パハンとジョホールにおけるインド人の少なさが，病院統計におけるマラリア入院者の数を控えめにしているという可能性も指摘しておく必要がある。マレー人患者の死亡率はインド人よりもさらに低く，1930年のパハンではマレー人の病院忌避は消失していたとみなすこともできる。

4. 肺結核

　パハン年次報告書およびジョホール年次報告書には次のような記述が見られる。
パハン
1904年　先行諸年と同様，マラリア，脚気，赤痢および下痢が主な病気であったが，州医務官は，ほとんど華人間で，規則的かつ急速な肺結核の増加を認めている。過去4年間に次の数値を数えている（ARPa1904: 13, pgh77）。

	ケース数	死亡数
1901年	22	12
1902年	26	12
1903年	48	20
1904年	71	30

1918年　上記（省略）以外の死亡原因は，ひきつけ302件，肺結核197件（1717年は155件），気管支炎163件，脚気160件（1917年は106件），寄生虫149件，下痢136件，赤痢97件であった（ARPa1918: 19, pgh23）。
1931年　政府病院の統計から判断すると，主な病気はマラリア，赤痢および下痢，性病，肺炎，肺結核，寄生虫症，および慢性潰瘍である。これらは主

としてエステートに雇用されたタミル人および華人に発生する（ARPa1931: 7, pgh20）。

1932年 主な死因および全死亡に対する割合は以下の通りである〔1933年以降においても同様の記述があるので，各年の数値を結核あるいは肺結核の見出しのあるもののみまとめて以下に示す。ARPa1932: 6, pgh14, ARPa1933: 6, pgh14, ARPa1934: 6, pgh14, ARPa1935: 6, pgh14, ARPa1937: 6, pgh15, ARPa1938: 6, pgh15, ARPa1939: 4, pgh13〕。

	死亡数	全死亡に対する割合
1932年（結核）	171	4.6
1933年（結核）	185	5.1
1934年（結核）	167	4.1
1935年（肺結核）	155	3.5
1937年（肺結核）	179	3.9
1938年（肺結核）	159	3.2
1939年（肺結核）	140	2.9

ジョホール

1917年 州の健康状態は不良であったと報告されている。主として，マラリア，脚気，肺疾患が多かったためである（ARJ1917: 4, pgh12）。肺疾患による死亡は911件，赤痢および下痢による死亡は616件であった（ARJ1917: 4, pgh14）。

1921年 結核：患者が入院を求めるのはこの病気の後期に限られるが，本年は政府病院で247件があり，140人が死亡した（ARJ1921: 14, pgh96）。

1923年 結核：この病気は不幸にも発生数および死亡率において急速に上昇している。（ARJ1923: 20, pgh119）。

1925年 結核：政府およびエステート病院で417件が治療され144人が死亡した。この病気を死因として505件の死亡が登録された（ARJ1925: 25, pgh105）。

〔1925年以降のジョホールの数値は，巻末付表5-3にスランゴール，パハンとともにまとめて示す。〕

スランゴールには及ばない

　都市型疾病としての結核がマラリアに代わる重大な病気として登場してきた過程が明らかである。パハンにおいては，結核による死亡がマラリアによる死亡を超えることはなかったと見られるが，ジョホールでは，病院死亡において1930年代に結核による死亡がマラリアによる死亡をしばしば上回ることがあった。1931年スランゴール人口はジョホール人口の1.06倍であったが，同年の肺結核死亡者（入院患者）は1.33倍すなわち，スランゴールで311人，ジョホールで233人であった。前年の1930年のスランゴール政府病院における死亡324件は，ジョホールの政府病院とエステート病院の死亡数325件にほぼ等しい。スランゴールのエステート病院の存在を考慮すると，スランゴールにおける肺結核はさらに多いということになる。この意味で，結核に関してジョホールはスランゴールほどひどくない。前年のパハンに関してはさらに発生頻度が低かったことが，人口と入院患者数の比から類推することができる。

5. 赤痢と下痢

　パハン年次報告書およびジョホール年次報告書には次のような記述が見られる。
パハン
1898年　発生が多い病気は下痢，赤痢，マラリア，および脚気であった（ARPa1898: 18, pgh54）。
1899年　病院において多い病気は，マラリア（352），脚気（141），赤痢（83），下痢（34）であった（ARPa1898: 19, pgh56）。
1902年　政府病院で多く治療された病気は，脚気，マラリアおよび腸疾患であった（ARPa1902: 6, pgh13）。
1916年　死亡の主要原因は病院統計に見られるものと原則的に同じで，マラリア，赤痢，下痢，肺炎，肺結核，気管支炎，および脚気である（ARPa1916: 18, pgh22）。

1931年　政府病院の統計から判断すると，主な病気はマラリア，赤痢および下痢，性病，肺炎，肺結核，寄生虫症，および慢性潰瘍である。これらは主としてエステートに雇用されたタミル人および華人に発生する（ARPa1931: 7, pgh20）。

1932年　主な死因および全死亡に対する割合は以下の通りである。〔以下，同様の記述形式が1939年まで見られるので，赤痢，下痢，および腸炎による死亡数をぬき出して一括して下記に示す。ARPa1932: 6, pgh14, ARPa1933: 6, pgh14, ARPa1934: 6, pgh14, ARPa1935: 6, pgh14, ARPa1937: 6, pgh15, ARPa1938: 6, pgh15, ARPa1939: 4, pgh13〕

赤痢，下痢，および腸炎

	死亡数	全死亡に対する割合
1932年	173	4.7
1933年	130	3.6
1934年	76	1.9
1935年	109	2.5
1936年	98	2.5
1937年	134	2.9
1938年	202	4.1
1939年	150	3.1

ジョホール

1914年　首席医務官の報告では，マラリアは年初および年末の月に，脚気は年中，赤痢は年央に多かった（ARJ1914: 7, pgh18）。保健官の記述に対するコメントとして首席医務官は以下のように述べている。「きわめて僅かな例外を除けば，ヨーロッパ人および日本人所有エステートの労働者の健康状態は非常に改善され，例外ケースとして赤痢や下痢の流行による影響が病気の増加の原因となっている」（ARJ1914: 9, pgh28）。

1918年　この年はジョホールの統計報告記録上もっとも不健康な年であった。インフルエンザの流行が激しく，マラリア，脚気，および赤痢が平年以上であった（ARJ1918: 4, pgh18）。マラリアは全死亡のほとんど50パーセントに相当する6,999件の死亡の原因となっている。インフルエンザおよびおそらく

その結果である肺疾患は高い死亡傾向を引き起こし，赤痢，下痢，および脚気は非常に多かった（ARJ1918: 4, pgh20）。
1920年　赤痢および下痢：844人が政府病院で治療を受け，293人が死亡した（ARJ1920: 13, pgh76）。〔以下赤痢および下痢に関する数値を，巻末付表6-2にまとめて示す。ジョホールにおいては政府病院とエステート病院の数値が混在する場合があるので注意を要する。〕

スランゴール，ペラに類似

　1898年のパハンにおいて，下痢，赤痢がマラリア，脚気を差し置いて疾病の一番目に記載されていることが示唆的である。その後，病院入院者に関する統計が重視されるようになると，赤痢と下痢は常に重要な疾病として挙げられるが，重大な取り扱いはなされなかった。赤痢と下痢はこれらの地域に常在していたと考えられる。これらの疾病による死亡は，死亡全体に対する割合としては特に目立つ存在になることはなかったが，波動する姿が見られて，急激に減少に向かうこともなかった。

6. 疱瘡とコレラ

　パハン年次報告書およびジョホール年次報告書には次のような記載がある。
パハン
1895年　コレラによる死亡3件（うち2件はペカン刑務所で発生），およびウルパハンにおける若干のインフルエンザを除けば，伝染病の報告はなく，州の健康状態は満足的であった（ARPa1895: 7, pgh60）。
1896年　コレラの流行が5月に発生し2ヵ月間続いた。パタニーあるいはシンガポールからもたらされたといわれ，この病気は河口から入ったに違いないが，流行はほとんどペカンに限定された。コレラの流行で何人死亡したかを正確に記すことは困難である。一方では，腸疾患によるすべての死亡がコレラに帰せられ，他方では遺体が親族の墓地から離れた場所に埋葬されるという恐れから多くのコレラによる死亡が隠されたからである。しかしながら，ペカン郡

では約500件の死亡が発生したものと推定される（ARPa1896, pgh45）。ペカン刑務所における服役者の健康は不良であった。脚気17件とコレラ18件が発生した（ARPa1896: 12, pgh45）。

ジョホール

1912年　8月にはクク（Cucob〔Kukup〕）のブヌ（Benut）においてコレラの激発があり，2, 3の漁村人口の10分の1を殺戮し，若干の隣接漁村で散発した後，バトゥパハ川河口沖合いのシアル島（Pualu Sialu）で激しく流行したが，厳重な隔離方策がこの流行病を地域内に収めることに成功した（ARJ1912: 4）。

1917年　疱瘡は6件のみ，コレラの疑いがあるものが1件あった。ペストは発生しなかった（ARJ1917: 4, pgh12）。

1918年　10,139件の接種が行われた（ARJ1918: 5, pgh25）。

1919年　シンガポール島における流行に続いてバトゥパハで発生したコレラは85件の死亡を引き起こした。1エステートで新規に採用されたインド人に5件の疱瘡が発生した（ARJ1919: 19, pgh77）。

1920年　インフルエンザを除けば，重大な流行病は州内で発生しなかった。ペストあるいはコレラの発生はなかった（ARJ1920: 13, pgh76）。

1921年　重大な流行病は発生しなかった。ペストあるいはコレラの発生はなかった。疱瘡：主としてククで49件発生し9人が死亡した（ARJ1921: 14, pgh96）。

1922年　地域ではペストおよびコレラがまったく発生しなかった。(中略) 疱瘡：87件で，6人が死亡した。51件は散発的に広い地域にわたって報告され，36件はケサン（Kesang）における小流行によるものであった（ARJ1922: 17, pgh119）。本年中の接種数は39,229件で，1921年には17,047件であった。州が接種によって堅固に防御されていることは，病気が多くの場所で発生したにもかかわらず，小流行が1件あったのみで，発症36件中死亡1件という事実によって明らかである（ARJ1922: 18, pgh125）。

1923年　本年中の接種数は11,642件で，1922年には39,229件であった。州が接種によって非常によく防御されていることは，本年中発生が1件のみであったという事実によって明らかである（ARJ1923: 21, pgh125）。

1924年　地域では再びコレラの発生がなかった。(中略) 疱瘡：8件のみで，すべて回復した（ARJ1924: 19, pgh121）。

1926年　8月に厳しいコレラが精神病院で発生し4日半続いた。感染は屋根

付通路で連なり，共同の浴室および便所を有する第1病棟と第2病棟に限定された。これらの病棟には98人の患者が収容されていたが，30人が罹患し，15人が死亡した。1人の保菌者が浴室タンクあるいは飲用水容器の水を汚染したものとみられる。同じ頃にジョホールバルで流行が発生し，20件が報告され20人が死亡した。これは約2週間続いた（ARJ1926: 18, pgh70）。年内に行われた接種数は12,021件，1925年は11,200件であった（ARJ1926: 20, pgh77）。

1927年 年内に行われた接種数は22,812件であった。1926年は12,021件であった（ARJ1927: 22, pgh73）。

1928年 本年に実施された接種総数は21,157件であった（ARJ1928: 28, pgh191）。

1929年 ペストあるいはコレラはなかった。7月および8月にバトゥパハ郡で16件の疱瘡が発生した（ARJ1929: 26, pgh159）。本年の接種数は31,093件であった（ARJ1929: 26, pgh160）。

1930年 ペスト，コレラ，疱瘡はなかった（ARJ1930: 27, pgh163）。本年の接種数は17,498件であった（ARJ1930: 27, pgh164）。

感染症が直接上陸しない

　19世紀末から20世紀初頭にかけては，比較的まとまった数のコレラや疱瘡の発生が記録されているが，大流行には至らなかった。パハンやジョホールでは直接的な上陸者が少ないので，スランゴールやペラで見られたように，移民に際して検疫とコレラとが結びついて報告されることがない。これらの伝染病は，かつての恐怖が記憶に残り，引き続き注意が払われている状況にある。ジョホールにおいて繰り返し記述されているように，毎年種痘（接種）が実施され，疱瘡の発生とそれによる死亡がまれな現象になってきたことが分かる。

7. 性　病

　パハン年次報告書およびジョホール年次報告書には性病に関して以下のような記述がある。

パハン

1899年　性病は33件で2人が死亡, 1898年には34件で死亡1人であった（ARPa1899: 19, pgh56）。

1920年　下記の比較表は過去5年間に病院で治療された主な病気を示す〔性病のみ抄出〕（ARPa1920: 15, pgh17）。

	1916年	1917年	1918年	1919年	1920年
性病	258	287	278	245	269

1931年　政府病院の統計から判断すると, 主な病気はマラリア, 赤痢および下痢, 性病, 肺炎, 肺結核, 寄生虫症, および慢性潰瘍である。これらは主としてエステートに雇用されたタミル人および華人に発生する（ARPa1931: 7, pgh20 再掲）。

ジョホール

1923年　政府およびエステート病院での治療総数は898件で, 梅毒による死亡6件があった。1923年に梅毒の治療に関してかなりの進歩があった。従来, 対梅毒の注射を受けた場合, 費用を支払う義務があったが, 7月からは無料で病院の通常の治療に組み入れられた。このことは治療の効果が1923年の後半に著しく高まったことを意味する。下記の数値がこれを示す（ARJ1923: 20, pgh120）。

注射に用いられたチューブ（サルバルサン等）の数	1922年	435
	1923年	725

華人移民と性病

　パハンとジョホールにおける性病に関する記述のうち特徴的なものを上に示した。性病が移民社会において発生しやすいことは当然としても, それ自体は多数の死亡を発生させるものではなかった。1920年前後の病院における性病

治療数は，1921年のジョホール人口がパハンの2倍弱であったことを考慮するとジョホールにおいて多いように見える。ジョホールの華人人口がパハンの3倍弱であったことを考慮すれば理解できる数字である。

8. その他の死亡原因

パハン年次報告書およびジョホール年次報告書には以下のような記述がある。
パハン
1918年 きわめて多くの死亡がインフルエンザによるのは確かであるが，死亡原因がさまざまな名称で報告されているので，その数を記すことは不可能である。1,080件の死亡がインフルエンザとして報告されている。このうち334件は病院で発生した。多くの者がインフルエンザを強い要因としながら他の病気で死亡している。エステートでは同じ原因でより多くが死亡した。マラリアおよび熱病と報告された死亡は1917年の1,939件から1918年の3,072件に増加した。これらの多くがインフルエンザであったことは確かである。肺炎による死亡も1917年の80件から1918年の128件へ上昇している。

事故による死亡は95件で，溺死29，縊死4，水牛に突かれたもの1，象1，鰐1であった。以前の報告でも述べたように，現在の死亡登録制度の下ではアジア人によって報告された死亡原因を確認することはきわめて困難である。

インフルエンザの流行は9月および10月に州を荒れ廻り，その余波は年末まで続いた。情報が入手できる限りでは，この病気は7月中旬にクアンタンに現れたが，激しいものではなく数週間で消失した。9月の再発は全州に広がり，劇症で，肺炎，衰弱，心臓麻痺等で多くの死亡が続いた。ラウブ病院だけでも293人のインフルエンザ入院患者のうち44人が入院48時間以内に死亡した（ARPa1918: 19, pgh23）。

1919年 事故による死亡は98件が報告された。1918年は95件であった。これらには，溺死46，殺人3，縊死2，落雷1，虎1，毒蛇1，鰐1，牛車による轢死1が含まれる（ARPa1919: 23, pgh24）。

ジョホール
1911 年 年内にはかなりの数の腸チフスが発生した。最悪はジョホールバルのカンポンパハンにおけるものであった。そこは不衛生で，住民の多くは浅い井戸から水を入手していた（ARJ1911, pgh63）。
1918 年 6 月末に約 1 ヵ月，また 10 月中旬にもインフルエンザの流行があった。流行の最盛時には病棟は満員となり，追加的な収容施設が準備されねばならなかった。毎日 200 人以上が外来患者として政府施薬所に来た（ARJ1918: 4, pgh23）。

ジャングルの死因

　パハンとジョホールでも 1918 年インフルエンザの影響が記載されているが，医療機関が手薄なために死亡の実数は不明である。1911 年のジョホールにおいて腸チフスの発生があったが，この病気の流行はその後報告されていない。
　パハンにおいて，溺死が相当数記載されているほか，虎，象，毒蛇，鰐に襲われて死亡した者もある。これらはジャングル地域特有の死因とみなされ，その限りにおいて注目に値するが，溺死を除けば死亡者の数は少ない。熱帯林は得体の知れない病気の発生地として恐れられてきたし，危険な動物の出没する場所と考えられてきたが，後者に関しては，話題が豊富な割に実際の死亡数は少なかったとみられる。

9. 乳児死亡率

　パハン年次報告書およびジョホール年次報告書には，乳児死亡に関して以下のような記述がある。
パハン
1917 年 5 歳未満のマレー人幼児死亡の割合〔出生数に対する割合〕は 1916 年の 33.64 パーセントから 36.05 パーセントへと上昇した。出生から 12 ヵ月までの死亡率がもっとも高いので，この恐るべき死亡率は，大部分，乳児期の食餌法の過誤に帰せられる。おそらくマラリアも要因の一つであろう（ARPa1917;

14, pgh22）。

1918 年 5歳未満のマレー人幼児の死亡の割合は確実に上昇を続けている。1916年には33.64パーセント，1917年には36.05パーセント，1918年には49.32パーセントであった。インフルエンザの流行がこれらの多くを説明する可能性があるが，野外生活を送る1人種に生まれた子供の半数近くが5歳に達するまでに死亡するのは実に残念である（ARPa1918: 19, pgh23）。

1919 年 5歳未満のマレー人幼児の死亡率は32.69パーセントであった。（中略）パーセンテージは災害があった〔インフルエンザを指す〕1918年より低いが，依然として失望的である。マレー人幼児3人に1人は幼児期を生き残れない（ARPa1919: 23, pgh24）。

ジョホール

1916 年 登録された死亡数は8,161件（男子5,901，女子2,260）で，1915年は6,358件であった。総死亡数のうち少なくとも2,903件，すなわち35パーセントが20歳から40歳であることに注目すべきである。乳児死亡率は再び244.05と高かったが，先行3ヵ年の平均251.21より低かった（ARJ1916: 4, pgh20）。

1928 年 乳児死亡率は161.27であった。1927年には255.76，1926年は213.26であった。これはジョホールで記録されたもっとも低い乳児死亡率である（ARJ1928: 27, pgh176）。

マレー人における高乳児死亡率

　パハンおよびジョホール年次報告書に記載された乳児死亡率をまとめて表示すると巻末付表6-3のようになる。1919年のパハンにおける乳児死亡率193.85が，マレー人における5歳未満の幼児死亡の割合32.69と同じ年度のものである。1920年代における乳児死亡率の変動は大きいが，1927年の292，1928年の279などの数値に注意すべきであろう。1931年以降について示されるパハンにおけるマレー人乳児死亡率は，概して華人やインド人よりも高く，したがって全民族の乳児死亡率よりも高い。この状態が1920年代にも適用できるかどうかは分からない。1930年代に民族間の死亡率の順位の交代があった可能性もある。それ以前にさらに高い乳児死亡率を想定することも可能である。全体的に判断して，パハンとジョホールでは乳児死亡はスランゴールやペラを上回ったのではないかと考えられる。1930年代末になると乳児死亡率は

すべての民族において著しく改善されている。

10. 病院に対する態度

　パハンでは1894年時点で、ペカンおよびクアラリピスに政府病院が各1、トゥムロー（Temerloh）に野外施薬所があり、1910年には五つの郡病院（いずれも政府病院）が稼動しており、1920年にはこれらに加えてクアラテンベリン（Kuala Tembeling）に政府のエステート病院が置かれていた。1939年には州を構成する7郡中6郡に政府病院があった。

　ジョホールでは、1915年時点で、六つの病院のほかに施薬所7ヵ所があることが記されているが、その後の展開は不詳である。後の年次には、移動診療所、エステート診療所などが政府病院とともに機能している。

　パハン年次報告書およびジョホール年次報告書には、病院に対する態度に関して次のような記述がある。

パハン

1896年　パハンのマレー人は病院での治療に対して強い嫌悪感を持ち続けており、重症になって初めてヨーロッパ人医師がよばれることがまれにある程度である（ARPa1896: 11, pgh42）。

1898年　脚気は以前よりも治癒率が高い。1898年には脚気による死亡は15人のみで、死亡率は7.4パーセントであった。1897年には死亡率40パーセント（170件中死亡68件）、1896年には46.1パーセントであった。（中略）州医務官はこの満足すべき変化は、華人が治療可能な罹患初期に入院を求めるようになったこと、および退院を許可されるまで病棟に留まるようになったためであるとしている（ARPa1898: 18, pgh54再掲）。

1910年　治療を受けた主な民族は、華人2,514人、タミル人1,805人、マレー人470人、ベンガル人374人であった（ARPa1910: 14, pgh67）。治療を受けたマレー人は10人という僅かな増加を示している。先任医務官は、カンポンのマレー人は外科的な治療のためなら遠路はるばる困難を克服して政府病院にやってくるという。しかし、熱病、腸疾患、および他の内科的な病気については自宅に留まり、ボモーすなわち土着の医療師にかかり、親族の世話を受け

て，可能ならば友人をもっとも近い施薬所に送って薬をもらうことを選ぶのである。パハン病院にはマレー人のための特別施設が準備された（ARPa1910: 14, pgh68）。

1916年 1916年における民族別入院患者は下記の通りである〔1917年，1918年，1919年を付記，ARPa1916: 19, pgh22，ARPa1917: 14, pgh22，ARPa1919: 24, pgh24〕。

	1916年	1917年	1918年	1919年
ヨーロッパ人	21	27	18	14
ユーラシアン	11	7	9	17
マレー人	551	547	761	868
ジャワ人	166	295	記載なし	記載なし
華人	2,259	2,679	3,114	2,734
日本人	35	23	33	19
シークその他のインド人	2,402	2,287	2,934	3,107
その他	101	245	187	81

1932年 入院数および死亡数に基づく病院死亡率は約67パーミルであった。この相対的に高い数値は病院での治療を最後の瞬間まで延期する華人労働者およびその他の華人の性癖によるところが大きい。

　政府病院のほかに12のエステート病院があり，うち11は通いの医療助手，1は住み込みの医療助手が面倒を見ている。これらの病院を持つエステートはすべてヨーロッパ人経営である。華人経営のエステートは大部分が華人労働者を雇用しているが，ほとんどの場合，通いの医療師のサービスもなければヨーロッパ人のエステートのように病人を病院へ送ることもしない。エステート，鉱山，および工場におけるインド人労働者の死亡率は平均人口2,884人に対して9.02であった。1931年には平均人口4,215人に対して21.11であった。比較にあたっては，雇用者が不況に対応して労働力を削減した際に，当然ながら健康記録の良好な者を残したという事実を顧慮する必要がある（ARPa1932: 7, pgh18）。

ペナンの総合病院（20世紀初頭）。病院は植民地行政の重要な民生事業であった。

現在のバトゥガジャ病院（ペラ）。植民地時代の面影をとどめている。

第6章 病気との闘いⅡ

表6-1　エステート雇用労働者民族別死亡率　ジョホール　1914

	死亡数	延労働力(月／人)	月平均労働力	死亡率
華人	531	168,567	14,047	37.80
タミル人	452	76,881	6,407	70.54
マレー人・ジャワ人	118	68,211	5,684	20.76
その他	11	5,034	420	26.19
計	1,112	318,693	26,558	41.90

ARJ1914: 9, pgh27 による。

ジョホール

1914年　26,000人以上の月平均労働力を扱った下記の記述は興味深く，華人やジャワ人に比してタミル人がこの国の気候に敏感であることをひときわ目立たせている（表6-1参照）（ARJ1914: 9, pgh27）。保健官の記述に対するコメントとして首席医務官は以下のように述べている。「きわめて僅かな例外を除けば，ヨーロッパ人および日本人所有エステートの労働者の健康状態は非常に改善され，例外ケースとして赤痢や下痢の流行による影響が病気の増加の原因となっている」（ARJ1914: 9, pgh28 再掲）。

病院接触の民族的不均等

　マレー人が病院を敬遠する態度を維持しているのに対して，インド人においては病院に対する親近性を窺うことができる。インド人はその人口に対して入院患者数が圧倒的に多い。インド人がヨーロッパ人経営のゴム園に雇用される傾向が高いことがこの傾向を助長している。他方，インド人は身体的な虚弱性を指摘されることがあり，少なくとも1910年代までは相対的に高い死亡率を示していた。表6-1に見られるタミル人の死亡率は，年70パーミルを超えるもので，相対的に死亡傾向が低い成年男子を主体とする労働者人口の死亡率であることを考慮すると，特記すべき高死亡率といわねばならない。華人は病院に対する態度としてはインド人とマレー人の中間に位置する。この傾向は1930年代になっても続き，病院利用率は民族差を維持しつつ全民族において高まるのである（表6-2参照）。植民地行政においてヨーロッパ近代科学を背景とする医療が導入され，その中心的な役割を担うべく病院が活動する中で，医療機関との接触が民族的にアンバランスな状態で進展していく姿が浮き彫りに

表6-2　政府病院入院患者　パハン　1935, 1937, 1939

人種	推定人口	入院患者	人口比(%)	死亡数	入院者死亡率(%)
1935年					
華人	52,658	5,118	9.7	485	9.5
インド人	14,662	5,940	40.9	231	3.9
マレー人・ジャワ人	117,265	1,320	1.1	35	2.6
ヨーロッパ人	418	33	7.9	−	−
ユーラシアン	161	23	14.3	−	−
その他	1,309	61	4.7	2	3.3
1937年					
華人	60,776	7,715	12.6	660	8.6
インド人	16,436	7,324	44.5	283	3.9
マレー人・ジャワ人	120,322	1,850	1.5	39	2.1
ヨーロッパ人	523	59	11.3	−	−
ユーラシアン	161	10	6.2	1	10.0
その他	1,269	38	3	3	7.9
1939年					
華人	69,333	12,298	17.74	851	6.9
インド人	17,132	8,332	48.63	232	2.8
マレー人・ジャワ人	124,339	2,391	1.92	45	1.9
ヨーロッパ人	492	46	9.35	1	2.2
ユーラシアン	167	23	13.77	−	−
その他	1,292	73	5.27		

ARPa1935: 7, pgh18; ARPa1937: 8, pgh20; ARPa1939: 6, pgh20 により作成。

される。

11. 先進地域観察の再確認および微妙な差異の指摘

　パハンおよびジョホールの年次報告書からは，スランゴールおよびペラ年次報告書の整理から得られた知見を再確認することができる。非連邦州であるジョホールを含んで，マレー半島の英人植民地官吏の間には，年次報告書作成にあたってかなりの情報交換があり，報告書自体も共通のモデルにしたがって作製され，この結果，各州の報告書の記載内容は互いに類似したものになって

いる。もっとも，地域の後発性を反映して，パハンとジョホールにおける記載内容や統計整備状況には不備が目立つ。他方，報告書記述にあたって，植民地官吏の間には他州の状況と比較する姿勢はまったく欠如しており，このことが，いくつかの課題がすべての州において同等の重要性を持つという印象を与えることになる。実際には頻度や強度における差異が州間に存在するのである。このような差異を取り出して特徴付けることは，個々の年次報告書に依存する限り困難な側面がある。パハンとジョホールにおいては，スランゴールやペラの特徴となった早期の錫開発が同等の強さで進行しなかったために，ゴムを主体とするジャングル開発が社会と経済の変化を主導したのであるが，そのことが病気の発生においても反映されている。その中で，さまざまな側面において後進性が指摘されるとともに，特にジョホールにおける急激な変化が見出されるのである。

第3部

マレー人が多数を占めた地域の変化
―― クランタンとケダー

第 7 章
クランタンにおける多民族化

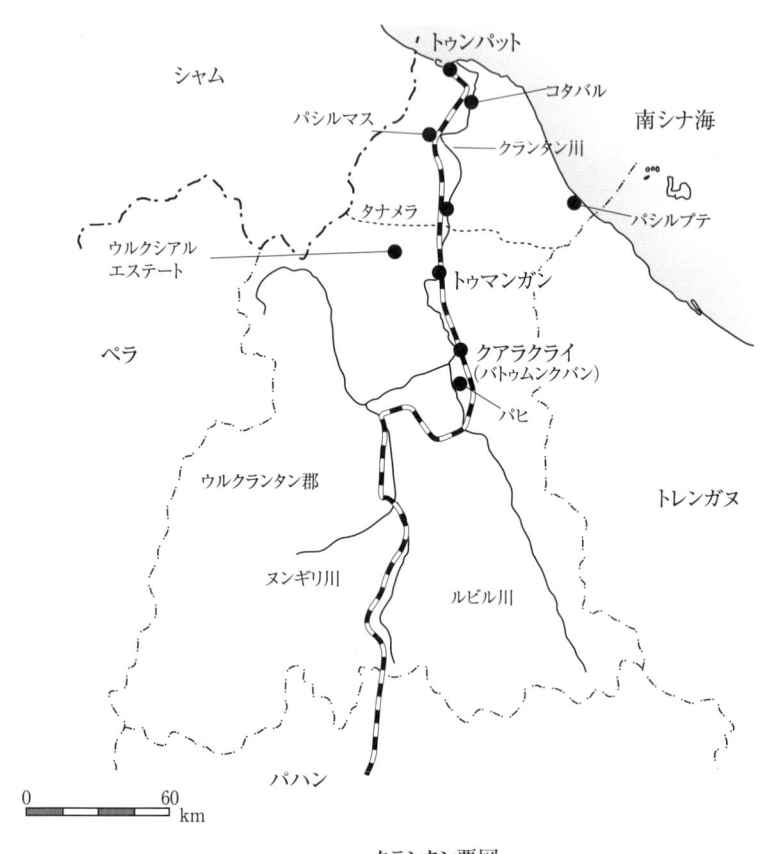

クランタン要図

凡例:
- ―・―・― 国境
- ―・・―・・ 州境
- ･･･････ 郡境
- ─── 川
- ▬▬▬ 鉄道

1. 開発が遅れた非連邦州

マレー人地域としてのクランタン

　マレー半島諸州の中で東海岸に位置しタイ領に接するクランタンは，トレンガヌと並んでマレー人の割合が圧倒的に大きいという特性を保ってきた。マレー的伝統の根源とされるマラッカ王朝の血筋からすれば，クランタンの支配者はもっとも遠い位置にあったし，そこで話される方言は今日の国語として採用されている海峡マレー語とは隔絶したものであったが，マレー人の多さのために，この州ではマレー文化の見本としての矜持が，現在においても保たれている。宗教的にイスラムの強さが指摘されるが，全住民にこの傾向が顕著になるのは，1980年代以降のことであり，ここで対象とする時代には，その特異性はまだ強調する段階に至っていない。

　クランタンは，1909年のバンコク条約によってトレンガヌ，ケダー，プルリスとともに英国の保護下に入り，1910年のクランタン条約によって英人顧問官を受け入れた。これに先行して1903年に，宗主権を行使していたシャム政府から英人顧問官が派遣されている。西海岸諸州と異なり，非連邦州としての地位，植民地中枢からの距離，在来マレー人の多さなどのために，多民族化の進行は一見顕著ではなかった。ちなみに，1911年，1921年，1931年の各センサスにおける民族別人口は表7-1の通りで，マレー人が9割以上の圧倒的多数を占める状況は変わらない。しかしながら，細かく観察すると，マレー人は1911年の93.7パーセントから，1921年の91.0パーセントを経て，1931年には90.2パーセントへ僅かながら低下し，この変化に対応して，華人およびインド人人口が増加している。実数が少ないために総人口に対する割合は取るに足らないが，インド人は1911年から1931年の間に731人から6,752人へと9.2倍に増加した。

表 7-1　クランタン民族別人口　1911-1938

	1911年 センサス	1921年 センサス	1931年 センサス	1934年 推計人口	1935年 推計人口	1937年 推計人口 収支法	1938年 推計人口 収支法
マレー人	270,680	286,486	330,774	350,529	377,745	354,844	350,526
華人	9,844	12,875	17,612	19,834	19,846	27,034	29,294
インド人	731	3,592	6,752	6,318	7,634	10,401	11,399
ヨーロッパ人	108	138	124	276	84	80	85
ユーラシアン	11	36	32	24	44	72	78
その他	5,377	6,447	7,223	9,528	7,660	7,947	7,917
計	286,751	309,574	362,517	386,509	413,013	400,378	399,299

センサス年次のマレー人はその他のマレーシアンを含む。
1911, 1921, 1931年　1947年センサス要約表; 1934年　ARKn1934: 9; 1935年　ARKn1935: 12; 1937年 ARKn1937: 6; 1938年　ARKn1938: 6 により作成。

移民の導入と二つの地域

　クランタンでも移民労働力の導入が行われた。導入時期がペラやスランゴールなど西海岸諸州に比して遅く，ゴムの景気変動やインド政府の移民抑制政策がその後の移民増加を実現させなかったこと，西海岸諸州のマレー人に比してより勤勉と評価されるクランタンのマレー人が移民労働力に取って代わるようになったことなどが，他州との違いとなった。マレー人の居住密度が高いクランタン川下流部に対して，ジャングルに覆われた上流部がゴム園や鉱山の開発地となり，二つの異なる地域がクランタン領域内に並存したことに注意したい。

2. クランタンの人口と生業

米とゴム

　クランタンは既に述べたようにマレー人が多数を占める州であったが，彼らの多くは稲作に従事していた。1913年時点のクランタンの土地利用は表 7-2

表 7-2　クランタンの土地利用　1913　　　　　　　　　　　（エーカー）

作物名	コタバル	ウルクランタン	パシルプテ	計
米	75,497	3,269	13,000	91,766
ココナツ	19,420	239	4,200	23,859
ゴム	1,350	15,073	40	16,463
ドリアン	5,874	118	170	6,162
シレ	261		30	291
胡椒	60			60
甘蔗			50	50
タバコ，野菜，果樹他	400	600	500	1,500
計	102,862	19,299	17,990	140,151

ARKn1913, Appendix B により作成。

に示す通りであった。ゴム栽培の導入は，自足的な稲作に明らかに影響を与えている。不況によってゴム栽培が縮小した1931年の時点で，年次報告書に次のような記述がある。

「ゴムの到来以前，稲作は農民の主生業であり，繁栄の主な源であった。しかしながら，ゴムがやってくるとその高値および比較的容易な作業のために多くの者の心を捉え，稲作に対する関心が減退した。古くからの稲作地にゴムが植えられ，不良な生育と見かけの悪さが悲しい光景を作り出している。米輸出州としてのクランタンの地位は，1924年に輸入州の地位へと変わった。過去10年の間に900万ドルないし1,000万ドルが他国産の米を購入するために費やされ，その大部分は移民労働者によって消費されている。しかしながら，ゴムの低価格は政府の稲作推奨活動と結びつき，1931年にはより大きな関心が米に向けられている」（ARKn1931: 13, pgh34）。

1938年の年次報告書にはこの州で栽培されている作物に関して以下のような記述がある。

州総面積は320万エーカーを越えるが，うち約50万エーカーが農業用地である。重要作物別の栽培面積は以下の通りである。

米	145,000 エーカー
ゴム	91,000 エーカー
ココナツ	60,000 エーカー
アレカナッツ〔ビンロウ〕	7,000 エーカー

第 7 章　クランタンにおける多民族化

油ヤシ	700 エーカー

このほかに 25,000 エーカーが宅地を含む果樹等である。登記された会社または大規模所有のゴム園 32,000 エーカーを除けば，他のほとんどすべての耕作地は小農の所有である（ARKn1938: 20）。

開発地域としての上流部

　大規模所有で経営されているゴム園は主としてクランタン川上流部に存在する。この部分にヨーロッパ人のゴム園が開発され，インド人労働者が導入された。この意味で上流部は下流平野部のマレー人小農の世界と対照的な姿を示している。1936 年のクランタンからのゴム輸出量は 10,125.92 英トン（170,115 ピクル）であった（ARKn1938: 104）。同年のペラでは 1,187,710 ピクル，スランゴールでは 1,204,795 ピクルが記録されているので，それらに比較するとクランタンの生産量は 7 分の 1 に過ぎない。クランタンのゴム園面積のうち大規模エステートに属するのは 3 分の 1 強に過ぎず，他州との比較においても，この州における住民構成から見ても，移民労働者依存の小ささが明らかである。それにもかかわらず，クランタンでも州内の特定地域を中心に移民労働者の世界が展開していたことに注目したい。

　クランタンには，鉱産物にも見るべきものがなく，僅かな鉱産物は主としてクランタン川上流部で採取が行われてきた。錫の産出は 1936 年の記録では 27.16 英トン（456 ピクル）で，ほとんど皆無といえるほどであった。金は古い時代から重要な産物とみなされていたが，1936 年の産出量は $29,240 相当で，錫の $33,067 を下回っていた。日本企業によるマンガン鉱石や鉄鉱石の開発が 1930 年代に活気を見せたが，資源量は限られていた。

人口の動向

　クランタンの人口に関する信頼すべき統計は 1911 年センサスまで入手できない。最初のセンサスに先立ってシャム領時代の 1904 年年次報告書に以下のような記述がある。

「クランタンのセンサスはまだ行われていないが，昨年の人頭税の数値が州人口概数を得る手がかりを提供する。人頭税リストは47,000人の成人男子を載せており，これに出生，公務，および老齢のために税を免除された13,000人を加えると，成人男子総数は60,000人になる。成人男子1人に対して成人女子1人を加え（女子出生数が男子出生数を上回る一夫多妻地域においては控えめな割合である），成人女子1人に対して3人の子供を加えると（この数値はインドセンサスにおいて全ビルマ平均に相当する），マレー人，シャム人，華人からなる人口は300,000人となる。このほかに，マレー諸州全般に見出される山地原住民であるサカイの大きな集団がある。彼らは接近困難な未開山岳部に居住し，その数については信頼できる情報が得られない」（ARKn1904: 33, pgh51）。

　1911年のセンサス人口286,751人は上述の推定値を僅かながら下回ったが，300,000人という数値は著しい過大評価ではない。1921年，1931年センサスに見られる増加に続いて，1937年の人口推計ではこれまでの最大値400,378人が記録される。内訳はマレー人354,844，華人27,034，インド人10,401，ヨーロッパ人80，ユーラシアン72，その他7,947であった（ARKn1937: 6）。1938年の人口推計は399,299人で僅かな減少を示し，内訳はマレー人350,526，華人29,294，インド人11,399，ヨーロッパ人85，ユーラシアン78，その他7,917であった（ARKn1838: 6）。華人やインド人の増加に対して，マレー人の減少が見られるがこのことに関する言及はない。

3. インド人労働者

インド人労働者導入の遅れ

　クランタンの年次報告書にインド人労働者に関する記述が現れるのは西海岸諸州に比して遅く，1904年の報告書には州人口におけるインド人の存在に言及されていない。1906/07年にはゴム栽培がクランタンに到来しつつあるという記述が次のような内容で記載されている。「この年にはゴム植え付け用地に関する多くの問い合わせがあった。多数の関係者との折衝が行われ，土地を得

た者もあれば，年末時点で保留状態の者もある。処理済の土地は14,000エーカーに上り，うち8,000エーカーはダフ会社のコンセッション内にある。（中略）ゴム植え付けはマレー人耕作者の幻想を捉えている」（ARKn1906/07: 13, pgh19）。クランタンにインド人労働者が導入されたのはこれと軌を一にしているようにみえる。1910年の州病院入院患者246人の構成は，113人（女子6人を含む）のマレー人のほかに，シークおよびアフガン人46人，華人46人，タミル人26人を含む（ARKn1328: 113, pgh58）。1911年センサスでは731人のインド人が数えられている（表7-1）。クランタンにおける種痘実施の統計からもインド人の存在が分かる。1911年にウルクランタンにおいて接種を受けた者976人のうち6人がタミル人であった（ARKn1911: xiii, Appendix D）。以後，病院に関する報告にはときどきインド人が現れる。たとえば，1915年にウルクランタンのクアラルビル（Kuala Lebir）病院に関して，「すべてのインド人入院患者に鉤虫症の疑いがあり検査中である」（ARKn1915: 9, pgh81）という記述がある。

　インド人労働者は，マレー連邦州鉄道の労働者としても雇用された。鉄道駅には病院が付設されることがあり，1913年時点で州内のトゥンパットとタナメラに鉄道病院が開設されていた（ARKn1913: 7, pgh66）。1927年に「マレー連邦州鉄道（東海岸線）は，クランタン人，華人，タミル人，テルグ（Telegu）人，および北インド人を雇用しており，エステートは主としてタミル人およびテルグ人を雇用している」（ARKn1927: 20, pgh58）という記述がある。

　クランタンにおいてインド人労働者数が明示されるのは1927年のことである。1927年末に雇用されていたインド人移民労働者数は6,203人で，このうち男子3,707人，女子1,264人がエステート，男子1,195人，女子37人が鉄道作業に雇用されていた（ARKn1927: 20, pgh60）。エステートのインド人移民労働者の日当は男子40セントから55セント，女子35セントから50セントであるが，多くの場合，規則的な生産高に対するボーナスあるいはラテックス搬入量に対するコミッションが支払われていた（ARKn1927: 20, pgh60）。1927時点においてクランタンの賃金が，西海岸諸州よりも高いとはいえない。ちなみにペラ年次報告書によると，同年の日当は男子45-55セント，女子35-50セントであった。

ペラ・ゴム園地域のヒンドゥ寺院屋上の装飾（現代）。

第7章　クランタンにおける多民族化 | 211

マレー人との競合

　1929年の時点で,「マレー連邦州鉄道（東海岸線）は,クランタン人,華人,タミル人,テルグ人,および北インド人を雇用しており,他方,エステートは主としてタミル人およびテルグ人を雇用しているが,近年では華人およびクランタン人で代替する傾向がある」という記述がある（ARKn1929: 24, pgh63）。1928年に25エステートが全体として,すなわち純粋にインド人移民労働者を雇用していたのに対して,1929年には22エステートになり,インド人移民労働者数は1928年の3,993人から1929年末の3,741人に減少した。しかし,鉄道局に雇用された者は1,287人から1,614人に増加し,州における総数は5,355人となった。このうち4,189人が男子,1,166人が女子である。北インド人はインド人移民労働者として分類されずこれらの数値に含まれていない（ARKn1929: 25, pgh65）。

　1930年においても同じ趣旨の指摘がある。すなわち,「主としてタミル人およびテルグ人からなるインド人労働力は,ヨーロッパ人ゴムエステートおよびマレー連邦州による東海岸線に雇用されているが,最近では華人およびマレー人によって代替される傾向がある。政府部局はクランタン人労働力のみ雇用している」（ARKn1930: 36, pgh139）。この年の末には4,247人の南インド人労働者が雇用されているに過ぎない。ゴム貿易不況のため多くのエステートにおいて労働力削減が行われ,大きな減少を示している（ARKn1930: 36, pgh140）。1930年中に482人のインド人労働者が本国送還され,200人がインド人移民基金の負担でケダーの茶園に送られた。年内に7つのヨーロッパ人エステートが閉鎖された（ARKn1930: 36, pgh141）。

　1931年には次のような記述がある。「主としてタミル人およびテルグ人からなるインド人労働者がヨーロッパ人のゴム園およびマレー連邦州鉄道の建設,維持の多くに採用されていた。多くの華人集団やかなりの数に上る北インド人も東海岸線で働いた。東海岸線の建設は1931年9月に完了した。ヨーロッパ人ゴム園の多くはマレー人タッパーも雇用し,マレー人および華人との契約労働も採用している。クランタン公共事業局および他の政府部局はクランタン人労働者のみを雇用している」（ARKn1931: 50, pgh197）。

不況とインド人労働者の減少

　1927年以降5ヵ年の各年末における南インド人労働者数は下記の通りであった（ARKn1931, pgh198）。

1927年	6,129
1928年	5,280
1929年	5,355
1930年	4,247
1931年	1,432

　エステートのインド人労働者数は1931年中に1,070人減少し，東海岸鉄道完成後，鉄道に雇用された労働者の数は1,745人減少した（ARKn1931: 51, pgh199）。ゴム価格の下落とともに，より多くのエステートが閉鎖され，稼動中のものも労働者数をかなり削減した。これによって多くの労働者が失業し，成人労働者931人，年少者287人，乳幼児88人がインド本国送還のためペナンに送られた。病弱者58人はコタバルの州病院からクランタン医務官を通して送還された。東海岸鉄道建設部の労働者1,800人は，マレー連邦州鉄道局によって乗船地までの無料切符を交付された（ARKn1931: 51, pgh200）。年内に労働者募集は行われなかった（ARKn1931: 51, pgh201）。インド人労働者を雇用するヨーロッパ人エステートが立地するウルクランタン郡における標準賃金は，男子47セント，女子37セントであった（ARKn1931: 52, pgh206）[1]。

　下記の表は，1932年の州人口を人種および性別に示す（ARKn1932: 3-4, pgh8）。インド人が「その他」のカテゴリーに吸収されていることに注意したい。ちなみに1931年センサスによるインド人人口は6,752人，1932年の「その他」男女計14,663人に対応する数値は13,975人であった。推計人口においてこの間の人口減少が反映されていない。1934年インド人推計人口は6,318人で，1931年センサスに比していくらか少なくなっている。

---

1) 同年のペラにおけるインド人タッパーの標準賃金は，男子38セント，女子31セントであった（ARP1931: 16, pgh104）。

	男子	女子
マレー人	166,241	169,960
華人	12,427	5,964
ヨーロッパ人	84	40
ユーラシアン	21	11
その他	9,284	5,379
計	188,057	181,354

　上記の人口表示に続くパラグラフに次のような記述がある。「この州のマレー人は働き者で，勤勉であり，長時間の重労働が可能であって，ここでは移民人口は必要ではない。これに対する僅かな例外はヨーロッパ人所有エステートにおける，いまや減少しつつある非常に少数のタミル人労働者であるが，これらの労働者は多くの場合マレー人によって代替されつつある」(ARKn1932: 5, pgh9)。

　1932年中にインド人成人247人，年少者54人，および乳幼児29人が本国送還された。(ARKn1932: 22, pgh75)。1932年は1,336人，1933年には1,311人の南インド人労働者が州内において雇用されていた。このあたりがクランタンにおけるインド人労働者の最低値を示すものであろう。1933年初頭の労働力供給は需要を僅かながら上回っていたので，インドからの採用は行われなかった。第1四半期には僅かな失業があり，労働者27人が本国送還された。失業はまれであり，作業に不適な労働者以外には本国送還に頼る必要がなかった。年内に本国送還された者は，成人52人，年少者17人であった(ARKn1933: 22)。

インド人の生活

　インド人の生活状況や本国への送金方法について1933年に以下のような記述がある。インド人を雇用するヨーロッパ人エステートのすべてが所在するウルクランタン郡では，標準賃金は男子47セント，女子37セントであった。政

府および鉄道に雇用された者も同様である[2]。1年を通して食糧価格が非常に低かったので，クアラクライの町の1ヵ月生計費は前年の＄7.80に対して＄6.36であった。クランタン米を用いるインド人の場合＄5.76である。多くの労働者はエステートから割り当てられた土地で自分の食料を栽培している。年内にはこのような割り当てがかなり増加した。コタバル，トゥンパット，パシルマス，パシルプテ，クアラクライおよびトゥマンガンには郵便貯蓄銀行があり，労働者預金勘定をもち，労働者のインドへの送金を援助するエステートもある。労働者の大部分は，牛，山羊または羊，あるいは貴金属の形での貯蓄をもっている（ARKn1933: 22）。

不況後のインド人の増加

1934年にゴム不況が底を打って景気が上向くと同時に，インド人が再び増加し始めた。1934年末のインド人人口総数は4,000人と推定され，うち3,250人が南インド人で，その多くはエステートや鉄道に雇用されている。年内に男子288人および女子202人が自主移民としてインドから到着した。彼らの30パーセント以上が以前クランタンで雇用されていたことがあり，この機会に戻ってきたことは興味深い。丈夫な労働者の本国送還はなく，13人の病弱者のみが本国送還された（ARKn1934: 22）。

1935年末のインド人人口総数は4,500人と推定され，うち3,650人が南インド人であった。年内に男子203人，女子96人がインドから自主移民として到着した。体の満足な労働者の本国送還はなく，病弱者15人のみが本国送還された。ウルクランタン郡における標準賃金は，男子47セント，女子37セントで，クランタンのマレー連邦州鉄道従業員も同じ額である。午前中のみの作業に対する比例最低賃金（40セントおよび32セント）が年を通じて強制された（ARKn1935: 34）。

1937年のインドからの非募集移民の新規到着数は1,083人であった。彼らはさまざまなゴム園に雇用されたが，半数以上はダフ開発会社所有のゴム園に赴いた。38人の南インド人がインド移民基金の負担で，ポートスウェトナムの

---

[2] 同年のペラ年次報告書によるインド人タッパーの日当は男子32セント，女子27セントであった（ARP1933: 24, pgh144）。ペラのほうが明らかに低い。

集合地から本国送還された。結核患者 1 人がクランタン政府の負担で本国送還された（ARKn1937: 41）。

　1933 年以降のインド人エステート労働者数の変化は下記の通りである（ARKn1937: 42）。不況後の増加傾向が確認される。

	平均人数	死亡数
1933 年	805	19
1934 年	1,071	11
1935 年	1,652	28
1936 年	1,784	31
1937 年	2,295	44

4. 華人労働者

記録の乏しさ

　インド人に比して，クランタンにおける華人の居住の歴史は長いが，彼らの動向に関しては年次報告書には記録が少ない。断片的な情報には以下のようなものがある。

クランタン

1910 年　錫採取量総計は 399 ピクルで，前年の輸出量は 67 ピクルであった。ほとんどすべてがヌンギリ（Nenggiri）川支流の 1 鉱山から得られる。年末の労働力は華人 100 人，マレー人 30 人で構成されていた（ARKn1328: 6, pgh20）。

1913 年　州病院では 870 人の入院患者が治療された。1912 年より 101 人多かった。マレー人入院患者 195 人（22 人減少），華人 333 人，インド人 249 人，その他 93 人であった（ARKn1913: 7, pgh67）。

1918 年　年の後半に中国から新家を輸入できなかったためエステートの労働力が不足している。ゴム輸出総量は 3,908,170 lbs.〔29,311 ピクル〕で 1917 年の 3,337,771 lbs.〔25,033 ピクル〕に対して 570,397 lbs. の増加であった（ARKn1918:

1896年に建てられたアングロ・チャイニーズ・ボーイズ・スクール。ペナン，マックスウェル通り。

トロアンソン（ペラ）の時計塔。1885年に貯水の目的で華人によって建てられた。写真は1910年頃のもの。

第7章　クランタンにおける多民族化 | 217

6, pgh40）。

1923年 1921年センサスでは人口総数は309,300人で, 286,363人がマレー人, そのうち278,989人がクランタン生まれであった。12,000人の華人の半数はクランタン生まれで, 6,000人余のシャム人のほとんどすべてもクランタン生まれである〔数字は原文のまま〕（ARKn1923, Prefatory Note）。

1927年 移民に関する唯一の入手可能な数値は, 華人の海路到着および出発数で, 移入者1,712人, 移出者1,318人であった（ARKn1927: 17, pgh44）。

1928年 移民に関する唯一の入手可能な数値は, 華人の海路到着および出発数で, 移入者1,870人, 移出者1,424人であった（ARKn1928: 19, pgh47）。

1929年 移民に関する唯一の入手可能な数値は, 華人の海路到着および出発数で, 移入者1,406人, 移出者1,497人であった（ARKn1929: 21, pgh48）。

1931年 主としてタミル人およびテルグ人からなるインド人労働者がヨーロッパ人のゴム園およびマレー連邦州鉄道の建設, 維持の多くに雇用されていた。多くの華人集団やかなりの数に上る北インド人も東海岸線で働いた。東海岸線の建設は1931年9月に完了した。ヨーロッパ人ゴム園の多くはマレー人タッパーも雇用し, マレー人および華人との契約労働も採用している。クランタン公共事業局および他の政府部局はクランタン人労働者のみを雇用している（ARKn1931: 50, pgh197再掲）。11月と12月の間に華人労働者125人が政府の費用で中国へ本国送還された（ARKn1931: 53, pgh212）。

1932年 上記の表（省略）から推計総人口は369,411人で, うち336,201人がマレー人であることが分かる。マラヤの多くの場所で多数を占める華人は18,391人に過ぎず, 1931年センサス記録から判断すると彼らの半数はこの地方で生まれたクランタン華人である（ARKn1932: 5, pgh9）。

1933年 華人労働力は金鉱採掘場およびエステートで雇用されている。約300人の労働者が年内に試掘や採鉱の仕事に雇用された（ARKn1933: 23）。

1936年 1936年にエステートで雇用されている華人は980人で, 彼らの健康水準はインド人と同様に良好である。しかしながら, 住宅状態には問題があるので, 認められた基準まで改善すべく努力が行われている（ARKn1936: 16）。華人545人が雇用されているトゥマンガンの日本人鉄鉱採掘場では当該年の健康状況は嘆かわしいものであった（ARKn1936: 17）。

1937年 1937年の推計人口は400,378人で, うちマレー人は354,000人以上, 華人27,000人, インド人10,000人, ヨーロッパ人80人であった（ARKn1937: 5）。

1938年　本年の全人口は399,299人であった。(中略) 全人口のうち350,526人以上がマレー人，華人29,294人，インド人11,399人，ヨーロッパ人85であった（ARKn1938: 5）。

クランタンの華人

　クランタンにおける華人は，スランゴールやペラに比して顕著に少ない。華人の移動については，1927年以降3ヵ年の海路出入境の数値が示されるに過ぎないが，その数はスランゴールやペラに比較して桁違いに少ない。クランタンの華人性比は1931年時点で2.08である。同年のペラの華人性比は1.99である。これらの数値はクランタンへの華人男子の流入が多いことを示唆している。クランタン川上流部に古い時代から金採取にかかわった華人集落があったことは事実であるとしても，クランタンにおける華人の土着性については，事実であるよりも通念であると考えたほうが良い。1947年センサスでは，華人における州内生まれ割合は，クランタン65.5パーセント，ペラ65.2パーセントでほとんど同じである。
　このような状況の中で，ウルクランタンの日本人経営の鉄鉱山に北中国から導入された労働者の存在がマラリア発生の記事の中で触れられており（ARKn1936: 9），このマレー半島の遠隔地において日本人と北中国人という特異な組み合わせが出現している。

5. マレー人労働者

特異な存在としてのマレー人労働者

　クランタンにおける特異な存在はマレー人労働者である。他の州においては，マレー人について，植民地経済からの分離ないし賃金労働への不参加が指摘されることが多いが，クランタンでは労働者としての積極的な参加が報じられる。クランタンのマレー人は伝統的に自給的な農民として生活しており，賃

金労働への志向が欠如していたとみなされるが，同時にその勤勉な性格が指摘されてきた。この州に導入された移民に代替する形で，土着労働者層が形成されていった過程には興味深いものがある。以下マレー人に関する記述を年次報告書から引用しながらその特性について述べる。

クランタンのマレー人のゴム園労働者としての資質についての言及が年次報告書に現れるのは，1930年代に入ってからである。それまでは，クランタンは，クランタン川下流部すなわち平野部のマレー人居住地と，クランタン川上流部すなわち山岳森林部の植民地的開拓地に二分され，ヨーロッパ人の関心は行政的には前者に向けられるものの，経済的にはもっぱら後者に集中していた。マレー人労働者に関する1930年以前の記述は限られており，華人労働者に加わる少数の鉱山労働者，華人・インド人労働者に交わる鉄道関係の作業員などであった。政府雇用においては，インドから導入されたシーク人と並んで警察官としての参与が目立つ。記載例には以下のものがある。

クランタン

1910年　錫採取量総計は399ピクルで，前年の輸出量は67ピクルであった。ほとんどすべてがヌンギリ川支流の1鉱山から得られる。年末の労働力は華人100人，マレー人30人で構成されていた（ARKn1328: 6, pgh20 再掲）。

1922年　年末の警察力は以下の通り（ARKn1922: 10, pgh84）。

マレー人	警部6名のほか263名。
シーク	士官1名のほか72名。
刑事	警部補1名のほか25名。

1927年　マレー連邦州鉄道（東海岸線）は，クランタン人，華人，タミル人，テルグ人，および北インド人を雇用しており，エステートは主としてタミル人およびテルグ人を雇用している（ARKn1927: 20, pgh5 再掲）。

マレー人労働者の評価

　1920年代末になると，不況により，ゴム栽培をめぐって状況の変化が生じた。マレー人が労働力としての存在を示し始めるのはこの時期からである。この時期のゴム栽培について以下のような記述がある。

「ゴム栽培のための譲渡地以外に無許可の植え付けや間植が行われており，ゴム価格の下落とともに若いゴムの木の植え付け地がかなり放棄され二次林化するに任せられているので，実際のゴム栽培面積を正確に示すことは困難である。しかし，入手可能な数値によれば，全栽培面積は89,213エーカーで，うち50,695エーカーが成木である。これに加えて1,100エーカーが成木には達していないが生産可能である。この合計のうち，30,000エーカー余がエステートで栽培され，残りの59,000エーカーは100エーカー以下でアジア人所有である」（ARKn1929: 7, pgh20）。

マレー人については以下のような評価がされている。「クランタン人は働き者で，うまく扱うと学びが早い。祖先からの仕事である舟作りには熟練しており，大工，石工，あるいは職人として華人にほとんど劣らない。ジャワ人と同様，経済的圧迫のため平野部のクランタン農民は西海岸マレー人の遊惰な生き方を採用することができなかった。政府はすべての公共事業でクランタン人を広く雇用している」（ARKn1929: 24, pgh62）。

そして間もなくマレー人労働者のインド人労働者との代替の記載が年次報告書において始まる。1932年の年次報告書では，「この州のマレー人は働き者で，勤勉であり，長時間の重労働が可能であって，ここでは移民人口は必要ではない。これに対する僅かな例外はヨーロッパ人所有エステートにおける，いまや減少しつつある非常に少数のタミル人労働者であるが，これらの労働者は多くの場合マレー人によって代替されつつある」（ARKn1932: 5, pgh9再掲）という記述がなされる。1932年には，公共事業局の全労働者，大規模エステート労働者の55パーセント，およびマレー連邦州鉄道従業員の26パーセントがマレー人であった（ARKn1932: 21, pgh73）。1933年に状況はさらに進展して，大規模エステート労働者の59パーセント，マレー連邦州鉄道従業員の36パーセントがマレー人となっていた（ARKn1933: 22）。

マレー人労働者の生活

インド人の労働形態に比してマレー人のそれは特異である。マレー人労働者の大部分は自宅に居住する小規模農民で，多くの場合，1ヵ月あたり14, 5日だけ賃金労働者として働き，余力を自家用の食料栽培に用いるのである（ARKn1933: 22）。

1936年になるとマレー人労働者に関して以下のような記述がみられる。
　「クランタンにおける労働力はマレー人，タミル人，および華人から構成されている。全政府部局および若干のエステートや企業は地方出身のマレー人だけを雇用している。地方のマレー人は州の日雇い労働の59パーセントを構成している。マレー人労働者全員が住宅を与えられているエステートが一つだけあるが，他のエステートではマレー人のカンポンが隣接しており，毎日そこから通ってくる。彼らは2，3日働いて1週間休むという傾向を既に大方失っているので，エステートのマネージャーたちは安定した労働力を確保するのに現在では以前ほどの面倒がない」（ARKn1936: 16）。
　1937年には以下のような記述がある。
　「カンポンマレー人の自然な生活形態を破壊せずに，マレー人労働力をゴム園に供給する際の困難を克服するためには，現実的な二つの方法がある。マレー人の村の近くに位置しているゴム園では，ゴム園労働者は自転車を用いて早朝仕事場に来て昼過ぎに村へ帰ることができる。このような有利な位置のゴム園は，不況中も利益を計上することができ，全員村落居住マレー人のみからなる労働力を確保することができた。タッピング作業は家族が占有するものとみなされ，労働者に休養や自分の仕事の必要があれば，兄弟や叔父が代わりに働く。仕事に空白はなく，賃金による村への現金流入は歓迎される。このような有利な場所に立地しないエステートの場合には，特定目的のために現金収入を得るべく，半年ないし1年間，村を離れることができる者がいる。この種の労働力にほとんど完全に依存して成功しているエステートがある。ある内陸部に孤立したエステートは，労働力を主として海岸部の村から得ており，マネージャーはマレー人を高く評価している」（ARKn1937: 46）。

6. 未完の多民族社会としてのクランタン

開発の遅れ

　クランタンは西海岸諸州と異なり，錫などの鉱物資源に恵まれなかったため

に，ゴム園開発に先立って華人の大量流入が行われなかった。金採取にかかわってクランタン川上流部に華人コミュニティが開かれ，下流部のマレー人コミュニティとの連携や闘争の伝承を残しているが（Graham 1908, Middlebrook 1933），これは古い時代の華人の小規模定着として位置づけられよう。

　上流部の森林地帯におけるゴム園開発が，ほとんど無人と想定されたジャングル地域に移民労働者を導入しながら行われたという点では，西海岸諸州に共通する様相がある。開発時期が遅れたことおよび開発面積が限定されたことはクランタンと西海岸先行開発地域との違いであるが，開発が順調に進行すればクランタンにも相当規模のインド人コミュニティが成立した可能性があった。

　ヨーロッパ人の経営するゴムエステートでは，西海岸と同様，インド人を労働者として雇用する慣習が成立しようとしていた。クランタンのような奥地で，ゴム園労働者を確保するためには，それなりの手段が必要であった。年次報告書でしばしば触れられている鉄道の開通を含む輸送手段の確保も重要な要素の一つであった。労働力のリクルートが，インドの村の住民から行われたという供給ルートの固定性もその一つであろう。それにもまして，重要なのは，賃金水準の高さであった。限定された時期の記述を比較する限りでは，クランタンにおけるゴム園労働者の賃金は，同時期のペラと同等あるいはやや高かったように見える。これがより高い作業能率をともなうことによって可能となったのか，安い生活費によって魅力が増したのかなど検討事項として残される。

　クランタンではゴム園開発の途上でゴム不況がその流れを中断させた。不況にともなうインド人移民労働者の帰国と交叉しながらマレー人のゴム園労働力参入が進行していったのである。奥地における輸入労働力の相対的な高賃金が代替に拍車をかけた可能性もある。

　しかし，マレー人が労働市場に参入してきた1930年代後半においてもなおインド人労働者を高く評価するゴム園マネージャーが存在した。年次報告書には前述のマレー人労働者の評価に続いて以下のような記述がある。

　「タミル人を高く評価し，マレー人を悪くいうエステートのマネージャーもある。彼はタミル人労働者の管理に慣れており，タミル人の要求や慣習を理解している。彼は規則的なチェックリストを好み，同一人が何年も同一作業に従事することを好む。彼は固定したやり方を好み，変化を好まない。労働力不足が生じた場合，彼が考えることは移民の奨励である。マレー人労働力は信頼できないし，いずれにせよ，どこからどのようにマレー人労働者を調達して，ど

う扱えばよいのかを知らないのである」(ARKn1937: 46)。

マレー人による代替

　1937年はクランタンにおいてマレー人労働力への依存ないし転換が重要と認識された年のようにみえる。西海岸から遠く離れて，遠隔地で要求される高賃金水準を維持しつつ，インド人労働力を雇用し続けることがもはや困難になったという見方も可能である。以下の評価は政府関係者のそのような考え方を示唆している。

　「不運にも，初期のゴム園はクランタンのマレー人が新しい状況に適応する以前に移民労働力によって急速に発展した。この結果，経営，下級スタッフ，設備などすべてが南インド人に適し，マレー人には適さないものとなった」「特に労働力を急速に増減する必要がある今日のゴム生産統制の下では，エステートのマネージャーは地方労働者を活用することの利点を見出すであろう」「ある産業が州の正常な発展の限界を超えて急速に成長している場合，移民労働者は，その価値と有用性を証明してきたが，これは永続すべき理想的方法とはみなされない」(ARKn1937: 47)。

　そして，1938年にインド政府は南インド人移民をさらに制限する決定をしたので，地方マレー人を利用する努力がより重要になった。やがて，第2次大戦を経て植民地経営の方法が変化し，クランタンはもはや移民労働者を大量に受け入れることはなく，マレー人的色彩の強い州としての存在を強調することになった。1947年センサスにおけるクランタンのインド人人口は4,982人で，不況時の1931年における6,752人を下回るものであった。1933年から1938年に至る6年間の民族別労働者数，および政府部局雇用労働者数は，表7-3および表7-4に示す通りである。

　1931年におけるインド人の性比は3.24であったが，1947年には2.11に低下している。1931年のインド人女子1,592人は，1947年には1,598人とほとんど変わらず，少数ではあるがインド人の定着化が進行したように見える。クランタン川上流部に残された未開発地は，その後1960年代に入ってから，州政府の開発政策によって下流平野部出身の大量のクランタン・マレー人入植者を迎え入れるのである。

表7-3　クランタン民族別雇用労働者数　1933-1938

民族	1933	1934	1935	1936	1937 男子	1937 女子	1937 計	1938 男子	1938 女子	1938 計
インド人(マドラス)	869	1,508	1,691	1,969	1,839	920	2,759	1,836	915	2,751
マレー人	2,539	3,262	3,357	3,738	2,825	1,162	3,887	2,577	941	3,518
ジャワ人		42	44	21	11	1	12	17	1	18
華人	739	552	661	1,215	1,157	17	1,174	651	82	733
その他	42	69	80	77	164		164	226	1	227
計	4,189	5,433	5,833	7,020	5,896	2,100	7,996	5,307	1,940	7,247

1933年は，マレー人，ジャワ人合計値。
ARKn1937: 41; ARKn1938: 44 により作成。

表7-4　クランタン政府部局民族別雇用労働者数　1933-1937

民族	1933	1934	1935	1936	1937 男子	1937 女子	1937 計
南インド人	442	324	301	322	333	4	337
マレー人	902	966	1,857	1,526	1,292	0	1,292
華人	85	25	27	27	29	0	29
その他	15	5	8	8	25	0	25
計	1,444	1,320	2,193	1,883	1,679	4	1,683

ARKn1937: 42 より引用。労働者数はマレー連邦州鉄道を含む。

第 8 章

クランタンにおける開発と疾病

1. 伝統的流行病と開発にともなう疾病

　クランタンの開発は他の州に比して遅ればせに開始された。また地域的にはクランタン川下流部のマレー人集中地区から60キロメートル以上離れて，上流部のジャングル地域において展開した。開発の中心が上流部にあったとはいえ，行政の中心が下流部のコタバルに置かれていたので，医療活動はマレー人地区でも行われた。上流部では他の州と同様マラリアが多発する一方，下流部では伝統的な疾病が持続した。ここでは，このような重なりの状況下でクランタンの医療と死亡傾向の変化を記述する。

疱　瘡

　東南アジアにおける伝統的な伝染病が疱瘡とコレラであったことは繰り返し述べた。これらの疾病に関する記述は，保護領化に先立つ英人顧問官の年次報告書に現れ，1910年代初めまでかなりの死亡を引き起こしていたことが分かる。疱瘡および種痘に関する主な記述を年次報告書から抜粋すると以下のようになる。
クランタン
1904/05年　年の後半に不運にも疱瘡が州内に出現した。最初は数件発生し，マレー人感染療法者の活動がそれを拡大し，流行を引き起こした。悪性ではなかったが，数件の死亡の原因となった。病気の出現と同時に接種導入の手配が行われた。新しい痘苗が毎週シンガポールに発注され，相当数の接種者に配布された。彼らは奥地に入って，種痘を受け入れる者や，受けさせる意志がある者の子に接種を実施した。まもなく接種者の仕事が効果を上げていることが分かると，ラジャは命令を出して，感染療法を行うことは犯罪であるとし，仕事を失った感染療法者に痘苗を配布して接種者に変身させた。種痘は一般的になりつつあり，毎週40件の成功例が記録されている（ARKn1904/05: 33, pgh52）。
1905/06年　昨年報告された疱瘡の流行は，本年中数ヵ月にわたって継続し，州の方々で犠牲者を出した。この病気は幸運にも激しいものではなく，患者の僅かな割合だけが死亡した。流行は1323年末〔1905年5月〕に終わったが，

若干の散発的な発生が報告されており，州が完全にこの病気を免れたかどうかは疑わしい。種痘は強制化されておらず，政府あるいはダフ会社医務部の接種者を利用した者の数は多くなく，成功した接種数は3,054件に過ぎない。（中略）ラジャ殿下が種痘の効果を信用せず，模範となって自分の子供たちに種痘を受けさせることを辞退されたのは残念である（ARKn1905/06: 18, pgh35）。

1909年　住民一般の健康は顕著に良好であった。年内には疱瘡の発生はなかった（ARKn1327: 11, pgh44）。260件の種痘がギムレット医師および政府の接種者によって実施された（ARKn1327: 13, pgh52）。

1910年　州内で疱瘡は発生しなかった（ARKn1328: 14, pgh64）。コタバル郡で3,947人が種痘を受けた（表8-1参照）。（中略）ダフ開発会社で主としてエステート労働者を対象に545件の種痘が行われた（ARKn1328: 14, pgh65）。

1913年　年中疱瘡が多発して，政府によって行われた種痘は10,212件から24,787件に増加した。これらのうち39件はヨーロッパ人，507件は華人，22,260件はマレー人に対して行われた（表8-1参照）。（中略）この流行は1912年に発生したと考えられる。医務局は州港トゥンパットにおいては阻止に成功したが，病気は海岸沿いにトレンガヌに向かい，パシルプテ経由で州に戻り，もはや手におえなくなった（ARKn1913: 9, pgh80）。

1915年　疱瘡はなかった（ARKn1915: 8, pgh74）。

1917年　4,315件の種痘が行われた（ARKn1917: 6, pgh55）。疱瘡は1件のみ報告された（ARKn1917: 6, pgh58）。

1918年　種痘実施数は1917年の4,319件〔原文のまま〕に対して6,526件であった（ARKn1918: 9, pgh83）。疱瘡発生の報告はなかった（ARKn1918: 9, pgh84）。

1919年　種痘実施数は1918年の6,526件に対して6,945件であった（ARKn1919: 13, pgh95）。疱瘡の弱い発現が12月に起こった。4件発生し，うち2件はカンポンパヒ（Kampong Pahi），1件はチャニン（Chaning）エステート，1件はトゥンパットで発生した。関係者による迅速な措置が取られ，病気の拡大はなく死亡者もなかった（ARKn1919: 14, pgh100）。

1920年　疱瘡――3件発生したが，重大ではなかった（ARKn1920: 14, pgh97）。年内に自発的に受けた種痘数は10,588件で，1919年は6,945件であった（ARKn1920: 13, pgh93）。

1931年　数百人の死亡を引き起こした1912/13年以来疱瘡の流行は発生して

表 8-1　クランタン民族別種痘実施数　1911, 1913

	ヨーロッパ人	ユーラシアン	シーク	マレー人	華人	シャム人	インド人	ジャワ人	日本人	その他	計
1911 海岸部	1			3,078	301	418					3,793
ウルクランタン			3	82	827	6	6	52			976
計	1		3	3,055	1,128	424	6	52			4,769
1913 下クランタン	37	8		18,802	434		74	4	2	10	20,508
上クランタン	3	2		4,199	75						4,289
計	40	10		23,001	509		74	4	2	1,147	24,797

1911年インド人は，原表ではタミル人と記載。数値は原表のまま。本文中の数値とは僅かながら違いがある。
海岸部，ウルクランタンは，それぞれ下クランタン，上クランタンに対応するが，同一の境界を持つかどうかは不明。
ARKn1911: Appendix E; ARKn1913: Appendix F により作成。

いない（ARKn1931: 38, pgh136）。

1937年　年内に 8 件の疱瘡がウルクランタンのチャニン（Channing〔原文のまま〕）エステートで発生した。病気の起源はインドからの新規到着者であった。病人は隔離され，感染地域では 13,000 件の種痘が行われた。この年には 1936 年の 12,000 件に対して 26,000 件の種痘が実施された（ARKn1937: 12）。

コレラ

　コレラの発生に関する記述は以下の通りである。
クランタン
1910年　コレラの流行を除けば，州の健康一般は良好であった（ARKn1328: 13, pgh57）。8 月および 9 月にコタバルおよびその近辺でアジアコレラが流行し，52 人の患者のうち 44 人が死亡した。この病気はダフ開発会社のコンセッションから伝わったもので，そこでは 71 人の患者中 65 人が死亡した。クランのアイルクニン（Ayer Kuning）エステートから来た数人のタミル人労働者によってコンセッションにもたらされた可能性がある（ARKn1328: 14, pgh63）。
1915年　3 月から 4 月に散発的なコレラが 33 件あり 20 人が死亡したが，流行病は非常に少なかった（ARKn1915: 8, pgh73）。
1916年　3 月，4 月，5 月にコレラが時々出現して州の沿岸諸地方で 48 件を数えた。コレラにより 23 件の死亡が生じた（ARKn1916: 6, pgh58）。
1917年　4 月および 5 月にコレラが散発した。35 件が報告され，24 件の死亡

があった。ギール（Geale）医師はこの流行が真性のコレラか，マラリア起源のコレラ様の疾病か疑わしいとしている（ARKn1917: 6, pgh58）。

1918年　コレラ下痢が1月，5月および6月に各所で発生し，29件中23人が死亡した。しかし大きな村では流行はなかった（ARKn1918: 9, pgh84）。

1920年　クランタンが英国保護下に入って以来もっとも長くもっとも広域にわたったアジアコレラが年内に発生した。6月に始まり9月まで続いた。村長その他によって州立病院に報告された患者数は529人であったが，この数が実際の発生数のごく一部に過ぎないと考えるべき多くの理由がある。記録された患者の死亡率は75.60パーセント〔原文のまま〕（529件中400人が死亡）であった。発生は州南部(44件で37人が死亡, 5件は24時間以内)よりも北部に多かった(485件で363人が死亡，230件は24時間以内)。（中略）54件の死亡がゴムエステートから報告されている（ARKn1920: 14, pgh97）。

1922年　4月にコレラが発生した。27件で14人が死亡。コレラ性下痢135件で75人が死亡した（ARKn1922: 9, pgh78）。

1923年　4月にコレラが出現し，9月末まで続き，33件で28人が死亡した（ARKn1923: 8, pgh55）。

1924年　12人の死亡をともなうコレラ性下痢23件が方々の村から報告された。死亡をともなうコレラが1件あった（ARKn1924: 10, pgh76）。

1931年　北部で400人の死亡を引き起こした1922年〔原文のまま〕の流行以後コレラの流行は見られない（ARKn1931: 38, pgh136）。

古いタイプの流行病の残存

　1920年頃までは疱瘡，コレラなどの伝統的な流行病が，間歇的に発生していた。1904年および1913年における疱瘡の流行，1910年，1920年および1922年におけるコレラの流行などが主なものである。スランゴール，ペラ，パハン，ジョホールでは上記の年次に疱瘡やコレラの流行は記録されておらず，これらの病気の流行は地域限定的である。コレラについては，このほかにも小流行があり，出現頻度は西海岸よりも多い。疱瘡に対する種痘の導入と普及は西海岸諸州にやや遅れている。

2. 脚　気

　脚気に関する年次報告書の記述は以下のようなものがある。

クランタン

1909年　脚気はコタバルおよび州の他の重要な町には存在しない。手で粗く搗き，搗き立てを食する地元産米がこれらの土地での主食である。ギムレット医師はクランタンにおける長年の経験から，彼の知る限りコタバルでは脚気が発生しなかったという。（中略）ギムレット医師は，脚気は奥地に導入された労働者間，特に大勢が雇用されているダフ開発会社のコンセッションでときどき発生するという（ARKn1327: 12, pgh49）。

1910年　コタバルでは脚気が1年中発生しなかった。ダフ開発会社の利権地で1件だけ発生したが，そこでは精米されていない地元産の米が使われていた（ARKn1328: 14, pgh62）。

1919年　不運にも中央刑務所で脚気が再び発生した（ARKn1919: 14, pgh100）。

1921年　脚気は今日のクランタンのエステートではめったに見られない病気である。これは，主として，ほとんどすべてのエステートでクランタン産の米のみを労働者に供給するためである。エステートの売店で精白米を見ることはほとんどない。ウルクランタンのエステートから脚気が姿を消していることに寄与するもう一つの要因は，すべてのエステートで菜園が作られ，新鮮な野菜が常に供給されることである。さらに，ほとんどすべてのエステートで牛，羊，山羊，豚が飼育され，時々屠殺されて労働者に供されることが挙げられる（ARKn1921: 16, pgh95）。

1924年　コタバル住民病院 ―― 年内に脚気が4件あった。いずれの場合も食糧がシャム米であった（ARKn1924: 10, pgh66）。

脚気の少なさと地元産米使用

　西海岸諸州と異なり，住民が自ら生産した米を主食とするクランタンでは，脚気はほとんど無縁の病気であった。シャム米使用にともなう脚気の発生を窺わせる若干の記述はあるが，この場合でも脚気の発生は取るに足らない数で

あった。

3. マラリア

　年次報告に見出されるマラリアに関する記述を一部の重複を認めつつ以下に抜粋する。
クランタン
1909年　マラリアはコタバルでは多いように見えない。（中略）マラリアは奥地の若干の場所に多い。不運にもバトゥムンクバン（Batu Mengkebang）の政府ステーションでは明らかに常態的である（ARKn1327: 12, pgh48）。
1910年　マラリアはコタバルでは多くなかったが，州の風土病であり，おそらくもっとも深刻な悩みの種である。施薬所でキニーネが無料配布され，すべての出張所および警察派出所に供給された。（中略）いくつかのエステートの健康は対マラリア排水溝によって大いに改善された（ARKn1328;14, pgh61）。
　ダフ開発会社はきわめて優れた医療事業を行った。クアラルビル（Kuala Lebir）〔クァラクライの旧名〕の病院管理はスマート（A. G. H. Smart）医師の手にあり，年間の1日平均患者数〔病気全般〕は40.4人であった。63件の死亡があったが，うち23件は入院後48時間以内に死亡した。ダフ開発会社のエステートではキニーネ10錠が週2回与えられているにもかかわらず，多くのマラリア患者が発生している（ARKn1328: 14, pgh67）。
1919年　1918年の入院220人〔マラリア〕，死亡4人に対して，192人の入院と5人の死亡があった。タナメラがこの病気の焦点のように見える（ARKn1919: 14, pgh100）。
1920年　コタバルの州立病院への入院者は174人で，5人が死亡した。（中略）タナメラはマラリア患者のもっとも多くの部分を供給している（ARKn1920: 14, pgh97）。
1921年　州立病院入院は188人で，4人が死亡した（ARKn1921: 14, pgh92）。熱帯においてマラリアがもっとも重要な病気であるという理解の下に，近年ではすべてのエステートにおいて予防のための注意が払われている。労働者宿舎から半マイル以内のすべての水は，溜り水，流水を問わず組織的，定期的に〔オ

イルの〕散布作業がされている（ARKn1921: 15, pgh95）。

1927 年 1926-27 年の大洪水はすべてのエステートおよび鉄道病院の活動を破壊または停止させたのみならず，年初数ヵ月の住民の健康に悪影響を与えた。特にエステートにおいて脚気や肺疾患が多く，またマラリアはエピデミックといえるほどであった。しかし，年の後半に住民の健康は顕著な改善を示した。マラヤの他所と同様，マラリアはわれわれのもっとも重大な問題であり，政府病院入院の 37 パーセント，エステート病院入院の 36 パーセント，およびヨーロッパ人病院入院の半数以上がマラリア患者である（ARKn1927: 16, pgh42）。

1928 年 マラヤの他所と同様，マラリアはわれわれのもっとも重大な問題であり，政府病院入院の 40 パーセント，エステート病院入院の 31 パーセント，鉄道病院入院の 57 パーセント，およびヨーロッパ人病院入院の半数以上がマラリア患者である（ARKn1928: 18, pgh45）。

1931 年 マラリアは明らかに例年より少なかった。1930 年に比してコタバル病院入院は 41 パーセント減，クアラクライ病院入院は 9 パーセント減であった（ARKn1931: 38, pgh137）。

1932 年 マラリアは昨年よりも少ないように見え，政府病院入院の 15.6 パーセント（1931 年は 17.4 パーセント，1930 年は 25.3 パーセント），エステート病院入院の 21.3 パーセント（1931 年は 31.3 パーセント，1930 年は 46.2 パーセント）を占めるに過ぎない。ヨーロッパ人は入院 20 人中 3 人のみ（すべてエステートから。1931 年は 26 人中 6 人）がこの病気によるものであった（ARKn1932: 7, pgh18）。

1936 年 年内にマラリア入院患者数が顕著に増加した。患者数 1,390 人，死亡 61 人であった。1935 年には 患者数 641 人，死亡 64 人であった。これはマラリアが増加したためではなく，主として，日本人の鉱山会社によって新しい鉄鉱山が開かれ，主に中国北部からの気候に不馴れな華人労働力が導入されたためである。この開発地はウルクランタンの山麓に位置し，アノフェレス・マキュラトゥス（*anopheles maculatus*）の繁殖のためには理想の土地である（ARKn1936: 9）。

　マラリアと診断された者の政府病院への入院数は以下の通りである（ARKn1936: 10）。

	入院数	死亡数
1930 年	1,453	61
1931 年	1,017	34
1932 年	821	27
1933 年	955	34
1934 年	739	37
1935 年	641	64
1936 年	1,390	61

　入院患者総数に対するマラリアと診断された者の割合は，過去7年について以下の通りである。

	政府病院	エステート病院
1930 年	25.3%	46.2%
1931 年	17.44%	31.37%
1932 年	15.65%	21.3%
1933 年	17.24%	18.29%
1934 年	15.18%	30.18%
1935 年	12.41%	38.71%
1936 年	25.91%	30.26%

　マラリア対策：資格を具えた衛生検査官の就任によって健康管理スタッフが増加した。彼らは主としてマラリア対策に従事している。年内に＄6,700がこの事業のために用意された。オイリングが実行され，7地域でマラリア対策排水溝が維持されている。海岸地域は低地のため適切かつ効果的な排水溝を設置することが困難であり，コタバルは無数の古い川筋が深刻な対マラリア問題をつくりだしている。ウルクランタンは山地が多く，アノフェレス・マキュラトゥスが至るところで繁殖し，マラリアのコントロールを困難にしている。クアラクライの町は，今年まで乾期のクライ川に水溜りができることが問題であった。密生したジャングルが河岸にあるので，オイリング隊は近づくことができない（ARKn1936: 12）。

トゥマンガンの日本人鉄鉱採掘場では545人の華人が雇用されているが，本年の健康状況は嘆かわしいものであった。この土地が最近ジャングルから開発されたためでもあるが，主にはマラリア対策の遅延によるものである。この地域にはマラリアが非常に多い。経営者に大きな圧力がかけられたので，望ましい効果がもたらされることが期待される（ARKn1936: 17）。

1937年　マラリアで入院した患者数にさらに増加があった。本州におけるマラリアは主としてウルクランタンの山麓部に多い。マラリアはクランタン川沿いに位置するゴム園の大部分で風土病となっている。土壌の撹乱をともなう山岳近辺での工事は，非常に注意深く監視されコントロールされぬ限り，ほとんどの場合，雇用労働者の間に高い罹患率および死亡率をともなう（ARKn1937: 11）。

　トゥマンガンの日本人鉄鉱採掘場における健康は満足的ではない状態が続いた。（中略）数え切れないほどのマラリアと2件の死亡記録をともなう18件の黒水熱〔重症のマラリア〕が治療されたが，これらの大部分はこの鉱山からきたものであった。マラリア対策の厳密な予防システムが導入されており，年末の状況は若干の改善を示し始めている（ARKn1937: 11）。

　明確にマラリアと特定された死亡は58件で，特定されない熱病による死亡は54件であった。しかし，特定されない熱病による死亡2,953件のうち多くはおそらくマラリアによるものである（ARKn1937: 11）。

1938年　マラリアで入院した患者数に減少が見られ，1937年の2,020人に対し，1,691人であった。マラリアはウルクランタンの山地地方，およびクランタン川沿いの多くのゴム園において風土病となっているが，海岸部の人口密集地域では非常に少ない（ARKn1938: 11）。

マラリア発生の州内地域差

　マラリアはコタバルを中心とするクランタン川下流部のマレー人人口密集地域では伝統的に比較的少なかったが，上流部ではゴム園開発の進行とともにその発生が目立ってきた。比較的早い時期にはタナメラを中心とする中流部での発生が記述されるがこれはコタバルに所在する政府病院中心の報告がなされたためかもしれない。1910年代の病院統計はきわめて不完全であるが，マラリアによる死亡の大部分は，上流部にあったエステート病院で発生している（表

表8-2 マラリア患者数および死亡数（病院統計）クランタン 1914-1925

年次	州立病院 入院	州立病院 死亡	エステート病院 入院	エステート病院 死亡	政府諸病院 入院	政府諸病院 死亡
1914		4		42		
1915		1		15		
1916	164	1				
1917	148					
1918	228	4				
1919	192	5				
1920	174	5			239	5
1921	188	4			300	4
1922					224	6
1923					192	2
1924	274				277	5
1925					623	11

ARKn 各年度版により作成。

8-2)。

　マラリア対策はゴム園のインド人居住区を中心に展開された。1930年代初頭のゴム不況にともなってクランタンにおいてもマラリア患者数が一時的に減少することが病院統計を通じて分かる。1930年代後半に上流部のトゥマンガンで日本企業による鉄鉱採取が行われるようになると，そこでもマラリアが多発した。クランタンにおけるマラリアは伝統的な風土病というよりは，植民地的開発とともに発生が刺激され，目立つようになった新風土病としての性格を示している。マラリアの発生地は従来の居住地とは隔絶しており，クランタンにおいては伝統的居住空間と植民地的開発空間との分離並存が見出される。1930年代の終わりに平野部のコタバルで，マラリア予防が問題になるのは，マラリアに対する関心の拡大のためか，あるいは，上流部のマラリア蚊の生息が，下流部にも及ぶようになったためか，検討を要する。

4. 鉤虫症など

　年次報告書には以下のような記述がある。

クランタン

1915年　すべてのインド人入院患者に鉤虫症の疑いがあり検査中である。検便353件中77件のみが陰性であった。クアラルビル病院入院患者の90パーセントに虫卵が見出された（ARKn1915: 9, pgh81）。

1921年　クランタン住民の多くは，回虫や鉤虫などの寄生虫に感染した状態が続いている。年内の鉤虫症による入院は117件，回虫症は56件であった。（中略）住民が適切な便所を使用するように教育され，糞尿処理が適切にされない限り，寄生虫の減少は期待できない（ARKn1921: 15, pgh92）。

1928年　マラリアに次いでおそらく鉤虫症がもっとも多い病気であるが，唯一の入手可能な統計（省略）は，政府またはエステート病院に治療に来た患者数のみである（ARKn1928: 18, pgh45）。

1934年　鉤虫症はまだ多いが，治療に対する信頼が増大しつつあり，患者は定期的に施薬所に通ってくる（ARKn1934: 6）。

1935年　鉤虫症はまだ多いが，以前に比して進行した症状は少ない。治療の効果が現在では認められているが，この病気の根本原因である生活状況の改善は，不幸なことにほとんど進んでいない（ARKn1935: 7）。

風土病としての鉤虫症

　クランタンでは鉤虫症が風土病的に出現している。入院患者数はマラリアに次いで多く，死亡も多かった。糞尿処理の不適切さが指摘されている。実際，筆者自身の観察によると，1970年になっても農村部で便所を備えた家屋は少ない状態であった（口羽外1975）。1930年代に入院者および死亡者はマラリアの半分程度であった。州内におけるこの病気の発生にはマラリアほどの地域性がない。

5.　性　病

　年次報告書において目立つのが性病に関する記述である。以下のようなものが含まれる。

クランタン

1910年　性病のために264人の患者が施薬所で治療を受けた（ARKn1328: 13, pgh60）。

1915年　性病は残念なことに減少を示していない。外来患者1,917人，入院患者209人があった（ARKn1915: 9, pgh83）。

1918年　他の病気に対する性病の割合が特にマレー人において上昇を示した（ARKn1918: 9, pgh82）。マレー人警官は，本年の州立病院マレー人入院患者の約3分の1を占め，その24パーセントは性病のためであった（ARKn1918: 10, pgh88）。

1919年　性病による入院および治療は減少を示していない。マレー人入院患者の41パーセント，華人の16パーセント，インド人の16パーセントを占めている（ARKn1919: 15, pgh100）。

1920年　性病 ── 過去6年間〔原文のまま〕に州立病院で治療された外来患者数は以下の通りである。1,917，2,577，2,916，2,955，3,172。1920年の総数は，マレー人2,287人を含む。入院患者数は1919年の402人に対して408人であった。性病はマレー人入院患者の26パーセント，インド人の16パーセント，華人の20パーセントを占める（ARKn1920 : 14, pgh97）。

1934年　性病は町では多いが，野外ステーションや移動施薬所が巡回する村落ではほとんど見られない（ARKn1934: 6）。

性病とマレー人

　性病は移民労働者のみならずマレー人の間にも多かったと見られる。警察関係者に関して多くの記述があり，マレー人の中の移動を内在する単身者の間に多いのではないかとみられる。1918年時点で警察官がマレー人入院者の約3分の1を占めていたということは，当時の入院治療がマレー人にとってまれな状況であったことを反映するものであり，また入院者の中で性病の割合がかなり高いことは，マレー人においてマラリアに被患する者が相対的に少ないためでもあろう。近い過去においてクランタンの女性に売春婦が多いと考えられていた事情とも関連して，また，町に多いという事実から，伝統的定着社会の現象としてよりは一種の過渡期の都市的現象とみなされよう。

6. 他の疾病

原因不明の流行病

20世紀初頭に発生した原因不明の流行病に関して以下のような記述がある。この種の病気はその後報告されることはなかった。

クランタン

1904年　数日前に奥地の村で激しい流行病の発生があり，短期間に40人が死亡したという報告が届いた。高熱にともない首および鼠徑部のリンパ腺が腫れ，食欲を失い，衰弱するという症状である。この病気にかかるとすべて死亡するといわれる。この流行病の発生は近隣の住民を不安にさせたので，ダフ氏〔上流部の広大な譲渡地地権者〕は，親切にもギムレット（Gimlette）医師にこの病気の調査を委任した。州には良い病院とヨーロッパ人医務官を欠き，政府資金はこれらを実現する余裕がなく，若干の患者を扱う警察付設の小施薬所があるだけである（ARKn1904/05: 33, pgh52）。

1905年　前年の報告書で述べた，奥地の村で発生し約40人がきわめて短期間のうちに死亡した不思議な病気は，ギムレット医師によって一種のペストと診断された。（中略）この原因不明の流行病は，発生時と同様に突然消失し，その後州のどこにも現れなかった（ARKn1905/06: 19, pgh35）。

赤痢の常在

赤痢は常に言及される病気の一つである。1931年になってもこの病気による入院数および死亡数に大きな変化がないが，1932年以降には死亡数は1桁が続く（表8-3参照）。年次報告書記載例を若干示す。

クランタン

1916年　赤痢はかなりの減少を示した。コタバル病院では1915年の59件に対して14件であった（ARKn1916: 6, pgh58）。

1919年　赤痢は1918年の州立病院入院38人に対して本年は76人が入院した。

表 8-3　病名別入院数および死亡数　クランタン　1931-1935

年次	マラリア 入院数	死亡数	鉤虫症 入院数	死亡数	赤痢 入院数	死亡数	肺炎 入院数	死亡数	気管支肺炎 入院数	死亡数	結核 入院数	死亡数
1931	1,065	34	495	18	110	11	107	27	3	0		
1932	835	27	482	10	118	3	167	36	7	2	110	29
1933	960	33	498	15	79	4	135	36	8	1	103	23
1934	739	37	447	18	90	9	107	42	4	2		
1935	971	61	427	16	76	3	123	31	16	8		

年次	気管支炎 入院数	死亡数	梅毒 入院数	死亡数	インド痘 入院数	死亡数	潰瘍 入院数	死亡数	脚気 入院数	死亡数
1931	204	0	229	1	715	1	789	3	90	10
1932	106	1	177	0	411	0	1,009	0	25	3
1933	172	1	160	1	536	0	627	2	3	0
1934	99	1	47	1	482	0	412	0	19	0
1935	155	4	60	2	306	0	362	3	42	6

ARKn 各年度版により作成。

この病気は 6 月にコタバルの町で多く発生した（ARKn1919: 14, pgh100）。

1920 年　赤痢 —— コタバルおよびクアラクライの政府病院入院数は 134 人で，18 人が死亡した（ARKn1920: 14, pgh97）。

1921 年　赤痢 —— コタバルおよびクアラクライにおける入院数は 86 人で，10 人が死亡した（ARKn1921: 15, pgh92）。エステートにおいては近年その発生がかなり減少したとはいえ，なお多くの赤痢が見出される（ARkn1921: 15, pgh95）。

インフルエンザと結核

　1918 年に世界的な流行となったインフルエンザについては，「10 月半ばにインフルエンザが発生し，全州に急速に広がり年末まで続いた」という記述がある。数百件の発生が伝えられ，州立病院には 129 人が入院し，うち 82 人が肺炎を併発し，27 人が死亡した（ARKn1918: 9, pgh84）。この年のエステートに関しては，「インフルエンザを除けばエステートの健康は一般に良好であった」（AFRKn1918: 10, pgh85）と記されている。

　結核は他州よりもやや遅れて 1930 年代に記述が目立つようになる。

東海岸クランタン州の漁民（1970年頃）。漁船の大型化と漁港整備につれて，外洋に直面したこのような光景は現在ではほとんど見られなくなった。

クランタン

1936年 本年には192人が州病院で治療を受け45人が死亡した。1935年は125人で死亡20人であった。この病気はこれらの数値が示すよりもずっと多い。病状が進行した患者だけが見られるのである。劣悪な住居，過密，慢性マラリア，鉤虫症がすべて素因となっている。長雨，高湿度，および洪水をともなう北東モンスーンが新鮮な野菜と魚の不足をもたらし，抵抗力を低下させる。上述地域の居住は次第に改善され，新しい家屋の建設とともに古いスラムタイプの家屋が破壊されている。すべての病院に結核患者用のベッドがあり，コタバルでは男子患者は20床を備えた特別病棟に収容される（ARKn1936: 11）。

1937年 この病気はまだ非常に多い。政府病院では175人が治療を受け，45人が死亡した。州内には多くの患者がいるに違いない。重症になった者を除けばめったに病院に来ないからである（ARKn1937: 12）。

先住民と疾病

　上流部奥地に開発者と交わることなく居住する先住民の健康状態について若干の記述が見出され，彼らの間でもマラリアが多いことが分かる。一部を引用する。

　「サカイおよびセマンとよばれる原住民はクランタンの接近不可能な地域に居住し，州の開かれた部分を訪ねたり，他の人種と交渉をもつことはほとんどない。したがって，彼らに多い病気についてはほとんど知られていない。首席医務官は，8月，ウルヌンギリ視察中に数人を発見し，サカイの男2人が治療のため病院に運ばれた。マラリア，皮膚病，およびインド痘が彼らの部族に多いことが分かり，これらの男は他の病人を治療するため大量の軟膏やキニーネを持ち帰った」（ARKn1932: 9, pgh25）。

7. 病　院

病院の開設

　クランタンにおける人口の主要部分は，下流部のコタバルを中心に居住するが，上流部のゴム園地域では移民労働者を対象とする医療活動が独自に展開していく。クランタンで医療従事者および医療施設が拡充していく過程を年次報告書から抜粋する。エステートで働いていたギムレット医師が州都コタバルに移って初代英人州医務官として任用されるなど，クランタンにおける近代的な医療活動がエステートとの連携から開始されたとみられることも興味深い。医療機関は西海岸の状況に比して貧弱である。その反面この地域のマレー人の西洋医療に対する抵抗の少なさは，それが事実なのかあるいはクランタン人に同情的な行政官の心情による判断なのかは検討の余地があるとはいえ，特記されても良い。

クランタン

1909年　コタバルの州立病院は10月までシャム人医務官クン・サマン（Khun-Saman）の管轄下にあったが，ギムレット医師が州医務官に任命された。（中略）病院には患者16人が収容可能である。年末のスタッフは，州医務官ギムレット医師，アシスタント・ドレッサー，フェルナンデス（Mr. Fernandez, 地方採用）および見習いドレッサー，ダボタ（Mr. T. L. Davota）である。州立病院の患者は1日平均約10人であった。過去2ヵ月半の間に30人が入院した（ARKn1327: 11, pgh45）。

1910年　州医務官ギムレット医師が2人のドレッサーとともに病院の任にあたった。スランゴールのラジャ・ボットの息子ラジャ・ウンボルがドレッサーに任命された。246人の患者が入院し，うち113人（女子6人を含む）がマレー人であった。その他はシークおよびアフガン人46人，華人46人，タミル人26人を含む。患者は1日平均11人であった。治療された主な病気はマラリア，潰瘍，梅毒および赤痢であった。州病院での死亡は7件のみ発生した。コレラによるもの1件，赤痢3件，心臓病2件，肺結核1件である（ARKn1328: 13,

pgh58)。

　コタバルの施薬所は盛況が続き，医療スタッフの主な仕事は外来患者の治療であった。総治療数4,867件が記録された。マレー人は総数の半分以上にあたる2,469人で，669人の女子と子供を含んでいた。これらの数値はギムレット医師がマレー人の信頼を勝ち取ったことを示している（ARKn1328: 13, pgh59）。
1913年　ベッド数16床のみの旧州立病院に代えて，また，エステート病院あるいは私設病院を補うべくコタバルにベッド数68床（必要な場合にはそれ以上）の余裕がある完全な設備を備えた本部病院が，トゥンパットに鉄道病院（ベッド数28床）および政府施薬所が，また鉄道沿いにかなりの数の鉄道施薬所が本年中に開設された。本年中にコタバル，クアラクライ，およびタナメラに隔離キャンプ1，浮浪者収容所1，鉄道病院1がほぼ完成した（ARKn1913: 7, pgh66）。

　本部病院では870人の入院患者が治療された。1912年よりも101人多かった〔原文のまま〕[1]。マレー人入院患者は195人（22人の減少），華人333人，インド人249人，その他93人であった（ARKn1913: 7, pgh67）。
1915年　9月13日にパシルプテ施薬所が開設され自由に使用された（ARKn1915: 9, pgh76）。トゥンパット施薬所で治療された外来患者数は5,325人，クアラクライ施薬所は4,058人，パシルプテ施薬所（施薬所開設の9月から年末まで）925人であった（ARKn1915: 9, pgh80）。
1916年　コタバル州立病院，入院者計1,102人，死亡26件（ARKn1916: 7, pgh59）。

　州立病院で治療された外来患者は1915年の15,202人に対して21,816人であった（ARKn1916: 7, pgh60）。
1917年　コタバル州立病院は入院患者1,347人および外来患者26,212人を治療した。（中略）入院患者には女子98人が含まれる。女子の数は強い増加傾向にある。マレー人男子入院患者は前年の341人に対して516人，マレー人外来患者は前年の12,926人に対して15,568人であった（ARKn1917: 6, pgh54）。トゥンパットで治療された外来患者数は前年の6,945人に対して7,045人，クアラクライでは4,767人に対して5,108人，パシルプテでは3,150人に対して5,014

---

1) 1912年のコタバル州立病院入院数は376（ARKn1912, Appendix F），1913年のコタバル州立病院入院数は838（ARKn1913, Appendix F）と記録されており，本文の記述と一致しない。

246　第3部　マレー人が多数を占めた地域の変化

人であった（ARKn1917: 6, pgh55）。

1918年　住民用の州立病院は1,546人の入院患者および24,630人の外来患者を治療した。（中略）入院患者は131人の女子を含むが，これは1917年の98人に比して大きな増加であった。マレー人入院患者，外来患者，女子の大きな増加は記録に値する満足的なものである（ARKn1918: 9, pgh82）。

1919年　コタバルにおいては，1918年の1,480人に対して1,493人が治療のため入院した。この中には女子126人および12歳未満の子供24人が含まれる。女子の約半数は性病治療のためであった。年内に192人の浮浪者が入院したが，大部分が華人およびインド人であった。また，各地のエステートから89人の労働者が入院した（ARKn1919: 12, pgh90）。

　警官の健康──（中略）マレー人警官は本年の州立病院マレー人入院患者の4分の1以上を占めた。性病が1918年の24パーセントに比して20パーセントのみになったと記すことは満足的なことがらである（ARKn1919: 14, pgh98）。

1920年　本年，警察関係者は州立病院入院者のほとんど3分の1を占めた（ARKn1920: 13, pgh95）。

1924年　コタバル住民用病院──（中略）治療された主な病気は，マラリア（274件），梅毒（163件），インド痘（346件），潰瘍（181件），鉤虫症（123件）であった。結核69件があった（ARKn1924: 10, pgh66）。

　クアラクライ病院──（中略）主な病気は，マラリア（183件），潰瘍（107件），および鉤虫症（45件）であった（ARKn1924: 10, pgh70）。

1928年　政府病院の入院者総数は6,500人で，エステート病院では9,681人であった。また，施薬所の外来患者数は75,275人で，その80パーセント以上がマレー人であった（ARKn1928: 18, pgh45）。

1931年　州にはコタバルに二等病棟および収監者用特別病棟をもつ総合病院（192床），小規模のヨーロッパ人病院，マレー人病棟・非マレー人病棟および二等病棟各1をもつ婦人病院（60床），マレー人病棟2・婦人病棟1をもつ精神病院，および隔離病院がある。クアラクライに郡病院（56床），トゥンパットに緊急用病棟および検疫キャンプをもつ野外施薬所，パシルプテに野外施薬所がある。また，移動施薬所1があり，遠隔地のステーションを定期的に巡回している（ARKn1931: 37, pgh129）。州内の大規模エステートは従業員のために自家用医療施設および医療要員を保有している（ARKn1931: 37, pgh130）。

　現在の医療スタッフは，首席医務官1，ヨーロッパ人医務官2，ヨーロッパ

人婦長1，看護婦2，およびインド人，華人，マレー人を含む相当数のアジア人助手である（ARKn1931: 37, pgh131）。

　1931年に病院で治療された主な病気による入院数，死亡数，および死亡率は下記の通りである〔各数値は表8-3参照。ARKn1931: 38, pgh139。なお，同様の記載が1932，1933，1934，1935年の各年次報告書にみられ，総括して同表に示す。マラリア入院数等については，1936年年次報告書の記載と若干食い違いがある〕。

8. 死亡率

　クランタンにおいては，この時期の出生，死亡などに関する統計はほとんど入手できない。西海岸諸州では20世紀初めにはこの問題に対する取り組みが既に行われているので，クランタンにおける遅滞が目立つ。出生・死亡登録の不備が1920年代末以降繰り返し指摘されている。その一部を取り出すと以下のようになる。

クランタン

1914年　出生および死亡に関してはまだ記録がとられておらず，公衆の健康状態を示す数値は州立病院報告，各エステート病院および鉄道病院報告に求められねばならない（ARKn1914: 9, pgh75）。

1925年　出生，死亡の届出は任意で，めったに行われないので，クランタンの人口動態統計は示すことができない（ARKn1925: 9, pgh64）。

1927年　出生および死亡登録が1926年に導入されたが，特に人口が混成的な都市地域では，統計は明らかに不完全で信頼できない。エステートにおける全民族労働力総数は6,494人で，390件の死亡と114件の出生があり，それぞれの率は60.1，17.5パーミルであった（ARKn1927: 17, pgh44）。

1928年　出生および死亡登録が1926年に導入されたが，特に人口が混成的な都市地域では，統計は，明らかに不完全で信頼できない。エステートにおける全民族人口総数は7,089人で，360件の死亡と125件の出生があり，それぞれの率は43.2，17.6パーミルであった（ARKn1928: 19, pgh47）。

1929年　出生および死亡登録は1926年に導入されたが，特に人口が混成的な都市地域では，統計は，明らかに不完全で信頼できない。出生3,672件と死

亡3,201件が記録されたが,両方とも実際よりはるかに少ない。エステートおよび鉄道建設に雇用されたインド人移民労働力に関する数値は平均人口5,355人に対して出生114,死亡172で,おそらく正確であるが,成人および男子が多いために人口一般の率の指標とするには価値がない（ARKn1929: 19, pgh48）。

1932年 下記の表は州人口を人種および性別に示す〔州総数のみ示す,数値は原文のまま〕（ARKn1932: 3, pgh8）。

	男子	女子
マレー人	166,241	169,960
華人	12,427	5,964
ヨーロッパ人	84	40
ユーラシアン	21	11
その他	9,284	5,379
計	188,057	181,354
出生数	12,831	（男子 6,580, 女子 6,351）
死亡数	6,624	（男子 3,650, 女子 2,974）
出生率	34.74	（1931年は26.41）
死亡率	17.93	（1931年は16.90）
乳児死亡率	111.77	（1931年は135.75）

出生,死亡登録はまだ不完全であり,入院数および施薬所来所数は部分的に他の要因に依存しているので,州の健康一般に関する満足な指標はない。マレー人は年齢の記録を持たないので,年齢別死亡割合も入手できない（ARKn1932: 7, pgh15）。

統計の後進性

出生・死亡統計に関する後進性の指摘と同時に,植民地的色彩が高い上流部開発地域の数値が,人口が少数であることにも影響されながら比較的正確に捉えられていることが分かる。1927年のエステートにおける死亡率が60.1という成人男子が多い人口構成を考慮すればきわめて高い数値を示したことに注意しておきたい。

9. エステートの衛生

　エステートにおける病気の多さを反映して，エステートの衛生状態や死亡率に関する記述が比較的多く見出される。下記のようなものがある。
クランタン
1914年　エステートはウルクランタンに位置するが，そこはコタバルよりもずっと非健康的といわれ，コタバルにおける病気の減少がウルクランタンにおいても生じたと考えることはできない（ARKn1914: 9, pgh75）。
1915年　出生，死亡の記録はなく，人々の健康の指標は病院統計である。重要な病気による死亡数は下表の通りである（ARKn1915: 8, pgh75）。

	州立病院		エステート諸病院	
	1914年	1915年	1914年	1915年
マラリア	4	1	42	15
赤痢	12	11	251	31
鉤虫症	7	4	9	-
脚気	5	1	8	10

　〔エステート〕死亡率は住民所有で有資格医療担当者を欠くムンクバンエステート（Mengkebang Estate）の6.7パーセントから，クアラゴーエステート（Kuala Goh Estate）の0.78パーセント，ウルクシアルエステート（Ulu Kusial Estate）の0パーセントに至る（ARKn1915: 9, pgh86）。
1918年　インフルエンザを除けばエステートの健康は一般に良好であった。クアラパヒエステート（Kuala Pahi Estate）は特別に不運であった。蝿の入らない便所，ジュウエル（Jewell）濾過器，新しい労働者長屋，食物の蝿よけ覆いなど多くの衛生上の改善にもかかわらず，年前半に激しい赤痢が発生し，25人が死亡した。このエステートではインフルエンザで35人が死亡した。ギール（Geale）医師はウルクランタンのほとんどのエステートで蚊の発生場所の消毒やオイリング，ヨーロッパ人住宅の網戸使用など対マラリア策が講じられて，満足的な効果を上げていると報告している（ARKn1918: 10, pgh85）。

1919年　エステートの健康──5月末および6月初めに報告者および州医務官代理(ギール医師)が行った視察旅行は，マネージャーたちが概して労働者の健康およびエステートの衛生に強い関心を有することを十分に示すものであった。クランタンのエステートの大部分で宿舎や調理場等はマレー連邦諸州に比肩するものである。19のエステートの報告によると，死亡率は以下の通りである：6パーセント以上2ヵ所(6.56および6.10)；5パーセント以上1ヵ所；4パーセント以上2ヵ所；3パーセント以上4ヵ所；2パーセント以上2ヵ所；1パーセント以上4ヵ所；1パーセント以下2ヵ所；死亡者なし2ヵ所(ARKn1919: 15, pgh103)。

1929年　(前略)これらの努力は着実な死亡率低下によって報われた。エステート労働者(全民族)の死亡率は，1927年60.1パーミル，1928年43.2から29.9へ，エステートおよび鉄道建設で働くインド人移民の死亡率は1928年の49.4から32.1に低下した(ARKn1929: 25, pgh66)。

1930年　エステートの数値もやや改善された健康状態を示す。エステート労働者の死亡率は28.3パーミルに低下した(ARKn1930: 27, pgh96)。

　大部分のエステートにおける高水準のマラリア対策，住宅整備，および給水のおかげで，健康状態は全般的に改善されつつある。すべての死因による死亡率は22.80パーミルであった(ARKn1930: 37, pgh143)。

1931年　エステートおよび鉄道に雇用された南インド人の死亡数は41人で，前年は113人であった。下記の表は過去4ヵ年の死亡率を示す(ARKn1931: 52, pgh203)。

	平均人口	死亡総数	1000に対する死亡率
1928年	5,911	244	41.28
1929年	5,300	139	26.23
1930年	4,957	113	22.80
1931年	2,931	41	13.94〔原文のまま〕

　健康は概して良好で，移民を雇用しているエステートにおける対マラリア作業の高水準はなお維持されているので，死亡率はさらに低下を続けることが期待される(ARKn1931, pgh205)。

1936年　エステート視察。(中略)インド人死亡率は27.45パーミルで，1935

第8章　クランタンにおける開発と疾病　251

年35.82，1934年37.06，1933年31.28であった。この民族の出生数は66で，1歳未満の死亡が11件あった。1935年は出生数40で1歳未満の死亡22件，1934年は出生数44で1歳未満の死亡21件があった。

　マラリアと診断された患者数は全入院患者の30.26パーセントで，1935年は35.71パーセント，1934年は30.31パーセントであった。エステートにおける健康状況は本年中にかなり改善を示している。乳児死亡率の低下は非常に喜ばしく，マネージャーたちが妊婦を出産前の世話や出産のためにコタバルの婦人病院に送ったことに主として起因している（ARKn1936: 15）。

　地方のマレー人は州の日雇い労働の59パーセントを構成している。マレー人労働者全員に住宅を供与しているエステートが一つだけあるが，他のエステートではマレー人カンポンが隣接しており，毎日そこから通ってくる。（中略）マレー人カンポンではコントロールが困難なので，一定の保健基準を保つことはやや困難である。新労働法では住宅，衛生状態をかつてのインド人労働法の下に長年にわたって規制されてきた基準まで改善することをマレー人労働者を雇用する所有者およびマネージャーに強制することが可能である。インド人を雇用するエステートでは，健康状態は顕著な改善を示した。1936年にエステートで雇用されている華人数は980人で，彼らの健康水準はインド人と同様に良好であるが，住宅状態には問題があるので，認められた基準まで改善すべく努力が行われている（ARKn1936: 16）。

1937年　インド人エステート労働者は以下の通り（ARKn1937: 42）。

年次	平均人数	死亡数
1933年	805	19
1934年	1,071	11
1935年	1,652	28
1936年	1,784	31
1937年	2,295	44

エステートの健康状況の劣悪さ

　エステートの健康状況が特に初期においては劣悪であり，近代的医療と衛生環境がいち早く導入されたにもかかわらず，マラリアを含むさまざまな死因がそこで勢威をふるった。すべてのエステートが一様に高い死亡率を示すのではなく，一部のエステートが特に高い死亡発生に襲われることに注意したい。このような高い死亡率が1930年代にはある程度低下している状況を年次報告書の中から垣間見ることができる。事例が少ないが1930年代半ばになってもインド人の乳児死亡率が500パーミルに達する状況が見られた。妊婦がコタバルの婦人病院に送られたことが，1936年の乳児死亡率低下をもたらした。クランタンにおいてはインド人の死亡率低下は，この時点に至るまで他州ほど顕著ではなかったのである。

10. 一般住民の健康と医療

　下流部のコタバルを中心として居住する主としてマレー人からなる一般住民の健康状況および医療に関する記述を抜粋する。

クランタン
1928年　クランタン人は病院に留め置かれることを避けるが，概して医療を受け入れる傾向がある（ARKn1928: 18, pgh46）。
1929年　政府施薬所外来患者数は（前年の）75,275人から77,533人に増加したが，これは住民の健康悪化の徴候ではなく，ヨーロッパの医薬および治療に対する信頼増大の徴候である。州立病院外来患者の80パーセント以上，および入院患者の45パーセントがマレー人であった（ARKn1929: 19, pgh47）。
1931年　クランタンのマレー人が西洋医学の益を利用しようとする意欲が増大しつつあることを記録するのは喜ばしい。多くのマレー人が移動施薬所を訪れ，また多くが政府病院に入院する。かつて彼らが西洋の医師を恐れ，1910年の大英帝国との間の条約において，治療のためヨーロッパ人病院にいく義務があると解釈される内容のものはないという特別の条文を条約中に挿入するこ

とを真剣に申し入れた時代から格段の進歩である（ARKn1931: 39, pgh141）。
1933 年　出生および死亡届はまだ不完全なので，州の健康一般に関する満足的な指標は入手できない。しかしながら，報告された死亡数の減少，および施薬所にきた外来患者の減少は健康状況が良好であったことを示唆している（ARKn1933: 7）。
1936 年　死因に関する報告はほとんど価値がない。死因を特定する能力のある官吏を膨大な数の死亡ケースのために遠方の村まで派遣することは実際上不可能なので，通常，報告を受けた村長あるいは巡査部長が，控えめかつ賢明に，死亡を特定されない熱病あるいは咳の出る病気と判定するのである。

　本州の出生率および死亡率は，おそらく，マラヤの他のいずれの行政単位におけるよりも興味深い。移民の出入にほとんど影響されず，インド人や華人労働力に見られる男女の不均衡に影響されることもほとんどなく，安定したマレー人人口の通常の健康状態を示すからである。マラヤにおける約 30 年の勤務を振り返ると，公衆衛生に関して見られた進歩ほど著しいものはない。20 パーミルという死亡率は，初期に見られた 30 ないし 40 パーミルに対して大幅な改善である（ARKn1936: 11）。
1937 年　年内に報告された死亡数は 6,985 件であった。1936 年は 8,556 件であった。死亡率は 1936 年の 21.36 に対して 17.41 パーミルであった。年内に登録された出生数は 10,811 で，1936 年は 11,652 であった。原住民は出生，死亡を報告せず，遠方のマレー人は子供の出生や老齢で余計な親族の死亡を遠路はるばる報告することを避ける場合が多い。しかしそのようなケースは出生・死亡記録の価値に重大な影響を及ぼすほど多くはない。

　出生率は過去 5 ヵ年間 30 パーミル以下で，健康状況および生活水準一般が改善されると，責任感が発達して，無知および抑制できない病気による過剰な死亡を魚のような出生力によって補うという傾向が，適切な健康および快適状態にある適度な大きさの家族を育てる慾求によって代替されるという一般的な経験を支持している。1 歳未満の死亡数は，1936 年の 1,529 件に比して 1,221 件で，乳児死亡率は 1936 年の 130.07 に比して 112.94 パーミルであった。過去 6 年間に乳児死亡率は 112 から 130 という狭い範囲で変動してきた（表8-4）（ARKn1937: 8）。

表8-4 クランタン出生率, 死亡率, 乳児死亡率　　1934-1938

年次	出生率	死亡率	乳児死亡率
1934	29.0	19.4	130.1
1935	28.2	18.2	132.4
1936	29.4	21.4	130.1
1937	27.0	17.4	112.9
1938	32.8	17.2	111.3

ARKn1938:8 より引用。
原本は小数点以下第2位まで記載。

伝統的空間への医療の伝播

　一般住民の健康状況については，既に病気に関する各節で年次報告書の記述を拾い上げているので，ここでは一般的な記述が残されることになる。植民地行政と平行して進行してきた病院や施薬所の働きで一般住民の健康が大幅に向上したことが，植民地官吏の立場から記述されている。入院および受診者の増加には目覚しいものがある。また，伝統的な医療に固執しがちであったマレー人が次第に病院の存在を受け入れるようになってきたことに関する記述も見られる。しかし，クランタンのマレー人もまた，インド人や華人に比して病院との距離を保つ傾向が，患者の民族別割合などから推察されるのである。1930年代，特にその後半は，植民地医療がマレー人にも受け入れられつつある状況が示されており，開発空間にもたらされた医療技術が伝統的な空間に広がっていく様相がみられる。

第 9 章
ケダーの開発と多民族化

ケダー要図

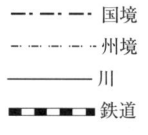

1. 米作地としての発展

　ケダーはマレー半島北部西海岸に位置する非連邦州の一つであった。錫とゴムを中心とする植民地開発の中心からやや離れており，シャム王国を宗主国としていたという点で，クランタンとの共通点がある。マレー人が多く，彼らの多くが稲作に従事していたこともクランタンと共通している。しかしながら，海峡植民地の一つペナンに近接し，シンガポールに近接するジョホールと同様，移民の受け入れが容易であったことがクランタンと異なっている。マレー半島における植民地化において，後発性という点でパハンと共通する側面がある。

　ケダーにおける稲作の進展は西海岸におけるゴム栽培の拡大に呼応して米輸出市場が広がっていったことに関連している。他方，ゴム園開発はこの地域にも広がり，それに対応してインド人移民も増加していった。米とゴムという二側面の存在に注意しながらケダーの様相を描き出すことを試みよう。

2. 稲作とゴム栽培

　ここではまず年次報告書の記述を抄出しながら，ケダーにおける変化を追ってみよう。

稲作とゴム栽培の均衡

　ケダーにおける米とゴムの生産に関しては以下のような記述がある。この州の年次報告書の刊行は，1930年代以前はイスラム暦にしたがっている。イスラム暦年と西暦との対応関係を巻末付表9-1に示す。以下においては，対応する西暦年を付記しながら原則としてイスラム暦による表記を行う。
ケダー
1332年（1913/14）　米の収穫は非常に良く，ペナンへの籾米輸出は昨年の

数値を 50 パーセント上回った。22,682 コヤンの籾米が北部ケダーから輸出された。これは 18,145,600 ガンタンに相当する。2,775 コヤンの精米（2,220,000 ガンタン相当）も送り出された[1]。戦争の勃発によって，ペナンの立場が明らかになるまでの数日間，輸出は完全に禁止された。その後，ペナンにおける高値が輸出過熱を引き起こすまで許されたが，この後，1ヵ月 1,000 コヤンまでの制限付輸出が認められ，さらに 1,500 コヤンとなって現在に至っている。南部ケダーからの輸出は事実上皆無である（ARKd1332: 22, pgh162）。

ゴム輸出税に関する税関の予想は$23,100 であったが実際には$38,187 となった。戦争がなければ，輸出がより多かったであろう。（中略）1331 年の輸出ゴム価格は$1,323,600 と見積もられるのに対し，1332 年には$1,527,500 に上昇した（ARKd1332: 22, pgh162）。

1334 年（1915/16） 精米輸出は 3,568 コヤン（2,854,400 ガンタン相当）にのぼり，19,961 コヤン（15,968,800 ガンタン相当）の籾米が輸出された。1333 年に比して精米の輸出は約 700,000 ガンタン，籾米は約 3,700,000 ガンタン増加した（ARKd1334: 10, pgh90）。

55,719 ピクル，約$7,458,000 のゴムが輸出された。徴収税額は$186,801 であった。1333 年のゴム輸出は$3,490,000 と推定される（ARKd1334: 10, pgh91）。

1339 年（1920/21） 価格統制が第 7 月（Rejab）に廃止されるまで実施され，精米所での籾米価格 1 ピクル$4.03，アロールスター精米小売価格 1 ガンタン 52 セント，パーボイルドライス 1 ガンタン 49 セントであった。アロールスターの外での小売価格は運賃のために若干高い（ARKd1339: 16, pgh80）。1339 年の収穫は幸運にも良好で，平年の 15 パーセント増となり，余剰が輸出可能であることが明らかとなった。これにしたがって統制が緩和され第 5 月（Jamadilawal）には籾米および精米の価格統制は卸売，小売ともに全州にわたって撤廃された（ARKd1339: 16, pgh81）。

1346 年（1927/28） ゴム制限第 6 年次（1927-1928）における基準生産量は

---

1) ケダーでは 1 コヤン（koyan）=800 ガンタン（gantang）。ガンタンは 1 英ガロン = 4.5 リットル。後述の 1350 年（1931/32）の記述では籾米 1 ガンタンを精米 1.45 キログラムとみなす計算方法が採用され，また 1 人あたり 1 日消費量 1lb = 453 グラム，すなわち年間消費量 165 キログラムが見込まれている。この換算率を採用すると，1332 年（1913/14）の籾米輸出は，約 160,000 人を扶養する量である。また精米 1 ガンタンが 3.75 キログラムとして，精米輸出は約 50,000 人を扶養する量に相当する。ちなみに 1911 年のペナン州総人口は 271,000 人，1921 年は 294,000 人であった。

水路に面して，華人の店舗や倉庫が並ぶケダーの稲作地帯（1965年頃）。

広大なケダー平野での田植え（1965年頃）。稲作は主としてマレー人が従事する生産活動であった。

27,168 英トンで，前年は 27,493 英トンであった。小規模および中規模ゴム園ではそれぞれ 245 英トンおよび 229 英トンの増加があったが，100 エーカー以上のゴム園では 799 英トンの減少があった（ARKd1346: 8, pgh21）。

1350 年（1931/32） 水稲耕作面積は再び 203,272 エーカーへと増加した。前シーズンには 196,933 エーカー，1348 年には 163,295 エーカーであった。7,499 エーカーが陸稲で，1349 年には 9,671 エーカーであった。水稲収穫は 71,967,880 ガンタン，陸稲収穫は 1,150,330 ガンタンと見積もられる。合計 72,218,210 ガンタンで，昨年の大豊作 73,466,000 ガンタンに比して 1,222,442 ガンタン下回った〔数値は原文のまま〕。（中略）精米換算量は 103,176 英トンで，輸入を無視し，現地消費を 70,009 英トン（1 日 1 人あたり 1lb）とすれば，33,167 英トンの輸出可能な余剰がある。籾米価格は低迷した。年初の数ヵ月はガンタンあたり 4 ないし 6 セントであったが，年末には若干高く 7 から 8 セントで変動した。

稲はほとんどすべて小規模農家で栽培され，耕作は家族労働に依存している。ゴムの低価格は稲作農家が，以前しばしば行われたように，彼らのゴム園から簡単に得られる利益で他所からの季節労働を雇用するという行動をとる代わりに自分の耕地に戻るというきわめて健全な効果を持つ。

ゴム栽培面積は約 300,000 エーカーに留まった。新しい土地がゴム植え付けに向けられることはなかった。（中略）ゴム価格は一年中低かったが，生産量に対する予想されたような影響はなく，ケダーはマラヤの他地域よりもゴム不況による影響が少なかったように見える。重要なエステートの多くは処女林の土壌を用い，平均収量が高い。また，生活費が安く食料が豊富なので，健康や能率を損ねることなく，労働力を低廉に入手することができる（ARKd1350: 19）。

1350 年の主な輸出は以下の通りであった（ARKd1350: 25）。

パラゴム（39,923 英トン）	$7,232,589
米（25,662 英トン）	$1,442,523
サゴ（9,018 英トン）	$642,090
籾米（19,204 英トン）	$573,723
魚，乾物および塩蔵物（2,297 英トン）	$315,928
牛，山羊，豚	$297,955
ビンロウ（2,374 英トン）	$181,898

| 卵（9,912,990 個） | $163,860 |
| 錫鉱石（189 英トン） | $152,221 |

1353 年（1934/35） 推定収穫量は，水稲 235,609 エーカーから 89,943,043 ガンタン（1352 年は 93,116,965 ガンタン），陸稲 3,190 エーカーから 631,709 ガンタンであった。10 月の異常な大雨による洪水によって 4,000 エーカーを超える水田が不幸にも全滅することがなければ，収穫は間違いなく前年の記録を上回ったであろう。平均収量は水稲 1 エーカーあたり 382 ガンタン，陸稲 1 エーカーあたり 199 ガンタンであった。総収穫量は精米換算 135,858 英トンで，輸入を無視し，地域内消費 74,718 英トン（1 人あたり 1 日 1 lbs.）を考慮すれば，輸出可能な余剰は 61,140 英トンであった。年初は籾米価格が非常に低く，1 ピクル$1 であった。2 ヵ月後に平均価格は 1 ピクル$1.20 に上昇し，年末まで維持され，年末にはピクルあたり$1.50-$1.53 に上昇した。

　稲作は完全に小農の手にある。最近の 5 シーズンの収量は下記の通りであった（ARKd1353: 22）。

	ガンタン
1349 年	73,466,000
1350 年	72,218,210
1351 年	75,501,900
1352 年	94,020,360
1353 年	90,575,000

（1 ガンタンは 1 ガロンに等しい）

　ゴム：最新のゴム栽培面積は以下の通りである（ARKd1353: 22）〔数値は原文のまま〕。

	植え付け面積	タッピング可能面積
100 エーカー以上	204,622 エーカー	196,186 エーカー
100 エーカー未満	110,691	87,520
計	305,313	283,706

第 9 章　ケダーの開発と多民族化

1356 年（1937/38） ゴム統制：ケダーに割り当てられた本年の査定量は 62,860 英トン〔1,056,048 ピクル〕で，輸出可能量は 83¾ パーセントの 52,645 英トン〔884,436 ピクル〕であった。総輸出量は 56,584 トン〔955,147 ピクル〕で，過剰分はマラヤの他の部分からケダーへの輸出権委譲による（ARKd1356: 68）。

ゴム：年末におけるゴム面積は以下の通りである（ARKd1356: 18）。

大規模エステート〔100 エーカー以上〕	206,098 エーカー
中規模エステート〔25 – 100 エーカー〕	35,707
小規模保有〔25 エーカー未満〕	60,464
試験場	710
計	302,979

1357 年（1938/39） 1357 年初め〔1938 年 3 月〕にゴム輸出割り当てが 45 パーセントに削減され，それにしたがって，賃金はこれまで支払われていた男子 1 日 50 セント，女子 1 日 40 セントから下落した。1938 年 8 月 1 日，エステート支配人の合意によって，賃金水準は男子 1 日 45 セント，女子 1 日 35 セントに定められ，この賃金が年末にも支払われた（ARKd1357: 35）。

輸出可能な米作

　ケダー年次報告書では，精米または籾米輸出量が記載されても植え付け面積や収穫量は不明の場合が多い。1342 年（1923/24）に，水稲植え付け面積として 226,840 ルロン〔161,056 エーカー，1 relong=0.71acre〕が記載されている。水稲耕作面積はその後増加を続けて，1357 年（1938/39）には 256,350 エーカーに達した（巻末付表 9-2 参照）。

　籾米収穫量に関しては，1339 年（1920/21）以降の数値を得ることができる（巻末付表 9-3 参照）。1920 年代にはしばしば旱魃に見舞われたが，肥沃なケダー平野における収量は概して高かった。クランタンと異なり，ケダーでは流入してきた移民を十分養うことができる上に，なお輸出のための余剰があった。輸出量と輸出額の変化は巻末付表 9-4 に示す。米の輸出は，籾米または精米の形で行われたが，州内消費量を超えることはなかったとみられる。たとえば，上に引用したイスラム暦 1353 年の状況に続いて，翌 1354 年（1935/36）には，陸

稲を含めて 96,360,344 ガンタンの収穫があったが，これは精米換算で 144,000 英トンに相当し，地元消費が 74,955 英トン（1人1日 1lbs.）で，輸出可能量は 69,100 英トンと推定されている（ARKd1354: 25-26）。同年における実際の輸出は，籾米 20,027 英トンおよび精米 37,520 英トンで，輸出可能量をかなり下回る量であった。

ケダーの稲作の特徴は，収穫が天候によって大きく影響されることで，これは一部の地域を除いて灌漑が不備なためである。たとえば，1344 年（1925/26）には旱魃のため収穫量は 32,780,000 ガンタンであったが，翌 1345 年（1926/27）は気候条件が良好で 56,274,000 ガンタンを記録している。また，1348 年（1929/30）は旱魃で収穫量は 31,044,000 ガンタンであったが，翌 1349 年にはその2倍を超える 73,446,000 ガンタンの収穫があった。

ケダーにおける稲作の大部分が水田で行われることについては既に述べたが，実際，1349 年（1930/31）における水稲植え付け面積 196,933 エーカーに対して陸稲植え付け面積は 9,671 エーカーに過ぎなかった。陸稲の単位面積あたり収量は水稲よりも低いものであった。

ケダーのゴム栽培については，1331 年（1912/13）の数値は 58,809 エーカーで，ほぼ同じ時期にあたる 1912 年のスランゴールでは 169,229 エーカー，ペラでは 140,207 エーカーが記録されている。クランタンでは 1913 年の時点で，16,463 エーカーが記録されたに過ぎず，ケダーにはるかに及ばない。四半世紀後の 1357 年（1938/39）になるとケダーではゴム園面積 302,574 エーカーが記録され，この間に大幅な面積増大があったが，1938 年のペラ 563,146 エーカー，スランゴール 511,977 エーカーに比べると，それらの半分を上回る程度である。同年のクランタンは 91,000 エーカーでケダーの3分の1にも及ばない（ケダーにおけるゴム植え付け面積の変化は巻末付表 9-2 参照）。

ケダーのゴムと錫

ケダーにおけるゴム輸出量のピークは 1352 年（1933/34）の 64,426 英トン（1,082,357 ピクル）であった（巻末付表 9-5 参照）。ペラおよびスランゴールでは 1934 年輸出量はそれぞれ 1,660,529 ピクル，1,782,530 ピクルであった。ケダーにおける同年のゴム輸出額は 15,429,518 海峡ドルで，米の9倍に達している。ケダーでも西海岸と同様ゴム不況の影響があったが，稲作との並存のためにそ

の影響は西海岸におけるほど深刻ではなかったとみられる。

　西海岸で重要な役割を果たした錫は，ケダーでも僅かながら採取されているが，最大輸出量は1333年（1914/15）の14,582ピクルで，同時期（1914年）のペラにおける675,012ピクルの2パーセント強に過ぎなかった。この生産量に対してペラの4パーセントにあたる3,871人が雇用されていた。ケダーの錫生産はこの年をピークとして減少の一途をたどり，人口吸引力として大きな役割を果たすことはなかった。

3. 人　口

　年次報告書にみられるケダー人口に関する記述を抜粋して示す。
ケダー
1332年（1913/14）　出生に対する死亡の過剰に加えて戦争の結果エステート雇用者が減少し労働力が減ったので，人口は1331年と同じ250,000と推定される（Ked1332: 12, pgh81）。
1339年（1920/21）　ケダー第2回センサスが1921年4月24日（Shaaban, 1339）に実施された。人口は338,544で，1911年に対して92,731すなわち37.7パーセントの増加であった。男子は42.2パーセント，女子は31.9パーセント増加した。（中略）人種別に分類すると，重要ではないグループを除けば，マレー人は237,043で21パーセント増加し，男女均等に分布している。華人は59,403で男子47,371，女子12,032であった。1911年は男子28,750，女子4,996で，総数の増加は76パーセントである。インド人は1911年の6,074に対し28,750となり443.6パーセントの増加であった。ヨーロッパ人は1911年の90に対し300，その他は1911年の10,815に対し8,779であった。シャム起源住民のマレー語への漸次的な転換がこのグループの見かけ上の減少を説明するであろう。

　1920年11月に行われたエステート労働者予備センサスは総数46,940であったが，センサス日の夜間人口は38,369であった。労働保護官によって1921年9月（1339年末）に行われたエステートのセンサスでは，さらに減少を示し31,469人となった。この変化は州の移動人口がこの2ヵ年のゴム価格の下落に如何に影響されたかを示している。減少割合は華人およびジャワ人労働者にお

いて最大であった（ARKd1339: 15, pgh76）。

1345 年（1926/27） 人口は死亡に対する出生の超過に移民労働者による人口増加を加えて計算される。インド人の推計はかなり正確だが，華人については若干疑いがあると考えられている。（中略）年末のケダー推計人口は398,222で，マレー人270,138，華人65,882，インド人52,654を含む（ARKd1345: 20, pgh95）。

1350 年（1931/32） 1931年4月1日センサスにおける総人口は429,691で，1921年センサス数値に比して26.9パーセントの増加であった。1921年以前の10年間における増加はより大きかったが（37.7パーセント），南部ケダーでの大規模ゴム栽培のための移民労働需要は1921年の不況後に弱化した。外国人労働者の継続的な到着にもかかわらず，人口の人種的構成はこのような侵入によってジョホールや他の連邦州ほどには影響されなかった。センサス報告による分布は以下の通りである（巻末付表9-6参照）。人口の大部分は農業に従事する。1,000人を超える人口を有する集落は9個のみで，最大は18,568人の住民を有するアロールスターである。都市人口のおおよそ半数は華人である（ARKd1350: 5）。

1353 年（1934/35） 1934年人口は再び幾何級数法によって得られた。同年の出生，死亡を移動統計で修正した推計値がほぼ同じ数値となるのは興味深い。人口は1933年年央値に対して10,990増加している。マレー人人口はほぼ正確と考えても良い。他の人種の数値は労働力の状況が急激に変化しているので，おおよそのものとして考えられる。（中略）全人口における性比は，1921年の女子100に対する男子135から1934年の120になった。華人およびインド人における性比は改善されつつあるが，満足からは遠い。華人は女子100に対し男子186，インド人は女子100に対し164である。（中略）三つの都市地域が5,000を超える人口を有する。このうち，アロールスターは推計人口21,700でマレー人の町，スンガイパタニとクリムは華人の人口中心といえる（ARKd1353: 7）。

1354 年（1935/36） 人口は前年まで幾何級数法によって推計されていたが，本年は収支法（balancing equation）が用いられた。マレー人は現在総人口の70パーセント，華人は17パーセント，インド人は11パーセントを占める。1931年センサスではそれぞれ67，18，12，1921年センサスでは70，18，10であった。（中略）都市人口は主として華人からなり，マレー人はカンポンを占拠し，インド人はエステートおよび町に住む。インド人の50パーセント以上がゴム

園に居住するのに対して，華人は約 6 パーセントのみ，マレー人は 4 パーセントがゴム園に居住すると推定される（ARKd1354: 6）。
1357 年（1938/39） マレー人は現在総人口の 67 パーセント，華人は 18 パーセント，インド人は 12 パーセントを占める。1931 年センサスではそれぞれ 67，18，12，1921 年センサスでは 70，18，10 であった（ARKd1357: 6）。

人口の増加

　1911 年時点でケダー人口（245,986）は，クランタン人口（286,751）よりも少なかったが，10 年後の 1921 年にはクランタンを超えている。ともにマレー人の割合が高い半島北部の非連邦州であるが，移民導入の規模が異なっていた。クランタンほどマレー人の割合が高くはないが，ケダーではマレー人が 73.5 パーセント（1911 年）ないし 65.1 パーセント（1931 年）を占めているので，人口増加における自然増加率の役割も無視できない。1927 年時点で収支法による人口推計が行われたという記事が見られるが，1934 年人口推計には幾何級数法が用いられたことが明らかであり，1935 年以降は再び収支法が採用されている。ケダーの場合幾何級数法による推計と収支法による推計とが近似することが 1934 年に関して指摘されている。年次報告書に現れた総人口および民族別人口（センサスおよび推計値）を巻末付表 9-6 に示す。

4. 出生と死亡

　既に述べたように，ケダーにおける出生と死亡は，マレー人の相対的な多さのために，人口増加に対する寄与が大きい。出生と死亡がどの程度把握されたか，出生が死亡を上回るのはいつかなどが注意を必要とする点であろう。以下，年次報告書における記述を抄出する。
ケダー
1332 年（1913/14） 6,410 件の出生が登録された。1331 年は 5,288 件であった。この増加は登録の改善のためである。もっとも，すべての出生が登録されたわけではない。推定人口 250,000 に対する出生率は 25.64 である（ARKd1332:

12, pgh80）。7,551件の死亡が登録された。過去3年の死亡数は，4,641, 4,873, 7,551であった。コレラの流行が増加を完全に説明する（ARKd1332: 13, pgh82）。

1334年（1915/16） 新しい出生死亡登録法に基づき，年初に州医務官が出生死亡登録官に任命された（ARKd1334: 7, pgh56）。

1340年（1921/22） 1340年におけるケダー人口は340,000と推定される。出生率30.30, 死亡率25.40であった。乳児死亡率には顕著な改善があり165.35であった。前年は194.98であった。州の死亡数は8,656件で，うち4,378件が熱病のためである。しかしながら報告はあまり信頼できるとはいえない。正確な数値は病院のものだけである（ARKd1340: 7, pgh27）。

1342年（1923/24） 1342年のケダー人口は350,000と推定される。出生率は31.70, 死亡率は22.41であった。これらの数値は，過去6年のケダーで記録された最高の出生率と最低の死亡率である。乳児死亡率にかなりの改善があり，前年の161.73に比して126.27であった。州における死亡数は7,877件で，このうち3,459件が熱病のためである。しかし報告はあまり信頼できるとはいえない（ARKd1342: 9, pgh39）。

1343年（1924/25） 1343年のケダー人口は375,500と推定された。出生率は28.33, 死亡率は23.02であった。死産が出産として記録され，若干のケースにおいては数時間だけ生存した乳児が死亡と記録されていることが年内に判明した。出生率あるいは死亡率の計算に用いられた数値は正確とはいいがたい（ARKd1343: 14, pgh78）。乳児死亡率は151.45であるが，おそらくより高いに違いない。前年の率は死産が記録されているために1343年と比較することができない（ARKd1343: 14, pgh79）。労働者および家族からなるエステート人口総数42,295に対する死亡率は25.37で，労働者のみの死亡率は14.40であった（ARKd1343: 14, pgh81）。

1345年（1926/27） 本年の出生率34.49はケダーの記録上最高であった。死亡率は26.92であった（ARKd1345: 20, pgh95）。

1347年（1928/29） 登録された死亡数は9,561件で，死亡率は23.57であった。これは1343年以来記録された最低の死亡率である（ARKd1347: 19, pgh127）。

　人種別死亡分布は以下の通りである〔表10-1参照〕。

　乳児死亡率は127.91であった。これは1342年の126.27を除けば記録上最低であった。もっとも高いのは例のようにタミル人の262.96であったが，前年の406.34に比べるとかなりの改善を示す。華人の率は136.72で前年と同

じ，マレー人の率は前年の128.46に対して111.95であった（ARKd1347: 19, pgh128）。

1931年 医療保健局の年次報告書は1930年以降グレゴリアン暦に基づいている。それ以前はイスラム暦に基づいているので，1931年の数値は1930年の数値とのみ比較可能である。州の健康は1931年に顕著な改善を示した。死亡率は1930年の23.51に対して21.59で記録上最低であった。出生率は1930年の最高記録40.22に対して36.93であった。経済不況下にあった過去3年の出生率が先行する諸年よりも顕著に高かったことは興味深い。これは，性比の改善によって説明されるであろう。安定したマレー人人口における性比は正常で，中国や南インド出身の失業または貧困移民労働者の本国送還は性比を改善する。家族生活者は単身男子に比してより定住的で本国送還を求める傾向が低いからである。安価な食料が豊富なことや小規模経営のための土地入手機会が存在することが家族の残留を推進した。ゴムブームによって生じた異常な状況に比して正常な経済状況への復帰は，このようにより安定した満足的な生活状況をもたらした。

乳幼児のひきつけによる死亡の減少は関連医師および関連病院の働きを通してケダー保健委員会組織に負うところが大きい。（中略）

乳児死亡率：この率は122.12で，1930年の142.02に対して明らかな改善があった。乳児死亡率は例年のようにタミル人においてもっとも高く，マレー人においてもっとも低かった。タミル人とマレー人の率はそれぞれ237.32，98.55で，1930年の252.09，124.33に比して顕著な改善を示している。エステートにおける治療および予防法の改善が主としてインド人に影響し，全人種の乳児死亡率低下が予想されていたが，タミル人におけるかなりの低下に加えて，1930年の124.33に対して98.55というマレー人における驚異的な低下は期待以上であった。華人の乳児死亡率が変化を示さなかったことは，おそらく，華人労働力を雇用している農園の多くが保健委員会組織によって提供された施設を十分に利用していないことを示唆する。

以下の表は1930年および1931年の乳児死亡率を示す（ARKd1350: 8-9）。

年次	マレー人	華人	インド人
1930 年	124.33	144.24	252.09
1931 年	98.55	144.06	237.32

1932 年　州の健康は 1932 年にさらに顕著な改善を示した。死亡率は 1931 年の 21.59 に対して 18.44 で記録上最低となり，発展が遅れている州において保健管理が困難であることを考慮すると，これらの数値はマレー連邦州の 1931 年 19.1, 1932 年 16.9 に比肩しうる。出生率は 1931 年の 36.93 に比して 36.30 であった。(中略)

　乳児死亡率：乳児死亡率は 119.88 で，記録上最低であった。例のようにもっとも高い率はタミル人，もっとも低い率はマレー人に見られた。しかし，マレー人の率は 1931 年の 98.55 から 1932 年の 109.87 に上昇した。タミル人の率は 237.32 から 177.34 へ顕著な減少を示した。
(ARKd1351: 6)

1933 年　乳児死亡率は 1932 年の 119.88 に対して 140.79 であった。この上昇は部分的には「出生死亡登録法 1350」の導入以来，登録官代理による出生と死亡の記録がより正確になったためであろう。以前は出生はしばしば直ちに登録されず，乳児が出生の数時間あるいは数日内に死亡した場合，出生も死亡も記録されなかった。また，マラリアが多かったことによっても説明される。もっとも高い乳児死亡率は例のようにタミル人，もっとも低い率はマレー人に見出され，マレー人の率が 1932 年の 109.87 から 1933 年の 135.58 に上昇したのに対し，タミル人の率は 1932 年の 177.34 から 1933 年の 192.96 へ上昇した。しかし 1931 年の 237.32 よりかなり低かった。北部ケダーのマレー人における児童福祉事業の顕著な進展とともに，1934 年には乳児死亡率が低下することが望まれる。マレー人の女子と子供のための新しい野外施薬所がアロールスター近辺に開かれ，もう一つのセンターがランガルに開かれる予定である。
(ARKd1352: 7)

1934 年　乳児死亡率：本年の粗乳児死亡率（出生 1,000 に対する 1 歳未満の死亡数）は，1933 年の 141 に対して 148 であった。これらのうち 50 パーセント近くが出生後 1 ヵ月以内に生じた。以前の報告に記したように，もっとも高い率は再びインド人コミュニティ (188) に，もっとも低い率はマレー人 (143)

第 9 章　ケダーの開発と多民族化

にみられた。華人は148であった。乳児死亡の3大原因は，多い順に，以下の通りであった。

ひきつけ	約50パーセント
早産	45パーセント以上
特定されない熱病	4パーセント以上

　これらの数値と，記録の調査は多くの場合適切な死因が報告されていないことを示している。多くの登録官代理がまだ，もっとも単純な指示しか実行することができないからである（ARKd1353: 8）。

1937年　1937年に登録された出生数は17,664件で，1936年（18,683件）よりも少なかった。粗出生率は37.2であった。男子出生9,009件，女子出生8,655件であった。(中略)9,781件の死亡が年内に登録され，粗死亡率は20.6であった。これは人口推計における収支法採用以来の最低値で，1931年（センサス年）よりも低かった。もっとも安定的なマレー人人口の数値も，この期間に年3.7パーミルのかなりの低下を示している。(中略) 乳児死亡率は138で，前年に比して7パーミルの改善があった（ARKd1937: 9）。

1938年　1938年に登録された出生数は21,238件で，1937年（17,664件）よりも多かった。粗出生率は44であった。男子出生は10,841件，女子出生は10,397件であった。マレー人の出生は華人出生の約3倍，インド人出生の約6倍であった。(中略) 10,575件の死亡が年内に登録された。粗死亡率は22.0で，1937年に比して1.4の上昇であった。これはマレー人の率の上昇によってほとんど完全に説明される。この上昇の56パーセントはマレー人乳児死亡率の上昇のためである。(中略) 乳児死亡率は131で，前年に比して7パーミルの改善であった（ARKd1938: 8-9）。

インド人の高死亡率

　出生，死亡統計や死因統計を含む人口動態関係の統計は，ケダーの年次報告書においてやや特殊な扱いを受けている。この州の年次報告書はイスラム暦による年次区分を採用しながら，月日はグレゴリオ暦を用いて記述されている。

この中で人口動態統計だけは1930年から完全なグレゴリオ暦へと移行するのである。このため，1930年以前の数値と以後の数値とでは，1年の日数が僅かながら異なり，正確な意味での比較ができない。また，1930年以降に関しては他州と比較が可能であるが，以前については正確な意味での比較ができない。

　ケダーにおいて出生，死亡登録の制度が確立されたのは1916年頃とみなされる。出生・死亡の登録はインド人においてもっとも正確であったと考えられている。出生，死亡統計が入手できる最初の年である1913年には既に出生数が死亡数を上回っていた。定住的なマレー人が多く，安定した性比の下で低位ながら自然増加が確保されていたためであろう。1332年（1913/14）には死亡数が出生数を上回る状況が発生したが，この年に蔓延したコレラのためとされており，伝統的な形でのクライシス・モルタリティの発現を想定することができる。1337年（1918/19）に再度，死亡数が出生数を上回るが，これは世界的なインフルエンザ流行のためである。その後は出生数が死亡数を上回っている（巻末付表9-7参照）。

　乳児死亡率は最初の数字が示される1339年（1920/21）に195という高さであったが，1938年（西暦）には131まで低下している（巻末付表9-7参照）。登録システムの改善が乳児死亡率の上昇をともなう場合があり，特にマレー人に関しては統計の正確化にともなう死亡率の見かけの上昇と，死亡傾向の実際の低下とが交差して複雑な様相が見られる。1924/25年（1343A.H.）までは統計作成において死産が出産に含まれていたために，正確な比較ということはできない。民族別に見ると，1930年頃まではインド人の数値が際立って高く，1930年には252.09という高率を示した。マレー人の数値は，総じて相対的に低く，統計の不備を考慮する必要があるとしても，植民地開発空間におけるインド移民の高死亡傾向を裏づけるものである。

　出生率の上昇が不況にともなって出現し，上昇の理由が性比の改善によって説明されていることは興味深い。この場合でも基礎人口推計自体に若干の問題が残されていることに注意しておきたい。すなわち，人口が低めに推定された場合には，率自体が高めに現れるのであり，出生率，死亡率ともに上昇している場合にはこの可能性を考慮する必要が高くなる。

5. 移民と労働力

　ケダーにおける移民の導入と労働者人口に関する年次報告書の記載には以下のものが含まれる。
ケダー
1332年（1913/14）　華人労働者は7,865人から6,285人に減少した。タミル人は4,612人から5,216人に増加した。華人のエステートはタピオカ価格の長期にわたる不況のため影響を受けた（ARKd1332: 23, pgh168）。
1339年（1920/21）　1338年末におけるケダーのエステート労働者人口は55,044人であったが，1339年末には，センサスの記録では31,469人に減少した。40パーセント以上の減少である。インド人労働者の減少は2,000人のみであるが，約16,000人にのぼる多数の華人労働者が，相当数のジャワ人とともに州を去ったように見える。これらの数値の比較から保護官は，ケダーではゴム不況が華人やジャワ人の主な雇用者である小規模個人所有エステートにもっとも大きな影響を及ぼしたと結論付けている（ARKd1339: 12, pgh67）。
1340年（1921/22）　1922年6月30日現在のエステートおよび鉱山労働者総数は，1921年9月30日の35,597人に対して32,086人であった。マレー人を除くすべての民族において減少があった。1338年末の総数55,044人からの低下は疑いなく節約増大のためであり，同地域で雇用された労働者数は再び増加することがないであろう。
　1922年6月30日までの9ヵ月間で694人の労働者がインドからリクルートされ，12,301人のインド人が地域内でリクルートされたと報告されている（ARKd1340: 9, pgh45）。
1343年（1924/25）　1925年6月30日におけるエステート，鉱山，および政府部局に雇用された労働者総数は前年の41,256人に対して43,146人であった。これは総数に対して4.5パーセント，南インド労働者に対して9.5パーセントの増加である。華人労働者の減少は若干の華人所有エステートがヨーロッパ人の会社に譲渡されたためである。（中略）賃金水準は男子40セント，女子30セントであった。557の雇用場所があったが，48エステートで事業放棄と労働者の解雇を報告している（ARKd1343: 18, pgh106）。

年内にケダーに到着した州の援助を受けたインド人移民は成人4,541人，年少者1,007人であった。1342年は4,736人および924人であった。これらのうち，4,196人はライセンスを持つカンガニによって募集され，1,352人は自主移民としてインドを出発した。本年は前年の22,998人に対して23,514人のインド人が地方で雇用されていた。移動的な労働者の再雇用を含むので，この数値は若干欺瞞的である（ARKd1343: 18, pgh107）。

1344年（1925/26） 1344年イスラム暦第12月（Zulhijjah）19日（1926年6月30日）におけるエステート，鉱山，および政府部局に雇用された労働者総数は，1343年イスラム暦第12月8日（1925年6月30日）の43,146人に対して51,806人であった。これは20パーセントの増加である。インド人，マレー人，およびジャワ人はそれぞれ6,858人，1,867人，194人，すなわち29パーセント，21パーセント，および97パーセント増加した。華人は289人すなわち3パーセント減少した（ARKd1344: 22, pgh118）。賃金水準は男子40セントから45または50セント，女子は30セントから40セントへ上昇した（ARKd1344: 22, pgh120）。〔この年以降労働者数が民族別に示されている。ただし，1350年以降はエステート労働者数が示されている。巻末付表9-8に総括して示す。〕

1345年（1926/27） 1345年イスラム暦第12月29日（1927年6月30日）におけるエステート，鉱山，および政府部局に雇用された労働者総数は1344年イスラム暦第12月19日（1926年6月30日）の51,806人に対して65,053人であった。これは25パーセントの増加である。（中略）年中着実な労働者の流入があった（ARKd1345: 23-24, pgh123）。賃金は前年と同じで，男子40ないし50セント，女子35ないし40セントであったが，年末には相対的に高い賃金を支払う傾向がみられた（ARKd1345: 24, pgh126）。

1345年にケダーに到着したインド人州援助移民は成人18,376人，年少者3,769人であった。1344年は12,898人および2,540人であった（ARKd1345: 24, pgh127）。〔この年のインド人移民は，ケダーの記録では最大であった。この年を含む16年間のインド人移民の動向を巻末付表9-9に総括して示す。〕

1347年（1928/29） 1929年6月30日（1348年イスラム暦第1月〈Muharram〉22日）現在ケダーで雇用されている労働者数は49,436人で，前年比1,822人増であった。人種別は，南インド人34,436，マレー人およびジャワ人9,922，華人5,739，その他339であった。南インド人は27人，マレー人およびジャワ人は2,112人，その他の人種は206人増加した。他方，華人は523人減少した

(ARKd1347: 29, pgh185)。

　政府部局が支払う最低賃金は男子50セント，女子40セントであった。この賃金はほとんどすべての大規模エステートで採用されている。この賃金を提供しないエステートは労働者募集許可が与えられない（ARKd1347: 29, pgh186）。年内に生計費の変化はなかった。大部分のエステートは自家用に米を入手し，労働者に1ガンタンあたり42-45セントの均一価格で供給する（ARKd1347: 29, pgh187）。

1349年（1930/31）　1349年中に366人のインド人援助移民がケダーに到着した。これらのうち309人が成人，57人が年少者であった。1348年の数値は成人4,014人，年少者916人であった。インドからのリクルートは1930年8月1日（イスラム暦1349年第3月〈Rabialawal〉6日）から完全に停止された（ARKd1349: 42, pgh219）。

　1931年6月30日現在，ケダーで雇用された労働者数は34,281人であった。前年に比して15,390人減少している。人種別は，南インド人21,815人，マレー人およびジャワ人7,886人，華人4,470人，その他110人であった。南インド人は12,194人，マレー人およびジャワ人1,846人，華人1,315人，その他35人の減少であった。減少はゴム価格低下によるエステート労働力削減のためである。1349年末のインド人成人女子労働者に対するインド人成人男子労働者の割合は2.24対1で，1348年末は1.95対1であった（ARkd1349: 42, pgh220）。

　本国送還のためにケダー労働事務所（Kedah Labour Office）からペナン労働事務所へ送られた労働者数は成人5,838人，年少者1,558人であった。これに加えて，若干がペナンから直接本国送還された（ARKd1349: 42, pgh221）。

　年内にかなりの程度の生計費低下が生じた。米価は年中下落し，1ガンタンあたり年初の約40セントから年末の約20セントになった。他の若干の食料価格も年内に下落したが，米価ほどではなかった。若干のエステートでは，労働者は稲やシコクビエを植え，牛や山羊や鶏を飼育し，地方市場にかかわりなく食料を自給した（ARKd1349: 42, pgh224）。

1350年（1931/32）　エステートで働く労働者の約3分の2はマドラス管区から募集されたインド人，残りはマレー人および華人で下記の通りである。

インド人	19,000 人
マレー人	6,974 人
華人	4,150 人
その他	79 人

　1932年3月31日の状態にかかわるこれらの数値は，年内に4,078人，11.9パーセントの減少があったことを示す。減少は継続するゴム安値のためで，これがさらなる労働力削減をもたらした。減少の程度を労働者のインド帰国によって正確に示すのは不可能であるが，成人2,933人および年少者820人が本国送還のために労働局によってペナンへ送られた。これに加え，ペナンから直接送還された者が若干ある。この動きとは別に，労働者名簿は高齢者，女子および子供を排除しながら縮小した。これらの者は以前仕事があったが，現在では失業して，被扶養者としてエステートの家族と留まっている。（中略）インドにおける労働者募集は年中停止された（ARKd1350: 22）。

1351年（1932/33）　エステートに雇用されたインド人労働者の賃金は男子1日35セント，女子1日26セントであった。ゴム価格低下が継続したため，賃金が低下し，年末には平均男子1日30セント，女子1日23セントになった。マレー労働者に支払われた賃金（タッピングのみ）はいくらか低かった。

　全体として不況期はかなりの不自由と不安を引き起こしたといいうるが，真の苦境は少なかった。南インド人と華人の場合，失業した労働者はすべて政府またはインド人移民委員会の費用で本国送還された。州のマレー住民は一般に現金収入に依存せず，日常生活必需品は自分の土地から入手し，現金収入はささやかな贅沢に用いるのである。（中略）米価は年を通してガンタンあたり18-25セントの間を変動した。食料価格は概して低く留まった（ARKd1351: 27）。

1352年（1933/34）　エステートで働く労働者の大部分はマドラス管区からリクルートされたインド人で，残りはマレー人および華人である。年内に6,318人すなわち22.25パーセントの増加があった。増加は年内に生じたゴム価格の改善のためで，その結果操業停止していたエステートの若干はタッピングを開始した。増加は50人未満の労働者を雇用する小エステートにおいてもっとも顕著であった（ARKd1352: 21）。年内に失業はなかった（Arkd1352: 22）。

1353年（1934/35）　エステートで働く労働者の大部分はマドラス管区から

リクルートされたインド人で，残りはマレー人および華人である。(中略。エステート労働者数は巻末付表 9-8 に総括)。数値は年内に 2,985 人すなわち 8.6 パーセントの増加を示す。(中略) 1349 年に停止されたインドからの援助移民が 1353 年に再開され，同年中に 4,300 人のインド人援助移民がケダーに到着した。うち成人 2,982 人，年少者 1,318 人であった。年内に失業はなかった（ARKd1353: 26）。

1355 年（1936/37） ゴムエステートで雇用された労働者に対する賃金は年初に州を通して 1 日あたり男子 35-40 セント，女子 28-32 セントであった。年末にはゴム産業繁栄の当然の結果である生計費上昇に対する要望に応じて，エステートおよび非熟練労働に対する標準賃金が最低男子 45 セント，女子 36 セントに上昇した（ARKd1355: 45）。

1356 年（1937/38） エステート労働力の数値は前年に比して 10,385 人の増加を示している。これはゴム統制計画における輸出許可量の増加のためであろう（ARKd1356: 29）。

華人とインド人の動向

ケダーにおいてもエステート労働者の増減が 1914 年，1920 年，1931 年などの戦争や不況を契機として明確に現れている。労働者総数が最大に達したのは 1920 年代末であった。実は 1920 年にエステート労働者総数において上記の最大値を上回るピークが観察されたが，翌 1921 年にははや顕著な減少を示している。大規模エステートに雇用されるインド人と主として小規模エステートで働く華人労働者との間では，インド人が増加を続けているにもかかわらず華人に減少が生じたり，景気の回復につれて華人労働者がいち早く増加したりするなどの微妙な対応の差があることに注意したい。

6. ケダーの周辺性

ケダーもまた英国植民地としてのマレー半島の一部を構成していることが確認される。しかし，その周辺的な位置づけがさまざまな側面で現れる。マレー

人が主体を占める非連邦州のシンボルであるイスラム文化を尊重して，年次報告書の作成に際して，植民地官吏もイスラム暦を使用するが，それは年次区分の範囲を出るものではない。実際の記述はグレゴリオ暦にしたがって行われているので，イスラム暦の採用はいかにも折衷的，便宜的なものになる。やがて，人口動態統計を中心にグレゴリオ暦の採用が実施され，報告書中の期間区分の二重性が許容される。

　マレー人が比較的多く，稲作地帯として位置づけられるケダーは，植民地的経済の危機に対する緩衝装置を地域内に内包している。米が輸入に頼らず地域内で生産されるので，通常でも米価が安く，不況の際にはさらに安価となるため生活の維持が比較的容易であった。この意味で，一方では労働者の本国送還が実行されるものの，他方では家族内就業者による失業状態の家族員の扶養も不可能ではなかった。労働者統計と人口統計とが完全に連動するわけではない仕組みが存在する。年次報告書は失業者の本国送還という側面を強調しているが，景気回復とともにいち早く地方在住の失業者が職場に復帰するという仕組みを，華人労働者に関する記述の中に見出すことができる。インド人についても，労働者のリクルートが地域内滞留者からも行われている。このような側面が，ケダーの特異性に根ざすとすれば興味深い。

第10章
ケダーにおける開発と疾病

1. 古い病気と新しい病気

　ケダー州の年次報告書，特にその初期のものにおいて目立つのは，コレラや疱瘡に関する記述である。これらは過去の時代に多く発生した感染症として位置づけられる。スランゴールやペラで見られたような脚気に関する記載はここではほとんど見当たらないが，ゴム園開発の進展とともにマラリアに関する記載が増加する。このような構造は，ケダーの産業開発のあり方と密接に関連している。以下，主な項目別にケダーにおける健康の歴史をまとめてみる。この作業は，一方ではスランゴールやペラの特異性を鮮明にすることになり，他方ではマレー的な環境の中での人口増加に対する抑制要因の位置づけのために，クランタンの例に並んで有用と考えられる。

　ケダー州の保健医療関係の報告は，年次報告書の編成と同様イスラム暦による年次区分にしたがっている。しかしながら，実際の日付はグレゴリー暦を採用しており，月別統計を年間統計に集計する際に，直近の月での区切りが行われるため正確なイスラム暦に対してずれが生じる場合があった。1930年から保健医療統計は完全にグレゴリー暦を採用するようになった。

2. コレラと疱瘡

　年次報告書に見られるコレラと疱瘡に関する記載を，年次順に示す。
ケダー
1332年（1913/14）　激しいコレラが発生し，6ヵ月間続いた。6月に再発し，アロールスター内外で70件発生して43人が死亡，バリンでも若干のケースが報告された。フップス（Hoops）医師は1907年から1914年の間のケダーにおけるコレラ発生に関する特別エッセイを報告書に添付しているので，それから若干引用する（ARKd1332: 11, pgh67）。
・第1回流行　1907年（1325）8-9月
　例年なら雨期にあたる時期の長い晴天続きの後に病気が発生した。330件の

第10章　ケダーにおける開発と疾病 | 283

発生と 247 人の死亡が報告されているが，おそらく発生数，死亡数ともに少なくとも 2 倍はあったと思われる。流行はアロールスターおよびクアラケダーのほかにはあまり拡大しなかった。

・第 2 回流行　1908 年（1326）3-4 月

　この場合はより広域に広がり，合計 686 件で 541 人が死亡したが，クアラムダ郡からは 125 件の発生が報告された。（後略）

・第 3 回流行　1911 年（1329）2-7 月

　1,211 件が記録され，966 人が死亡した。以前よりも報告は改善されている。フップス医師は少なくとも 1,500 人がこの病気によって死亡したとみなしている（ARKd1332: 11, pgh68）。

・第 4 回流行

　この流行は実際には 1913 年 11 月（1331 年末）アロールスターおよびクアラケダーの 11 件から始まった。これまでの流行とは異なり，雨期の後，まだ雨が残っているうちに始まり，乾燥とともに深刻となった。2,196 件が記録され，1,502 人が死亡した。免れた地域は少なく，ケダー南部のクアラムダから上流部のバリンまで広がった。クアラムダおよびバリンにおいては疑いなく隠されたケースが多く存在する。これらの地域における死亡は前年を 1,051 件上回ったにもかかわらず，325 件だけがコレラのためと報告されている（ARKd1332: 11, pgh69）。

　7,374 件の種痘が 11 人の接種者によって行われ，うち 6,165 件が成功した（ARKd1332: 12, pgh79）。

　7,551 件の死亡が記録された。過去 3 年の死亡数は，4,641，4,873，7,551 である。コレラの流行がこの増加を完全に説明する（ARKd1332: 12, pgh81）。1332 年の死亡率は 30.2，1331 年および 1330 年は 19.48，18.86 であった。コレラが 50 パーセントの上昇を引き起こしている（ARkd1332: 12, pgh82）。

1333 年（1914/15）　12,045 件の成功した種痘が実施された。成功率は 86 パーセントであった（ARkd1333: 7, pgh53）。

1334 年（1915/16）　疱瘡は 215 件あり，40 人が死亡した（ARkd1334: 7, pgh53）。17,314 件の成功した種痘が実施された。成功率は 83 パーセントであった（ARKd1334: 7, pgh55）。

1337 年（1918/19）　州にコレラは発生しなかった。ただし，1 件がパダンブサール駅でシャムからの列車内で発見され，アロールスターの隔離キャンプ

に移された。疱瘡7件があったがすべて回復した（ARKd1337: 6, pgh48）。8,825件の種痘が行われ，6,960件が成功した（ARKd1337: 6, pgh49）。

1340年（1921/22）　疱瘡が年中散発的に発生した。患者15人が出て，4人が死亡した。22,566人が種痘を受けた（Arkd1340: 7, pgh30）。

1342年（1923/24）　疱瘡の小発生が州各地であり，26件のうち3人が死亡した。発生はすぐに抑えられた。年内に20,568件の種痘が行われ1人あたり費用は22¼であった（ARKd1342: 10, pgh41）。

1343年（1924/25）　本年には17,419件の種痘が行われた。（中略）年初にクアラサラ（Kuala Sala）で疱瘡1件があった（ARKd1343: 14, pgh71）。

1345年（1926/27）　中部ケダーで第12月（Zulhijjah）にコレラの小流行があり，年末までに死亡14人をともなう18件が発生した。コレラ発生総数は19件で，死亡16人であった。これらに加えてコレラの強い推定証拠がある4件の死亡があった。感染は南インド移民労働者によってケダーにもたらされた。患者はすべて南インド人で，マレー農村には感染の広がりはなかった（ARKd1345: 19, pgh90）。

　疱瘡は3件あり，北部，中部，南部ケダーで各1件発生した。それぞれ通常の予防措置がとられ，感染の拡大はなかった（ARKd1345: 19, pgh92）。

　年初には健康状況は良くなかったが，年央に改善し，年末にコレラの発生のため逆戻りした（ARKd1345: 24, pgh124）。

1346年（1927/28）　年初4件のコレラが記録されたが，これらは1345年に報告された小流行の続きである。3件の疱瘡が報告された。2件はスンガイクチルウル（Sungei Kechil Ulu），1件はコディアン（Kodiang）で発生した（ARKd1346: 18, pgh95）。

1349年（1930/31）　年内に疱瘡の流行が2回あり，33件のうち5人が死亡した。広範な接種キャンペーンが州中で行われた（ARKd1349: 28, pgh147）。

1930年　疱瘡：2月に2件南部ケダーで発生した（ARKd1350: 8）。

1932年　疱瘡：3件あり，すべてクアラムダ郡グルン（Gurun）の華人所有ゴムエステートで発生した。病気の起源はプロビンスウェルズレイのスンガイドゥア（Sungei Dua）であった（ARKd1351: 8）。

1937年　主な感染症については，コレラもペストも報告されなかった。隣接するシャム王国での流行にもかかわらずコレラが発生しなかったことは注目すべきである。疱瘡の小流行があったが，すばやく制圧された。15件発生し，4

人が死亡した。流行は特別種痘運動によって阻止された。27,400人に種痘が行われた（ARKd1356: 8）。

古くからの感染症に対する警戒

コレラや疱瘡などの感染症に対する警戒姿勢を窺うことができる。実際これらの病気は西海岸の連邦州に比してより後の年次まで発生を繰り返したと見られるが，コレラについては1913〜1914年の大流行を最後に重大な流行がなくなり，また，疱瘡に関しては，種痘の実施が継続され，発生が散発的になった。種痘の実施密度はクランタンに比して高く，ケダーにおける相対的な先進性を見出すことができる。1930年代にはコレラおよび疱瘡の発生はほとんどなくなった。

3. マラリア

マラリアに関する年次報告書の記載は以下の通りである。
ケダー
1340年（1921/22）　主な病気は，マラリア，性病，鉤虫症，赤痢，肺結核，および肺炎であった（ARKd1340: 7, pgh28）。
1341年（19222/23）　州における死亡数は7,834件で，うち3,269件が熱病のためである。しかし報告はあまり信頼できるとはいえない（ARKd1341: 8, pgh36）。
1342年（1923/24）　州における死亡数は7,877件で，このうち3,459件が熱病のためである。しかし報告はあまり信頼できるとはいえない（ARKd1342: 9, pgh39）。多くのエステートでマラリア発生が増加を示した（ARKd1342: 10, pgh47）。
1343年（1924/25）　州医務官（議長），州建設官，保健官，コタスター郡衛生局局長（書記）からなるマラリア蚊撲滅委員会が結成された（ARKd1343, pgh82）。主に取り扱われた事項は，(1)ブキカユヒタム（Bukit Kayu Hitam），(2)アロールスターのマックスウェル通り，(3)クリム（Kulim）における対マラリ

ケダー平野における水牛を使用した稲作（1920年代）。

ケダー平野における水牛の使用は1960年代になっても続いていた。

第10章　ケダーにおける開発と疾病

ア工事であった。(1)については完全な計画図とマラリア蚊調査を年内に行い，地下排水を実施する提案がなされた。この地域は当分の間，定期的なオイリングによってコントロールすることになった。(2)については公共事業局によって若干のマラリア蚊繁殖地を消滅させる工事が実施され年内に完了した。(3)については年内にマラリア蚊調査が続けられ，計画図作成準備中である（ARKd1343, pgh83）。アロールスター，クリム，およびスンガイパタニにおいて定期的なオイリングが実施された（ARKd1343: 15, pgh84）。

1344年（1925/26） 例年のようにマラリアがもっとも多い病気であった。治療数は8,209件で，1343年は5,994件，1342年は4,511件であった（ARKd1344: 17, pgh85）。

1345年（1926/27） 「特定されない熱病」およびマラリアが死亡のほとんど半数を説明する。マラリアによる死亡は例年のように第6月および第7月（ZulhijjahおよびMoharam）に最大となり，健康的な月であった第11月および第12月（JemadialawalおよびJemadialakhir）の50パーセント増しであった（ARKd1345: 19, pgh86）。7,984件のマラリアが病院で治療され，死亡率は6.81パーセントであった（ARKd1345: 19, pgh87）。

1346年（1927/28） マラリアによる入院は前年の7,984件に対して10,016件であった。マラリア患者の季節的増加はより早く，より長期にわたった。4月から7月が実際の時期である（ARKd1346, pgh89）。対マラリア工事がアロールスター，スンガイパタニ，およびクリムの衛生委員会地区で行われた（ARKd1346: 18, pgh97）。対マラリア工事が大規模エステートの多くで効果的に実施されているが，小規模エステートでは改善の余地が大きい。最近任命されたエステート健康委員会がこれらのエステートの健康状況の改善をもたらすことが期待される（ARKd1346: 18, pgh98）。

1347年（1928/29） マラリアと「特定されない熱病」が死亡総数のもっとも大きな割合を占めているが，2先行年に比して改善を示している。1345, 1346, 1347年の数値はそれぞれ4,820, 4,283, 3,328であった（ARKd1347: 19, pgh129）。

1348年（1929/30） 「マラリアおよび特定されない熱病」による死亡数に減少があり，1930年4月に始まったマラリアシーズンは深刻ではなかった（ARKd1348: 20, pgh123）。

1349年（1930/31） 対マラリア工事がアロールスター，スンガイパタニ，

クリム，およびブキカユヒタムで実施された。ブキカユヒタムでは数ヵ月間マラリアが報告されていない。エステートのマラリアはかなり減少し，マラリアシーズンにおける一時的増加は前年よりずっと少なかった（ARKd1349: 29, pgh151）。本年，14,270人の患者が入院した。これらのうち，4,075人がマラリア患者であった（ARKd1349: 29, pgh156）。

1931年 下記の表は1930年および1931年の主な死亡原因を示す〔巻末付表10-1参照〕（ARKd1350: 6）。

記録された死亡の多くを「特定されない熱病」として示さねばならぬことは残念である。このことは死亡原因分析の価値をほとんど奪っている。しかし，「特定されない」という報告は資格を欠く者による間違った記述よりは誤解を招くことが少ないであろう。9,100件の死亡総数の3分の1以上になる「特定されない熱病」の割合は，マレー連邦州とほぼ同じで，そこでは総数32,800件のうち11,600件が特定されない熱病のためとされている。

マラリア：マラリアによる死亡は182件で，1930年の313件に比して少なかった。（中略）エステートグループ病院の働きによって診断の正確さが以前よりもずっと大きくなったとしても，マラリア，特定されない熱病，および乳幼児のひきつけを一括し，これら3原因による死亡の合計5,887件をマラリアによるものとみなすことがおそらくより確かであろう。1930年の対応数値は5,153件で，人口の自然増を考慮すれば，死亡としてのマラリアは1930年より多くも少なくもない。ただし，乳幼児のひきつけの重要な原因として不適切な食餌も無視できない（ARKd1350: 7）。

1932年 マラリア：この病気による死亡総数は206件であった。前年は182件であった。「特定されない熱病」は，1931年の3,900件に対して3,596件の死亡を説明し，死亡のもっとも重要な原因であり続けた。乳幼児のひきつけはこれが主な死因であった1930年の2,707件から本年の1,557件へ減少した。昨年はこれら3疾病がマラリアとしてまとめられ，総計5,887件となったが，1932年は5,859件であった（ARKd1351: 6）。

1933年 1933年の州の健康は良好であった。年内に流行病は発生しなかったが，州を通して例年より高かったマラリアが死亡率の上昇を説明する。死亡率は1932年の18.44に対して20.40であった（ARKd1352: 6）。

1934年 1934年の州の健康は良好であった。年内に流行病は発生しなかったが，州を通して例年より高かったマラリアが死亡率の上昇を説明する。死亡率

は1933年の20.40に対して21.8であった（ARKd1353: 8)。

マラリアおよび特定されない熱病：4,504件の死亡すなわち州における全死亡の45パーセントがマラリアおよび特定されない熱病のためと報告された。多くのマラリアによる死亡がひきつけのためと報告されている可能性があるので，これにひきつけを加えると約56パーセントに上昇する。診断されたマラリアは全死亡の3パーセントにあたる。特定されない熱病の大部分がマラリアであるとしても，このカテゴリーの死亡すべてがマラリアによる死亡とみなすことはできない。

各地における3,000人以上の子供の脾臓検査は30パーセントあるいはそれ以下の率を示した。しかしながら，このような数値は，検査数が少なく検査場所も少ないため扱いに注意を要する。検査対象のうち華人の平均が，マレー人の率の半分であったことに注意すべきである。これは華人において蚊帳がより多く使われるためかもしれない（ARkd1353: 9)。

アジア人エステートから病院に入院した患者100人のうち4人が死亡する。ヨーロッパ人エステートからは1人である。アジア人エステートからのマラリア患者1,000人中16人が死亡する。ヨーロッパ人エステートの場合1人以下である。（中略）一般的に次のようにいえよう。(a) ケダーではマラリアはなおエステートの経済的損失の主原因である。マラリアは10件に対し1件の死亡を引き起こし，人口1,000に対し約320件の病気を発生させる。(b) 患者の3分の1だけが入院するが，ヨーロッパ人エステートではアジア人エステートよりも早い時期に病人を病院へ送る。アジア人エステートの労働人口は病院治療を受けにくい状態にある（ARkd1353: 10)。

1935年　マラリアを除けば年内に流行病はなかった。マラリアは例年よりも多かったが，毒性の増大はなかった（ARKd1354: 8)。本年中，4,726件の死亡すなわち全死亡の46パーセントがマラリアおよび特定されない熱病のためと報告された。おそらく多くのマラリアによる死亡がひきつけのためと報告されているので，これにひきつけが加えられると，割合は約56パーセントに上昇する。診断されたマラリアは全死亡の4パーセントにあたる（ARKd1354: 9)。

1935年中に18,200件のマラリアがエステートから報告された。1934年は14,045件であった。ヨーロッパ人エステートで4,000件の増加があり，1,000に対する発生率が473.6に上昇した（人口増加は7,000人)。マラリアによる死亡率は1.9パーミルから3.2パーミルに上昇した。すべての熱病患者の入院率は

47.6パーセントであった。(中略) アジア人所有地においてマラリアはは856件あり，死亡21件であった。マラリア死亡率は1.6パーミルである。しかし，この数値は注意深く読まねばならない。人口が約2,000減少したほかに，住み込み労働力にかなりの減少があり，村落労働力がより多く雇用されたからである（ARKd1354: 10）。

本年中にマラリア対策局が組織されたので，対マラリア工事のかなりの増加が記録されうる（ARKd1354: 12）。

1936年 1935年に報告されたマラリアの通常を超える増加は1936年には繰り返されなかった（ARKd1355: 9）。診断されたマラリアによる死亡は1,198件，すなわち全死亡の12%であった。1935年は4パーセントであった。4,899件すなわち全死亡の46パーセントがマラリアおよび特定されない熱病によるものとして報告されている(1935年は46パーセント)。熱病による死亡率はマレー人，華人，インド人についてそれぞれ13，13，8パーミルであった。マラリアの流行はなかった（ARKd1355: 10）。

1937年 マラリアの増加は州を通して記録されなかった。予防地域では新たな発生がかなり減少した（ARKd1356: 8）。

1938年 1938年は死亡率が上昇したが，おそらくマラリアおよび特定されない熱病による死亡の増加のためである。マラリアを除けばこの年は全般的に健康な年であった。(中略) マラリアの流行は部分的にはゴムエステートで実行されたリプランティング計画のためであり，部分的には州全体および特にカンポンに影響を与えた季節的増加のためである（ARKd1357: 8）。

マラリア伝播の遅延とマラリアの日常化

ケダーでマラリアが主要な疾病として記載されるのは1922年以降で，西海岸諸州よりも遅れて始まった。その後，マラリアは1930年代の終わりまで死亡に対してもっとも影響を与えた疾病とみなされる。ただし，マラリアと診断された場合は少なく，大部分が「特定されない熱病」の読み替えである。乳児のひきつけもまたマラリアによるものと考えられている。これら3者の合計は，1930年代半ばにおいても56パーセントに及んでいる。

1930年代半ばにおいて，マラリアによるインド人の死亡率が華人やマレー人よりも低くなっていることに注意したい。ヨーロッパ人経営のエステートに

おいてマラリア対策が進行したことがこれに関係している。この時点においてインド人は，虚弱な体質を持つ労働者から近代的医療施設としての病院とのかかわりをもっとも強く示す労働者へと変身を遂げている。しかし，彼らの死亡率はなお他民族に比して相対的に高いのである。

4. その他の疾病

ケダーにおいて住民の死亡あるいは健康状態に関与したその他の病気としては次のようなものがあった。

チフス，赤痢

コレラや疱瘡に続いて昔からの伝統的な感染症のカテゴリーに含まれるのは，チフスの類である。また，日常的な病気として赤痢が挙げられる。これらについては以下のような記述がある。
ケダー
1346年（1927/28）　赤痢で治療を受けた者は満足的な減少を示している。アミーバ赤痢は431件で113人が死亡，前年は759件で死亡206人であった。細菌性赤痢は465件で147人が死亡。1345年は485件で死亡116人であった（ARKd1346: 17, pgh90）。
1349年（1930/31）　チフスが34件で死亡が3件あった。アロールスターで小流行が発生したが，感染の中心地リンボンカパル（Limbong Kapal）における衛生の改善で流行は終了した（ARKd1349: 28, pgh149）。
1931年　チフスおよびパラチフス：これらの病気による死亡数は1930年の2倍以上であった。21件に対し47件。これはおそらくエステートグループ病院に提供されたラボラトリー診断設備に負うところが大きい（ARKd1350: 6）。
1934年　熱帯チフス：年内に3件発生したが死亡はなかった。（中略）この病気は農村地域に限定されるように見える（ARKd1353: 9）。

鈎虫症

　死因統計をみると鈎虫症による死亡はかなり多いが，この病気に注目した記述は少ない。1930年に異常に多い死亡が報告されているがその後減少に向かっている。
ケダー
1931年　鈎虫症：この病名で490件の死亡が記録された。前年には過剰に多い1,276件が記録されている（ARKd1350: 6）。
1933年　鈎虫症：1932年の327件，1931年の490件に対し128件の死亡が報告された（ARKd1352: 9）。

インフルエンザ

　1918年に世界的に流行したインフルエンザは，他州と同様ケダーにおいても多くの人命を奪った。次のような記録がある。
ケダー
1337年（1918/19）　熱病（警察登録ではインフルエンザを含む）による死亡の総数は1335年3,011，1336年3,163，1337年7,831であった。収集された統計の分析から州医務官はこの年に記録された死亡のうち約5,000がインフルエンザのためと推測している（ARKd1337: 6, pgh47）。

結　核

　1900年代早々に結核の重大性が指摘されていたスランゴールに比べるとかなり遅れるが，ケダーにおいても結核が次第に増加してきた。記載に際しては，病名がTuberculosisと書かれたりPhithisisと書かれたり，また患者数だけが記載されたり，死亡者数だけが記載されたりする。この意味で，結核に関する記載は一貫性を欠き，伝統的な注目の対象ではなかったことを示唆している。
ケダー
1931年　この病気による死亡は過去5ヵ年に2倍以上になった。入手可能な

第10章　ケダーにおける開発と疾病 | 293

統計データは州における病気発生あるいは重要性の真の指標とするには信頼性に欠けるが,数年間の観察によれば明らかに増加傾向にある（ARKd1350: 6）〔以下結核による死亡数は巻末付表10-1参照〕。

麻　疹

　麻疹に関する記述はほとんどないが，1937年に一度だけ現れる。
ケダー
1937年　年内に長期にわたる麻疹の流行があった。この病気はインドから新規到着者によってもたらされ,主としてエステートのインド人の間で発生した。(中略) 1,443件が認められ, 26人が死亡した。麻疹のためと考えられる気管支肺炎がかなり多く発生したことは確かである。肺炎による死亡が207件から291件に増加しており,増加は主としてインド人において生じた(ARKd1356: 8)。

5. 医療事情と健康状況

　ケダーにおける医療機関の発達や，患者の受入れ状況に関して以下の記述がある。死亡を引き起こす病気として，マラリアがもっとも重要であることが示唆されている。数的に多い疾病として性病が記載されていることにも注意しておきたい。1918年時点でケダーにおける入院患者数は，人口において大差のないクランタンを大きく上回り，マレー人の多い半島北部の非連邦州としてはケダーが医療に関して相対的に先進的な位置にあったことが確認される。入院患者数は1920年代後半に向かって増大したが，その後，ゴムエステートの拡大とともに政府の医療施設のエステートへの移管が行われ，政府病院では入院患者数の減少が見られた。1930年代に入ると，流行病が著しく減少するが,この中でマラリアだけは注目すべき発生状況を保っている（1930年以降の死因統計を巻末付表10-1，および巻末付表10-2に示す）。
ケダー
1337年（1918/19）　州病院で治療された入院患者総数は9,654人で，1336年よりも1,180人増加した。死亡は970人で，治療を受けた患者の10.04パー

セントであった。年内に治療された外来患者数は 56,507 人で，一日平均 159 人であった（ARKd1337: 6, pgh50）。

1340 年（1921/22） 8 政府病院が維持され，13,018 人の患者が治療された。主な病気は，マラリア，性病，鉤虫症，赤痢，肺結核，および肺炎であった。死亡率は 6.89 パーセントで過去 4 年の平均より 2 パーセント近く低かった（ARKd1349: 7, pgh28）。

1341 年（1922/23） 8 政府病院が維持され，13,020 人の患者が治療された。主な病気は，マラリア，性病，鉤虫症，赤痢，肺結核，および肺炎であった。死亡率は前年の 6.89 に比して 7.25 パーセントであった（ARKd1341: 8, pgh37）。

1342 年（1923/24） 8 政府病院が維持され，13,657 人の患者が治療された。主な病気は，マラリア，性病，鉤虫症，赤痢，肺結核，および肺炎であった。赤痢の数は顕著に増加したが，死亡率はかなり低かった。死亡率は前年の 7.25 に比して 7.48 パーセントであった。しかし，入院後 48 時間以内に生じた死亡を除くと，5.61 パーセントに過ぎなかった（ARKd1342: 9-10, pgh40）。

1344 年（1925/26） 政府病院はアロールスター，スンガイパタニ，クリム，クアラクチル（Kuala Ketil），セルダン（Serdang），バンダルバル（Bandar Bahru），バリンおよびランカウィで維持され，21,336 人の患者がこれらの病院で治療された。前年は 16,659 人であった。死亡率は前年の 7.47 に比して 7.04 パーセントであった。入院 48 時間以内の死亡を除けば 5.12 パーセントであった（ARKd1344: 17, pgh83）。

　1,174 件の性病が治療された。ケダーには性病診療所はまだ開かれておらず，この種の診療所が開設されるには間があると思われるが，患者には早期に治療を受けるよう勧められている。移動施薬所がこの方向で有用な仕事をしているという報告がある（ARKd1344: 17, pgh85）。

1348 年（1929/30） 健康一般は良好であった。1347 年には出生率 37.38，死亡率 21.98 であったが，1348 年にはともに僅かに低下した（ARKd1348: 26, pgh122）。

　病院はアロールスター，スンガイパタニ，クリム，クアラクチル，セルダン，バリン，およびランカウィで維持された。しかし，クアラクチルおよびセルダンの各病院は，ケダー保健委員会管轄のエステート集団病院の目的に沿い年末からエステートグループに移管する手配がなされた（ARKd1348: 20, pgh125）。

1349 年（1930/31） 本年，14,270 人の患者が入院した。うち，4,075 人がマ

ラリア患者であった（ARKd1349: 29, pgh156）。医療収入は$39,593.82であった。エステートからの有料患者が減少したために前年の収入に比して約$40,000の低下となった。医療支出は$413,874.23に上った。前年の支出に対して若干の減少があったが，これはクアラクチルおよびセルダン各病院がエステートグループ協会に移管されたためである（ARKd1349: 29, pgh159）。

1931年 州の健康は1931年に顕著な改善を示した。死亡率は1930年の23.51に対して21.59で，記録上最低であった。（中略）乳幼児のひきつけによる死亡の減少は関連医師および病院の働きを通してケダー保健委員会組織に負うところが大きい（Arkd1350: 6）。

1934年 1934年の州の健康は良好であった。年内に流行病は発生しなかったが，州を通して例年より高かったマラリアが死亡率の上昇を説明するであろう。死亡率は1933年の20.40に対して21.8であった（ARKd1353: 8 再掲）。

1935年 マラリアを除けば年内に流行病はなかった。マラリアは例年よりも多かったが，毒性の増大はなかった（ARKd1354: 8 再掲）

1938年 1938年は死亡率の上昇を示したが，これはおそらくマラリアおよび特定されない熱病による死亡の増加のためである。マラリアを除けばこの年は全般的に健康な年であった。全州の死亡率は1937年の20.06から1938年の22.0に上昇した。（ARKd1357: 8 再掲）。

6. 民族別死亡率

乳児死亡

1920年代には出産に際する死亡が比較的多かった。乳児死亡には明らかな改善の経過が認められる。もっとも高い乳児死亡がタミル人，もっとも低い乳児死亡がマレー人の間に見られるという記述は，マレー人における届出の不完全さをも考慮する必要があるが，それが事実であれば，異郷におけるタミル人の生活環境の劣悪さを示すことになる（巻末付表10-3参照）。タミル人の病院に対する接近は既に指摘したように著しいものがあるが，このことと乳児死

の高さとは矛盾する側面がある。ケダー年次報告書における乳児死亡に関する記述は前章に示した通りである。

エステート労働者死亡率

　エステート労働者の死亡率に関して，年次報告書から若干の引用をする。
ケダー
1340年（1921/22）　1922年6月30日までの9ヵ月間にエステートおよび鉱山で雇用されたインド人労働者の死亡率は平均労働力16,096に対して僅か1.47パーセントであった。他の民族に関する数値はあまり信頼できないが，健康状態が一般に良好であったことは確かである（ARKd1340: 9, pgh45）。
1342年（1923/24）　34,494人のエステート人口総数（労働者と扶養家族）に対する年間死亡率は16.12で，労働者のみの死亡率は10.8であった。多くのエステートでマラリア発生が増加を示した（ARKd1342: 10, pgh47）。
1344年（1925/26）　すべての労働者に対する死亡率は14.25パーミルであった。インド人労働者については1343年の16.20パーミルに対して20.81パーミルであった。これは，旱魃に続く大雨の結果，4半期に国中広がった病気のためである（ARKd1344: 22, pgh119）。（以下この種の報告は表10-2に総括して示す）。

インド人労働者の高い死亡率

　労働力に関する記述に付随して，労働者の死亡率が記載されている場合がある。1920年代における労働者人口1,000に対して15を上回るような死亡率は，労働年齢におけるものとしてはかなり高いとみなされる。1920年代に比して1930年代の死亡率は著しく低くなっている。1930年代における低い率は，既に述べたような医療の改善が効果を奏したものとみなすことができる。この意味で，植民地経営と医療福祉とがあいまって進展したと考えることもできる。もっとも，1930年代のゴム不況が，マラリアに直面する開発作業を中断させ，また，健康な労働者のみをエステートに残留させたことを考慮すれば，死亡率低下を過大評価することは危険である。
　インド人労働者における死亡率は1920年代も1930年代も全労働者よりも相対的に高い。これはヨーロッパ人エステートからの報告がより正確であったと

第10章　ケダーにおける開発と疾病

表10-1　民族別死亡率　ケダー　1347（1928/29）

民族	死亡数	死亡率
ヨーロッパ人	0	-
ユーラシアン	0	-
マレー人	5,427	19.5
華人	1,920	28.8
インド人	2,008	39.9
その他	206	22.6

ARKd 各年度版より作成。
小数点以下第2位は四捨五入。

表10-2　労働者死亡率　ケダー　1923-1939

イスラム暦	西暦対応年	労働者死亡率 全体	労働者死亡率 インド人
1342	1923/24		17.9
1343	1924/25		16.2
1344	1925/26	14.3	20.8
1345	1926/27	14.3	20.4
1346	1927/28	17.8	22.5
1347	1928/29	12.6	17.1
1348	1929/30	8.3	11.2
1349	1930/31	10.7	14.4
1350	1931/32	4.5	5.6
1351	1932/33	5.9	8.4
1352	1933/34	4.3	7.7
1353	1934/35	5.9	7.6
1354	1935/36	7.0	9.9
1355	1936/37	3.8	5.1
1356	1937/38	4.0	5.0
1357	1938/39	6.1	7.0

ARKd 各年度版より作成。
小数点以下第2位は四捨五入。

表10-3　エステート死亡率　ケダー　1935

	ヨーロッパ人所有エステート	住民所有エステート	合計
人口	36,619	12,901	49,520
居住地で死亡	222	51	273
政府病院で死亡	43	4	47
グループ病院で死亡	598	32	630
死亡数計	863	87	950
死亡率	23.6	6.7	19.2

ARKd1354: 15 より引用。

いうことにも影響されているが，インド人がよりすぐれたマラリアの予防，治療体制や，病院との親近関係にもかかわらず，マラヤの土地における不適応を継続的に示したとも考えることができる。スランゴールやペラの先進地域に対して，ケダーにおけるインド人の死亡傾向が1930年代後半にも維持されたことは，病気に関して開発後進地域の性格と民族的特性を重ね合わせて理解する必要がある。（表10-1，表10-2，表10-3参照）

第4部

開発と多民族化過程

第 11 章
トレンガヌに関するメモ ── 未開発をめぐって

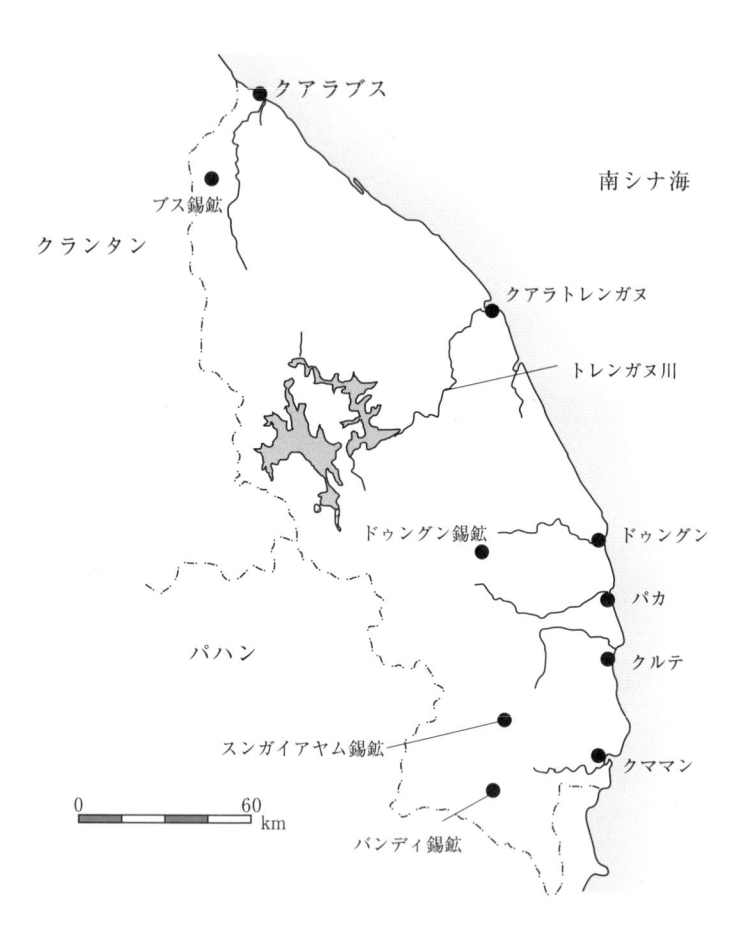

トレンガヌ要図

1. 開発からの隔離

　非連邦州に属し，西海岸の連邦州に比して開発が遅れたクランタンとケダー，特にクランタンは，今日のマレー半島でもその遅れを保っている。クランタンが英領マラヤにおいて植民地期の開発の最後尾に位置していたかというとそうではない。東海岸に位置し，パハンとクランタンの間に展開するトレンガヌは，非連邦州としての政治的独立の維持に加えて，資源量の少なさと交通の不便さのために，開発の開始と移民労働力の導入が，もっとも遅れた州として特徴付けられる。ここでは，開発の遅れの中で多民族化の進行が如何に遅々たる状況であったかに焦点を当てて，年次報告書の数値を抄出しつつ記述を行うことにしよう。

　マレー半島諸州の中で，トレンガヌは英人顧問官を受け入れた最後の州であった。1910年に英国との間に締結された条約で，トレンガヌは英国の保護下に入り，領事の権限を持つ英人官吏（agent）を受け入れた。行政一般に関するスルタンに対する助言権，すなわち行政権そのものを有する英人顧問官の常駐が認められたのは，1919年のことであった（ART1935: 8, pgh 8）。

　行政に対する英国の影響力行使の遅れに加えて，交通の不便さがトレンガヌの開発の遅れをもたらした。主な交通は海路によるものであり，140マイルにおよぶ海岸線に沿って，クママン（Kemaman），クアラトレンガヌ（Kuala Trengganu），およびクアラブス（Kuala Busut）などの主な港と，ドゥングン（Dungun）を含むいくつかの小港がある。沿岸を航行する汽船は，年中満潮時にクママンとクアラトレンガヌの港に進入可能であるが，11月から3月にかけての北東モンスーンの季節は，トレンガヌ川河口の砂州を越えて港に入ることがきわめて困難であり，また，クママンでは沈泥のために砂州上の水深が浅くなる。クアラブスおよび他の小港では，北東モンスーン時の安全な停泊地がなく，上陸や積荷作業がしばしば不可能になる（ART1935: 28, pgh 78）。クアラトレンガヌから北へ向かい，クランタン州のクアラクライ（Kuala Kurai）で，マレー連邦鉄道（Federal Malay Stetes Railway）に連絡する道路が，1931年に開通したが，舗装は一部のみであった（ART1935: 29, pgh 80）。

2. 開発と移民

民族別構成

　トレンガヌ州の民族別人口を人口センサスにしたがって示すと，表11-1のようになる。マレー人が人口の大部分を占め，マレー人の割合は他のいずれの州よりも大きい。他方，華人やインド人が少なく，特にインド人は1911年時点で61人に過ぎず，他州でインド人の存在が目立つ1921年時点でもトレンガヌでは211人に留まる。1921年以降，華人とインド人における性比が他のいずれの州よりも大きく，両民族の新規移入ないし移動的性格を示唆している。他州において植民地官吏の関心が移民労働に集中していた時期に，トレンガヌではこの問題が取り上げられることはほとんどなく，1930年代後半になってようやく労働統計が示されている。

　植民地産業の導入に対するトレンガヌの遅れは，マレー人を主体とする住民が，伝統的生業であった漁業に依存して生計を立てることを目立たせている。1920年代初めまでは，塩干魚が州のもっとも重要な輸出品であったし，その重要性は1930年代に入っても維持されている（巻末付表11-1）。

錫採鉱の位置づけ

　年次報告書は，トレンガヌの錫採鉱が，1839年時点でニューボールドによって報告されていることに言及している（ART1916: 6, pgh15）。西海岸の錫資源

表11-1　トレンガヌ民族別人口 1911, 1921, 1931, 1947

	マレー人	他のマレーシアン	華人	インド人	ヨーロッパ人	ユーラシアン	その他	総計
1911	149,379	174	4,169	61	10		280	154,073
1921	145,326	327	7,325	211	38	8	744	153,979
1931	163,955	728	13,360	1,386	39	15	591	180,074
1947	207,450	424	15,864	1,761	60	14	423	225,996

1947年マラヤセンサス執告書より引用。

東海岸クアラトレンガヌの港（1930年頃）。季節風のためにかつては便船の定期的な運行が困難であった。

同じクアラトレンガヌの港（1960年代）。

第11章　トレンガヌに関するメモ｜307

の枯渇を見通して，トレンガヌの未開発状態に期待を託して，クママンやパカ (Paka) に探査に入ったヨーロッパ人探鉱者も1919年時点で既にかなりあった (ART1919: 6, pgh17)。しかしながら，錫採鉱に関しては，トレンガヌでその後も大きな発展が見られず，生産量，従事労働力ともに小規模に留まった。ウォルフラム（タングステン原鉱）の採鉱も行われたが，これもまた小規模であった。錫鉱石とウォルフラムの輸出量は巻末付表11-1に併記する。

　採鉱にあたっては，主として華人労働力が採用された。1916年における主な錫採取場とそれぞれの採掘量および民族別労働力を示すと以下のようになる。この年におけるトレンガヌの錫鉱石輸出量は7,979ピクルであった。

⑴ブンディ（Bundi Tin Mining Syndicate, Ltd.）

　クママン川に位置し，経営者はF. J. マーティンで，7人のヨーロッパ人スタッフを擁し，同年の採鉱量は3,015ピクルであった。労働力は華人382人，マレー人241人，タミル人および日本人21人である。マレー人労働者の役割は燃料用の薪の調達である。

⑵スンガイアヤム（Sungei Ayam）

　経営者はブンディと同じで，同年の採鉱量は1,110ピクルであった。労働力は華人136人およびマレー人11人である。

⑶スンガイカジャン（Sungei Kajang）

　所有者はトレンガヌのマレー人で，前2者と同様，クママンに立地し，本年中に急速に発展し，同年の採鉱量は1,396ピクルであった。労働力は華人215人およびマレー人238人である。

⑷クママン有限責任会社（Kemaman Ltd.）

　クママン有限責任会社は採鉱権をテバ錫採鉱場（Tebak Tin Fields Ltd.）に譲渡したが，同年の採取量は700ピクル，労働力は華人300人である。

　上述の錫採取場はすべてクママンに所在している。これらのほかに，スンガイセンド（Sungei Sendok）に大きなコンセッションがあるが未開発である。同年に約1,000人の華人労働者が主としてムルシン（Mersing）から移動してきて，町では家賃が2倍になった。トレンガヌの錫採取は，クママンのほかに，ブス (Besut)，パカ (Paka) などでも行われている（ART1916: 6, pgh16）。

　1916年の年次報告書では，上記のようにトレンガヌの錫採取の発展がほのめかされている。1924年にはブンディ錫ドレッジ会社（Bundi Tin Dredging Co.）が，284馬力の機械の試運転を行っている（ART1924: 10, pgh12）。しかし，

全体としての採鉱量は限られ，1930年前後のピークにおいて，1916年の3倍程度にまで増加するに留まった。

後発のゴム

　西海岸で急激な発展を示したゴムは，やや遅れてトレンガヌに導入されている。1915年にシンガポールに向かって55ピクル（5,716ドル相当）のゴムが輸出されている。同年のクランタンにおけるゴム輸出は，1,082,760ドル相当であったから，後発のクランタンに比して，さらに後発であったことが分かる。
　1920年には大規模エステートとして，クルテプランテーション（Kretay Plantations）が稼動している。総面積17,180エーカーのうち，ゴムが4,352エーカーを占め，このほかにココナツ3,841エーカー，ココア30エーカーが栽培されていた。同年の輸出量は，ゴム427,088lbsおよびコプラ1,051.55ピクルで，華人1,331人とタミル人およびジャワ人17人が労働力として雇用されていた。同年に日本人経営のマレーゴム会社（Malay Rubber Company, Ltd.）が，3,100エーカーの総面積のうち2,473エーカーを用いてゴムとココナツを栽培していると報告されているが，生産活動はまだ始まっていない。労働力は華人163人およびマレー人128人であった（ART1920: 4-5, pgh23,24）。
　クルテプランテーションはデンマーク人をスタッフとするヨーロッパ系，マレーゴム会社は日系であるということから，トレンガヌにおけるプランテーションが，英国以外の企業の進出先になっていたことが分かる。ゴム園労働力も華人を主体としており，西海岸のようなインド人雇用は一般化していない。トレンガヌにおけるインド人労働者の少なさは注目に値する。1934年の年次報告書に「外国人労働者雇用に若干の増加があったが，その数は非常に少ない」という記述が見られる。1933年の華人労働者総数は2,014人，インド人労働者総数は384人であったが，1934年にはそれぞれ2,115人，602人にまで増加している。中国あるいはインドからの直接の調達はなく，トレンガヌで働く外国人労働者はシンガポールで調達された。鉄鋼採取を含む鉱業では，華人の雇用が圧倒的に多い。インド人労働者の大部分は，鉄鉱石採取場においてはしけやトロッコの運搬作業員として働いている（ART1934: 23, pgh60-62）。

インド人労働者

　1930年代には日系の会社が，鉄鉱石の採取に進出している。トレンガヌには大規模採鉱所や大規模プランテーションが少なく，上記の日系の会社を含む大規模企業の1937年時点での労働力雇用状況は表11-2aの通りであった。この時点で，エステートにおいては女子労働者345人を含んでインド人労働者が1,010人を数えるようになっている。同年のエステートで働く華人は698人（うち女子は72人）で，華人の従業は存続するもののインド人優位が成立している。エステートでインド人が目立つようになったのは1935年で，上述のクルテプランテーションにおいてこの年に80人のインド人労働者が雇用されている（ART1935: 26, pgh70）。前年（1934年）および前々年（1933年）は3人に過ぎなかった。

日系鉄鉱石採取場からの華人退去

　1938年にトレンガヌの日系鉄鉱石採取場において大変動が発生した。ドゥングンに立地する日本鉱業会社（Nippon Mining Company）は年初に3,500人の労働者中2,300人の華人労働者を雇用していたが，彼らはシンガポールの反日運動の影響を受けて，2月20日および3月6日に退去し，大部分がシンガポールに向かった。同社は西海岸からインド人およびマレー人労働力を調達し，5月時点では2,963人の労働者を確保したが，その内訳は華人1，南インド人1,218，北インド人1,007，マレー人582，日本人124，その他28であった。9月には2月に仕事をやめた華人249人の復職を含めて，労働力は3,597人に回復した（ART1938: 37, pgh146）。1938年の従業者数を示す表11-2bにおいては，インド人労働者数が2,236人で，前年の華人の比率が逆転している。一つの企業における労働力のあり方が急変し，これによって州全体の華人とインド人の数が左右されている。この意味でも，トレンガヌにおける華人とインド人の数は僅かであり，またその定着傾向は不安定であった。

表 11-2a 労働力雇用状況　1937

雇用企業名	インド人 労働者 男子 女子	インド人 被扶養者	華人 労働者 男子 女子	華人 被扶養者	マレー人 労働者 男子 女子	マレー人 被扶養者	計
日本鉱業会社 (Nippon Mining Co.)	755　　　5		2,279　　4	270	385	136	3,934
石原産業公司 (Ishihara Sangyo Koshi)	134		141	36	187	22	520
バンディ鉱山 (Bandi Mine)	48　　　2		194　　16	40	87	78	465
ジャボールエステート (Jabor Estate)	458　224	179	341　　72	20	1		1,295
クルテエステート (Kerteh Estate)	207　121	84	285	58	252　　32	44	1,083
カジャンエステート (Kajang Estate)			116		145		261
その他	73		1,008		339		1,420
計	1,675　345	270	4,364　92	424	1,396　32	280	8,878

註：(1)「その他」は100人以下の労働者を雇用する採鉱所および製材所。
(2) Kerteh Estate は，本文 1920 年の記述で Kretay Plantations となっているものに相当すると思われる。
ART1937: 34, pgh139 より引用。数値は原表のまま。日本鉱業会社の計は，3,834 が正しい。

3. 病気，医療，人口

海岸部と疾病

　トレンガヌの住民は，海岸部に居住するマレー人を主体としていた。海岸部では，マラリアの少なさが指摘されている。マラリアは，内陸部および一部の島嶼に多い病気であった（ART1927: 14）。人工的な病気である脚気は，輸入米に依存する海岸部の町で発生する（ART1925: 30, pgh70）。海岸部の主要生業である塩干魚生産が貨幣経済を進展させ，輸入米依存が進行した可能性がある。

表 11-2b　労働力雇用状況　1938

雇用企業名	インド人 労働者 男子 女子	インド人 被扶養者	華人 労働者 男子 女子	華人 被扶養者	マレー人 労働者 男子 女子	マレー人 被扶養者	計
日本鉱業会社 (Nippon Mining Co.)	2,236	43	483　1	24	539　4	118	3,448
石原産業公司 (Ishihara Sangyo Koshi)	166	11	279	28	294	298	1,076
クルテエステート (Kerteh Estate)	178　100	89	255　9	57	174　48	67	977
バンディ鉱山 (Bandi Mine)	17		300　68	54	82	58	579
ジャボールエステート (Jabor Estate)	192　76	126	137　23				554
ヒンレオン製材 (Hin Leon Sawmill)	1		174	20	33	5	232
カジャン鉱山 (Kajan Mine)			38	16	32	14	100
スンガイダマール鉱山 (Sungei Damar Mine)			57　14		16		87
ウルパティリス鉱山 (Ulu Patiris Mine)			70　1		4		75
ブーン採鉱権地 (Mining Certificates, L.C.Boon)			40	17	11	9	77
スンガイアヤム鉱山 (Sungei Ayam Mine)			28	3	7	6	44
チェンデロン鉱山 (Chederong Mine)			37		6		43
計	2,790　176	269	1,896　105	219	1,198　52	575	7,292

ART1938: 35, pgh40 より引用。数値は原表のまま。華人男子計，華人女子計，ヒンレオン製材計が，それぞれ1,898，116，233となる等計算間違いがある。合計数は7,293。

医療機関整備の遅れ

　トレンガヌにおける植民地行政への移行の遅れと錫採鉱・ゴムプランテーションの小規模性は，移民労働者の受け入れの遅延とあいまって医療制度の整備を遅らせた。1916年時点で，この州で医療に関する唯一の有資格者は，クママンのブンディ採鉱所の担当者であった。スルタンは，日本人の医療担当者（資格不明）を雇用しており，トレンガヌで唯一のヨーロッパ人商店経営者

ギルド氏（H. Gild）は，怪我や事故に際して応急処置を施し数人の命を救ったという（ART1916: 14, pgh41）。1918年にインド系の医務官が任命された。シンガポールのキング・エドワード7世医学校出身で，前任地はマラッカのジャシン病院（Jasin Hospital）であった。同年に政府施薬所が開設された。州立病院の病棟が完成したのは，1924年5月で，第2病棟が同年11月に竣工した。このときには，ヨーロッパ人医務官1人，マレー人医務官補佐1人，医療助手（dresser）8人，および見習医療助手1人が任にあたっていた。

マラリアと脚気の出現

　以上のような事情のために，病気に関する統計は不完全である。1925年の年次報告書の記述によると，主な病気は，回虫症，皮膚病，インド痘，消化器病，特定されない熱病であった（ART1925: 29, pgh70）。クアラトレンガヌはマラリアに対して安全で，熱病は，寄生虫，消化器病，インフルエンザなどとの関連で捉えられており（ART1924: 28, pgh67），この点でも西海岸とは違った状況があった。マラリアは内陸部の病気であり，山ろく部のヨーロッパ人のプランテーションや採鉱地に影響を与えている（ART1927: 14）。病院入院者統計において1930年代初頭に，マラリアと脚気による入院者とその死亡が急激に顕著になるのは，トレンガヌの植民地的開発が，遅ればせながら盛んになったことの反映と理解できる。

高い乳児死亡率の残存

　トレンガヌ年次報告書において出生統計と死亡統計が初めて記載されるのは1926年で，これに続く数年の空白の後に1932年以降連続的に数値が記載されている。1926年の出生数は1,429，死亡数は1,662であった。数値の上からは死亡のほうが多く，マレー人社会における人口減少傾向を示唆するように見える。出生率と死亡率はそれぞれ18.58，21.61で，出生率の低水準から，これは事実というよりも出生における届出漏れが多いためと考えられる。実際，6年後の1932年には出生数6,835，出生率38.02が，死亡数4,809，死亡率26.75とともに示されている。

　マレー人の割合が多いトレンガヌの数値を，他州と比較すべくもないが，乳

児死亡率を指標とする限りでは，トレンガヌにおける死亡傾向の高さを強調することができる。1932年におけるトレンガヌの乳児死亡率は241.83で，次の年には163.75に低下するものの，1934年から3年間は200を超える数値が示されるのである。他州においては，乳児死亡率は，この時点で200以下に低下している。ちなみに1932年におけるパハンのマレー人の乳児死亡率は170であった。

4. 最後尾の歩み

組織的移民の欠如

　トレンガヌは，植民地化以前のマレー人人口を主体とする人口構造を維持しながら，周辺諸州の植民地的開発の流れに，少しずつ巻き込まれていった。そこでは，組織的な移民労働者導入の仕組みは最後まで機能することがなく，出生や死亡の把握も1930年代に入ってようやく実行された。移民人口の少なさは，人口推計にあたって，1937年に至るまで，幾何級数法の適用を適切としている (ART1937: 6, pgh21)。1938年にも同様の姿勢が示されるが，この年に限っては，既に述べたように，インド人人口が大幅に増加していることが補足的に述べられている (ART1938: 7, pgh23)。1931年センサスで179,789人であった総人口が毎年1.575パーセント増加するという前提の下に，各年次の推計人口が示され，1938年の推計人口は201,370になっている。

阿片と州収入

　植民地化の過程では遅れをとっているが，阿片輸入はトレンガヌにおいても行われてきた。阿片販売請負制度は1917年に廃止され，阿片は州政府の専売となったが (ART1917: 7, pgh33)，1338年 (1919/20) における阿片専売からの収益は464,513ドルで，州政府収入979,541ドルの47.4パーセントを占めた (ART1920: 1, pgh3)。阿片からの収益は翌年から半減するが，1343年 (1924/25)

でも247,806ドル（阿片および酒類専売による収益から酒類収益7,217ドルを差し引いた数値）で，州政府収入（1,007,282ドル）の24.9パーセントを占めていた。阿片による収益は，その後阿片吸引者登録制度の導入などによってさらに減少するが，1937年時点でも，登録者958人を記録して，249,150ドルすなわち州収入（2,660,399ドル）の9.4パーセントとなっている。州収入の規模は異なるが，阿片収益の州収入に占める割合は，ケダーの数値に匹敵する。植民地周辺部の華人人口を中心に，頽廃と歓楽の世界が付着していたことを示唆している。

　西海岸諸州に対するトレンガヌの経済的な遅れが解消に向かい始めるのは，この後30年余を経て，同州沖合いの油田の稼動が開始された1971年のことであった。

終章
総括的エッセイ

多民族化と地域差

　移民の導入にともなうマレー半島の多民族化の過程を，全体像として捉え，これを印象記風にまとめてみよう。単純に言えば，それは19世紀末から第1次世界大戦にかけての欧米主導の工業化に対応する東南アジアからの一次産品の輸出にともなう労働力調達がもたらした生産地側の社会編成過程の記述である。マレー半島における一般論的な状況の提示はさまざまな書物でなされているが，本書では地域的な濃淡および時差をともなって進行した経過を重視した。

　本書では，マレー半島西海岸の連邦州に属するスランゴールとペラをその最前列に位置する地域として，続いて非連邦州ではあるがシンガポールに近接するジョホールと，連邦州ではあるが距離的にやや離れたパハンを取り上げた。本書で流通機能の側面を取り上げた海峡植民地シンガポール，ペナン，マラッカは，それぞれ西海岸に立地しているが，それらの背後，すなわちシンガポール島市域外や，ペナン対岸のプロビンスウェルズレイなどでも，農業開発が進行している。西海岸に連なるヌグリスンビランは，隣接するスランゴールとパハンの中間的な性格を有している。非連邦州に属するケダーとクランタンは，独自の地域性を維持しながら上述の諸州を追い，非連邦州の中ではもっとも小さいプルリスは，ケダーの一部としての性格を保持する。そして最後尾に隔離性を特徴とするトレンガヌが位置している。

外国人労働者としての移民

　マレー半島の植民地としての開発が，今日の多民族社会の人口的基盤を造り上げた。そこではマレー系住民60パーセント，華人系住民30パーセント，インド系住民10パーセントというおおよその目安で提示される人口構造が出現している。高い出生力が比較的近年にマレー人人口の割合を若干増大させたという経緯もあるが，近い過去には華人系やインド系の人々の割合が現在よりもより大きかった時期が存在した。社会動態である移動と出生・死亡によってもたらされる自然増減の双方に目配りしながら，マレー半島における多民族化の過程を追うことは興味深い。多くの近代国家では，国民概念の強調とともに，

その住民に対する閉じられた人口としての扱いが明確化する。これに対して，植民地期のマレー半島では人口構造に対する移動という要素の寄与が大きい。移動というのは主として移民を指している。日本人的な感覚では，「移民」という用語は，永住の意図で移住してきたというニュアンスを含む場合があるが，マレー半島に渡った華人やインド人にこのような意識があったかどうかは疑わしい。彼らの多くは出稼ぎ労働者であり，限られた期間の労働対価を得て，本国の家族に送金し，ある程度の貯蓄とともに帰国することがおそらく人生計画に組み込まれていた。植民地行政担当者においても同様の意識が作用していた。マレー半島の開発は，住民意識の希薄な移動労働者に依存した経済活動であったという側面がある。

植民地の二局面

　植民地としてのマレー半島には，二つの局面があった。その1は，中継貿易の拠点としての役割である。マレー半島の一端に建設されたシンガポールに結晶化されたこの機能は，この都市が伝統的交易都市の盲点をつく自由貿易という戦略を採用したことによって確立した。貿易の重視自体はポルトガル，オランダのマラッカ経営の発展形態であり，昔日のマラッカ王国の伝統を継ぐものであった。その2は，土地からの生産によって利益を得ようとする投資対象としての地域の存在であった。この場合，土地は資本と労働力を注ぎ込む生産のための要素として選ばれた空白の場所であった。空白というのは，人口希少あるいは先住者無視に着目した表現である。土着住民としてのマレー人は，開発のための労働力としてはほとんど無視された。クランタンは，開発者がマレー人労働力を活用しようとしたという意味で例外に属する。

土着支配力の排除

　複数の地域から構成されたマレー半島において，それぞれの地域の土着統治者であったラジャ（あるいはスルタン）の統治権を宗教と慣習の側面に限定したのも，植民地管理者による徴税権の掌握と土地の無人的状態確保のためであった。
　プランテーション開発に先行して，マレー半島では錫や金などの鉱物資源の

かつてのペラの首都タイピンで，1894年に建てられ，現在も存続しているインド人協会の建物。

同じく，スリランカ人協会の建物。

採取が行われてきた。もっとも重要なのは錫の採取で，華人の活動をヨーロッパ人企業者が継承または置換する形で発展した。それは資源の収奪であり，資源の枯渇とともにやがて終焉する運命にあったが，開発者が土地の支配者との共存関係を維持しながら利権を得て，外来労働力を投入するという形は，プランテーション経営の原型というべきものを含んでいた。

この地域の在来の居住者は，ムスリムとなっていたマレー人と，今日，オランアスリの名称で一括される先住民であった。ただし，現在，マレー人を中心とする「土地の子」（bumi putra）として捉えられる優先住民カテゴリーは，周辺諸島からの移住者を含んでおり，ある程度の移動性を内在していた。その一例は，ジャワ島からプランテーション労働者として移住してきた人々である。現代のマレーシアという国家において，土着者の多数性を確保するために操作されたカテゴリーとしての性格を有している。

支配者であるラジャ（あるいはスルタン）は，住民の尊崇を享受すると同時に，予測できない専横や収奪のために恐れられた存在でもあった。ラジャとその周辺の王族および重臣たちは，それぞれに認められた圏域の中で，徴税権や使役権を行使した。一般民衆は，比較的緩やかな，しかし時には気まぐれな厳しさを見せる支配者とのかかわりの下で生活していたが，彼らの生活圏の拡大が熱帯のジャングルを覆い尽くすことは，19世紀末あるいは20世紀初頭の時点では想定の外にあった。オランアスリは，華人を介した森林産物の取引を除けば，開発者とのかかわりがなかった。

ラジャが年金と引き換えに英人に譲渡したものの中で，徴税権以上に重要であったのは広大な未使用地の処分権であった。もちろん行政一般の実権も英人の手に渡った。英国の保護下において州評議会の形式は保たれたが，ラジャに対しては，宗教と慣習についての不介入が英人の態度に残された。植民地官僚や企業家の関心は未開発地に向けられ，労働力については，クランタンなどの例外を除いて，気まぐれなマレー人に依存せず，華人やインド人，さらに補足的にジャワ人を海外から導入しようとした。年次報告書では，輸入労働力である華人とインド人に関心が向けられた。土着住民であるマレー人には副次的な関心だけが向けられた。彼らは，利潤追求のための空白地に隣接して自立の生活を営む，気にかかるが無関係な存在であった。伝統的生業である稲作と漁業は，ケダーとトレンガヌにおいて，地域外の需要に応じるために拡大した。流通に関与した華人の存在については，年次報告書において触れられることが少

イポーの華人同郷会館の一つ、会寧公会（現代）。

タイピンの福建会館（現代）

ない。医療・衛生以外の側面，町の整備や生活に関する記述が少ないのもそのためである。宗教と慣習に対する不介入は，年次報告書の記載内容にも反映されており，ラジャの健康に関する言及を除けば，文化・宗教行事に関する記述は少ない。とはいえ，英人の関与は連邦州と非連邦州とでかなり異なっている。トレンガヌでは，行政権を手中にする英人顧問官が着任するのが大幅に遅れた。非連邦州であるケダーやクランタンでは，年次報告書がイスラム暦にしたがって作成された時期があった。

出稼ぎ移民の扱い

　華人とインド人に対しては，労働力の確保と社会秩序の維持の側面が重視されてきた。導入のいきさつ，交渉相手の違いなどから，主管部局が異なっていた。到着した華人の主管部局は華人保護局（Protectorate of Chinese）で，その主な目的は，移民統制のほかに，華人結社の把握と華人女性の保護などであった。インド人に対しては，労働局（Labour Department）が主管となって，企業者組合との連携の下に，労働者受け入れに関する活動などが行われた。年次報告書における移民数は，これらの部局からそれぞれ別個に報告されることが多かった。

　植民地行政の機能の一つであった労働力調達に関連して，移民到着数に大きな関心が向けられた。到着者数と帰国者数が確実に把握されるならば，移民の動きを正確に捉えることができるが，特に初期においては，帰国者には到着者ほどの関心が向けられなかった。このような統計上の不備にもかかわらず，初期には到着者数が帰国者数を確実に上回った。やがて不況時における帰国者が到着者を上回り，人口が減少する状況を目の当たりにする年もあった。

　錫採鉱地やプランテーションにおける労働力が新規到着者によって補充され，他方では帰国者が存在するので，そこに労働力の循環が成立するとみなすのは自然である。しかしながら，循環は特定の企業体あるいは地域の中で完結するのではなく，他の企業体や他の地域へ移動することも移民労働者の通常の行動であった。実際，毎年の労働力リクルートに関する報告では，新規移民の到着と並んで地域内での労働力補充があった。後者を永住志向の移民群として捉えることはなお時期尚早であるとしても，滞留者の存在に注意する必要がある。

本書では記述の対象にしなかったが，海峡植民地の年次報告書において，初期の移民の中で契約先のエステートから逃走した労働者の数が記録されている（ARSS1886: 318）。彼らの一部は連れ戻されて，契約義務遂行の状態に戻った。19世紀末の時点で，華人の場合もインド人の場合も，前借をともなう年季奉公移民（statute immigrants）が移民の10-30パーセントを占めていた（Saw 1988: 14, 24）。年季奉公は次第に減少しやがてインド人においては1910年，華人においては1914年に，法律によって禁止されて姿を消した（ARSS1910: 503; ARSS1914: 46）。契約期間を完了した労働者や，自己資金で到着した移民は，より有利な仕事先を得ようとした。華人の間では，自己資金を持たず新規に到着した者が新家，経験を重ねたものが老家であった。不慣れな新規移民に対して，熟練者の不足が指摘されている時期がある。自由契約を求める労働者の一部は，条件次第でより不便な奥地の開拓地へと向かうことがあった。パハンやクランタンで，西海岸の先進地におけるよりも有利な賃金が得られる場合もあった。

定着人口と非定着人口

　出稼ぎ人口の一部が長期滞留人口へ，そしてさらに定着人口へと移行していく過程があった。女子移民の存在が家族生活をともなうことによって，長期滞在ないし定着化を促進した側面がある。移民女子の滞留傾向が移民男子よりも高いことを示唆する記述が海峡植民地年次報告書にみられる。たとえば，1924年における12歳以上のインド移民到着者の性比は女子1人に対して男子4人であったが，帰国者の性比は女子1人に対して男子6.3人であった（ARSS1924: 353）。華人の場合も，女子移民の増加は定着傾向の増大とみなされた。
　華人にせよ，インド人にせよ，在留人口に比して到着者と帰国者の割合が高いことは注目に値する。この時代においては，同一人が年に複数回，海路を往復することは例外に属するので，これは移民社会の非定着的性格ないし流動性を意味する。入れ替えが行われるのである。非定着性が指摘されるにもかかわらず，滞留人口の増大が生じていることは，移民人口のすべてが入れ替えにかかわったのではないことを示唆している。在住者における性比の低下は定着傾向の指標とみなされる。
　インド人移民はゴム園労働者や鉄道従業員としてマレー半島の開発に大きな

終章　総括的エッセイ　325

役割を果たした。政府がかかわった移民政策および移民援助制度に直結しながら，世界の景気に連動して，半島への上陸と本国への帰国の交錯を示したことは既に見た通りである。出稼ぎ労働者としての性格が鮮明で，定着性という観点からは住民として認識しがたい側面もあった。上述の特性は，今日のインド系住民の特性に連なっている。彼らは，植民地開発の落し子としての性格を保有し，土着権に立脚するマレー人と経済力にものをいわせる華人との間で，割を食う存在として位置づけられることがある。

労働と健康

移民人口が労働力として機能するためには，健康状態が維持されることが重要である。移民労働者の就業地は，伝統的なマレー人の居住地と分離していた。マレー人コミュニティは，熱帯気候の下で寄生虫症を含む常態としての風土病や疱瘡など流行病に脅かされながらも人口微増を続けることが可能な適応状態の下に存続していた。移民労働者が生活した環境は，錫資源が埋蔵される場所であったり，新規開拓を要する熱帯林地域であったりしたが，これらの土地では，これまでまれでしかなかった状況が，一挙に発現することになった。

錫鉱採取地域では，脚気が重大な死亡原因となった。この病気は，特にシャムから輸入された精白米の食用によって引き起こされたビタミン欠乏症で，食糧が問題であることが推量されるまで，食糧生産をともなわぬ人工的な環境の中で華人を対象に猛威を振るった。マレー半島におけるプランテーション農業が到達した理想の作物はゴムであったが，植え付けのためにジャングルが拓かれると，新しい環境の下で繁殖場所を拡大したマラリア蚊が人を襲った。これらの病気は，赤痢その他の病気とともに，高い死亡率を引き起こしたり，休業をやむなくしたりした。すなわち，投入された労働力を著しくそぎ取ったり，その十分な活用を阻害したりした。立地によって状況が異なったが，限定された期間においては，これらの生産地は死亡によって減退した生産力を復元するために，新しい労働力の補充をひたすらに要求した。マレー半島の先進開発地域では，1910年前後がこの状況下にあったといえよう。この時期は，乳児死亡率も高く，時には300パーミルに及ぶ高率が報告されている。高い死亡率が継続して労働力補充が絶えず要求される状況の存在は，植民地経済の非情さを鮮明に伝える。

近代医学の介入が，死亡率低下に向かって作用し，種痘による疱瘡の予防，検疫によるコレラの防止などが図られた。脚気の制圧に続いて，マラリアに対しても，沼沢地の埋め立て，地下排水路構築，薬剤散布，キニーネ無料投与などが，発生地を次第に縮小していった。流通の中心である町においては，結核が蔓延し始めた。不良な居住環境と同一視されるこの病気は，ようやく量的に目立ってきた華人滞留人口の下層部分に大きな影響を及ぼした。必ずしも死亡に直結しなくても，生産活動を妨げる種類の病気もあった。熱帯の気候の下で各種の皮膚病が発生し，熱帯に築かれた人為的空間の特異性のために性病が多発した。死亡による人口削減は回避されるようになったが，病気による体力低下や労働に復帰するまでの浪費期間の存在は，事実上の労働力削減であった。

植民地と医療制度

　ヨーロッパ人による近代的医療と，病院の設置を含む医療施策は，しばしば植民地行政のプラス評価の一つとして挙げられる。と同時に，世界における植民地期の医学の役割をめぐって後世の研究者からは，「帝国」のイデオロギーを具現するものとして，医療の対象，病院の組織，科学的方法論を含んで，批判の対象ともなった。

　マレー半島において，ヨーロッパ医療の受容には民族差があり，インド人移民の態度がもっとも親和的であった。初期にはもっとも高い死亡率を示し，環境不適応の見本であったインド人の状況改善には目覚しいものがあった。マレー半島への適応という側面からは，特に初期のインド人移民が示した不適応現象ともみなされる高い死亡率に注目する必要がある。インド人移民のヨーロッパ人経営プランテーションでの雇用，およびそれを契機とするヨーロッパ近代科学の牙城ともよぶべき病院への接近は，彼らの死亡傾向を土着の水準以下に引き下げる作用を示した。マレー半島の各地域は，その開発の程度に応じて，インド人移民の死亡傾向を決定しているように見える。インド人の死亡傾向の評価が，その扱われる時代と場所によって異なり，一見矛盾するような記述が現れるのはこのためである。

　華人は頑健な身体を持ち，独自の治療法を伝えていたが，マレー人に比してヨーロッパ医療に接する機会が相対的に多かった。植民地開発にともなう諸活動から置き去りにされがちであったマレー人にも，病院で治療を受ける機会が

提供された。彼らはヨーロッパ人の医薬に対して信頼感を有していたが、入院治療に対しては消極的であった。植民地官吏の最末端である巡査などの警察関係者が、病院とのかかわりを最初に見せることになった。人道的見地であれ、全体的効果の狙いであれ、種痘などの予防医療活動は、人種民族を問うことなく推進されたので、マレー人もその恩恵の一端に連なることになった。

ヨーロッパ人に対する医療は、一つの別世界に属するものであった。病院ではヨーロッパ人用の別病棟が設けられたし、異なる食習慣を保ったため、脚気などの病気とは無縁であった。ヨーロッパ人の死亡率は相対的に低かったが、それでも熱帯環境はマラリアを中心に彼らにも厳しさを波及させるものであった。

阿片という矛盾

住民、移民を問わず、植民地医療が健康保持のために果たした役割は評価できる。しかしながら、植民地行政は、住民や移民の健康を主目的としたのではなかった。植民地行政の費用を調達するために、阿片専売制度が長期にわたって採用されたことはその一つである。自由貿易を標榜する海峡植民地においては、阿片は政府財源として重要であり、1911年には総収入の49パーセントを担っていた。連邦州および非連邦州においては、土地所有あるいは土地からの収益に対する課税や、関税を含む他の収入源が併存したため総収入に対する割合は幾分小さくなるが、基本的な事情は変わらなかった。ケダー州では阿片による収益が、州政府収入の40パーセント以上を占める状態が、少なくとも1919年頃まで続いている（表12-1）。その後、国際的な阿片禁止の世論の中で他の財源への代替が進み、阿片収益の州財政への寄与は次第に縮小していくが、阿片の販売が断念されることはなかった。阿片による収益は、ケダーでは1357年（1938/39）においてもなお州収入の12.5パーセントを占めている。健康に対する害毒として認識されていても、植民地における経済の優先が、阿片吸引の全面的禁止を先送りにするのである。植民地の健康保持は、経済システムの円滑な運用に対する有力な補助手段であったが、それ自体が優先的な目的ではなかった。それにもかかわらず、医療制度は近代化の目に見えるシンボルであり、付随して確保されるようになった人口の自然増加は、後世になって植民地の功罪が問われる中で、体制擁護の理由の一つとして残った。

クアラルンプールのヨーロッパ人病院（1910年頃）。ヨーロッパ人の疾病被患は，アジア人に比して相対的に低かったが，それでも熱帯は瘴癘の地とみなされていた。

表 12-1　ケダー州財政の変化　1905-1939　　　　　　　　　　（海峡ドル）

イスラム暦	西暦対応年	総収入(海峡ドル)	関税徴収額（海峡ドル）米・籾米	ゴム	錫	阿片純益	総収入に対する阿片純益の割合
1324	1905/06	947,779	42,528			346,333	36.5
1325	1906/07	1,046,425	44,167			442,750	42.3
1326	1907/08	1,102,911	44,167			462,000	41.9
1327	1908/09	1,240,276	46,458			471,335	38.0
1328	1909/10	1,449,117	44,167	21,920	65,088	474,002	32.7
1329	1910/11	1,838,152	51,989	7,706	78,492	788,327	42.9
1330	1911/12	2,045,322	41,306	22,283	95,465	829,175	40.5
1331	1912/13	2,407,195	65,165	31,087	96,405	1,046,679	43.5
1332	1913/14	2,518,789	78,927	38,188	72,533	1,059,178	42.1
1333	1914/15	2,592,024	72,887	87,206	71,847	1,051,174	40.6
1334	1915/16	3,276,782	86,057	183,984	64,786	1,392,571	42.5
1335	1916/17	4,584,130		263,515	52,663	1,902,940	41.5
1336	1917/18	5,058,998	146,701	160,024	134,940	2,201,345	43.5
1337	1918/19	4,941,487	29,420	154,063	111,300	2,330,189	47.2
1338	1919/20	6,649,811	581	349,120	107,179	2,976,718	44.8
1339	1920/21	5,285,451		108,087	59,221	1,619,608	30.6
1340	1921/22	4,966,904	63,802	153,355	48,925	1,509,659	30.4
1341	1922/23	5,081,138	144,634	450,424	63,327	1,708,883	33.6
1342	1923/24	5,499,564	125,761	525,695	71,185	1,892,740	34.4
1343	1924/25	5,970,148	130,854	654,896	84,203	1,993,843	33.4
1344	1925/26	9,179,487	75,851	2,362,412		2,441,088	26.6
1345	1926/27	8,988,429	156,543	1,562,654		2,632,863	29.3
1346	1927/28	7,722,507	173,702	959,300	40,217	2,156,255	27.9
1347	1928/29	6,886,576	127,798	541,851	50,060	1,877,561	27.3
1348	1929/30	6,586,701	88,923	416,069	54,038	1,706,982	25.9
1349	1930/31	5,086,692	80,222	119,565	25,038	1,079,857	21.2
1350	1931/32	5,180,244	76,985	82,236	16,466	888,026	17.1
1351	1932/33	4,983,345	90,043	50,746	16,939	758,790	15.2
1352	1933/34	5,601,761	79,498	137,564	23,165	895,352	16.0
1353	1934/35	6,711,272	109,702	510,048	29,554	994,183	14.8
1354	1935/36	6,814,468	106,855	471,616	44,838	1,030,121	15.1
1355	1936/37	7,029,328	90,420	738,977	56,682	765,605	10.9
1356	1937/38	7,544,682	73,776	834,862	63,422	850,906	11.3
1357	1938/39	6,498,321	68,527	333,850	43,118	814,848	12.5

ARKd 各年度版より作成。海峡ドルセント以下の記載がある場合は切捨て。

国民の成立への急転

　マレー半島では錫とゴムを中心に開発の時代が進行した。開発に必要な労働力は，地域外から導入された。錫もゴムもその需要は世界経済に直結していた。需要が低迷して，労働力が不要になれば，植民地政府は失業者に対処する必要があった。植民地行政は，不要となった労働力を排出するために，無料本国送還という太いパイプを装備しており，この装置の作動が滞留人口の減少に少なからず影響した。この装置の存在が，住民意識，さらには将来の国民意識の醸成に拮抗的に作用し，独立後の政治体制に影響する側面があった。

　植民地経済が労働力の柔軟な調達を目指し，それが国境の枠を超える人の動きとなって実行されたことが，人口の民族比率を変動的にした。植民地期の最後の時点で，移民の経済的収奪を懸念するインド政府が，インドからの移民出発を禁止するという動きがあった。中国の社会主義化は，マレー半島と中国との人的交流を遮断した。マレーシアの独立と，多民族国家としての運営の開始は，このような現実に連続するものであった。この時点で数えあげられた民族別人口が国民形成の基礎となった。国民意識の醸成が求められ，土着要素が見直されて，移民のアイデンティティが問われることになる。

　海峡植民地は，中継貿易港としての性格を保ち，海峡植民地を経由して輸入された労働力も，それ自体が商品のように海峡植民地を通過した。マレー半島において錫とゴムによる開発が進行するにつれて，海峡植民地はマレー半島との経済的なかかわりを強めていった。人の動きに関しては状況の変化が徐々に生じつつあった。理念的には，この変化は，海峡植民地の初期の性格とは反対の方向を示すものであった。それは常住の理念に近いもので，実際にはマレー系住民においてさえも移動性が高く，ジャワ人をはじめとする東南アジア出身者も多かったにもかかわらず，それらを含めて「土地の子」として特権を認めようとする方向へと発展した。この意味で，独立は植民地の理念を逆転させた。常住化した移民の本国との繋がりが往復によって保たれる側面はある程度維持されたが，社会主義化した中国との関係が断絶し，往復が途絶える側面もあった。国家の方向が転換し，その中で改めて，多民族国家の運営が課題となったのである。

文献

行政資料（1895 年以降）
スランゴール年次報告書

1895　Rodger, J. P., Acting British Resident. *Administration Report of the State of Selangor for the Year 1895*. Kuala Lumpur: Selangor Government Printing Office, 1896. 32p.

1896　Rodger, J. P., British Resident. *Annual Report of the State of Selangor for the Year 1896*. Kuala Lumpur: Selangor Government Printing Office, 1897. 41p.

1897　Belfield, H. Conway, Acting British Resident. *Annual Report of the State of Selangor for the Year 1897*. Kuala Lumpur: Selangor Government Printing Office, 1898. 51p.

1898　Rodger, J. P., British Resident. *Selangor Administration Report for the Year 1898*. Kuala Lumpur: Selangor Government Printing Office, 1899. 45p.

1899　Belfield, H. Conway, Acting British Resident. *Selangor Administration Report for the Year 1899*. Kuala Lumpur: Selangor Government Printing Office, 1900. 19p+xxxi.

1900　Belfield, H. Conway, Acting British Resident. *Selangor Administration Report for the Year 1900*. Kuala Lumpur: Selangor Government Printing Office, 1901. 23p+xxxiii.

1901　Merewether, E. M., British Resident. *Selangor Administration Report for the Year 1901*. Kuala Lumpur: Selangor Government Printing Office, 1902. 23p+xxxvii.

1902　Belfield, H. Conway, British Resident. *Selangor Administration Report for the Year 1902*. Kuala Lumpur: Selangor Government Printing Office, 1903. 28p+xxxvii.

1903　Campbell, Douglas Graham, Acting British Resident. *Selangor Administration Report for the Year 1903*. Kuala Lumpur: Selangor Government Printing Office, 1904. 17p+xxxiv.

1904　Belfield, H. Conway, British Resident. *Selangor Administration Report for the Year 1904*. Kuala Lumpur: F. M. S. Government Printing Office, 1905. 13p+xxxvi.

1905　Belfield, H. Conway, British Resident. *Selangor Administration Report for the Year 1905*. Kuala Lumpur: F. M. S. Government Printing Office, 1906. 22p+xxxiv.

1906　タイトルページ破損。*Selangor Administration Report for the Year 1906*. 23p+xxix.

1907　Belfield, H. Conway, British Resident. *Selangor Administration Report for the Year 1907*. Kuala Lumpur: F. M. S. Government Printing Office, 1908. 26p+xix+tables.

1908　Belfield, H. Conway, British Resident. *Selangor Administration Report for the Year 1908*. Kuala Lumpur: F. M. S. Government Printing Office, 1909. 27p+xxiii+tables.

1909　Belfield, H. Conway, British Resident. *Selangor Administration Report for the Year 1909*. Kuala Lumpur: F. M. S. Government Printing Office, 1910. 32p+xxii+tables.

1910　Anthonisz, J. O., Acting British Resident. *Selangor Administration Report for the Year 1910*. Kuala Lumpur: F. M. S. Government Printing Office, 1911. 28p+vii.

1911　Broadrick, E. G., Acting British Resident. *Selangor Administration Report for the Year 1911*. Kuala Lumpur: F. M. S. Government Printing Office, 1912. 24p+xxii+tables.

1912　Broadrick, E. G., Acting British Resident. *Selangor Administration Report for the

Year 1912. Kuala Lumpur: F. M. S. Government Printing Office, 1913. 23p+xxii+tables.

1913　Burnside, E., Acting British Resident. *Selangor Administration Report for the Year 1913*. Kuala Lumpur: F. M. S. Government Printing Office, 1914. 19p+xxii+tables.

1914　Broadrick, E. G., British Resident. *Selangor Administration Report for the Year 1914*. Kuala Lumpur: F. M. S. Government Printing Office, 1915. 22p+xxii+tables.

1915　Broadrick, E. G., British Resident. *Selangor Administration Report for the Year 1915*. Kuala Lumpur: F. M. S. Government Printing Office, 1916. 24p+xxii+tables.

1916　Broadrick, E. G., British Resident. *Selangor Administration Report for the Year 1916*. Kuala Lumpur: F. M. S. Government Printing Office, 1917. 23p+xxii+tables.

1917　Broadrick, E. G., British Resident, *Selangor Administration Report for the Year 1917*. Kuala Lumpur, F. M. S. Government Printing Office, 1918. 12p+xxi.

1918　Broadrick, E. G., British Resident. *Selangor Administration Report for the Year 1918*. Kuala Lumpur, F. M. S. Government Printing Office, 1919. 16p+xxi.

1919　Lemon, A. H., British Resident. *Selangor Administration Report for the Year 1919*. Kuala Lumpur: F. M. S. Government Printing Office, 1920. 31p+xxi.

1920　Marks, Oliver, Acting British Resident. *Selangor Administration Report for the Year 1920*. Kuala Lumpur: F. M. S. Government Printing Office, 1921. 10p+xx.

1921　タイトルページ欠。*Selangor Administration Report for the Year 1921*. 10p+xx.

1922　Stoner, O. F., British Resident. *Selangor Administration Report for the Year 1922*. Kuala Lumpur: F. M. S. Government Printing Office, 1923. 12p+xx.

1923　Stoner, O. F., British Resident. *Selangor Administration Report for the Year 1923*. Kuala Lumpur: F. M. S. Government Printing Office, 1924. 10p+xx.

1924　Stoner, O. F., British Resident. *Selangor Administration Report for the Year 1924*. Kuala Lumpur: F. M. S. Government Printing Office, 1924. 12p+xx.

1925　Thomson, W. H., Acting British Resident. *Selangor Administration Report for the Year 1925*. Kuala Lumpur: F. M. S. Government Printing Office, 1926. 12p+xxi.

1926　Lornie, J., Acting British Resident. *Selangor Administration Report for the Year 1926*. Kuala Lumpur: F. M. S. Government Printing Office, 1927. 14p+xxi.

1927　Lornie, J., British Resident. *Selangor Administration Report for the Year 1927*. Kuala Lumpur: F. M. S. Government Printing Office, 1928. 20p+xxi.

1928　Cochrane, C. W. H., Acting British Resident. *Selangor Administration Report for the Year 1928*. Kuala Lumpur: F. M. S. Government Printing Office, 1929. 20p+xxi.

1929　Lornie, J., British Resident. *Selangor Administration Report for the Year 1929*. Kuala Lumpur: F. M. S. Government Printing Office, 1930. 27p+xxi.

1930　Caldecott, A., Acting British Resident. *Selangor Administration Report for the Year 1930*. Kuala Lumpur: F. M. S. Government Printing Office, 1931. 28p+xxi.

1931　Suplement to the F. M. S. Government Gazette, *Selangor Administration Report for the Year 1931*. 1932. 65p+xxviii.

1932　Adams, T. S., Acting British Resident. *Annual Report on the Social and Economic Progress of the People of Selangor for the Year 1932*. Kuala Lumpur: Federated Malay States Government Press, 1933. 74p+xxvii.

1933　Adams, T. S., British Resident. *Annual Report on the Social and Economic Progress of the People of Selangor for the Year 1933*. Kuala Lumpur: Federated Malay States

Government Press, 1934. 81p+xxvii.

1934 Barron, W. D. Acting British Resident. *Annual Report on the Social and Economic Progress of the People of Selangor for the Year 1934*. Kuala Lumpur: Federated Malay States Government Press, 1935. 84p+xxvi.

1935 Adams, T. S., British Resident. *Annual Report on the Social and Economic Progress of the People of Selangor for the Year 1935*. Kuala Lumpur: Federated Malay States Government Press, 1936. 100p+xxv.

1936 Jones, S. W., Acting British Resident. *Annual Report on the Social and Economic Progress of the People of Selangor for the Year 1936*. Kuala Lumpur: Federated Malay States Government Press, 1937. 148 p+xxv.

1937 Jones, S. W., British Resident. *Annual Report on the Social and Economic Progress of the People of Selangor for the Year 1937*. Kuala Lumpur: Federated Malay States Government Press, 1938. 175 p +xxv.

1938 Jones, S. W., British Resident. *Annual Report on the Social and Economic Progress of the People of Selangor for the Year 1938*. Kuala Lumpur: Federated Malay States Government Press, 1939. 143p+xxviii.

1939 Kidd, Major G. M., Acting British Resident. *Annual Report on the Social and Economic Progress of the People of Selangor for the Year 1939*. Kuala Lumpur: Federated Malay States Government Press, 1940. 92p+viii.

ペラ年次報告書

1895 Birch, E. W., Acting British Resident. *Annual Report on the State of Perak for the Year 1895*. Taiping: Government Printing Office. 51p.

1896 Treacher, W. H., British Resident. *Annual Report on the State of Perak for the Year 1896*. Taiping: Government Printing Office. 28p. 61p.

1897 Rodger, J. P., Acting British Resident. *Perak Administration Report for the Year 1897*. Taiping: Government Printing Office. 54p.

1898 Treacher, W. H., British Resident. *Perak Administration Report for the Year 1898*. Taiping: Government Printing Office. 32p.

1899 Rodger, J. P., Acting British Resident. *Perak Administration Report for the Year 1899*. Taiping: Government Printing Office. 60p.

1900 Walker, Col. R. S. F., Acting British Resident. *Perak Administration Report for the Year 1900*. Taiping: Government Printing Office. 64p.

1901 Rodger, J. P., British Resident. *Perak Administration Report for the Year 1901*. Taiping: Government Printing Office. 51p.

1902 Rodger, J. P., British Resident. *Perak Administration Report for the Year 1902*. Taiping: Government Printing Office. 51p.

1903 Belfield, H. Conway, Acting British Resident. *Perak Administration Report for the Year 1903*. Taiping: Government Printing Office. 46p.

1904 Birch, E. W., British Resident. *Perak Administration Report for the Year 1904*. Kuala Lumpur: Government Printing Office, 1905. 17p+xix.

1905 Birch, E. W., British Resident. *Perak Administration Report for the Year 1905*. Kuala Lumpur: F. M. S. Government Printing Office, 1906. 19p+xx.

1906 Birch, E. W., British Resident. *Perak Administration Report for the Year 1906.* Kuala Lumpur: F. M. S. Government Printing Office, 1907. 不明

1907 Supplement to the Perak Government Gazette. *Administration Report, 1907.* Kuala Lumpur: F. M. S. Government Printing Office, 1908. 28p+xx+tables.

1908 Birch, E. W., British Resident. *Perak Administration Report for the Year 1908.* Kuala Lumpur: F. M. S. Government Printing Office, 1909. 30p+xxiv+tables.

1909 Birch, E. W., British Resident. *Perak Administration Report for the Year 1909.* Kuala Lumpur: F. M. S. Government Printing Office, 1910. 31p+xxiii+tables.

1910 Watson, R. G., Acting British Resident. *Perak Administration Report for the Year 1910.* Kuala Lumpur: F. M. S. Government Printing Office, 1911. 26p+xx+tables.

1911 Marks, Oliver, Acting British Resident. *Perak Administration Report for the Year 1911.* Kuala Lumpur: F. M. S. Government Printing Office, 1912. 35p+xviii+tables.

1912 Watson, R. G., British Resident. *Perak Administration Report for the Year 1912.* Kuala Lumpur: F. M. S. Government Printing Office, 1913. 29p+xviii+tables.

1913 Watson, R. G., British Resident. *Perak Administration Report for the Year 1913.* Kuala Lumpur: F. M. S. Government Printing Office, 1914. 33p+xx+tables.

1914 Watson, R. G., British Resident. *Perak Administration Report for the Year 1914.* Kuala Lumpur: F. M. S. Government Printing Office, 1915. 37p+xx+tables.

1915 Watson, R. G., British Resident. *Perak Administration Report for the Year 1915.* Kuala Lumpur: F. M. S. Government Printing Office, 1916. 33p+xx+tables.

1916 Maxwell, W. George, Acting British Resident. *Perak Administration Report for the Year 1916.* Kuala Lumpur: F. M. S. Government Printing Office, 1917. 22p+xxi +tables.

1917 Watson, R. G., British Resident. *Perak Administration Report for the Year 1917.* Kuala Lumpur: F. M. S. Government Printing Office, 1918. 22p+xx.

1918 Watson, R. G., British Resident. *Perak Administration Report for the Year 1918.* Kuala Lumpur: F. M. S. Government Printing Office, 1919. 21p+xx.

1919 Maxwell, W. George, British Resident. *Perak Administration Report for the Year 1919.* Kuala Lumpur: F. M. S. Government Printing Office, 1920. 12p+xx.

1920 Hume, Lieut.-Col. W. J. P., British Resident. *Perak Administration Report for the Year 1920.* Kuala Lumpur: F. M. S. Government Printing Office, 1921. 12p+xxi.

1921 Parr, Major C. W. C., British Resident. *Perak Administration Report for the Year 1921.* Kuala Lumpur: F. M. S. Government Printing Office, 1922. 8p+xxi.

1922 Parr, Major C. W. C., British Resident. *Perak Administration Report for the Year 1922.* Kuala Lumpur: F. M. S. Government Printing Office, 1923. 13p+xxi.

1923 Parr, Lieut.-Col. C. W. C., British Resident. *Perak Administration Report for the Year 1923.* Kuala Lumpur: F. M. S. Government Printing Office, 1924. 15p+xxv.

1924 Parr, Liet.-Col. C. W. C., British Resident. *Perak Administration Report for the Year 1924.* Kuala Lumpur: F. M. S. Government Printing Office, 1925. 25p+xxvii.

1925 Elles, B. W., Acting British Resident. *Perak Administration Report for the Year 1925.* Kuala Lumpur: F. M. S. Government Printing Office, 1926. 18p+xxvii.

1926 Thomson, H. W., British Resident. *Perak Administration Report for the Year 1926.* Kuala Lumpur: F. M. S. Government Printing Office, 1927. 20p+xxi.

1927 Cochrane, C. W. H., Acting British Resident. *Perak Administration Report for the*

Year 1927. Kuala Lumpur: F. M. S. Government Printing Office, 1928. 20p+xxii.

1928　Worthington, A. F.,British Resident. *Perak Administration Report for the Year 1928*. Kuala Lumpur: F. M. S. Government Printing Office, 1929. 20p+xxii.

1929　Simmons, J. W., Acting British Resident. *Perak Administration Report for the Year 1929*. Kuala Lumpur: F. M. S. Government Printing Office, 1930. 22p+xxii.

1930　Elles, B. W., British Resident. *Perak Administration Report for the Year 1930*. Kuala Lumpur: F. M. S. Government Printing Office, 1931 29p+xxiii.

1931　Supplement to the F. M. S. Government Gazette, *Perak Administration Report for the Year 1931*. 1932. 49p+xxxiii.

1932　Kempe, J. E., Acting British Resident. *Perak Administration Report for the Year 1932*. Kuala Lumpur: F. M. S. Government Printing Office, 1933. 60p+xxxi.

1933　Cator, Geoffrey Edmund, British Resident. *Annual Report on the Social and Economic Progress of the People of Perak for the Year 1933*. Kuala Lumpur: F. M. S. Government Press, 1934. 70p+xxxii.

1934　Cator, Geoffrey Edmund, British Resident. *Annual Report on the Social and Economic Progress of the People of Perak for the Year 1934*, Kuala Lumpur: F. M. S. Government Press, 1935. 81p+xxxiii.

1935　Rex, Marcus, Acting British Resident. *Annual Report on the Social and Economic Progress of the People of Perak for the Year 1935*, Kuala Lumpur: F. M. S. Government Press, 1936. 107p+xxxv.

1936　Cater, Geoffrey Edmund, British Resident. *Annual Report on the Social and Economic Progress of the People of Perak for the Year 1936*. Kuala Lumpur: F. M. S. Government Press, 1937. 113p+xxxviii.

1937　Cater, Geoffrey Edmund, British Resident. *Annual Report on the Social and Economic Progress of the People of Perak for the Year 1937*. Kuala Lumpur: F. M. S. Government Press, 1938. 126p+xxxviii.

1938　Rex, Marcus, British Resident. *Annual Report on the Social and Economic Progress of the People of Perak for the Year 1938*. Kuala Lumpur:F. M. S. Government Press, 1939. 120p+$_{XL}$.

1939　Mather, N. F. H., Acting British Resident. *Annual Report on the Social and Economic Progress of the People of Perak for the Year 1939*. Kuala Lumpur: F. M. S. Government Press, 1940. 82p+xxiv.

パハン年次報告書

1895　Wise, D. H., Acting British Resident. *Administration Report of the State of Pahang for the Year 1895*. Kuala Lumpur: Selangor Government Printing Office, 1896. 15p.

1896　Clifford, Hugh, British Resident. *Annual Report of the State of Pahang for the Year 1896*. Kuala Lumpur: Selangor Government Printing Office, 1897. 27p.

1897　Clifford, Hugh, British Resident. *Annual Report of the State of Pahang for the Year 1897*. Kuala Lumpur: Selangor Government Printing Office, 1898. 35p.

1898　タイトルページ欠。*Annual Report by the British Resident of Pahang for the Year 1898*. 24p+viii.

1899　Butler, Arthur, British Resident. *Annual Report of the State of Pahang for the Year*

1899. Kuala Lumpur: Selangor Government Printing Office, 1900. 29p +xxi.
1900　Clifford, Hugh, British Resident. *Annual Report of the State of Pahang for the Year 1900*. Kuala Lumpur: Selangor Government Printing Office, 1901. 22p+xvii.
1901　Duberly, F., Acting British Resident. *Annual Report of the State of Pahang for the Year 1901*. Kuala Lumpur: Selangor Government Printing Office, 1902. 10p+xix.
1902　Duberly, F., Acting British Resident. *Pahang Administration Report for the Year 1902*. Kuala Lumpur: Selangor Government Printing Office, 1903. 8p+xviii.
1903　Wray, Cecil, Acting British Resident. *Pahang Administration Report for the Year 1903*. Kuala Lumpur: Selangor Government Printing Office, 1904. 14p+xviii.
1904　Wray, Cecil, British Resident. *Pahang Administration Report for the Year 1904*. Kuala Lumpur: F. M. S. Government Printing Office, 1905. 17p+xvii.
1905　Wray, Cecil, British Resident. *Pahang Administration Report for the Year 1905*. Kuala Lumpur: F. M. S. Government Printing Office, 1906. 14p+xx.
1906　欠本
1907　Chevallier, Harvey, British Resident. *Pahang Administration Report for the Year 1907*. Kuala Lumpur: F. M. S. Government Printing Office, 1908. 20p+xviii +tables.
1908　Brockman, E. L., British Resident. *Pahang Administration Report for the Year 1908*. Kuala Lumpur: F. M. S. Government Printing Office, 1909. 12p+xix+tables.
1909　Barnes, Warren D., British Resident. *Pahang Administration Report for the Year 1909*. Kuala Lumpur: F. M. S. Government Printing Office, 1910. 17p+xviii+tables.
1910　Brewster, E. J., Acting British Resident. *Pahang Administration Report for the Year 1910*. Kuala Lumpur: F. M. S. Government Printing Office, 1911. 17p+xvii +tables.
1911　Weld, F. J., Acting British Resident. *Pahang Administration Report for the Year 1911*. Kuala Lumpur: F. M. S. Government Printing Office, 1912. 18p+xvi +tables.
1912　Weld, F. J., Acting British Resident. *Pahang Administration Report for the Year 1912*. Kuala Lumpur: F. M. S. Government Printing Office, 1913. 24p+xvii.
1913　Brewster, E. J., British Resident. *Pahang Administration Report for the Year 1913*. Kuala Lumpur: F. M. S. Government Printing Office, 1914. 25p+xvi+tables.
1914　Brewster, E. J., British Resident. *Pahang Administration Report for the Year 1914*. Kuala Lumpur: F. M. S. Government Printing Office, 1915. 33p+xvi+tables.
1915　Parr, C. W. C., British Resident. *Pahang Administration Report for the Year 1915*. Kuala Lumpur: F. M. S. Government Printing Office, 1916. 26p+xvi+tables.
1916　Parr, C. W. C., British Resident. *Pahang Administration Report for the Year 1916*. Kuala Lumpur: F. M. S. Government Printing Office, 1917. 24p+xvi+tables.
1917　Parr, C. W. C., British Resident. *Pahang Administration Report for the Year 1917*. Kuala Lumpur: F. M. S. Government Printing Office, 1918. 18p+xvi.
1918　Parr, C. W. C., British Resident. *Pahang Administration Report for the Year 1918*. Kuala Lumpur: F. M. S. Government Printing Office, 1919. 27p+xv.
1919　Parr, C. W. C., British Resident. *Pahang Administration Report for the Year 1919*. Kuala Lumpur: F. M. S. Government Printing Office, 1920. 31p+xv.
1920　Scott, W. D., Acting British Resident. *Pahang Administration Report for the Year 1920*. Kuala Lumpur: F. M. S. Government Printing Office, 1921. 12p+xx.
1921　McClelland, F. A. S., Acting British Resident. *Pahang Administration Report for the*

Year 1921. Kuala Lumpur: F. M. S. Government Printing Office, 1922. 13p +xvii.

1922　Thomson, H. W., British Resident. *Pahang Administration Report for the Year 1922*. Kuala Lumpur: F. M. S. Government Printing Office, 1923. 11p+xix.

1923　Thomson, H. W., British Resident. *Pahang Administration Report for the year 1923*. Kuala Lumpur: F. M. S. Government Printing Office, 1924. 11p+xix.

1924　Haynes, A. S., Acting British Resident. *Pahang Administration Report for the Year 1924*. Kuala Lumpur: F. M. S. Government Printing Office, 1925. 15p+xviii.

1925　Worthington, A. F., Acting British Resident. *Pahang Administration Report for the Year 1925*. Kuala Lumpur: F. M. S. Government Printing Office, 1926. 16p+xix.

1926　Haynes, A. S., Acting British Resident. *Pahang Administration Report for the Year 1926*. Kuala Lumpur: F. M. S. Government Printing Office, 1927. 14p+xviii.

1927　Worthington, A. F., British Resident. *Pahang Administration Report for the Year 1927*. Kuala Lumpur: F. M. S. Government Printing Office, 1928. 16p+xxi.

1928　Green, C. F., Acting British Resident. *Pahang Administration Report for the Year 1928*. Kuala Lumpur: F. M. S. Government Printing Office, 1929. 14p+xviii.

1929　Green, C. F., British Resident. *Pahang Administration Report for the Year 1929*. Kuala Lumpur: F. M. S. Government Printing Office, 1930. 18p+xxi.

1930　Hughes, J. W. W., Acting British Resident. *Pahang Administration Report for the Year 1930*. Kuala Lumpur: F. M. S. Government Printing Office, 1931. 15p+xix.

1931　Supplement to the F.M.S. Government Gazette. *Pahang Administration Report for the Year 1930*. 1932. 49p+xxiv.

1932　Leonard. H. G. R., British Resident. *Annual Report on the Social and Economic Progress of the People of Pahang for the Year 1932*. Kuala Lumpur: F.M.S. Government Printing Office, 1933. 53p+xxv.

1933　Leonard. H. G. R., British Resident. *Annual Report on the Social and Economic Progress of the People of Pahang for the Year 1933*. Kuala Lumpur: F.M.S. Government Press, 1934. 49p+xxv.

1934　Leonard, H. G. R., British Resident. *Annual Report on the Social and Economic Progress of the People of Pahang for the Year 1934*. Kuala Lumpur: F.M.S. Government Press, 1935. 49p+xxv.

1935　C. C. Brown, British Resident. *Annual Report on the Social and Economic Progress of the People of Pahang for the Year 1935*. Kuala Lumpur: F.M.S. Government Press, 1936. 61p+xxv.

1936　Cowgill. J. V., Acting British Resident. *Annual Report on the Social and Economic Progress of the People of Pahang for the Year 1936*. Kuala Lumpur: F.M.S. Government Press, 1937. 70p+xxv.

1937　Brown. C. C., British Resident. *Annual Report on the Social and Economic Progress of the People of Pahang for the Year 1937*. Kuala Lumpur: F.M.S. Government Press, 1938. 88p+xxv.

1938　Brown, C. C., British Resident. *Annual Report on the Social and Economic Progress of the People of Pahang for the Year 1938*. Kuala Lumpur: F.M.S. Government Press, 1939. 88p+xxvi.

1939　Brown,C. C., British Resident. *Annual Report on the Social and Economic Progress* of the People of Pahang for the Year 1939. Kuala Lumpur: F.M.S. Government Press, 1940. 62p+xx.

ジョホール年次報告書

1913 *Johore in 1913.* 31p+xiii. 書誌情報不明
1914 Campbell, D. C., General Adviser. *Johore Annual Report for the Year 1914.* 44p.
1915 Weld, F. J., Acting General Adviser. *The Annual Report of the General Adviser to the Government of Johore for the Year 1915.* Kuala Lumpur: F.M.S. Government Printing Office, 1916. 39p.
1916 Campbell, D. G., General Adviser. *Johore Annual Report for the Year 1916.* Kuala Lumpur: F.M.S. Government Printing Office, 1917. 39p.
1917 Campbell, D. G., General Adviser. *Johore Annual Report for the Year 1917.* Kuala Lumpur: F.M.S. Government Printing Office, 1918. 28p.
1918 Hallifax, F. J., Acting General Adviser. *Johore Annual Report for the Year 1918.* Kuala Lumpur: F.M.S. Government Printing Office, 1919. 30p.
1919 Owen, J. F., Acting General Adviser. *Johore Annual Report for the Year 1919.* Johore Bahru: Government Printing Office, 1920. 36p.
1920 Marriott, H., General Adviser. *Johore Annual Report for the Year 1920.* Kuala Lumpur: F.M.S. Government Printing Office, 1921. 30p.
1921 Marriott, H., General Adviser. *Johore Annual Report for the Year 1921.* Kuala Lumpur: F.M.S. Government Printing Office, 1922. 32p.
1922 Marriott, H., General Adviser. *Johore Annual Report for the Year 1922.* Johore Bahru: Government Printing Office, 1923. 36p.
1923 Hereford, G. A., Acting General Adviser. *Johore Annual Report for the Year 1923.* Singapore: Government Printing Office, 1924. 41p.
1924 Marriott, H., General Adviser. *Johore Annual Report for the Year 1924.* Singapore: Government Printing Office, 1925. 55p.
1925 Clayton, T. W., Acting General Adviser. *Johore Annual Report for the Year 1925.* Singapore: Government Printing Office, 1926. 39p.
1926 Cochrane, C. H. W., General Adviser. *Johore Annual Report for the Year 1926.* Singapore: Government Printing Office, 1927. 42p.
1927 Shaw, G. E., Acting General Adviser. *Johore Annual Report for the Year 1927.* Singapore: Government Printing Office, 1928. 42p.
1928 Shaw, G. E., General Adviser. *Johore Annual Report for the Year 1928.* Singapore: Government Printing Office, 1929. 50p+map.
1929 Coe, Capt. T. P., Acting General Adviser. *Johore Annual Report for the Year 1929.* Singapore: Government Printing Office, 1930. 50p+map.
1930 Shaw, G. E., General Adviser. *Johore Annual Report for the Year 1930.* Singapore: Government Printing Office, 1931. 52p+map.
1931 Winstedt, R. O., General Adviser. *Annual Report on the Social & Economic Progress of the People of Johore for 1931.* Johore Bharu: Government Printing Office, 1932. 57p+map.

1932 Jones, S. W., Ag. General Adviser. *Annual Report on the Social & Economic Progress of the People of Johore for 1932*. Johore Bharu: Government Printing Office. 1933. 63p+map.
1933 Winstedt, R. O., General Adviser. *Annual Report on the Social & Economic Progress of the People of Johore for 1933*. Johore Bharu: Government Printing Office, 1934. 49p.
1934 Winstedt, R. O., General Adviser. *Annual Report on the Social & Economic Progress of the People of Johore for 1934*. Johore Bharu: Government Printing Office, 1935. 58p+map.
1935 Pepys, W. E., General Adviser. *Annual Report on the Social & Economic Progress of the People of Johore for 1935*. Johore Bharu: Government Printing Office, 1936. 66p+map.
1936 Pepys, W. E., General Adviser. *Annual Report on the Social & Economic Progress of the People of Johore for 1936*. Johore Bharu: Government Printing Office, 1937. 79p+map.
1937 Pepys, W. E., General Adviser. *Annual Report on the Social & Economic Progress of the People of Johore for 1937*. Johore Bharu: Government Printing Office, 1938. 72p+map.
1938 Pepys, W. E., General Adviser. *Annual Report on the Social & Economic Progress of the People of Johore for 1938*. Johore Bharu: Government Printing Office, 1939. 76p+map.

クランタン年次報告書
1903/04 *General Report of Affairs in the State of Kelantan for the Year Aug., 1903 - Aug., 1904.*
1904/05 *Report of Kelantan for the period 1st August, 1904, to 31st May, 1905*. Bangkok, 1905.
1905/06 *Report of on the State of Kelantan for the period 1st June, 1905 to 23rd February, 1906*. Bangkok, 1907.
1906/07 *Report on the State of Kelantan. For the period 24th February, 1906 to 14th February, 1907.*
1907/08 *Fifth General Report of Affairs in the State of Kelantan, February 15th, 1907 to February 4th, 1908.*
1327A.H. Mason, J. S., British Adviser. *Kelantan Administration Report for the Year 1327 A.H. (23rd January, 1909 − 12th January, 1910)*. London,1910.
1328A.H. Mason, J. S., British Adviser. *Kelantan Administration Report for the Year 1328 A.H. (13th January, 1910 − 31st December, 1910).*
1911 Bishops J. E., Acting British Adviser. *Kelantan Administration Report for the Year 1911*. Kuala Lumpur: Government Printing Office, 1912.
1913 Langham-Carter, W., British Adviser. *Kelantan Administration Report for the Year 1913*. Kuala Lumpur: F. M. S. Government Printing Office, 1914. 14p+xix.
1914 Langham-Carter, W., British Adviser. *Kelantan Administration Report for the Year 1914*. Kuala Lumpur: F. M. S. Government Printing Office, 1915. 11p+xix+map.
1915 Farper, R. J., Acting British Adviser. *Kelantan Administration Report for the Year*

1915. Kuala Lumpur: F. M. S. Government Printing Office, 1916. 13p+xix.

1916　Farper, R. J., Acting British Adviser. *Kelantan Administration Report for the Year 1916*. Kuala Lumpur: F. M. S. Government Printing Office, 1917. 12p+vii.

1917　Farper, R. J., Acting British Adviser. *Kelantan Administration Report for the Year 1917*. Kuala Lumpur: F. M. S. Government Printing Office, 1918. 10p+vii.

1918　Thomson, H. W., Acting British Adviser. *Kelantan Administration Report for the Year 1918.* Kuala Lumpur: F. M. S. Government Printing Office, 1919. 13p+vii.

1919　Thomson, H. W., Acting British Adviser. *Kelantan Administration Report for the Year 1919*. Kuala Lumpur: F. M. S. Government Printing Office, 1920. 20p+vi.

1920　Thomson, H. W., British Adviser. *Kelantan Administration Report for the Year 1920*. Kuala Lumpur: F. M. S. Government Printing Office, 1921. 19p+vi.

1921　Thomson, H. W., British Adviser. *Kelantan Administration Report for the Year 1921*. Kuala Lumpur: F. M. S. Government Printing Office, 1922. 21p+xvii.

1922　Worthigton, A. F., British Adviser. *Kelantan Administration Report for the Year 1922*. Kuala Lumpur: F. M. S. Government Printing Office, 1923. 14p+xvi.

1923　Worthigton, A. F., British Adviser. *Kelantan Administration Report for the Year 1923*. Sngapore: Government Printing Office, 1924. 34p.

1924　Eckhardt, H. C., Acting British Adviser. *Kelantan Administration Report for the Year 1924*. Singapore: Government Printing Office, 1925. 36p.

1925　Shaw, G. E., Acting British Adviser. *Kelantan Administration Report for the Year 1925*. Singapore: Government Printing Office, 1926. 47p.

1926　Millington, Acting British Adviser. *Kelantan Administration Report for the Year 1926*. Singapore: Government Printing Office, 1927. 56p.

1927　Clayton, J. B., Acting British Adviser. *Kelantan Administration Report for the Year 1927*. Singapore: Government Printing Office, 1928. 23p.

1928　Clayton, J. B., British Adviser. *Kelantan Administration Report for the Year 1928*. Singapore: Malaya Publishing House, LTD., 1929. 25p+table+map.

1929　Clayton, J. B., British Adviser. *Kelantan Administration Report for the Year 1929*. Singapore: Malaya Publishing House, LTD., 1930. 26p+i+map.

1930　Haynes, A. S., British Adviser. *Kelantan Administration Report for the Year 1930*. Kelantan: Al-Asasiyah Press Co., 1931. 41p+iv+map.

1931　Haynes, A. S., British Adviser. *Kelantan Administration Report for the Year 1931*. Kelantan: Al-Asasiyah Press Co., 1932. 56p+vi+map.

1932　Haynes, A. S., British Adviser. *Annual Report on the Social and Economic Progress of the People of Kelantan for the Year 1932*. Kelantan: Al-Asasiyah Press Co., 1933. 60p+vii+map.

1933　Barron, W. D., Acting British Adviser. *Annual Report on the Social and Economic Progress of the People of Kelantan for the Year 1933*. Kelantan: Al-Asasiyah Press Co., 1934. 58p+vii+map.

1934　Baker, A. C., British Adviser. *Annual Report on the Social and Economic Progress of the People of Kelantan for the Year 1934*. British Adviser, Kelantan: Al-Asasiyah Press Co., 1935. 53p+vii+map.

1935　Baker, A. C., British Adviser. *Annual Report on the Social and Economic Progress*

      of the People of Kelantan for the Year 1935. Kelantan: Cheong Fatt Press, 1936. 76p+ix+map.
1936　Moubray, G. A. de C. de, Ag: British Adviser. *Annual Report on the Social and Economic Progress of the People of Kelantan for the Year 1936.* Kelantan: Cheong Fatt Press, 1937. 88p+vi+map.
1937　Baker, A. C., British Adviser. *Annual Report on the Social and Economic Progress of the People of Kelantan for the Year 1937.* 95p+ii+map.
1938　Baker, A. C., British Adviser. *Annual Report on the Social and Economic Progress of the People of Kelantan for the Year 1938.* 108p.

ケダー年次報告書

1331A.H.（11 Dec. 1912 – 30 Nov. 1913）
　　Maxwell, W. George, Adviser. *The Annual Report of the Adviser to the Kedah Government for the Year 1331A.H.* Kuala Lumpur: F. M. S. Government Printing Office, 1914. 38p+table.
1332A.H.（30 Nov. 1913 – 18 Nov. 1914）
　　Wolferstan, L. E. P., Acting Adviser. *The Annual Report of the Adviser to the Kedah Government for the Year 1332A.H.* Kuala Lumpur: F. M. S. Government Printing Office, 1915. 37p+table.
1333A.H.（19 Nov. 1914 – 8 Nov. 1915）
　　Hall, G. A., Acting Adviser. *The Annual Report of the Adviser to the Kedah Government for the Year 1333A.H.* Kuala Lumpur: F. M. S. Government Printing Office, 1916. 25p+table.
1334A.H.（9 Nov. 1915 – 27 Oct. 1916）
　　Hall, G. A., Acting Adviser. *The Annual Report of the Adviser to the Kedah Government for the Year 1334A.H.* Kuala Lumpur: F. M. S. Government Printing Office, 1917. 23p+table.
1335A.H.（28 Oct. 1916 – 17 Oct. 1917）
　　Hall, G. A., Acting Adviser. *The Annual Report of the Adviser to the Kedah Government for the Year 1335A.H.* Kuala Lumpur: F. M. S. Government Printing Office, 1918. 16p+table.
1336A.H.（17 Oct. 1917 – 6 Oct. 1918）
　　Hall, G. A., Acting British Adviser. *The Annual Report of the Adviser to the Kedah Government for the Year 1336A. H.* Kuala Lumpur: F. M. S. Government Printing Office, 1919. 19p+table.
1337A.H.（7 Oct. 1918 – 25 Sept. 1919）
　　McArthur, M. S. H., British Adviser. *The Annual Report of the British Adviser to the Kedah Government for the Year 1337A.H.* Kuala Lumpur: F. M. S. Government Printing Office, 1920. 31p.
1338A.H.（26 Sept. 1919 – 14 Sept. 1920）
　　McArthur, M. S. H., British Adviser. *The Annual Report of the British Adviser to the Kedah Government for the Year 1338A.H.* Kuala Lumpur: F. M. S. Government Printing Office, 1921. 31p.

1339A.H.（15 Sept. 1920 – 3 Sept. 1921）
　　McArthur, M. S. H., British Adviser. *The Annual Report of the British Adviser to the Kedah Government for the Year 1339A.H.* Kuala Lumpur: F. M. S. Government Printing Office, 1922. 31p.

1340A.H.（4 Sept. 1921 – 22 Aug. 1922）
　　Peel, W., Acting British Adviser. *The Annual Report of the British Adviser to the Kedah Government for the Year 1340A.H.* Kuala Lumpur: F. M. S. Government Printing Office, 1923. 20p.

1341A.H.（23 Aug. 1922 – 13 Aug. 1923）
　　Peel, W., British Adviser. *The Annual Report of the British Adviser to the Kedah Government for the Year 1341A.H.* Singapore: Government Printing Office, 1923. 25p.

1342A.H.（14 Aug. 1923 – 1 Aug. 1924）
　　Peel, W., British Adviser. *The Annual Report of the British Adviser to the Kedah Government for the Year 1342A.H.* Alor Star: Kedah Government Press, 1925. 27p.

1343A.H.（2 Aug. 1924 – 21 Jul. 1925）
　　Haynes, A. S., Acting British Adviser. *The Annual Report of the British Adviser to the Kedah Government for the Year 1343A.H.* 35p + map.

1344A.H.（22 Jul. 1925 – 11 Jul. 1926）
　　Annual Report of the British Adviser to the Kedah Government for the Year 1344 A.H. 41p. タイトルページ欠

1345A.H.（12 Jul. 1926 – 30 Jun. 1927）
　　Clayton, T. W., British Adviser. *The Annual Report of the British Adviser to the Kedah Government for the Year 1345A.H.* 1928. 45p.

1346 A.H. 欠本

1347A.H.（20 Jun. 1928 – 8 Jun. 1929）
　　Clayton, T. W., British Adviser. *Annual Report of the British Adviser to the Kedah Government for the Year 1347A.H.* 1929. 43p.

1348A.H. *Annual Report of the British Adviser to the Kedah Government for the Year 1348 A.H.* 45p. タイトルページ欠。

1349A.H.（29 May 1930 – 18 May 1931）
　　Hall, J. D., Acting British Adviser. *Annual Report of the British Adviser to the Kedah Government for the Year 1349A.H.* Alor Star: Kedah Government Press, 1932. 59p.

1350A.H.（19 May 1931 – 6 May 1932）
　　Baker, Captain A. C. Acting British Adviser. *Annual Report on the Social and Economic Progress of the People of the State of Kedah for the Year 1350A.H.* Alor Star: Kedah Government Press, 1933. 59p.

1351A.H.（7 May 1932 – 25 Apr. 1933）
　　Hall, J. D., British Adviser. *Annual Report on the Social and Economic Progress of the People of the State of Kedah for the Year 1351A.H.* Alor Star: Kedah Government Press, 1933. 59p.

1352A.H.（26 Apr. 1933 – 15 Apr. 1934）
　　Hall, J. D., British Adviser. *Annual Report on the Social and Economic Progress of*

the People of the State of Kedah for the Year 1352A. H. Alor Star: Kedah Government Press, 1934. 62p+map.

1353A.H.（16 Apr. 1934 – 4 Apr. 1935）

Hall, J. D., British Adviser. *Annual Report on the Social and Economic Progress of the People of the State of Kedah for the Year 1353A.H.* Alor Star: Kedah Government Press, 1935. 68p+map.

1354A.H.（5 Apr. 1935 – 23 Mar. 1936）

Hall, J. D., British Adviser. *Annual Report on the Social and Economic Progress of the People of the State of Kedah for the Year 1354A.H.* Alor Star: Kedah Government Press, 1936. 82p+map.

1355A.H.（24 Mar. 1936 – 13 Mar. 1937）

Hall, J. D., British Adviser. *Annual Report on the Social and Economic Progress of the People of the State of Kedah for the Year 1355A.H.* Alor Star: Kedah Government Press, 1937. 91p+map.

1356A.H.（14 Mar. 1937 – 2 Mar. 1938）

Hall, J. D., British Adviser. *Annual Report on the Social and Economic Progress of the People of the State of Kedah for the Year 1356A.H.* Alor Star: Kedah Government Press, 1938. 86p+map.

1357A.H.（3 Mar. 1938 – 20 Feb. 1939）

Hall, J. D., British Adviser. *Annual Report on the Social and Economic Progress of the People of the State of Kedah for the Year 1357A.H.* Alor Star: Kedah Government Press, 1939. 95p+map.

トレンガヌ年次報告書

1913　Dickson, E. A., British Agent. *Trengganu Annual Report for the Year 1913*. Kuala Lumpur: F.M.S. Government Printing Officce, 1914. 7p.

1914　Maxwell, C. N., British Agent. *Trengganu Annual Report for the Year 1914*. Kuala Lumpur: F.M.S. Government Printing Office, 1915. 16p.

1915　Humphreys, J. L., British Agent. *The Annual Report of the British Agent, Trengganu, for the Year 1915*. Kuala Lumpur: F.M.S. Government Printing Office, 1916. 18p.

1916　Humphreys, J. L., British Agent. *The Annual Report of the British Agent, Trengganu, for the Year 1916*. Kuala Lumpur: F.M.S. Government Printing Office, 1917. 19p.

1917　Humphreys, J. L., British Agent. *The Annual Report of the British Agent, Trengganu, for the Year 1917*. Kuala Lumpur: F.M.S. Government Printing Office, 1918. 12p.

1918　Humphreys, J. L., British Agent. *The Annual Report of the British Agent, Trengganu, for the Year 1918*. Kuala Lumpur: F.M.S. Government Printing Office, 1919. 18p.

1919　Humphreys, J. L., British Adviser. *The Annual Report of the British Adviser, Trengganu, for the Year 1919*. Kuala Lumpur: F.M.S. Government Printing Office, 1920. 17p.

1920 Eckhardt, H. C., Acting British Adviser. *The Annual Report of the British Adviser, Trengganu, for the Year 1920*. Kuala Lumpur: F.M.S. Government Printing Office, 1921. 12p.

1921 Eckhardt, H. C., Acting British Adviser. *The Annual Report of the British Adviser, Trengganu, for the Year 1921*. Kuala Lumpur: F.M.S. Government Printing Office, 1922. 11p.

1922 Humphreys, J. L., British Adviser. *The Annual Report of the British Adviser, Trengganu, for the Year 1922*. Kuala Lumpur: F.M.S. Government Printing Office, 1923. 12p.

1923 Humphreys, J. L., British Adviser. *The Annual Report of the British Adviser, Trengganu, for the Year 1923*. Singapore: Government Printing Office, 1924. 27p.

1924 Humphreys, J. L., British Adviser. *The Annual Report of the British Adviser, Trengganu, for the Year 1924*. Singapore: Government Printing Office, 1925. 37p.

1925 Simmons, Acting Brritish Adviser. *Annual Report of the British Adviser, Trengganu, for the Year 1925*. Singapore: Government Printing Office, 1926. 40p.

1926 Simmons, Acting Brritish Adviser. *Annual Report of the British Adviser, Trengganu, for the Year 1926*. Singapore: Government Printing Office, 1927. 45p.

1927 Millington, Acting British Adviser. *Annual Report of the British Adviser, Trengganu, for the Year 1927*. Singapore: Government Printing Office, 1928. 23p.

1346/47A.H. (30 Jun. 1927 - 18 Jun. 1928/19 Jun. 1928 - 7 Jun. 1929)
Sturrock, A. J., British Adviser. *Annual Report of the British Adviser, Trengganu, for the Years A.H. 1346 and 1347*. Singapore: Government Printing Office, 1929. 25p+map.

1348A.H. (8 Jun. 1929 - 27 May 1930)
Sturrock, A. J., British Adviser. *Annual Report for the Year A.H. 1348*. Singapore: Government Printing Office, 1930. 23p.

1349A.H. (28 May 1930 - 17 May 1931)
Ham, G. L., Acting British Adviser. *Trengganu Annual Report for the Year A.H. 1349*. Singapore: Government Printing Office, 1931. 30p.

1931 (Part: 18 May 1931-31 Dec. 1931)
Brown, C. C., Acting British Adviser. *Report on the State of Trengganu for the Year 1931(Part)*. Singapore: Government Printing Office, 1932. 22p+map.

1932 *Annual Report on the State of Trengganu for the Year 1932*. 36p+map.(タイトルページ欠)

1933 Brown, C. C., British Adviser. *Annual Report on the Social and Economic Progress of the People of Trengganu for the Year 1933*. Singapore: Government Printing Office, 1934. 44p+map.

1934 Brown, C. C., British Adviser. *Annual Report on the Social and Economic Progress of the People of Trengganu for the Year 1934*. Singapore: Government Printing Office, 1935. 44p+map.

1935 Kempe, J. E., British Adviser. *Annual Report on the Social and Economic Progress of the People of Trengganu for the Year 1935*. Singapore: Government Printing Office, 1936. 48p+map.

1936　Jarrett, N. R., Ag. British Adviser. *Annual Report on the Social and Economic Progress of the People of Trengganu for the Year 1936.* Singapore: Government Printing Office, 1937. 54p+map.

1937　Coope, A. C., Ag. British Adviser. *Annual Report on the Social and Economic Progress of the People of Trengganu for the Year 1937.* Singapore: Government Printing Office. 65p+map.

1938　Coope, A. C., Ag. British Adviser. *Annual Report on the Social and Economic Progress of the People of Trengganu for the Year 1938.* Singapore: G. H. Kiat & Co. 76p+map.

海峡植民地年次報告書

1886　Straits Settlement. *Annual Reports for the Year 1886.* Singapore: Government Printing Office, 1887. 519p.

1902　*Annual Departmental Reports of the Straits Settlements for the Year 1902.* Singapore: Government Printing Office, 1903. 699p.

1905　*Annual Departmental Reports of the Straits Settlements for the Year 1905.* Singapore: Government Printing Office, 1906. 819p.

1906　*Annual Departmental Reports of the Straits Settlements for the Year 1906.* Singapore: Government Printing Office, 1907. 509p.

1907　*Annual Departmental Reports of the Straits Settlements for the Year 1907.* Singapore: Government Printing Office, 1908. 579p.

1910　*Annual Departmental Reports of the Straits Settlements for the Year 1910.* Singapore: Government Printing Office, 1911. 659p.

1911　*Annual Departmental Reports of the Straits Settlements for the Year 1911.* Singapore: Government Printing Office, 1912. 668p.

1912　*Annual Departmental Reports of the Straits Settlements for the Year 1912.* Singapore: Government Printing Office, 1913. 710p.

1913　*Annual Departmental Reports of the Straits Settlements for the Year 1913.* Singapore: Government Printing Office, 1914. 643p.

1914　*Annual Departmental Reports of the Straits Settlements for the Year 1914.* Singapore: Government Printing Office, 1915. 572p.

1915　*Annual Departmental Reports of the Straits Settlements for the Year 1915.* Singapore: Government Printing Office, 1916. 530p.

1916　*Annual Departmental Reports of the Straits Settlements for the Year 1916.* Singapore: Government Printing Office, 1918. 266p.

1917　欠本

1918　*Annual Departmental Reports of the Straits Settlements for the Year 1918.* Singapore: Government Printing Office, 1920. 625p.

1919　*Annual Departmental Reports of the Straits Settlements for the Year 1919.* Singapore: Government Printing Office, 1921. 549p.

1920　*Annual Departmental Reports of the Straits Settlements for the Year 1920.* Singapore: Government Printing Office, 1922. 577p.

1921　*Annual Departmental Reports of the Straits Settlements for the Year 1921.*

Singapore: Government Printing Office, 1923. 713p.
1922 *Annual Departmental Reports of the Straits Settlements for the Year 1922.* Singapore: Government Printing Office, 1924. 685p.
1923 *Annual Departmental Reports of the Straits Settlements for the Year 1923.* Singapore: Government Printing Office, 1925. 765p.
1924 *Annual Departmental Reports of the Straits Settlements for the Year 1924.* Singapore: Government Printing Office, 1926. 846p.
1925 *Annual Departmental Reports of the Straits Settlements for the Year 1925.* Singapore: Government Printing Office, 1926. 854p.
1926 *Annual Departmental Reports of the Straits Settlements for the Year 1926.* Singapore: Government Printing Office, 1928. 867p.
1927 *Annual Departmental Reports of the Straits Settlements for the Year 1927.* Singapore: Government Printing Office, 1928. 967p.
1928 *Annual Departmental Reports of the Straits Settlements for the Year 1928.* Singapore: Government Printing Office, 1929. 953p.
1929 *Annual Departmental Reports of the Straits Settlements for the Year 1929.* Singapore: Government Printing Office, 1930. 994p.
1930 *Annual Departmental Reports of the Straits Settlements for the Year 1930.* Singapore: Government Printing Office, 1932. 1,135p.
1931 *Annual Departmental Reports of the Straits Settlements for the Year 1931.* Singapore: Government Printing Office, 1933. 1,134p.
1932 *Annual Departmental Reports of the Straits Settlements for the Year 1932.* Singapore: Government Printing Office, 1933. 1,087p.
1933 *Annual Departmental Reports of the Straits Settlements for the Year 1933.* Singapore: Government Printing Office, 1934. 1,034p.
1934 *Annual Departmental Reports of the Straits Settlements for the Year 1934.* Singapore: Government Printing Office, 1936. 1,171p.
1935 *Annual Departmental Reports of the Straits Settlements for the Year 1935.* Vol. I & II, Singapore: Government Printing Office, 1937. 878p+952p.
1936 *Annual Departmental Reports of the Straits Settlements for the Year 1936.* Vol. I & II, Singapore: Government Printing Office, 1938. 1,050p+1,115p.
1937 *Annual Departmental Reports of the Straits Settlements for the Year 1937.* Vol. I & II, Singapore: Government Printing Office, 1939. 1,146p+1,097p.
1938 *Annual Departmental Reports of the Straits Settlements for the Year 1938.* Vol. I & II, Singapore: Government Printing Office. 1940. 947p+1,106p.

行政資料
(センサス)

Nathan, J. E. *The Census of British Malaya, 1921.* London: Waterlow & Sons Ltd.

Vlieland, C. A. N. A. *British Malaya: A Report on the 1931 Census and on Certain Problems of Vital Statistics.*

Del Tufo, M. V. 1949. *A Report on the 1947 Census of Population.* London: The Crown Agents for the Colonies.

(その他)
Annual Report on the State of Selangor for the year 1887.
The Administration Report of the State of Selangor for the Year of 1890.
Colonial Office, 1887. *Further Correspondence respecting the Protected Malay States, received Sept. 19, 1887.*
Colonial Office, 1889. *Further Correspondence respecting the Protected Malay States, received Aug., 1889.*
Colonial Office, 1890a. *Annual Report by the British Resident of Perak for the year 1890.*
Colonial Office, 1890b. *Straits Settlements Papers relating to the Protected Malay States, November 1890.*
Colonial Office, 1890c. *The Administrative Report of Selangor for the year 1890.*
Federated Malay States, 1898. *Report on the Federated Malay States for 1898.* London: Darling & Son, 1899.
Paper relating to the Protected Malay States, Nov. 1890.

参考文献

Adnan Hj. Nawang and Mohd. Fadzil Othman (eds.) 1992. *Selangor, Sejarah dan Proses Pembangunannya.* Jabatan Sejarah Universiti Malaya dan Lembaga Muzium Sultan Alam Shah.
Andaya, Barbara Watson, and Leonard Y. Andaya. 2001. *A History of Malaysia.* (2nd ed.) Palgrave.
Bastin, John and Robin W. Winks (eds.) 1979. *Malaysia, Selected Historical Reading.* Nendeln: KTO Press.
Bonney, R. 1971. *Kedah, 1771–1821*, Kuala Lumpur: Oxford University Press.
Buyong bin Adil, Haji. 1980. *Sejarah Kedah.* Kuala Lumpur: Dewang Bahasa dan Pustaka.
―――. 1984. *Sejarah Pahang.* Kuala Lumpur: Dewan Bahasa dan Pustaka.
Campbell, Persia Crawford. 1970. *Chinese Coolie Emigration to Countries within the British Empire.* London: P. S. King & Son, Ltd. (Reprinted by Taipei: Ch'eng Wen Publishing Co.)
Cheng Siok Hwa. 1969. "The Rice Industry of Malaya – a Historical Survey", *Journal of the Malayan Branch of the Royal Asiatic Society.* Vol. XLII, Part 2.
Chin Yoon Fong. 1984. "Chinese Female Immigration to Malaya in the 19th and 20th Centuries", Muhammad Abu Bakar et. Al. (eds.) *Historia, Essays in Commemoration of the 25th Anniversary of the Department of Malaya.* Kuala Lumpur: The Malaysian Historical Society.
Coolidge, Mary Roberts. 1909. *Chinese Immigration.* New York: Henry Holt and Co. Reprinted in 1967 by Taipei: Ch'eng-wen Publishing Co.
Crawford, Hunter A. 1970. "The Birth of Duff Development Company in Kelantan, 1900–1912," *Malaysia in History.* Vol.13, No. 2.
Curtin, Philip D. 1989. *Death by Migration, Europe's Encounter with the Tropical World in the Nineteenth Century.* Cambridge: Cambridge University Press.
Dobby, E. H. G. 1951. "The North Kedah Plain, A Study in the Environment of Pioneering for Rice Cultivation," *Economic Geography.* 27–4.

Drabble, J. H. 1973. *Rubber in Malaya, 1876–1922*. Kuala Lumpur: Oxford University Press.
―――――. 1991. *Malayan Rubber: The Interwar Years*. MacMillan Academic and Professional Ltd.
―――――. 2000. *An Economic History of Malaysia, c. 1800–1990*. MacMillan Press Ltd.
Gopinath, Aruna. 1991. "Pahang 1880–1933, a Political History," *Malaysian Branch of the Royal Asiatic Society*, Monograph No. 18.
Graham, W. A. 1908. *Kelantan, a State of the Malay Peninsula*. Glasgow: James Maclehose and Sons.
Gullick, J. M. 1958. *Indigenous Political Systems of Western Malaya*. The Athlone Press.
―――――. 1960. *A History of Selangor 1742–1957*. Singapore: Eastern Universities Press.
―――――. 1983. *The History of Kuala Lumpur (1857–1939)*. Singapore: Eastern Universities Press.
―――――. 1992. *Rulers and Residents, Influence and Power in the Malay States 1870–1920*. Singapore: Oxford University Press.
―――――. 1993. *Glimpses of Selangor, 1860–1898*. Monograph No. 25, The Malayan Branch of the Royal Asiatic Society.
―――――. 1998. *A History of Selangor (1766–1939)*. MBRAS Monograph No. 28, Petaling Jaya: Falcon Press Sdn. Bhd.
橋本雅一　1991　『世界史の中のマラリア』藤原書店.
Heidhues, Mary F. Somers. 1992. *Bangka Tin and Mentok Pepper*. Institute of Southeast Asian Studies. Singapore.
Ho Tak Ming. 2005. *Generations, the Story of Batu Gajah*. Ipoh: Perak Academy.
Ibrahim Ismail, Haji. 1987. *Sejarah Kedah Sepintas Lalu*. Kuala Lumpur: Percetakan Seasons Sdn. Bhd.
岩崎育夫. 2005.『シンガポール国家の研究』　風響社.
Jackson, R. N. 1961. *Immigrant Labour and the Development of Malaya, 1786–1920*. Kuala Lumpur.
Jain, Ravindrak. 1970. *South Indians on the Plantation Frontier in Malaya*. Kuala Lumpur: University of Malaya Press.
Khoo Kay Kim. 1991. *Malay Society, Transformation & Democratisation*. Subang Jaya: Pelanduk Publications.
Khoo Kay Kim & Paiman bin Keromo (eds.) 1989. *Selangor Darul Ehsan, Satu Persepsi Sejarah*, Muzium Negeri Selangor Darul Ehsan.
Khoo Salma Nasution & Abdur-Razzaq Lubis. 2005. *Kinta Valley: Pioneering Malaysia's Modern Development*. Perak Academy.
Kok Loy Fatt. 1983. "Chinese Mining Labour in Ampang 1900–1914", *Malaysia in History*. Vol. 26.
Lim Chong-Yah, 1967. *Economic Development of Modern Malaya*. Kuala Lumpur: Oxford University Press.
Lim Teck Ghee. 1977. *Peasants and their Agricultural Economy in Colonial Malaya, 1874–1941*. Kuala Lumpur: Oxford University Press, 1977.
Linehan, W. 1936. *A History of Pahang*. Journal of the Mayayan Branch of the Royal

Asiatic Society, Vol. XIV, Part II (Republished in 1973 by the Malaysian Branch of the Royal Asiatic Society)
Loh, Francis Kok-Wah, 1988. *Beyond the Tin Mines–Coolies, Squatters and New Villagers in the Kinta Valley, Malaysia, c. 1880-1980*. Singapore: Oxford University Press.
Malaysian Branch of the Royal Asiatic Socety. 1977. *A Centenary Volume Published on the Occasion of the Society's Centenary on November 5th 1977*.
Manderson, Lenore. 1996. *Sickness and the State, Health and Illness in Colonial Malaya, 1870-1940*. Cambridge University Press.
松田　誠　2006　「脚気病原因の研究史―ビタミン欠乏症が発見，認定されるまで」『慈恵医大誌』121: 141-157.
見市雅俊・斎藤修・脇村孝平・飯島渉（編）2001『疾病・開発・帝国医療―アジアにおける病気と医療の歴史学』東京大学出版会
南方年鑑刊行会．1943.『南方年鑑』東方社．
Nesamalar Nadarajah Nee Ramanathan. 2000. *Johore and the Origin of British Control, 1895-1914*. Kuala Lumpur: Arenabuku.
Netto, George. 1961. *Indians in Malaya, Historical Facts and Figures*. Singapore.
Newbold, T. J. 1839. *Political and Statistical Account of the British Settlements in the Straits of Malacca. 2 Vols*, London: John Murray (Reprinted in 1971 by Oxford University Press)
Othman Mohd.Yatim. 1994. *Dinding: Jajahan Istimewa di Perak*. Persatuan Muzium Malaysia.
Owen, Norman G. (ed.) 1987. *Death and Disease in Southeast Asia, Explorations in Social, Medical and Demographic History*, Singapore: Oxford University Press.
Purcell, Victor. 1967. *The Chinese in Malaya*. Kuala Lumpur: Oxford University Press.
Ramesamy, Rajakhishnan. 1982. "The Role of Caste in the Migration of Indian Tamils to Malaya," *Malaysia in History*. Vol. 25.
Reith, Rev. G. M. 1907. *Handbook to Singapore* (2nd ed.) Singapore: Fraser and Neave, Ltd. (Reprinted in 1985 by Singapore: Oxford University Press).
Rentse, Anker. 1934. "History of Kelantan", *Journal of the Malayan Branch, Royal Asiatic Society*, Vol.XII, Part II.
Robert, Leslie Ratnasingam. 1973. "The Duff Syndicate in Kelantan 1900-1902", *Journal of the Malayan Branch of the Royal Asiatic Society*. Vol. XLV, Part 1.
Sandhu, Kernial Singh. 1969. *Indians in Malaya—Some Aspects of their Immigration and Settlement, 1786-1957*. Cambridge University Press.
Saw Swee-Hock. 1980. "Indian Immigraton in Malaya before the Second World War". *Malaysia in History*. Vol. 23.
——————. 1988. *The Population of Peninsular Malaysia*. Singapore: Singapore University Press.
——————. 1999. *The Population of Singapore*. Singapore: Institute of Southeast Asian Studies.
——————. 2007. *The Population of Malaysia*. Singapore: Institute of Southeast Asian Studies.
Shaharil Talib. 1984. *After its Own Image, The Trengganu Experience 1881-1941*.

Singapore: Oxford University Press.

―――――.1995. *History of Kelantan 1890-1940*. Monograph No. 21, The Malayan Branch of the Royal Asiatic Society.

Sharom Ahmat. 1984. *Tradition and Change in a Malay State: a Study of the Economic and Political Development 1878-1923*. Monograph No.12, Malaysian Branch of the Royal Asiatic Society.

Singh, I. J. Bahadur ed. 1982. *Indians in Southeast Asia*. New Delhi : International Centre.

Stevenson, Rex. 1975. *Cultivators and Administrators, British Educational Policy toward the Malays 1875-1906*. Kuala Lumpur: Oxford University Press.

杉浦　薫. 1996.『アジア間貿易の形成と構造』ミネルヴァ書房.

Ta Chen, A. M. 1923. *Chinese Migrations, With Special Reference to Labor Conditions*. Washingtong: Government Printing Office (Reprinted in 1967 by Taipei: Ch'eng-wen Publishing Co.).

Wilkinson, R. J. 1923. *A History of the Peninsular Malays with Chapters on Perak & Selangor*, 3rd edition. Singapore: Kelly & Walsh (Reprinted in 1975 by AMS Press Inc.).

Winstedt, R. O. 1934. "A History of Selangor", *Journal of the Malayan Branch*, Royal Asiatic Society, Vol. XII, Part III.

Winstedt, Sir Richard. 1936. "Notes on the History of Kedah", *Journal of Malayan Branch, Royal Asiatic Society*. Vol. XIV, Part III.

Winstedt, R. O. and R. J. Wilkinson. 1934. "A History of Perak", *Journal of the Malayan Branch of the Royal Asiatic Society*, Vol. XII Part 1. (Republished in 1964 by the Malayan Branch of the Royal Asiatic Society).

Winzeler, Robert L. 1985. *Ethnic Relations in Kelantan, a Study of the Chinese and Thai as Ethnic Minorities in a Malay State*. Singpore: Oxford University Press.

Wise, Michael (Compiled). 1985. *Travellers' Tales of Old Singapore*. Singapore: Times Books International.

Wong Lin Ken. 1960. "The Trade of Singapore, *1819-69*", *Journal of the Malayan Branch, Royal Asiatic Society*. Vol. XXXIII, Part 4.

―――――. 1965. *The Malayan Tin Industry to 1914*. The University of Arizona Press, Tucson.

Yip Yat Hoong 1969. *The Development of the Tin Mining Industry of Malaya*. Kuala Lumpur: University of Malaya Press.

Zahara binti Haji Mahmud. 1972. "The Population of Kedah in the Nineteenth Century", *Journal of Southeast Asian Studies*, 3.

付表 1-1　シンガポール輸出入額（品目および取引先別）　1885

輸入品目（単位 1,000 海峡ドル）

取引先	石炭	綿製品	サロン,スレンダン	阿片(ベナレス)	米	ガンビール	グッタペルカ	黒胡椒	錫	皮革	コプラ	塩干魚
UK	2,495	7,317	130									
オーストリア		67	205									
フランス		96	288									
ドイツ		11										
オランダ		19	21									
オーストラリア	202											
香港											335	311
日本	14											
英領インド				4,282	77							
英領ビルマ					1,618					247		
マラッカ						49	14	53	1,253		18	74
ペナン				48			40		160			459
ラブアン					11							
マレー半島西岸					1,945			1,833	1,192		35	68
マレー半島東岸							71			66		160
サラワク						53	88	56				34
蘭印					1,780	1,168	1,184			101	973	172
シャム				2,694						234		535
コーチシナ				62						9		
仏領コーチシナ				671						120	57	779
ナツナ諸島											179	
スルー諸島					5						30	
フィリピン										97		

輸出品目（単位 1,000 海峡ドル）

取引先	石炭	綿製品	サロン,スレンダン	阿片(ベナレス)	米	ガンビール	グッタペルカ	黒胡椒	錫	皮革	コプラ	塩干魚
UK						1,851	1,970	1,598	2,261	1,669	213	
オーストリア						36		225		47		
フランス						355	90	149	226	87	934	
ドイツ						217		249	5		48	
オランダ							10			2		
イタリア					4	45		275	19	28		
オーストラリア					121			63				
米国						705	105	177	824	30		
アラビア								3		3		
香港				898	335			53	91	97		56
中国		195		249					57			69
日本												
英領インド						49		44	53			
英領ビルマ												238
マラッカ		23		114	321							10
ペナン		52		3	220							7
ラブアン		3		14	9							
マレー半島西岸		5	5	366	957							
マレー半島東岸												
サラワク												
蘭印		781	171	1,732	1,392	565						1,107
シャム		1,427	170	475								
コーチシナ		46		94								
仏領コーチシナ		1,771										
ナツナ諸島		12	29		6	67						
スルー諸島												
モーリシャス					21			4				
フィリピン				27	328			6				

1885年の数値はシンガポールに関するもので、ペナン、マラッカに対する輸出入も記載されている。
ARSS1886：111-124 より作成。

巻末付表 | 353

付表 1-2 海峡植民地輸出入額（品目および取引先別） 1910年

輸入品目（単位 1,000 海峡ドル）

取引先	石炭	綿製品	サロン,スレンダン	阿片（ベナレス）	米	ガンビール	グッタベルカ	胡椒	錫	皮革	コプラ	塩干魚	ゴム	機械類
UK	184	12,358		994										1,874
オーストリア		98												
ベルギー		70												
フランス														
イタリア		343		164										
ドイツ		103												202
オランダ		454		315										
オーストラリア	997							2,229						57
米国														131
香港・中国		815	254	388					1,654		658			
日本	2,930	322												
英領インド・ビルマ	1,952	260	3,032	17,755	15,066									
マレー連邦州					626	370		94	53,633	114	812	165	11,516	
マレー半島東岸					227	3,806		1,168	516		2,045	649	1,921	
北ボルネオ・サラワク					119		185	1,622			95			
蘭印	351		921		1,022	2,506	3,358	3,955	194	11,221	1,174		525	
シャムおよび属領				17,649			221	5,521	832		447	2,569		
仏印	131			3,209							3,476			

輸出品目（単位 1,000 海峡ドル）

取引先	石炭	綿製品	サロン,スレンダン	阿片（ベナレス）	米	ガンビール	グッタベルカ	胡椒	錫	皮革	コプラ	塩干魚	ゴム	機械類
UK						855	3,410	1,387	45,920	766	1,276		15,726	
オーストリア						55		589	1,334	9	681		5	
ベルギー						908		78		6	2,018		29	
フランス						471	16	104	4,172	100	3,112		3	
デンマーク						50		508			327		14	
ドイツ						275	1,259	1,011	127	5	5,351		128	
オランダ						19		161	977	43	17		2	
イタリア						54	7	209	1,810		128			
ロシア						180		457	336		4,574			
スペイン						41		85	21	28	704			
オーストラリア					92			281					504	
米国						1,810	222	1,710	16,784	121	113		739	
香港・中国				4,256				459	317	1,985		532		
日本						35			615	45			145	
英領インド・ビルマ		180	251		564	487			2,351		1,131			
マレー連邦州		2,054	242	1,631	10,702						732		351	
マレー半島東岸		291	90	1,384	2,092	17					158		44	
サラワク														
蘭印		781	1,051	1,760	15,569	322		164			5,574		278	
シャムおよび属領	23	2,265	324	2,013	591						33			
仏印						70								

ARSS1910: 226-268 により作成。

付表 1-3　海峡植民地輸出入額（品目および取引先別）　1935 年

輸入品目（単位 1,000 海峡ドル）

取引先	石炭	綿製品	サロン, スレンダン	阿片（ベナレス）	米	ガンビール	グッタペルカ	胡椒	錫	皮革	コプラ	塩干魚	ゴム	機械類	自動車
UK	231	6,242												5,525	5,842
ドイツ														279	115
オランダ		166													211
オーストラリア	128							153							
米国														2,231	402
香港		172													
中国				1,053											
日本	1,433	6,445	411						361			1,319		856	153
英領インド・ビルマ	116	498	1,160	748	13,450				5,252	82			1,260		
北ボルネオ・サラワク						501	643				373	219	10,154		
蘭印	848		1,240			273	120	12,656			6,514	528	53,295		
シャムおよび属領				24,183				7	17,654	272	168	2,000	10,670		
仏印	132			2,423				2,414				2,423	685		

輸出品目（単位 1,000 海峡ドル）

取引先	石炭	綿製品	サロン, スレンダン	阿片（ベナレス）	米	ガンビール	グッタペルカ	胡椒	錫	皮革	コプラ	塩干魚	ゴム	機械類	自動車および部品
UK								7,765	7,641	54	7,300		51,935		
ベルギー								1,227	6	19			1,132		
フランス								6,439	117	1,562			20,953		
デンマーク										254			465		
ドイツ								1,003	581	1,817			4,881		
オランダ									1,486	1,286			1,428		
イタリア								57	8,810	1,227			7,754		
スペイン									834	252			1,666		
オーストラリア								384					2,690		
米国							302		143	76,128			133,476		
香港								545	1,516	125			361		
中国								190	84		305	104	1,165		
日本									4,692	101			19,456		
英領インド・ビルマ					372				5,505		795	890	45		
北ボルネオ・サラワク		741	115	345	2,445										
蘭印		1,489	480		7,800						5,309			151	1,449
シャムおよび属領		2,257	299											321	498
仏印															

英領マラヤに関する数値。
ARSS1935：II 653-675, Table XV より作成。

付表 1-4 海峡植民地錫鉱石輸入量・輸入額（マラヤを除く）

輸入量（英トン）

	英領インドおよびビルマ	南アフリカ	蘭印	シャム	その他	計	(参考)錫輸出総量
1925	1,832	1,823	25,342	10,210	282	39,489	79,082
1926	1,802	1,537	23,429	9,706	417	36,891	76,334
1927	2,226	1,808	27,157	10,335	728	42,254	83,773
1928	2,306	1,839	28,801	10,464	979	44,389	99,053
1929	2,323	1,650	29,964	13,806	1,042	48,785	102,026
1930	1,973	1,031	26,942	15,628	1,591	47,165	97,213
1931	2,104	578	20,987	17,383	2,516	43,568	83,704
1932	2,470	833	9,852	12,679	2,621	28,455	47,908
1933	2,845	1,148	2,112	14,306	2,731	23,142	53,931
1934	3,415	993	32	14,454	3,076	21,970	50,186
1935	4,121	1,207	42	19,496	3,358	22,032	62,248
1936	4,213	1,228	58	17,627	3,812	26,938	83,492
1937	4,304	653	28	22,295	3,889	31,169	93,106

輸入額（1,000 海峡ドル）

	英領インドおよびビルマ	南アフリカ	蘭印	シャム	その他	計	錫輸出総額
1925	2,653	2,566	40,263	15,132	370	60,984	175,202
1926	2,967	2,419	40,884	15,764	565	62,599	185,526
1927	3,641	2,911	48,684	17,131	1,022	73,362	206,571
1928	3,033	2,225	46,652	14,099	941	66,950	191,279
1929	2,806	1,777	40,191	17,078	962	62,814	182,129
1930	1,640	768	24,060	13,401	876	40,745	123,772
1931	1,512	351	14,957	12,115	1,217	30,152	83,478
1932	2,065	579	8,106	10,291	1,702	22,743	55,687
1933	3,408	1,134	2,153	16,598	2,689	25,982	88,716
1934	4,516	1,207	42	19,496	3,356	28,617	96,724
1935	5,262	1,237	69	17,655	3,469	27,682	117,294
1936	4,899	1,319	69	20,720	3,658	30,665	141,353
1937	5,972	833	36	31,137	4,653	42,631	189,769

1925 年　ARSS1925：821
1926-30 年　ARSS1930：661
1931-35 年　ARSS1935：II 695-696
1936-37 年　ARSS1937：II 785-786

付表 1-5　海峡植民地ゴム輸入量・輸入額

輸入量（英トン）

年次	英領北ボルネオおよびサラワク	ビルマ	蘭印	仏印	シャム	その他	計	ゴム総輸出量	総輸出量に対する輸入の割合	総輸出量に対する蘭印の割合	（参考）マラヤ輸出量
1925	11,330	2,135	138,870	737	5,377	482	158,931	320,445	49.6	43.3	210,915
1926	11,629	1,717	132,987	449	4,027	702	151,511	394,599	38.4	33.7	276,996
1927	14,198	2,625	157,837	2,249	5,471	870	183,250	373,937	49.0	42.2	232,402
1928	13,359	2,054	126,400	2,893	4,819	672	150,197	410,939	36.5	30.8	294,446
1929	14,529	2,542	134,736	4,392	5,024	886	162,109	580,784	27.9	23.2	455,545
1930	13,460	2,191	108,828	5,362	5,461	1,035	136,337	557,322	24.5	19.5	449,400
1931	13,475	2,237	101,420	3,764	4,146	945	125,987	519,590	24.2	19.5	432,700
1932	9,267	2,096	74,594	2,782	3,460	675	92,874	478,836	19.4	15.6	415,300
1933	14,122	2,653	100,663	2,608	6,972	696	127,714	573,412	22.3	17.6	458,000
1934	22,769	3,741	164,083	1,844	17,714	1,292	211,443	677,208	31.2	24.2	479,369
1935	24,703	2,936	115,913	1,753	28,051	1,296	174,652	590,319	29.6	19.6	378,381
1936	25,033	3,850	101,787	2,948	32,941	1,240	167,799	520,142	32.3	19.6	365,005
1937	31,364	4,350	138,983	4,379	32,856	1,514	213,446	681,638	31.3	20.4	502,894

輸入額（1,000 海峡ドル）

年次	英領北ボルネオおよびサラワク	ビルマ	蘭印	仏印	シャム	その他	計	ゴム総輸出額	総輸出額に対する輸入の割合	総輸出額に対する蘭印の割合
1925	24,848	4,581	195,881	1,387	9,965	955	237,617	756,641	31.4	25.9
1926	18,691	2,802	141,587	699	5,653	1,065	170,497	717,952	23.7	19.7
1927	18,738	3,505	139,286	3,204	6,026	1,154	171,913	523,272	32.9	26.6
1928	10,317	1,816	69,941	2,574	3,269	511	88,428	331,763	26.7	21.1
1929	10,152	1,821	62,895	3,225	2,916	604	81,613	435,324	18.7	14.4
1930	5,311	1,007	31,470	2,162	1,818	399	42,167	241,797	17.4	13.0
1931	2,694	481	14,151	772	698	199	18,995	118,340	16.1	12.0
1932	1,360	326	7,185	401	415	100	9,787	77,907	12.6	9.2
1933	2,968	509	15,623	502	1,269	182	21,053	122,439	17.2	12.8
1934	9,182	1,537	53,295	663	6,562	531	71,770	279,640	25.7	19.1
1935	10,154	1,293	44,618	685	10,669	547	67,966	259,094	26.2	17.2
1936	14,323	2,231	58,724	1,633	17,199	724	94,834	303,315	31.3	19.4
1937	21,815	3,083	93,035	2,750	21,782	1,014	143,479	484,662	29.6	19.2

1925 年　ARSS1929：820
1926-30 ARSS1930：659
1931-35 ARSS1935：Ⅱ 692
1936-37 ARSS1937：Ⅱ 782-783
1933 年以降　dry weight
1931 年以降総輸出量はラテックスを含む。輸入量，輸入額，輸出額についても同じ。
マラヤ輸出量（参考）は Drabble, 1991, Appendix 3 による。

付表 1-6 海峡植民地コプラ集荷（輸入）量 1926-1937　　（単位：英トン）

年次	英領北ボルネオ	サラワク	英領インドおよびビルマ	中国	a 蘭印	シャム	その他	b 輸入量計
1926	4,477	1,266	752	147	68,402	5,846	120	81,010
1927	3,034	1,179	699	172	50,189	1,140	125	56,538
1928	5,676	1,740	527	299	72,582	6,470	36	87,230
1929	5,206	2,059	635	654	73,043	4,570	42	86,209
1930	5,288	2,406	925	182	78,051	2,831	6	89,689
1931	4,127	2,510	746	224	77,999	1,646	16	87,268
1932	6,697	2,910	301	63	88,411	1,747	14	100,143
1933	7,446	2,474	32	5	88,555	1,634	144	100,290
1934	5,430	2,653	30		85,132	806	583	94,634
1935	5,827	3,022	42		94,134	2,217	335	105,577
1936	6,866	3,448	1		105,331	3,304	804	119,754
1937	6,761	3,294	1		110,854	3,638	848	125,397

年次	c 価格計	d 総輸出量	e 総輸出額	b/d·100	a/d·100	c/e·100
1926	15,177,755	185,404	36,988,272	43.7	36.9	41.0
1927	10,040,102	143,042	26,578,487	39.5	35.1	37.8
1928	15,496,114	182,858	34,165,425	47.7	39.7	45.4
1929	13,261,998	198,638	32,924,620	43.4	36.8	40.3
1930	10,935,053	191,703	26,242,564	46.8	40.7	41.7
1931	6,745,576	187,836		46.5	41.5	
1932	8,391,168	197,420		50.7	44.8	
1933	5,890,453	210,588		47.6	42.1	
1934	4,115,438	190,233		49.7	44.8	
1935	7,336,029	217,330		48.6	43.3	
1936	10,802,310	196,434		61.0	53.6	
1937	13,586,640	200,989		62.4	55.2	

1926-30 年 ARSS1930：651
1931-35 年 ARSS1935：Ⅱ 678
1913-37 年 ARSS1937：Ⅱ 768

付表 1-7a 海峡植民地華人発着数 1925

発着地		海路					マラヤ内移動		
		出発地または目的地							
		蘭印	中国	インド	その他	外国港計	ジョホール諸港	マラヤ他港	マラヤ計
海峡植民地	到着	57,185	209,946	1,719	19,405	288,255			
	出発	80,492	92,462	2,995	21,191	197,140			
シンガポール（内数）	到着	51,706	190,584	699	11,704	254,743	17,086	26,907	43,993
	出発	75,145	80,412	1,144	12,576	169,277	39,828	35,124	74,952
ペナン（内数）	到着	5,479	19,362	1,020	4,121	29,982			
	出発	5,347	12,050	1,850	4,690	23,937			

ARSS1925：22-30

付表 1-7b 海峡植民地華人発着数 1931

発着地		海路						空路	陸路
		出発地または目的地							
		蘭印	中国	インド	シャム	その他	外国港計	蘭印	シャム
海峡植民地	到着	76,852	83,474	1,623	2,569	16,154	175,672	21	15,997
	出発	61,573	218,059	2,144	1,908	6,522	290,206	11	14,438

ARSS1931：399-400

付表 1-8　海峡植民地華人到着数および出発数　1896-1938

	到着者合計	出発者合計	純増数	備考
1896	175,718			
1897	114,978			
1898	133,558			
1899	149,697			
1900	200,947			
1901	178,778			
1902	207,156			過去最大。中国不作。
1903	220,321			
1904	204,796			中国豊作。
1905	173,131			
1906	176,587			蘭印政府バンカ錫鉱山新家導入。ペナン到着者は56,334人で減少。北スマトラへの移民がシンガポールから直行。
1907	227,342			
1908	153,452			
1909	151,752			
1910	216,321			南中国不作。マラヤゴム労働需要。ペナン到着59,414人。
1911	269,854			中国凶作。ペナン到着81,624人。
1912	251,644			ペナン到着77,579人。うち5,857人はインド，蘭印等へ。
1913	240,979			5,6月シンガポール検疫規制。ペナン到着66,819人。うち5,395人はインド，蘭印等へ。
1914	147,150			欧州大戦。8月初から移民禁止。
1915	95,735			3月末まで移民禁止，7月初に全面解除。
1916	183,399			
1917	155,167			
1918	58,421			香港からの移民は脳脊髄膜炎流行のため4月から10月まで禁止。
1919	70,912			中国蘭印間定期船就航。バンコク経由移民増加。
1920	126,077	65,737	60,340	物価高にかかわらず移民増加。運賃下降傾向。
1921	191,043	98,986	92,057	錫・ゴム停滞にかかわらず移民増加。南中国政情不安定。競争激化による運賃低下。米価低下。
1922	132,886	96,869	36,017	マラヤ不況。香港海員スト，アモイ反英ボイコット。香港検疫制限，政情不安，徴兵による移動困難。
1923	159,019	78,121	80,898	アモイへの移動困難，香港検疫制限のため運賃上昇。
1924	181,430	87,749	93,681	マラヤ錫・ゴム改善。中国内戦による脱出。
1925	214,692	77,920	136,772	南中国不安定，移民促進。

年	到着	出発	差	備考
1926	348,593	120,308	228,285	錫・ゴム好景気。中国不安定。
1927	359,262	155,198	204,064	マラヤ産業好景気。中国不安定。運賃低下。
1928	295,700	149,354	146,346	錫・ゴム不況。南中国状況改善。
1929	293,167	139,967	153,200	自由移民最終年。
1930	242,149	167,903	74,246	1930年8月1日から移民制限法により移民は1ヵ月当たり6,016人に制限。
1931	79,422	213,992	−134,570	移民制限, 1-9月5,238人／月, 10-12月2,500人／月。
1932	32,925	282,779	−249,854	移民制限, 1-7月2,500人／月, 8-12月1,000人／月。
1933	27,788	86,555	−58,767	移民制限, 年中1,000人／月。
1934	98,864	68,129	30,735	移民制限, 1-4月1,000人／月, 5-6月2,000人／月, 7月3,000人／月, 8-12月4,000人月。
1935	141,892	69,025	72,867	移民制限, 年中4,000人／月。
1936	143,331	80,578	62,753	移民制限, 年中4,000人／月。
1937	239,106	66,502	172,604	移民制限, 1月4,000人／月, 2月5,000人／月, 4-12月6,000人／月。
1938	98,857	54,603	44,254	移民制限, 1月3,000人／月, 4-12月500人／月。女子に対する制限除外5月に廃止。

到着1896-1905年 ARSS1906：11
　　1906-1913年 ARSS1913：45
　　1914-1921年 ARSS1921：132
　　1922-1929年 ARSS1929：105
　　1932年 ARSS1932：125
　　1930-1933年 ARSS1933：107
　　1934年 ARSS1934：631-632
　　1935年 ARSS1935：157-158
　　1936年 ARSS1936：960
　　1937年 ARSS1937：956
　　1938年 ARSS1938：II 184

1920-1929年 ARSS1929：105
　　1930年 ARSS1931：29
　　1931年 ARSS1931：APX F
　　1932年 ARSS1932：125
　　1933年 ARSS1933：107
　　1934年 ARSS1934：632
　　1935年 ARSS1935：158
　　1936年 ARSS1936：960
　　1937年 ARSS1937：956
　　1938年 ARSS1938：II 184

付表 1-9a 海峡植民地南インド人発着数 1925

発着地		海路					マラヤ内移動		
		出発地または目的地					ジョホール諸港	マラヤ他港	マラヤ計
		蘭印	中国	インド	その他	外国港計			
海峡植民地	到着	2,158	105	53,445	2,226	57,934			
	出発	2,423	154	32,312	1,973	36,362			
シンガポール (内数)	到着	1,111	102	9,824	1,704	12,741	1,584	5,969	7,553
	出発	1,561	153	7,738	1,469	10,921	4,487	4,407	8,894
ペナン (内数)	到着	1,047	3	43,621	377	45,048			8,269
	出発	862	1	24,490	280	25,633			14,026

ARSS1925: 22-30

付表 1-9b 海峡植民地南インド人発着数 1931

発着地		海路						空路	陸路
		出発地または目的地							
		蘭印	中国	インド	シャム	その他	外国港計	蘭印	シャム
海峡植民地	到着	2,003	52	26,203	189	1,448	1,448	0	3,246
	出発	1,470	51	98,916	109	497	497	0	3,909

ARSS1931: 399-400

付表 1-10 海峡植民地インド移民到着および出発数 1893-1938

	移民数		MM 利用 (外数)		備考
	到着	出発	到着	出発	
1893	18,220	14044.5			
1894	14,956	13,537			
1895	16,005	12,360			
1896	20,150	12,977			
1897	20,599	14,280			
1898	19,026	11,500			
1899	19,920	10,766			
1900	38,529	11,251			
1901	28,259	16,204			
1902	20,242	18,183			南インドの相対的繁栄。
1903	22,030	17,792			
1904	30,701	19,550			
1905	39,539	19,754			
1906	52,041	21,879			

年					備考
1907	60,542	30,522			
1908	54,522	30,920			
1909	49,817	31,374			
1910	83,723	39,080			ゴム産業の需要。
1911	108,471	48,103			
1912	106,928	63,885			
1913	118,583	70,090			
1914	51,217	63,073			8月6日から移民停止。
1915	75,323	50,320			1月29日から移民停止解除。
1916	95,566	54,479			
1917	90,077	57,583			
1918	65,291	52,132			
1919	101,433	46,767			
1920	95,220	55,481			
1921	45,673	61,551			
1922	58,674	45,733			
1923	49,502	42,778			
1924	62,052	37,326			
1925	90,708	43,144			
1926	174,795	65,786			
1927	156,132	88,718	12	237	ほかにACT用船利用入国成人 1,347 人，子ども 135 人。出国成人 4,067 人，子ども 247 人。
1928	63,072	91,252	683	163	ほかにACT利用出国成人 12 人，子ども 3 人。
1929	114,252	76,649	345	205	
1930	69,114	151,735	1,203	496	ゴム価格低下，8月1日よりインドにおけるリクルート停止，本国送還成人 56,063 人，子ども 5,825 人。
1931	19,692	101,347	1,042	743	本国送還成人 40,655 人，幼少者 362 人，乳児 4,249 人。
1932	17,734	84,501	903	550	本国送還，成人 41,698 人，幼少者 9,988 人，乳児 4,790 人
1933	20,242	32,738	969	553	本国送還，成人 3,266 人，幼少者 614 人，乳児 332 人。
1934	89,828	28,068	1,578	399	本国送還，成人 1,409 人，幼少者 362 人，乳児 188 人。
1935	65,191	38,392	1,159	477	本国送還，成人 4,537 人，幼少者 1,040 人，乳児 608 人。
1936	43,191	40,075	1,075	482	
1937	122,566	44,886	1,166	681	
1938	44,207	75,479	632	720	

ARSS 1905-1938, 各関連ページより作成。

註1：1927年以降の移民数は British India Steam Navigation Co. 乗船者のみ。MM（Messageries Maritimes）利用者は外数で示す。他に ACT（Asiatic Cattle Trading Co.）便船利用者が2年にわたって記載されている。

註2：Saw 1988：32, table 2.9 には1880年から1962年に至るインド移民の数値が示されているが，若干の年次について本表との僅かな不一致がある。最も大きい不一致は，1924年入国者 62,052 人（本表）に対する 55,526 人である。1927年以降については，Saw のデータでは MM および ACT 利用者が加算されていることで説明が可能であるが，1933，34年などは同じ説明の適用ができない。

註3：1908年出発数は，年次報告書欠本のため，Saw 1988, table 2.9 により補完。

付表 1-11　華人およびインド人成人移民性比　1896-1938

	華人 男子	華人 女子	インド人援助移民 男子	インド人援助移民 女子	性比 華人	性比 インド人
1896		9,279				
1897		8,271				
1898		9,146				
1899		7,717				
1900	188,965	11,982			15.77	
1901	158,809	11,822			13.43	
1902	184,198	13,151			14.01	
1903	193,339	14,539			13.30	
1904	179,650	14,395			12.48	
1905	148,869	13,714			10.86	
1906	153,624	12,478			12.31	
1907	197,284	16,265	21,435	3,274	12.13	6.55
1908	129,913	12,909	17,032	3,017	10.06	5.65
1909	128,878	12,126	17,188	3,101	10.63	5.54
1910	184,856	16,395	46,460	9,542	11.28	4.87
1911	226,126	22,738	64,706	13,650	9.94	4.74
1912	206,018	23,327	60,083	13,610	8.83	4.41
1913	197,872	22,847	67,957	15,892	8.66	4.28
1914	121,355	13,017	29,991	6,256	9.32	4.79
1915		10,632	42,174	9,104		4.63
1916		20,344	51,611	13,562		3.81
1917		16,571	58,107	13,844		4.20
1918		8,594	38,013	11,68		3.25
1919	38,699	13,883	62,006	16,904	2.79	3.67
1920	83,940	22,382	56,296	14,218	3.75	3.96
1921	138,785	28,723	12,211	2,375	4.83	5.14
1922		18,213	28,273	6,801		4.16
1923		22,296	20,966	5,902		3.55
1924		27,753	27,944	9,165		3.05
1925		30,003	46,285	14,050		3.29
1926		49,897	98,136	29,656		3.31
1927		58,777	76,937	27,445		2.80
1928		55,526	14,635	8,014		1.83
1929	195,613	46,325	52,104	18,210	4.22	2.86
1930	151,693	42,896	25,108	8,933	3.54	2.81
1931	50,120	17,149			2.92	
1932	18,741	8,652			2.17	
1933	13,535	8,191			1.65	
1934	52,023	29,678			1.75	
1935	81,775	38,621			2.12	
1936	69,558	49,632			1.40	
1937	99,698	94,548			1.05	
1938	31,152	42,742			0.73	

ARSS関連データより作成。

付表 2-1 錫とゴムの輸出量（生産量）・輸出額　スランゴール，ペラ，ジョホール，パハン　1895-1939

年次	錫輸出量（ピクル） スランゴール	ペラ	錫輸出額（1,000 ドル） スランゴール	ペラ	ゴム輸出量（ピクル） スランゴール	ペラ	ジョホール	ゴム輸出額（1,000 ドル） スランゴール	ペラ	ジョホール	パハン
1895	351,500	400,955	12,775	13,713							
1896	346,653	383,226	10,840	11,990							
1897	302,062	351,945	10,787								
1898	277,126	331,007	12,026	14,111							
1899	255,033	318,526	18,767	22,695							
1900	269,490	355,589	19,973	26,032							
1901	302,598	385,066	22,583								
1902	278,367	405,877	22,749	32,033							
1903	292,664	436,369	25,685	36,615							
1904	300,412	443,506	24,215	24,706					4		
1905	289,867	446,781	24,235	35,502	1,191			369	108		
1906	268,623	435,908	23,831	37,234	5,064	1,142		1,234	317		
1907	273,900	431,386	24,695	36,886	9,315	1,916		2,371	484		
1908	282,540	467,783	18,336	30,562	15,821	3,306		3,036	650		
1909	266,006	461,665	17,767	30,909	31,573	7,184		9,981	2,431		
1910	240,191	421,335	18,622	32,640	61,681	18,976		26,230	7,733		20
1911	231,174	437,339	21,724	41,106	87,973	40,789		23,840	10,975		28
1912	255,381	477,241	26,395	48,353	134,216	78,583	22,118	32,490	19,131	4,500	209
1913	258,825	493,967	25,693	49,077	195,350	128,654	46,466	28,123	18,323	6,500	424
1914	253,734	479,754	18,579	35,474	235,469	279,938	88,544	25,016	19,546	8,250	650
1915	234,155	466,633	18,302	36,477	321,216	393,456	154,006	40,165	34,903	18,000	1,182
1916	205,649	457,660	17,992	40,075	439,522		235,274	61,629	55,094	29,239	2,352
1917	184,135	414,000	19,916		547,915		320,230	77,578	71,283	37,881	3,679
1918	180,505	386,126	27,187		529,570	507,679	383,316	46,837		30,281	2,188
1919	190,160	368,078	22,962	44,444	664,776	698,544	468,631	70,290	73,753	53,203	4,365
1920	162,392	368,097	24,871	55,211	669,295	639,274	450,787	69,256	67,860	47,333	
1921	172,194	352,415	15,123	30,223		623,465	317,892	26,981	26,495	16,097	
1922	191,734	366,176	15,720	29,460		883,747	635,431	27,270	30,661	23,757	
1923	183,187	415,157	18,761	42,194		593,675	604,236	48,129	39,945	39,229	
1924	200,760	500,120	25,100	57,343		502,320	543,802		30,931	30,091	
1925	220,130	516,582	29,010	62,614		627,900			97,363		8,394
1926	223,188	515,591	32,377	72,625		984,077			105,853		9,047
1927	240,857	610,157	34,785	87,879		789,667	825,258		68,532	69,085	5,292
1928	283,056	685,984	31,086	78,165	1,000,894	1,121,165	1,024,884	45,924	51,268	44,235	3,157
1929	329,886	719,789	36,823	74,972	1,560,888	1,656,127	1,620,868	71,833	75,988	74,712	5,476
1930	306,101	669,337	22,677	49,032	1,450,579	1,614,346	1,522,798	37,146	41,715	39,260	
1931	241,219	552,704	14,727	32,772	1,483,541	1,560,653	1,525,103	19,495	20,602	20,319	
1932	131,772	283,818	9,424	19,521	1,591,834	1,443,086	1,456,312	14,884	13,703	13,902	
1933	158,733	241,174	11,351	23,764	1,656,312	1,563,408	1,626,175	22,828	21,662	22,623	
1934	244,374	377,761	20,619	41,727	1,782,530	1,660,529	1,747,099	48,574	44,737	47,564	
1935	282,355	442,721	24,198	46,778	1,295,196	1,239,991	1,400,422	34,816	33,353	32,964	
1936	469,960	722,996	36,371	66,011	1,204,795	1,187,710	1,495,527	43,208	42,637	59,348	
1937	546,834	968,341	51,163		1,549,867	1,584,408	2,067,193	63,972	65,329	86,349	5,538
1938	281,112	539,139		51,407		1,059,411	1,497,400		31,969	44,395	3,087
1939		665,486		76,118		1,109,631	1,531,296		45,057	60,064	4,538

各州年次報告書より作成。

付表 2-2a 鉱業労働力の推移　スランゴール　1898-1939

年次	鉱業従事人口	華人	インド人	マレー人	ヨーロッパ人	その他	事故死亡	機械力(馬力)	デュラン許可数	うち華人	うちマレー人	備考
1898		50,000										
1899								8,000人分相当				
1900	68,000							9,872人分相当				
1901												
1902	69,000							2,253　18,000人分相当				
1903	74,708	73,000					25	2,000				華人労働者は全華人人口の30%
1904	69,999											
1905	74,179							1,966				
1906	71,243							2,473				
1907	76,139		1,987	609								
1908	68,345		1,337	520			50	6,038				
1909	63,149		580	195				7,600	2,306			モニターを含む。
1910	59,472						24	7,844	2,726			
1911	67,745						35	3,625				
1912	68,584						54	4,125	3,567			
1913	74,410						58		4,532			
1914	55,147						31		4,633			労働力に大きな減少。華人約10,000人帰国措置。
1915	52,050						39	10,246	4,946			
1916	43,389						39	11,605	4,196			
1917	41,565						46	10,322	4,215			
1918	50,009						36	12,444	5,134			bucket dredgeがはじめてスランゴールでスタート(11月)。
1919	37,352	36,253					34	11,685	4,608			
1920	29,129						40	13,145	4,023	3,852	171	
1921	28,615	27,746					40	10,743				
1922	27,226	26,146					56	8,692				
1923	25,946	24,558					35	14,056				
1924	32,750						40	14,056				錫価上昇、状況安定化のため中国からの移民増加。
1925	30,458						39	23,769	2,424			ゴム園高賃金、

年												
1926	32,968						40	25,355		1,641		高労働条件のため労働力減少。
1927	37,232						32	31,332		2,027		
1928	32,628	30,373	1,691	392	166	6	47	37,284		2,682		
1929	31,346	28,845	1,830	468	188	6	58	43,392		1,988		
1930	23,288	21,319	1,461	356	146	6	34	44,897		1,709		
1931	18,990	17,331	1,210	331	113	5	26	39,690		2,008	1,960	48
1932	16,275	14,684	1,186	299	95	11	9	34,329		2,120	2,032	88
1933	14,145	12,686	1,070	292	87	10	7	31,092		2,137	2,048	89	労働者のゴム園への移動。
1934	17,520	15,150	1,919	340	100	13	5	47,440		2,307	2,144	163
1935	23,225	20,339	2,220	480	116	69	24	52,878		2,353	2,099	254
1936	27,841	24,227	2,697	675	153	89	14	69,375		2,403	2,068	250
1937	31,956	27,346	3,747	649	170	44	29	85,539	蒸気機関は過去のものとなった。	2,297	2,047	250
1938	19,297	16,066	2,424	629	135	43	31	57,513		2,297	2,052	245
1939	23,195	19,014	2,954	986	179	62		75,976		2,306		

ARS 各年度版により作成。

付表 2-2b 鉱業労働力の推移 ペラ 1897-1939

年次	鉱業従事人口(年末)	華人	インド人	マレー人	ヨーロッパ人	その他	事故死亡	機械力(馬力)	デュラン許可数	備考
1897										キンタ郡で鉱夫35,000人
1898										
1899	45,468									
1900										
1901	63,000							20,000人分相当		
1902	80,000									
1903	82,562									
1904	90,812							3,500		
1905	98,870							4,000		
1906	107,057							4,900		
1907	118,863							5,626 45,000人分相当		
1908	97,680									
1909	97,826									
1910	91,165							104,144人分相当		
1911	107,864	102,003	4,362	1,319		180	86	15,316 120,003人分相当	7,119	内キンタは84,184人
1912	118,409	109,671	6,544	1,152	124	918	111	16,124 128,992人分相当		bucket dredge 導入
1913	126,361	118,722	5,825	1,528	128	158	122	18,397 147,176人分相当	8,333	
1914	96,740	90,418	4,892	1,274	115	41	91	28,391 227,124人分相当	8,952	1913年に比して正確な評価方法採用。
1915	94,865	88,619	4,599	1,591	135	11	61	39,927 319,416人分相当		
1916	82,534						45	40,386	8,488	
1917	68,521	63,811	3,460	1,124	114	12	49	38,404 307,232人分相当	8,433	
1918	78,621	72,015	4,752	1,728	108	18	65	39,616 317,928人分相当	8,957	
1919	64,760	59,578	3,794	1,239	135	14	56	37,889 308,112人分相当	9,378	
1920	50,622	46,069	3,245	1,113	166	29	46	40,990 303,112人分相当	7,455	
1921	47,117	42,650	2,502	1,743	203	19	35	38,733	8,070	
1922	45,726	41,934	2,639	951	187	15	45	40,987	7,308	
1923	61,655	56,210	4,052	1,093	183	117	44	49,969	4,565	デュラン許可に1ドル賦課。
1924	63,794						73		4,361	
1925	68,000						82			
1926	70,287						86			
1927	77,417						91	96,675		
1928	68,499								6,752	
1929	65,411						102	124,721	6,078	鉱業不況。
1930	50,876	44,021	4,887	1,589	351	78	52		5,419	賃金低下, 前年の32-35セントから18セントへ。
1931	33,486	28,487	3,331	1,373	230	65	36			
1932	23,736	20,338	2,247	965	154	32	17		5,941	
1933	24,043	20,518	2,276	1,057	151	41	18	69,456		錫生産制限
1934	31,550	25,503	4,292	1,466	199	90	19	94,867	6,413	
1935	32,596	26,739	3,954	1,655	205	43	26	106,747	6,472	
1936	44,284	35,755	5,836	2,339	273	81	28	148,468	6,527	
1937	47,530	37,231	7,500	2,404	297	98	35	187,697	6,427	
1938	30,641	23,442	4,467	2,405	250	77	19	148,520	6,469	
1939	41,636	32,991	5,619	2,628	303	95	17		6,499	

ARP 各年度版により作成。

付表 2-3 ゴム作付面積の推移

年次	作付け面積（エーカー） ペラ	スランゴール
1903		7,000
1904		15,000
1905		26,850
1906		
1907	45,000	66,692
1908	56,000	87,321
1909	68,000	93,853
1910	83,890	113,114
1911	124,681	145,222
1912	140,207	169,229
1913	142,649	208,714
1914		245,503
1915	164,022	255,326
1916	320,136	298,649
1917	325,669	344,230
1918	351,096	342,330
1919		592,860*
1920	339,260	409,257
1921	394,283	415,641
1922	407,408	417,737
1923	463,331	392,458
1924	476,570	409,856
1925	472,632	431,126
1926	503,579	449,699
1927	512,257	475,924
1928	516,202	482,995
1929	533,506	485,500
1930	545,514	501,351
1931	511,556	501,417
1932	488,773	500,184
1933	490,052	503,000
1934	553,040	508,300
1935	564,441	509,280
1936	552,109	507,236
1937	571,540	508,598
1938	563,146	511,977
1939	584,399	520,917

ARP および ARS 記載データにより作成。
＊大きな増加（ARS1919：4）とされているが，この数値は明らかに誤り。

付表 3-1 推計人口，出生数，死亡数 スランゴール，ペラ 1895-1939

年次	スランゴール 推計人口 A	B	出生数	死亡数	ペラ 推計人口 A	B	出生数	死亡数
1895	127,332	160,000	1,228	6,212	280,093		4,048	9,171
1896	136,366		1,309	6,366	280,093		4,256	10,605
1897	145,400		1,468	6,591	280,093	215,000	4,435	9,398
1898	138,673		1,582	4,893	277,461	273,000	4,583	8,198
1899	138,684		1,643	4,958	295,000		4,886	8,756
1900	149,273		1,655	7,522	328,801		5,149	14,000
1901	168,789		1,909	8,007	329,665		5,954	12,701
1902	194,649		1,919	5,907	361,345			
1903	216,920		2,202	6,689	381,500		7,026	12,090
1904	234,404		2,434	6,040	400,000		7,143	11,913
1905	240,546		2,857	6,756	400,000		8,293	12,500
1906	283,619		2,820	8,303	413,000		7,675	12,952
1907	326,642		3,188	10,177	431,000		8,565	14,009
1908	341,185		3,564	12,327	405,000		9,588	15,678
1909	354,982		3,981	9,306	396,000		9,506	12,678
1910	395,205		4,456	10,797	397,000		10,306	13,118
1911	294,035		5,036	11,903	494,057		8,946	14,026
1912	309,690		5,866	13,527	514,606		12,772	16,696
1913	310,570		6,998	13,312	542,678	531,037	12,779	15,206
1914	328,484		7,020	12,870	530,914		13,468	16,789
1915	346,678		7,332	10,275	556,647		14,548	15,979
1916	353,528		7,638	11,870	563,072		14,191	16,638
1917	366,053		8,674	12,695	589,525		17,049	19,279
1918	338,633		8,843	19,730	605,964		16,375	29,882
1919	391,103		8,889	11,500	622,403		15,310	17,151
1920	403,628		10,865	13,529	638,842		17,000	19,188
1921	401,009		10,364	11,888	599,055	552,124	16,521	16,328
1922	400,000		9,795	10,487	556,594		16,278	15,871
1923	488,373		10,120	9,933	559,386		16,274	15,613
1924	435,775		11,868	9,371	633,178		17,482	14,767
1925	446,473		13,256	10,159	646,189		17,868	15,359
1926	457,170		13,914	13,390	659,430		20,095	18,506
1927	467,868		15,892	14,117	669,931		20,333	19,738
1928	478,565		17,961	13,893	675,179		22,851	18,256
1929	489,262		18,634	13,114	685,680		23,689	17,627
1930	553,464		21,006	12,997	742,237		27,301	17,269
1931	533,197		18,998	9,367	765,989	770,864	24,071	14,641
1932	553,157		18,181	8,789	790,131		23,608	13,348

1933	571,966		17,846	8,936	812,989	25,048	15,496
1934	503,220	531,714	18,688	9,882	726,231	24,405	16,438
1935	551,580	564,470	20,391	10,129	799,281	27,867	16,048
1936	575,775	589,782			830,093	31,510	16,643
1937	617,536	649,507	23,779	11,695	879,632	32,704	17,312
1938	661,008	664,847	25,656	12,379	938,421	37,492	17,003
1939	672,459	681,370			954,084	37,100	16,148

AEIデータベースによる。推計人口A，Bは異なった値の並存を示す。

付表 3-2　主要民族別出生数および死亡数　スランゴール　1895-1938

年次	華人 出生数	華人 死亡数	インド人 出生数	インド人 死亡数	マレー人 出生数	マレー人 死亡数
1895	192				930	
1896	242	4,864	34	418	959	943
1897	260	5,013	31	410	1,109	1,070
1898	259	3,368	55	483	1210	990
1899	264	3,261	68	445	1,220	1,145
1900	346	4,585	84	1,499	1,129	1,252
1901	446	4,693	83	1,823	1,251	1,271
1902						
1903	533	4,750	115	687	1,236	1,377
1904	581	4,203	141	547	1,379	992
1905	653	4,535	202	790	1,604	1,114
1906	703	5,210	222	1,941	1,457	1,286
1907	796	5,704	292	2,626	1,625	1,340
1908	890	6,563	390	3,419	1,701	1,737
1909	898	4,861	603	2,463	1,883	1,473
1910	1,064	5,012	791	3,718	1,891	1,453
1911	1,414	5,905	885	3,956	1,875	1,373
1912	1,411	6,895	1,316	4,481	2,550	1,756
1913	1,777	6,181	2,066	4,928	2,544	1,705
1914	1,693	5,587	2,128	5,164	2,409	1,707
1915	1,850	4,267	2,207	3,838	2,519	1,769
1916	1,816	4,663	2,493	4,719	2,477	2,075
1917	2,051	5,089	2,679	4,813	2,981	2,377
1918	2,346	7,631	2,760	8,190	2,739	2,980
1919	2,280	4,924	3,152	4,640	2,478	1,550
1920	2,653	4,947	4,445	5,920	2,749	2,121
1921	2,731	4,316	3,700	5,112	2,825	1,951
1922	2,886	4,004	3,204	4,155	2,629	1,806

1923	3,101	3,892	3,322	3,574	2,630	1,986
1924	3,911	4,194	3,917	3,032	2,848	1,640
1925	4,485	4,284	4,635	3,592	2,894	1,738
1926	5,332	5,239	4,418	5,431	2,812	2,070
1927	6,545	5,945	4,939	5,771	2,964	1,789
1928	7,603	5,849	5,292	5,665	3,363	1,768
1929	8,156	5,785	5,861	4,825	3,008	1,803
1930	8,946	6,032	6,587	4,641	5,289	2,263
1931	8,518	4,439	5,549	3,125	4,743	1,741
1932	8,079	4,215	5,172	2,525	4,745	1,998
1933	7,965	4,139	4,738	2,359	4,986	2,404
1934	8,784	4,738	4,756	2,558	5,001	2,538
1935	9,912	4,810	5,367	2,870	4,954	2,404
1936	10,663	2,647	5,657	2,590	5,824	2,647
1937	11,815	4,888	5,923	3,320	5,878	2,705
1938	13,548	6,220	5,857	3,151	6,112	2,954

AEIデータベースによる。

付表 3-3 主要民族別出生数および死亡数　ペラ　1895-1939

年次	華人 出生数	華人 死亡数	インド人 出生数	インド人 死亡数	マレー人 出生数	マレー人 死亡数
1895	413	5,804	264	808	3,309	2,469
1896	424	6,880	184	815	3,597	2,807
1897	848	6,145	305	696	3,617	2,467
1898						
1899	576	5,213	371	871	3,860	2,580
1900	597	8,275	389	2,680	4,082	2,888
1901	823	7,392	386	2,262	4,649	2,881
1902						
1903	1,056	7,346	647	1,580	5,185	2,978
1904	1,210	7,514	602	1,163	5,151	3,030
1905	1,408	7,089	722	1,891	5,980	3,223
1906	1,418	7,532	707	1,957	5,343	3,203
1907	1,661	7,924	910	2,263	5,876	3,659
1908	1,901	8,609	1,627	3,091	6,523	3,902
1909	2,058	6,223	1,090	2,870	6,265	3,227
1910	2,092	6,056	1,063	2,747	7,063	4,252
1911						
1912						
1913						

1914						
1915						
1916						
1917						
1918						
1919						
1920						
1921	4,019	6,153	3,225	4,403	9,021	5,679
1922	4,165	5,973	3,037	3,913	8,950	5,898
1923	4,264	5,771	2,908	3,571	8,997	6,197
1924	5,026	5,505	3,177	3,538	9,158	5,641
1925	5,511	5,858	3,396	3,713	8,834	5,714
1926	6,118	7,287	3,676	4,727	10,175	6,433
1927	7,102	8,394	3,976	5,424	9,132	5,842
1928	7,872	7,513	4,698	5,113	10,156	5,560
1929	9,068	7,430	4,997	4,371	9,458	5,738
1930	9,759	7,498	5,848	4,265	10,987	5,141
1931	9,207	6,296	4,920	3,187	9,769	5,060
1932	8,857	5,457	4,527	2,491	10,108	5,317
1933	8,955	5,926	4,429	2,733	11,310	6,659
1934	9,618	6,289	4,136	2,762	10,502	7,307
1935	11,397	6,396	4,918	3,187	11,415	6,406
1936	12,673	6,281	5,279	3,161	13,446	7,143
1937	14,467	6,964	5,596	3,772	12,462	6,486
1938	16,996	7,081	5,838	3,182	14,534	6,692
1939	18,248	7,081	5,623	2,550	13,119	6,470

AEIデータベースによる。

付表 3-4　民族別出入者数　スランゴール　1895-1905

年次	到着			出発		
ヨーロッパ人	男子	女子	計	男子	女子	計
1895			937			618
1896	932	227	1,159	703	193	896
1897	1,164	293	1,457	863	192	1,055
1898	1,171	360	1,531	820	208	1,028
1899	1,195	382	1,577	838	309	1,147
1900	1,302	366	1,668	841	310	1,151
1901	1,194	350	1,544	814	321	1,135
1902			1,447			1,365
1903			1,494			1,111
1904			1,400			1,002
1905			1,405			881
マレー人	男子	女子	計	男子	女子	計
1895			15,678			12,105
1896	13,511	3,418	16,929	11,721	2,610	14,331
1897	11,502	3,097	14,599	10,690	2,775	13,465
1898	10,371	2,683	13,054	10,937	2,789	13,726
1899	10,953	2,725	13,678	11,040	2,817	13,857
1900	12,522	2,857	15,379	11,791	3,106	14,897
1901	11,064	2,709	13,773	9,752	2,570	12,322
1902			13,700			12,038
1903			15,455			11,497
1904			13,481			10,196
1905			12,477			10,185
華人	男子	女子	計	男子	女子	計
1895	46,128	3,278	49,406	30,367	2,882	33,249
1896	38,100	3,783	41,883	29,958	3,216	33,174
1897	24,984	2,799	27,783	29,016	3,208	32,224
1898	26,321	3,237	29,558	23,852	2,874	26,726
1899	34,853	3,563	38,416	23,524	3,089	26,613
1900	46,300	4,384	50,634	29,859	3,749	33,608
1901	39,079	4,160	43,239	28,648	3,294	31,942
1902			44,602			28,978
1903			50,815			32,031
1904			44,041			30,537
1905			40,080			29,091
1906			37,911			

インド人	男子	女子	計	男子	女子	計
1895			7,268			5,349
1896	7,492	1,014	8,506	5,495	740	6,235
1897	7,954	1,166	9,120	6,458	811	7,269
1898	6,280	1,055	7,335	5,588	822	6,410
1899	5,767	993	6,760	4,843	617	5,460
1900	11,312	2,146	13,458	5,920	841	6,761
1901	8,250	1,438	9,688	6,796	813	7,609
1902			8,170			7,123
1903			7,631			6,158
1904			11,449			7,979
1905			15,870			8,696
その他	男子	女子	計	男子	女子	計
1895			1,095			1,332
1896	1,085	94	1,179	1,233	137	1,370
1897	731	54	785	1,143	192	1,335
1898	858	64	922	1,021	167	1,188
1899	1,593	128	1,716	1,079	87	1,166
1900	1,799	215	2,014	1,368	107	1,475
1901	1,759	166	1,925	1,467	99	1,566
1902			2,340			1,932
1903			1,403			1,588
1904			828			398
1905			1,313			295
1906						
総数	男子	女子	計	男子	女子	計
1895						
1896	61,120	8,536	69,656	49,110	6,896	56,006
1897	46,335	7,404	53,744	48,170	7,178	55,348
1898	45,001	7,399	52,400	42,218	6,860	49,078
1899	54,361	7,786	62,147	41,324	6,919	48,243
1900	73,235	9,918	83,153	49,779	8,113	57,892
1901	61,346	8,823	70,169	47,477	7,097	54,474
1902			70,259			51,140
1903			76,798			52,385

ARSにより作成。

付表 3-5 民族別出入者数 ペラ 1890-1903

年次 ヨーロッパ人	到着 男子	女子	総数	出発 男子	女子	総数
1890	973	135	1,108	790	143	933
1891	943	123	1,066	777	114	891
1892	887	134	1,021	805	135	940
1893						
1894	581	130	711	500	143	648
1895	542	108	650	498	128	626
1896	572	113	685	482	131	613
1897	1,252	239	1,491	1,133	251	1,384
1898			1,411			1,164
1899	1,277	251	1,528	1,084	254	1,338
1900	1,449	347	1,796	1,242	321	1,563
1901			2,173			1,828
1902						
1903	3,135	819	3,954	2,865	790	3,655
マレー人	男子	女子	総数	男子	女子	総数
1890	9,147	2,198	11,345	9,713	2,308	12,021
1891	8,417	2,051		7,712	1,801	
1892	9,561	2,592	12,153	8,181	2,235	10,416
1893						
1894	8,841	2,711	11,552	8,022	2,236	10,258
1895	9,279	2,735	12,014	9,390	2,585	11,975
1896	7,490	2,501	9,991	8,278	2,536	10,814
1897	6,667	2,283	8,950	7,409	2,301	9,710
1898			8,211			8,731
1899	6,403	2,179	8,582	6,073	2,011	8,084
1900	7,264	2,786	10,050	7,269	2,437	9,706
1901			41,090			36,391
1902						
1903	42,323	14,662	56,985	40,973	14,126	55,099
華人	男子	女子	総数	男子	女子	総数
1890	40,141	3,626	43,767	35,057	3,496	38,553
1891	36,746	3,738	40,484	29,056	2,983	32,039
1892	46,677	4,644	51,321	29,413	3,668	33,081
1893						
1894		4,561	49,387	32,903	4,141	37,044
1895	50,767	5,213	55,980	35,324	4,763	40,087
1896	36,276	4,351	40,627	34,821	4,534	39,355

1897	27,932	4,163	32,095	29,322	3,830	33,152
1898			31,898			
1899	49,559	5,104	54,663	28,474	4,145	32,619
1900	61,876	6,796	68,672	36,839	5,471	42,310
1901			83,233			57,719
1902						
1903			193,605	150,109	13,712	163,821

インド人	男子	女子	総数	男子	女子	総数
1890	9,912	1,505	11,417	9,334	1,347	10,681
1891	10,801	1,474		8,696	1,218	
1892	10,454	1,473	11,927	9,192	1,230	10,422
1893						
1894	8,820	1,261	10,081	8,122	1,195	9,317
1895	8,775	1,233	10,008	8,782	1,218	10,000
1896	8,589	1,198	9,787	8,119	1,177	9,296
1897	6,944	1,164	8,108	7,558	1,171	8,729
1898			8,174			7,683
1899	9,045	1,321	10,366	6,540	897	7,437
1900	12,273	1,937	14,210	8,119	1,206	9,325
1901			20,040			16,742
1902						
1903	27,814	6,077	33,891	27,521	6,129	

総数	男子	女子	総数	男子	女子	総数
1890	60,173	7,464	67,637	54,894	7,294	62,188
1891	56,907	7,386	64,293	46,241	6,176	52,417
1892	67,579	8,843	76,422	47,591	7,268	54,859
1893			93,960			61,316
1894	63,068	8,663	71,731	49,547	7,715	57,262
1895	69,363	9,289	78,652	53,994	8,694	62,688
1896	52,927	8,163	61,090	51,700	8,378	60,078
1897	42,795	7,849	50,644	45,422	7,553	52,975
1898			49,694			47,996
1899	66,284	8,855	75,139	42,171	7,307	49,478
1900	82,862	11,866	94,728	53,469	9,435	62,904

ARPにより作成。

付表 4-1 推計人口，出生数，死亡数　パハン，ジョホール　1896-1939

年次	パハン 推計人口 A	B	出生数	死亡数	ジョホール 推計人口 A	B	出生数	死亡数	出生率	死亡率
1896	70,000									
1897	70,000			955						
1898	80,000									
1899	80,000		1,240	1,479						
1900	83,560		1,184							
1901	84,113	83,560	1,726	2,189						
1902	87,363	84,113	1,847	2,194						
1903	85,000		1,815	2,286						
1904	85,000		2,012	2,291						
1905	100,000		1,997	2,337						
1906	100,000		1,752	2,256						
1907	100,000		2,311	2,148						
1908	100,000		2,448	2,810						
1909	100,000		2,300	3,012						
1910	100,000		3,154	3,322						
1911	118,708		3,245	3,157	180,412					
1912	123,032		3,434	3,263						
1913	126,490		3,153	3,460						25.1	39.2
1914	128,217						5,366	6,865	29.8	38.1
1915	126,000		3,761	3,148			6,971	6,358		
1916	138,600		3,451	3,334			7,060	8,161	39.2	45.5
1917	140,000	138,595	4,299	4,054			9,296	11,436	51.3	63.4
1918	142,000		3,676	6,428			8,894	14,194	49.3	78.4
1919	146,400		3,934	3,815			9,320	9,807	51.7	54.4
1920	152,800		3,882	4,196			8,999	10,761		
1921	146,064		4,367	4,147	282,234		10,167	8,770	36.0	31.1
1922	149,484		4,287	3,753			10,223	8,248		
1923	152,220		4,366	3,689	309,386		10,969	8,267	35.5	26.7
1924	154,956	154,954	4,864	4,563	317,317		12,296	8,274	38.8	26.1
1925	157,689		5,172	3,947	329,012	320,876	12,497	8,938	39.0	27.9
1926	155,175				331,155		14,883	12,740	46.1	39.4
1927	163,212		5,482		332,337		16,324	15,142	50.4	46.7
1928	165,897		5,136		338,392		17,902	11,847	54.2	35.9
1929	168,627		5,099		344,965		18,567	11,994	55.1	34.8
1930	186,545				343,063		20,409	14,172	58.1	40.4
1931	180,111	180,816	6,408	4,061	505,311	505,309	19,250	10,840		
1932	185,093		6,079	3,716	452,600	545,320	18,379	9,502		
1933	190,316		6,166	3,641	454,900	580,020	20,181	9,741		
1934	179,075		6,511	4,022	473,500	617,340	20,559	12,850		
1935	186,473		6,916	4,396	564,700	528,219	23,020	13,224	40.8	
1936	192,230				631,200		25,800	12,632	40.9	20.0
1937	199,487		7,508	4,559	613,510					21.1
1938	209,317		8,875	4,911	709,870					
1939	212,755		9,799	4,764	778,990					

AEI データベースを補充して作成。出生率および死亡率は小数点第1位まで表記。推計人口 A，B は異なった数値の並存を示す。

付表 4-2　民族別推計人口　パハン　1921-1939

年次	ヨーロッパ人	ユーラシアン	マレー人	華人	インド人	その他	非アジア人	計	種類	時期	方法
1921	278	116	102,258	34,104	8,692	616		146,064	センサス	4月	
1922	296	120	104,152	35,331	8,952	633		149,484	推計	6月	
1923	310	123	105,667	36,313	9,160	647		152,220	推計	6月	
1924	324	126	107,182	37,295	9,368	661		154,956	推計	6月	
1925	338	129	108,696	38,276	9,576	674		157,689	推計	6月	
1926											
1927											
1928											
1929	391	146	114,746	42,197	10,395	752		168,627	推計	6月	
1930	670	231	119,844	51,814	12,891	1,095		186,545	推計		
1931			110,110	53,750	15,909	653		180,816	センサス予備		
1932			112,283	54,832	15,844	1,722	412	185,093	推計	6月	
1933	424	154	113,225	57,975	16,879	1,659		190,316	推計	6月	幾何級数法
1934	306	212	116,332	48,629	12,287	1,309		179,075	推計	6月	収支法
1935	418	161	117,265	52,658	14,662	1,309		186,473	推計	年央	収支法
1936	474	159	119,456	55,920	14,989	1,232		192,230	推計	年央	収支法
1937	523	161	120,322	60,776	16,436	1,269		199,487	推計	年央	収支法
1938	538	162	122,874	67,114	17,363	1,266		209,317	推計	年央	収支法
1939	492	167	124,339	69,333	17,132	1,292		212,755	推計	年央	収支法

ARPa 各年度版より作成。

付表 4-3　民族別出生数・死亡数　パハン　1901-1939

年次	華人 出生数	華人 死亡数	インド人 出生数	インド人 死亡数	マレー人 出生数	マレー人 死亡数
1901	27	641	4	60	1,689	1,467
1902	40	481	4	49	1,798	1,650
1903	49	804	6	29	1,752	1,438
1904	50	1,009	16	31	1,940	1,245
1905	54	946	9	89	1,922	1,287
1906						
1907	93	566	19	122	2,188	1,452
1908	109	858	150	33	2,302	1,800
1909	177	874	33	151	2,083	1,977
1910	170	790	43	222	2,932	2,289
1911	237	815	62	260	2,935	2,074
1912	265	840	76	251	3,057	2,114
1913	313	886	75	220	2,754	2,342
1914						
1915	410	704	75	162	3,264	2,267
1916	374	726	91	236	2,971	2,352
1917	427	909	91	263	3,714	2,744
1918	419	1,601	99	539	3,075	4,027
1919	490	1,041	107	281	3,234	2,317
1920	482	1,002	155	414	3,133	2,632
1921	568	952	115	414	3,546	2,590
1922	585	854	124	264	3,436	2,466
1923	608	821	148	269	3,492	2,446
1924	748	908	167	330	3,840	3,164
1925	930	967	226	322	3,937	2,511
1926						
1927						
1928						
1929						
1930						
1931	1,861	1,064	421	366	4,117	2,621
1932	1,661	958	401	267	4,010	2,488
1933	1,712	915	364	258	4,083	2,463
1934	1,844	1,031	396	249	4,261	2,738
1935	2,169	1,215	483	401	4,260	2,779
1936						
1937	2,766	1,395	542	452	4,197	2,709
1938	3,414	1,715	636	547	4,813	2,638
1939	3,964	1,658	643	347	5,175	2,753

AEI データおよび ARPa 各年度版より作成。

付表 4-4　民族別出生数・死亡数　ジョホール　1914-1937

年次	華人 出生数	華人 死亡数	インド人 出生数	インド人 死亡数	マレー人 出生数	マレー人 死亡数
1914	684	2,504	96	855	3,124	2,486
1915					4,077	
1916						
1917						
1918						
1919						
1920						
1921						
1922						
1923	2,716	3,081				
1924	3,247	3,481	506	882	8,957	4,258
1925	4,070	5,697	576	1,100	8,557	4,317
1926	4,954	5,847	703	1,699	10,005	5,272
1927	5,796	4,975	870	2,572	10,386	6,633
1928	6,623	5,176	926	2,099	11,046	4,699
1929	7,169	6,372	1,066	1,673	10,757	5,066
1930	7,372	4,577	1,317	1,838	11,790	5,860
1931	7,249	3,792	1,181	1,192	10,575	4,994
1932	7,610	3,704	1,138	841	9,883	4,803
1933	7,944	4,536	1,130	794	11,313	5,186
1934	10,003	5,219	1,293	822	11,218	7,425
1935	11,341	4,844	1,642	1,773	11,248	6,182
1936	12,882	5,460	1,806	1,279	12,504	6,444
1937			2,033	1,617	1,406	5,282

ARJ 各年度版より作成。

付表 4-5a　エステート雇用インド人労働者数　ジョホール　1918-1924

年次	雇用者数
1918ARJ	11,845
1919ARJ	12,895
1920ARJ	16,455
1921ARJ	15,956
1922ARJ	14,755
1923ARJ	15,413
1924ARJ	17,725

ARJ 各年度版より作成。

付表 4-5b　民族別労働者数　ジョホール　1925-1939

年次	インド人	華人	ジャワ人	その他	計
1925	22,214	14,660	4,055	1,102	42,031
1926	31,272	19,006	6,248	1,121	57,647
1927	35,925	16,055	5,486	801	58,267
1928	32,475	19,607	5,494	1,154	58,730
1929	34,642	26,912	6,403	1,594	69,551
1930	30,025	29,643	6,264	1,701	67,633
1931	23,253	24,626	6,258	1,425	55,562
1932	18,113	18,229	5,933	1,765	44,040
1933	20,221	18,356	6,964	1,732	47,273
1934	28,002	26,143	8,336	2,058	64,539
1935	31,490	25,763	7,141	2,152	66,546
1936	33,396	27,289	8,875	1,860	71,420
1937	45,153	32,974	10,489	1,379	89,995
1938	41,636	25,576	8,411	1,433	77,056
1939	41,573	30,949	10,241	2,171	84,934

ARJ 各年度版より作成。

付表 5-1　病院統計　脚気　スランゴール，ペラ，パハン，ジョホール　1883-1939

年次	スランゴール 患者数	スランゴール 死亡数	ペラ 患者数	ペラ 死亡数	パハン 患者数	パハン 死亡数	ジョホール 患者数	ジョホール 死亡数
1883	283	122						
1884	337	84						
1885	661	80	2,141					
1886	870	145	3,080	282				
1887	1,585	229	3,965	294				
1888	2,093	434	3,531	328				
1889	1,566	335	3,075	284				
1890	1,619	293	2,157	145				
1891	1,715	318	1,548	111				
1892	2,233	388	1,331	98				
1893	3,829	894	3,729	473				
1894	2,817	683	3,565	647				
1895	3,781	711	4,686	624	4	1		
1896	5,518	990	5,357	652	26	12		
1897	4,884	1,066	4,551	482	170	68		
1898	1,870	244	3,824	327	201	15		
1899	1,837	333	3,113	333	185	31		

1900	2,428	390	6,737	994	158	18		
1901	2,065	311	4,760	741	245	52		
1902	2,673	325	3,689	556	144	44		
1903	1,912	351	4,203	696	157	35		
1904	2,083	326	4,414	1,143	219	37		
1905	2,215	330	3,334	707	401	67		
1906	1,896	365	2,785	886	449	76		
1907	1,887	374	1,957	752	408	63		
1908	3,462	762	3,618	838	579	53		
1909	2,055	398	1,778	184	449	42		
1910	1,979	221	1,622	159	324	28		
1911	2,220	307	1,615	165	219	19		
1912	2,282	302	1,601	168	265	26		
1913	2,136	303	1,666	168	419	44		
1914	2,125	259	1,573	193	457	47	352	37
1915	923	108	889	107	263			
1916	780	108	705	100	209			
1917	1,201	152	813	112	357			
1918	1,168	163	891	152	335			
1919	962	122	612	98	212			
1920	260	41	78	19	45	7		
1921	407	45	95	22	76	10	245	
1922	449	64	169	24	123	16	396	
1923	218	22	178	31	94	18	364	83
1924	276	23	265	31	166	24	677	63
1925	283	16	279	38	158	20	650	63
1926	307	31	321	49	205	27	1,508	215
1927	598	82	906	167	797	98	2,159	272
1928	626	51	728	96	439	48	1,514	174
1929	417	30	543	85	296	28	1,492	
1930	407	34	729	88	282	18	2,164	
1931	175	19	315	39			1,295	81
1932	96	12	136	15			1,086	49
1933	87	7	119	19			829	42
1934			196	34			577	56
1935	110	14	169	14			550	62
1936	124	11	175	24			685	67
1937	128	13	194	17			372	33
1938	444	31	365	30			694	68
1939			385	63				

各州年次報告書各年度版より作成。
複数の数値がある場合多いほうを採用。
ジョホール 1926-1930 年は政府病院の外にエステート病院の数値を含む。

付表 5-2 病院統計 マラリア（熱病）
スランゴール，ペラ，パハン，ジョホール 1888-1939

年次	スランゴール 患者数	スランゴール 死亡数	ペラ 患者数	ペラ 死亡数	パハン 患者数	パハン 死亡数	ジョホール 患者数	ジョホール 死亡数
1888			1,490	157				
1889			1,442	141				
1890			1,561	149				
1891			2,143	175				
1892			3,448	214				
1893								
1894			2,677	278				
1895			2,649	225				
1896			3,951	279				
1897	1,892	134	3,817	273				
1898	2,070	151	3,920					
1899	1,872	55	4,748	201	345	12		
1900	4,064	297	6,329	167	359	7		
1901	5,445	322	4,694	285	424	43		
1902	2,977	174						
1903	1,980	153	4,504	251	607	33		
1904	2,008	114	4,404	239	641	28		
1905	2,109	173	5,442	232	671	30		
1906	3,397	348	4,991	220	1,241	37		
1907	8,084	685	7,063	392	1,539	71		
1908	6,489	526	7,310	474	1,602	76		
1909	5,522	322	7,404	426	1,225	52		
1910	8,122	369	9,241	444	1,876	72		
1911	10,780	728	10,624	621	2,137	85		
1912	9,910	683	11,640	708	2,091	84		
1913	10,556	799	12,849	780	2,481	113	1,179	24
1914	10,345	765	12,127	713	2,172	88	1,443	43
1915	6,380	444	8,569	504	1,766			
1916	8,624	468	10,404	645	1,971			
1917	7,467	458	11,563	784	2,346			
1918	8,650	488	12,589	741	2,513			
1919	7,254	417	13,077	781	2,565			
1920	12,143	628	17,400	1,036	3,154	86	21,752	920
1921	13,397	733	14,996	860	2,565	102	15,259	675
1922	8,369	413	12,328	694	1,368	85		
1923	5,968	317	10,509	503	1,207	75		
1924	4,442	232	8,456	380	1,989	92	12,514	

1925	6,424	247	11,112	530	2,225	104	12,000	380
1926	11,755	452	16,019	782	3,776	186	39,839	899
1927	13,576	621	19,396	923	6,451	330	47,737	1,314
1928	14,208	740	20,350	951	5,481	301	35,350	890
1929	8,848	433	15,003	759	4,578	197	34,490	821
1930	9,829	551	14,521	694	4,380	223	38,506	892
1931	4,732	240	11,755	533	2,970	141	6,048	194
1932	3,338	147	7,287	320	2,688	105	6,073	153
1933	2,940	112	8,165	360	2,717	84	5,018	110
1934			7,869	268	2,495	54	4,252	163
1935	4,187	112	9,452	294	3,910	119	10,726	359
1936	3,669	100	8,690	255	4,041		5,923	189
1937	4,859	144	9,738	293	5,778	194	7,765	268
1938	7,254	207	13,153	324	6,992	230	10,486	326
1939			11,581	294				

各州年次報告書各年度版より作成。
複数の数値がある場合多いほうを採用。
ジョホール1913, 1914年はJohore Hospitalのみ, 1920-1930年は政府病院の外にエステート病院の数値を含む。

付表 5-3 病院統計 肺疾患および肺結核
スランゴール, パハン, ジョホール 1902-1939

年次	スランゴール 肺疾患 患者数	死亡数	肺結核 患者数	死亡数	パハン 肺疾患 患者数	死亡数	結核 患者数	死亡数	ジョホール 肺疾患 患者数	死亡数	結核 患者数	死亡数
1902	850	241										
1903	811	266										
1904	1,014	305			71	30						
1905	1,078	284										
1906	948	262			127	32						
1907	1,596	497			238	65						
1908	1,370	472			295	77						
1909	1,156	398			250	68						
1910	1,228	366	397	170	264	88						
1911			527	253	218	48						
1912			499	234	108	47			169	67		
1913			484	240	62	27						
1914			534	226	88	39			71	43		
1915			499	211	89							
1916			478	206	71							

年次							
1917	497	206	87				
1918	485	249	62				
1919	590	265	101				
1920	594	243		125		223	111
1921	647	275		414	23	247	140
1922	670	307		308	19	408	192
1923	681	324		106	49	501	207
1924	689	312		121	48	897	203
1925	713	285		124	58	417	144
1926	650	287		155	66	848	251
1927	654	352		155	63	800	286
1928	666	340		170	73	683	279
1929	611	331		184	82	737	282
1930	690	324		180	75	1,101	325
1931	628	311		177	78	743	233
1932	467	266		158	79	926	232
1933	491	214		179	82	970	247
1934				158	66	675	264
1935	486	222		180	77	668	251
1936	448	197		204	101	813	217
1937	517	208		230	86	698	277
1938	544	235		205	90	955	328
1939				269	94		

ARS, ARPa, ARJ 各年度版より作成。
複数の数値がある場合多いほうを採用。
ジョホール 1924-1930 年は政府病院の外にエステート病院の数値を含む。

付表 5-4　結核入院数および死亡数　ペラ　1923-1936

年次	華人		インド人		マレー人		その他		総数	
	入院数	死亡数	入院数	死亡数	入院数	死亡数	入院数	死亡数	入院数	死亡数
1923									823	432
1924									1,085	475
1925									1,150	481
1926									1,020	430
1927									1,101	484
1928									1,118	487
1929									836	447
1930									1,116	474
1931									1,035	427
1932									887	392
1933									853	378
1934									815	338
1935	493	225	317	113	44	11	12	3	866	352
1936	625	255	306	99	61	15	11	4	1,003	373
1937	527	242	313	98	55	7	9	3	904	350
1938	635	290	292	77	88	13	9	1	1,024	381

ARP 各年度版より作成。

付表 5-5　病院統計　赤痢　スランゴール，ペラ　1888-1939

年次	スランゴール 患者数	スランゴール 死亡数	ペラ 患者数	ペラ 死亡数
1888			1,112	438
1889			1,358	522
1890			1,089	383
1891			980	294
1892			1,631	452
1893				
1894			1,595	570
1895			1,631	544
1896	1,174		1,854	594
1897	904	318	1,727	461
1898	781	300	1,279	
1899	659	188	1,407	342
1900	1,245	396	3,220	899
1901	1,527	398	2,854	1,019
1902	973	320	2,013	631
1903	638	229	2,041	700
1904	599	183	1,853	614
1905	958	303	3,031	816
1906	1,224	437	2,599	775
1907	1,262	583	2,870	838
1908	2,324	801	3,715	1,179
1909	1,041	381	3,100	769
1910	1,175	373	2,848	577
1911	1,609	515	3,376	773
1912	1,540	478	3,049	693
1913	1,455	395	2,991	672
1914	1,570	421	3,231	700
1915	1,190	322	2,667	603
1916	1,160	287	2,295	506
1917	1,414	351	2,542	630
1918	1,288	347	2,075	521
1919	1,492	369	2,192	457
1920	1,436	378	1,515	308
1921	1,632	406	1,558	282
1922	1,283	353	1,580	282
1923	1,218	301	1,479	264
1924	1,048	242	1,475	256
1925	769	173	1,372	262
1926	1,072	260	1,930	390
1927	1,151	447	2,415	513
1928	1,317	494	2,050	388
1929	789	287	1,432	305
1930	806	233	1,377	266
1931	537	171	1,003	155
1932	525	135	692	86
1933	256	79	627	90
1934			570	88
1935	247	71	698	102
1936	257	76	740	93
1937	257	64	876	76
1938	302	73	1,961	325
1939			1,692	307

ARS および ARP 各年度版より作成。
複数の数値がある場合が多いほうを採用。

付表 5-6　入院患者数　スランゴール，ペラ，パハン，ジョホール　1883-1939

年次	スランゴール 患者数	死亡数	死亡割合	ペラ 患者数	死亡数	死亡割合	パハン 患者数	死亡数	死亡割合	ジョホール 患者数	死亡数	死亡割合
1883	1,215	222	18.3									
1884	1,556	148	9.5									
1885	1,979	174	8.8									
1886	3,175	485	15.3	9,585	1,290	13.5						
1887	7,324	1,346	18.4	11,867	1,742	14.7						
1888	8,493	1,686	19.9	14,042	2,169	15.4						
1889	7,504	1,271	16.9	13,432	2,203	16.4						
1890	6,722	966	14.4	11,922	1,624	13.6						
1891	6,401	1,058	16.5	12,499	1,622	13.0						
1892	10,511	1,464	13.9	17,353	2,035	11.7						
1893	13,870	2,381	17.2	20,528	3,168	15.4						
1894	12,322	2,061	16.7	20,313	3,440	16.9						
1895	14,860	2,458	16.5	20,992	3,001	14.3	726	51	7.0			
1896	17,709	2,700	15.2	24,486	3,369	13.8	1,356	159	11.3			
1897	16,608	2,644	15.9	23,024	3,075	13.4	1,451	193	13.3			
1898	12,705	1,708	13.4	23,297	2,376	10.2	1,195	90	7.5			
1899	12,371	1,437	11.6	22,276	2,282	10.2	1,075	63	5.8			
1900	17,963	2,419	13.5	31,579	4,368	13.8	1,218	76	6.2			
1901	21,351	2,797	13.1	27,293	4,207	15.4	1,720	232	13.4			
1902	18,173	2,087	11.5	23,703	2,997	12.6	1,894	230	12.4			
1903	14,425	1,872	13.0	26,201	3,366	12.8	2,008	221	11.1			
1904	14,319	1,534	10.7	22,884	3,537	15.5	2,209	232	10.5			
1905	16,382	1,856	11.3	29,226		12.8	2,984	350	11.7			
1906	18,963	2,428	12.8	25,455								
1907	25,602	3,354	13.1	29,079	3,825	13.2	4,543	452	9.9			
1908	30,287	4,286	14.2	33,816		13.9	5,084	440	8.2			
1909	22,889	2,475	10.8	33,725		9.1	4,528	367	9.4			
1910	25,082	2,224	8.9	36,501		8.0	5,297	377	7.1			
1911	31,637	3,255	10.3	39,521	3,519	8.9	5,369	327	6.1			
1912	32,171	3,221	10.0	42,067	3,585	8.5	5,525	365	6.6			
1913	32,173	3,152	9.8	45,349	3,670	8.1	6,074	378	6.2			
1914	31,754	3,048	9.6	45,595	3,811	8.4	6,211	360	5.8	7,812	830	10.6
1915	23,398	2,182	9.3	35,492	3,203	9.0	5,504	292	5.4	6,622	673	10.2
1916	25,530	2,154	8.5	38,733			5,546	292	5.3	8,711	883	10.1
1917	25,718	2,378	9.2	41,110	3,925	9.5	6,175	388	6.3	11,570	1,347	11.6
1918	31,003	3,706	12.0	49,428	6,132	12.4	7,511	859	11.5	14,398	2,178	15.1
1919	33,684	2,997	8.9	44,925	4,204	9.4	6,840	473	6.9	12,777	1,598	12.5
1920	41,525	3,025	7.3	53,448	4,061	7.6	8,235	551	6.7	14,507	1,739	12.0
1921	40,159		7.1	49,647	3,594	7.2	7,949	482	6.1	14,672	1,460	10.0
1922	30,455		7.9	42,567	3,350	7.9	5,251	416	7.9	13,470	1,221	9.1
1923	27,571		8.1	41,097	2,994	7.3	4,917	417	8.5	13,711	1,108	8.1
1924	30,192		7.2	41,102	3,091	7.5	6,235	497	8.0	16,987	1,207	7.1
1925	34,768		6.2	46,551	3,198	6.9	7,759	504	6.5	18,959	1,323	7.0
1926	40,464	2,904	7.2	56,909	3,970	7.0	10,559	689	6.5	28,527	2,174	7.6
1927	43,838	3,608	8.2	61,050	4,811	7.9	13,753	1,074	7.6	33,390	2,742	8.2
1928	44,801	3,714	8.3	62,888	4,536	7.2	12,323	924	7.5	30,369	2,314	7.6

1929	35,239	3,088	8.8	52,278	4,169	8.0	11,484	794	7.2	29,023		
1930	33,212	3,113	9.4	51,323	4,098	8.0	11,760	808	7.1	37,577		
1931	24,338	2,217	9.1	44,383	3,386	7.6	10,100	663	6.9	28,277	1,841	6.5
1932	20,694	1,825	8.8	32,582	2,723	8.4	9,060	588	6.7	26,711	1,397	5.2
1933	20,251	1,616	8.0	33,579	2,911	8.7	9,906	585	6.2	26,839	1,457	5.4
1934	20,642	1,640	7.9	33,962	2,863	8.4	9,881	580	5.9	29,487	1,742	5.9
1935	23,992		7.9	39,890	3,219	8.1	12,854	753	6.0	45,821	2,545	5.6
1936	25,846		7.4	43,308	3,337	7.7	13,719	813	5.9	41,005	2,317	5.7
1937	29,194		7.7	50,893	3,874	7.6	17,633	986	5.8	43,234	2,550	5.9
1938	37,050	2,569	6.9	57,671		6.5	20,549	1,197	5.8	52,806	2,940	5.6
1939	33,021			52,758		6.6	23,167	1,129	4.9			

各州年次報告書各年度版より作成。
複数の数値がある場合多いほうを採用。
1929年スランゴールおよびペラにおいては前年からの継続入院を除く数値が記載され、死亡率計算はこの数値に基づいている。

付表 6-1　民族別マラリア入院患者　パハン　1931-1939

	マレー人		華人		インド人		その他		計		全入院数に対する割合	患者死亡数に対する割合	死亡率	マレー人死亡率	華人死亡率	インド人死亡率
	入院数	死亡数	入院数	死亡数	入院数	死亡数	入院数	死亡数	入院数	死亡数	%	%	%	%	%	%
1931	176	6	1,293	94	1,439	39	62	2	2,970	141	31.2	21.3	4.8	3.4	7.3	2.7
1932	172	3	941	72	1,552	29	23	1	2,688	105	31.2	18.0	3.9	1.7	7.7	1.9
1933	141	2	1,186	60	1,349	22	41	0	2,717	84	28.7	14.4	3.1	1.4	5.1	1.6
1934	174	4	1,139	35	1,140	12	42	3	2,495	54	26.2	9.3	2.2	2.3	3.1	1.1
1935	197	2	1,498	77	2,169	39	46	1	3,910	119	31.3	15.8	3.0	1	5.1	1.8
1936	197	2	1,520	87	2,262	36	62	3	4,041	128	29.7	15.7	3.2	1	5.7	1.6
1937	308	1	3,020	154	2,365	39	55	0	5,778	194	34.0	19.7	3.4	0.3	5.1	1.6
1938	320	2	3,777	147	2,854	72	41	9	6,992	230	35.1	19.2	3.3	0.6	3.9	2.5
1939	434	3	4,986	151	3,127	79	73	2	8,620	235	37.2	20.8	2.7	0.7	3	2.5

ARPa 各年度版より作成。

付表 6-2 病院統計 赤痢，下痢 パハン，ジョホール 1899-1938

年次	パハン 赤痢 患者数	パハン 赤痢 死亡数	政府病院・エステート病院 赤痢 患者数	政府病院・エステート病院 赤痢 死亡数	政府病院・エステート病院 下痢 患者数	政府病院・エステート病院 下痢 死亡数	政府病院・エステート病院 赤痢および下痢 患者数	政府病院・エステート病院 赤痢および下痢 死亡数	政府病院 赤痢 患者数	政府病院 赤痢 死亡数	政府病院 下痢 患者数	政府病院 下痢 死亡数	政府病院 赤痢および下痢 患者数	政府病院 赤痢および下痢 死亡数
1899	83	17												
1900	122	17												
1901	150	47												
1902														
1903	122	37												
1904	129	37												
1905														
1906	506	125												
1907	327	79												
1908	298	74												
1909	272	46												
1910	241	48												
1911	198	28												
1912	284	44	351	110										
1913	259													
1914	255		390	121										
1915	223													
1916	189													
1917	271													
1918	253													
1919	321													
1920	274	64											844	293
1921	207	30											810	209
1922	73	12											728	141
1923	50	16											1,810	215
1924	162	37											1,043	140
1925	136	21	1,351	149	809	66	2,160	215					888	135
1926	250	45	3,203	291	2,715	117	5,918	408						
1927	417	87	4,257	243	3,017	174	7,274	417						
1928	290	53	2,865	386	2,617	88	5,482	474						
1929	181	41	2,133	221	2,045	69	4,178	290						
1930			2,230	234	2,243	70	4,473	304						
1931			1,694	196	1,492	40	3,186	236	1,053	175	263	25	1,316	200
1932									648	103	261	25	909	128
1933									563	96	175	5	738	101
1934									533	88	230	6	763	94
1935									896	136	423	53	1,319	189
1936									606	92	573	88	1,179	180
1937									641	103	629	112	1,270	215
1938									635	87	805	168	1,440	255

ARPa, ARJ 各年度版より作成。
複数の数値がある場合多いほうを採用。

付表 6-3　民族別乳児死亡率　パハン，ジョホール　1916-1939

年次	パハン 全民族	マレー人	華人	インド人	ジョホール 全民族
1916					244
1917					319
1918					244
1919	194				200
1920	205				
1921	204				176
1922	186				175
1923	197				196
1924	254				183
1925	189				195
1926					213
1927	292				256
1928	279				161
1929	245				181
1930	196				186
1931	164	169	157	145	152
1932	165	170	158	147	140
1933	149	154	140	134	149
1934	185	196	171	141	228
1935	172	178	147	234	182
1936	153	149	166	129	181
1937	155	158	147	171	154
1938	158	155	162	167	170
1939	140	146	134	121	125

ARPa, ARJ 各年度版より作成。
小数点以下の記述がある場合は四捨五入。

付表 9-1　イスラム暦・西暦対照表

イスラム暦	対応西暦年月日
1331	1912.12.11–1913.11.30
1332	1913.11.30–1914.11.18
1333	1914.11.19–1915.11.08
1334	1915.11.09–1916.10.27
1335	1916.10.28–1917.10.17
1336	1917.10.17–1918.10.06
1337	1918.10.07–1919.09.25
1338	1919.09.26–1920.09.14
1339	1920.09.15–1921.09.03
1340	1921.09.04–1922.08.22
1341	1922.08.23–1923.08.13
1342	1923.08.14–1924.08.01
1343	1924.08.02–1925.07.21
1344	1925.07.22–1926.07.11
1345	1926.07.12–1927.06.30
1346	1927.07.01–1928.06.19
1347	1928.06.20–1929.06.08
1348	1929.06.09–1930.05.28
1349	1930.05.29–1931.05.18
1350	1931.05.19–1932.05.06
1351	1932.05.07–1933.04.25
1352	1933.04.26–1934.04.15
1353	1934.04.16–1935.04.04
1354	1935.04.05–1936.03.23
1355	1936.03.24–1937.03.13
1356	1937.03.14–1938.03.02
1357	1938.03.03–1939.02.20

ARKd 各年度版記載により作成。

付表 9-2　植付け面積（水稲・ゴム・ココナツ・タピオカ）
ケダー　1912-1939　　　　　　　　　　　　　　　　　　　（エーカー）

イスラム暦	西暦対応年	水稲	ゴム	ココナツ	タピオカ
1331	1912/13		58,809	5,843	33,096
1332	1913/14		59,841	7,424	29,725
1333	1914/15				
1334	1915/16				
1335	1916/17				
1336	1917/18				
1337	1918/19				
1338	1919/20				
1339	1920/21				
1340	1921/22				
1341	1922/23	142,579			
1342	1923/24	161,056			
1343	1924/25	164,148			
1344	1925/26	166,067			
1345	1926/27	171,119			
1346	1927/28		271,186		
1347	1928/29	176,838	300,000		10,994
1348	1929/30	163,425			
1349	1930/31	196,933	295,483	27,000	9,340
1350	1931/32	203,272	300,000	27,000	
1351	1932/33	219,000	301,168		
1352	1933/34	238,457	310,500	29,071	6,164
1353	1934/35	235,609	305,313	29,183	10,206
1354	1935/36	244,493	315,714	27,715	6,797
1355	1936/37	246,315	299,786		6,568
1356	1937/38	245,700	302,979	30,168	6,655
1357	1938/39	256,350	302,574	30,240	4,483

1345A.H. 以前の水稲面積は relong から換算。
ARKd 各年度版により作成。

付表 9-3　米収穫量　ケダー　1920-1939

イスラム暦	西暦対応年	米収穫量(1,000ガンタン)	備考	
1339	1920/21	69,280		
1340	1921/22	37,302		
1341	1922/23	48,452	含陸稲	
1342	1923/24	40,809		
1343	1924/25	50,733		
1344	1925/26	32,780	旱魃	
1345	1926/27	56,274	気候条件良	
1346	1927/28	53,236		
1347	1928/29	45,406	旱魃	
1348	1929/30	31,044	旱魃	
1349	1930/31	73,446	含陸稲	
1350	1931/32	72,218	含陸稲	
1351	1932/33	75,502	含陸稲	精米換算 113,250 英トン, 地元消費 70,009 英トン, 輸出可能量 43,241 英トン
1352	1933/34	94,020	含陸稲	精米換算 141,030 英トン, 地元消費 73,880 英トン, 輸出可能量 67,150 英トン
1353	1934/35	90,575	含陸稲	精米換算 135,858 英トン, 地元消費 74,718 英トン, 輸出可能量 61,140 英トン
1354	1935/36	96,360	含陸稲	精米換算 144,000 英トン, 地元消費 74,955 英トン, 輸出可能量 69,100 英トン
1355	1936/37	82,219	含陸稲	
1356	1937/38	82,709	含陸稲	
1357	1938/39	100,500	含陸稲	

ARKd 各年度版より作成。
地元消費は1人1日1lb.が見込まれている。

付表 9-4　米輸出量・輸出額　ケダー　1913-1939

イスラム暦	西暦対応年	籾米（籾米単位）	籾米価格（海峡ドル）	精米（精米単位）	精米価格（海峡ドル）	籾米, 精米価格計（海峡ドル）
1332	1913/14	18,145,600ガンタン		2,220,000ガンタン		
1333	1914/15	13,290,400ガンタン		2,171,200ガンタン		
1334	1915/16	15,968,800ガンタン		2,854,400ガンタン		
1335	1916/17	17,156,800ガンタン		2,672,000ガンタン		
1336	1917/18	20,030,550ガンタン		4,179,294ガンタン		
1337	1918/19	2,821,699ガンタン		1,742,156ガンタン		
1338	1919/20	60,000ガンタン		16,500ガンタン		
1339	1920/21	74,855ピクル	247,476	5,975ピクル	31,698	279,174
1340	1921/22					
1341	1922/23					
1342	1923/24					2,141,673
1343	1924/25					
1344	1925/26					940,225
1345	1926/27					2,568,639
1346	1927/28					
1347	1928/29					
1348	1929/30					
1349	1930/31					
1350	1931/32	19,204英トン	573,723	25,662英トン	1,442,523	2,016,246
1351	1932/33	20,627英トン	588,444	30,298英トン	1,689,852	2,278,296
1352	1933/34	17,788英トン	421,210	26,650英トン	1,274,619	1,695,829
1353	1934/35	22,296英トン	507,431	35,394英トン	1,678,356	2,185,787
1354	1935/36	20,027英トン	665,762	37,520英トン	2,234,886	2,900,648
1355	1936/37	12,880英トン	405,960	36,451英トン	2,034,039	2,439,999
1356	1937/38	9,513英トン	314,494	29,525英トン	1,885,762	2,200,256
1357	1938/39	15,923英トン	526,189	22,910英トン	1,421,819	1,948,008

ARKd 各年度版より作成。
小数点以下四捨五入。

付表 9-5 錫とゴムの輸出量・輸出額 ケダー 1908-1939

		錫			ゴム	
イスラム暦	西暦対応年	ピクル	海峡ドル	鉱山労働者数	ピクル	海峡ドル
1327	1908/09	12,502		2,346		
1328	1909/10	11,790		1,973		
1329	1910/11	12,738		2,662		308,240
1330	1911/12	14,024		3,301		891,320
1331	1912/13	14,522		3,652		1,323,600
1332	1913/14	14,460		2,768		1,527,500
1333	1914/15	14,582		3,871		3,490,000
1334	1915/16	11,414		3,397	55,719	7,458,000
1335	1916/17	8,004		2,287	88,177	7,902,696
1336	1917/18	13,068		4,052	88,641	6,400,891
1337	1918/19	12,100		1,709	84,357	
1338	1919/20	8,653		1,831	145,408	
1339	1920/21	6,063		1,605	2,785	74,370
1340	1921/22	6,445		1,554		
1341	1922/23	10,150	560,784	1,238		13,700,000
1342	1923/24	6,190		1,470	187,296	12,771,262
1343	1924/25	6,483		1,701		
1344	1925/26	5,675	682,342	1,315		45,390,867
1345	1926/27	5,690	477,999	1,129		34,487,489
1346	1927/28	6,653		1,119		
1347	1928/29	6,250		915	582,012	
1348	1929/30	7,980		841	633,773	
1349	1930/31	4,570		769		
1350	1931/32	3,108	152,221	492	670,706	7,232,589
1351	1932/33	2,822	161,648	638	699,367	6,064,523
1352	1933/34	2,755	243,853	330	1,082,357	15,429,518
1353	1934/35	3,142	260,005	443	718,150	21,343,275
1354	1935/36	4,956	410,830		660,895	18,255,456
1355	1936/37	5,073	524,700		698,712	26,629,878
1356	1937/38	7,409	610,826		953,686	36,825,132
1357	1938/39	5,628	395,037		619,416	19,242,140

ARKd 各年度版より作成。英トン表記はピクルに換算。付：鉱業労働者数

付表 9-6 人口の変化（含民族別人口） ケダー 1910-1938

イスラム歴	西暦対応年	総人口	備考	マレー人	華人	インド人	ヨーロッパ人	ユーラシアン	その他	合計	マレー人割合	華人割合	インド人割合
1329	1910/11	245,986	センサス	197,702	33,746	6,074	86	60	8,318	245,986	80.4	13.7	2.5
1330	1911/12												
1331	1912/13	250,000											
1332	1913/14	250,000											
1333	1914/15	258,000											
1334	1915/16	273,000											
1335	1916/17	285,000											
1336	1917/18	290,000											
1337	1918/19	300,000											
1338	1919/20	325,000											
1339	1920/21	338,544	センサス	237,040	59,476	33,071	300	75	8,745	338,707	70.0	17.6	9.8
1340	1921/22	340,000											
1341	1922/23	341,596											
1342	1923/24	350,000											
1343	1924/25	375,500											
1344	1925/26	384,000											
1345	1926/27	398,222	収支法	270,138	65,882	52,654				398,222	67.8	16.5	13.2
1346	1927/28	399,864											
1347	1928/29	405,630		279,000	66,630	50,340	400	160	9,100	405,630	68.8	16.4	12.4
1348	1929/30	409,828	1929.12.31	282,076	67,155	50,399	402	160	9,136	409,328	68.9	16.4	12.3
1349	1930/31	419,024	1349 年末										
	1931	429,691	1931.4.1 センサス、西暦使用開始	286,262	78,415	50,824	411	108	13,671	429,691	66.6	18.2	11.8
	1932	443,021		286,212	81,184	53,642	427	111	21,445	443,021	64.6	18.3	12.1
	1933	453,366	より正確な記録	298,270	83,470	56,009	441	117	15,009	453,316	65.8	18.4	12.4
	1934	465,270	年央値、幾何級数法	304,340	86,097	58,455	458		15,920	465,270	65.4	18.5	12.6
	1935	452,554	年央値、収支法	308,073	79,272	51,016	435		13,758	452,554	68.1	17.5	11.3
	1936	463,904	年央値、収支法	313,871	83,840	52,612	625		12,956	463,904	67.7	18.1	11.3
	1937	474,775	年央値、収支法	319,260	85,472	56,402	631		13,010	474,775	67.2	18.0	11.9
	1938	481,242	年央値、収支法	323,327	86,843	57,060	699		13,313	481,242	67.2	18.0	11.9

ARKd 各年度版および 1947 年マラヤセンサス報告書により作成。

付表 9-7 出生数, 死亡数, 乳児死亡率　ケダー　1911-1938

イスラム歴	西暦対応年	出生数	出生率	死亡数	死亡率	乳児死亡率
1330	1911/12	5,881		4,641	18.9	
1331	1912/13	5,288		4,875	19.5	
1332	1913/14	6,410	25.6	7,551	30.2	
1333	1914/15	6,584	25.5	5,039	19.5	
1334	1915/16	6,937	25.4	5,423	20.0	
1335	1916/17	8,030	28.2	6,046	23.3	
1336	1917/18	7,902	27.3	6,299	21.7	
1337	1918/19	9,102	30.0	11,548	38.5	
1338	1919/20	9,593	29.5	8,557	26.1	
1339	1920/21	10,153		8,718	25.8	195.0
1340	1921/22		30.3	8,656	25.4	165.4
1341	1922/23		27.7	7,834	23.4	161.7
1342	1923/24		31.7	7,877	22.4	126.3
1343	1924/25		28.3		23.0	151.5
1344	1925/26		29.5		25.8	169.6
1345	1926/27		34.5		26.9	
1346	1927/28	13,066	32.7		28.6	
1347	1928/29	15,347	37.8	9,561	23.6	127.9
1348	1929/30		40.2		23.5	142.0
1349	1930/31		35.8		22.9	
	1930		40.2		23.5	
	1931		36.9		21.6	122.1
	1932		36.3		18.4	119.9
	1933		37.6		20.4	141.0
	1934	16,763	36.0	10,165	21.8	148.0
	1935	16,713	36.9	10,299	22.8	148.0
	1936	18,683	39.5	10,683	23.0	145.0
	1937	17,664	37.2	9,781	20.6	138.0
	1938	21,238	44.0	10,575	22.0	131.0

ARKd 各年度版より作成。
率表記は小数点以下第2位四捨五入。

付表 9-8　民族別労働者数　ケダー　1912-1939

イスラム歴	西暦対応年	インド人	マレー人	華人	その他	計	労働者総数（含政府雇用）
1331	1912/13	4,591	3,482	7,769	82	15,924	
1332	1913/14	5,216	3,446	6,285	163	15,110	
1333	1914/15	5,051	4,439	6,670	120	16,280	
1334	1915/16	7,227	6,874	8,628	201	22,930	
1335	1916/17	8,622	8,187	10,870	116	27,795	
1336	1917/18	10,366	6,783	8,586	105	25,840	
1337	1918/19	13,598	7,736	14,096	243	35,673	
1338	1919/20	18,605	11,319	24,795	325	55,044	
1339	1920/21					31,469	
1340	1921/22						32,086
1341	1922/23						37,224
1342	1923/24						41,256
1343	1924/25						43,146
1344	1925/26	26,365	9,808	9,998	398	46,569	51,806
1345	1926/27	32,222	6,201	8,649	1,643	48,715	65,053
1346	1927/28	34,409	7,810	4,716	133	47,068	
1347	1928/29	34,436	9,922	5,739	339	50,436	
1348	1929/30	34,009	9,732	5,785	145	49,671	
1349	1930/31	21,815	7,886	4,470	110	34,281	
1350	1931/32	19,000	6,974	4,150	79	30,203	
1351	1932/33	17,068	7,225	4,031	75	28,399	
1352	1933/34	18,817	10,494	5,258	148	34,717	
1353	1934/35	21,936	11,014	4,605	147	37,702	
1354	1935/36	21,155	7,727	3,486	89	32,457	
1355	1936/37	22,209	7,074	2,698	84	32,065	
1356	1937/38	28,253	10,865	3,240	92	42,450	
1357	1938/39	24,933	7,297	2,083	50	34,363	

マレー人はジャワ人を含む。インド人はタミル人と表記される場合がある。
ARKd 各年度版より作成。

付表 9-9　インド人移民　ケダー　1923-1939

イスラム歴	西暦対応年	成人男子	成人女子	成人計	子供	合計	成人計	子供	備考
				援助移民到着			本国送還		
1342	1923/24			4,736	924	5,660			
1343	1924/25			4,541	1,007	5,548			
1344	1925/26			12,898	2,540	15,438			
1345	1926/27			18,376	3,769	22,145			
1346	1927/28			7,857	1,745	9,602			
1347	1928/29	2,709	1,163	3,872	710	4,582			
1348	1929/30	2,637	1,377	4,014	916	4,930			
1349	1930/31			309	57	366	5,838	1,558	移民停止
1350	1931/32						2,933	820	移民停止
1351	1932/33						1,581	480	移民停止
1352	1933/34								移民停止
1353	1934/35			2,982	1,318	4,300			移民再開
1354	1935/36			537	259	796			
1355	1936/37			241	77	318			
1356	1937/38			2,979	973	3,952			
1357	1938/39			199	68	267			

ARKd 各年度版より作成。

付表 10-1　主な死因別死亡数　ケダー　1930-1936

年次	特定されない熱病	マラリア	結核	アミーバ赤痢	細菌性赤痢	赤痢および下痢	鈎虫症	梅毒	肺炎	インフルエンザ	疱瘡
1930	2,133	313	223	41	65		1,276	20	107	1	5
1931	3,900	182	289	43	10		490	7	63	12	1
1932	3,596	206	289	188	8		327	35	99	40	
1933	4,140	291	144	133			128	32	130	12	
1934	4,192	312	186			260			179	28	
1935	4,319	407	203			200			234	31	
1936	3,701	1,198	166			220			207	58	

ARKd 各年度版より作成。

付表 10-2 民族別主な死因別死亡数 ケダー 1935, 1936

	特定されない熱病	マラリア	結核	赤痢および下痢	肺炎	インフルエンザ
1935 年						
マレー人	3,327	172	46	53	24	25
華人	671	134	104	53	52	3
インド人	213	90	46	90	158	2
1936 年						
マレー人	2,909	756	36	75	33	40
華人	537	241	73	71	55	9
インド人	124	171	54	70	119	5

ARKd 各年度版より作成。

付表 10-3 民族別乳児死亡率 ケダー 1927-1934

イスラム暦	西暦対応年	マレー人	華人	インド人	計
1346	1927/28	128	137	406	
1347	1928/29	112	137	262	128
	1930	124	144	252	
	1931	99	144	237	122
	1932	110		177	120
	1933	136		193	141
	1934	143	148	188	148
	1935				148

ARKd 各年度版より作成。
小数点以下四捨五入。

付表 11-1　トレンガヌ輸出統計　1910-1938

西暦	塩干魚 量(ピクル)	塩干魚 金額(海峡ドル)	錫鉱石 量(ピクル)	錫鉱石 金額(海峡ドル)	コプラ 量(ピクル)	コプラ 金額(海峡ドル)	ゴム 量(ピクル)	ゴム 金額(海峡ドル)	タングステン原鉱 量(ピクル)	タングステン原鉱 金額(海峡ドル)	鉄鉱石 量(トン)	鉄鉱石 金額(海峡ドル)
1910		464,000	6,000									
1911	67,638	577,966	7,174	457,066	98,762	225,708						
1912	64,752	571,718	6,776	485,201	55,395	240,380						
1913	76,039	673,396	5,559	403,594	90,574	315,181						
1914		781,000	6,374			300,000						
1915	79,627	771,897	6,680	379,335	15,454	121,938	55	5,716				
1916	65,841	601,672	7,979	478,501	13,497	115,796	328					
1917	80,017	763,802	7,244	467,447	14,380	93,680	1,700	195,324	3,378	270,227		
1918	83,617	844,444	10,194	1,005,916	17,548	137,876	3,166	227,082	10,368	832,288		
1919	92,474	1,044,966	10,580	828,966	26,052	455,322	5,100	454,666	9,408	611,670		
1920	96,354	1,499,965	8,117	813,683	18,430	366,815	5,097	426,247	2,567	102,582		
1921	75,907	1,001,733	6,711	346,101	28,332	321,536	5,074	140,316	180	3,600		
1922	80,466	887,050	7,240	356,167	31,318	305,966	9,187	245,231	2,924	44,400		
1923	89,953	996,716	7,955	482,172	26,025	273,641	10,191	625,690	4,700	85,110		
1924	92,344	943,140	9,701	739,111	39,773	421,867	17,867	1,009,806	2,909	43,050		
1925	85,986	1,181,710	16,178	1,283,486	28,047	337,330	19,917	2,434,286	1,294	20,326	7,690	69,204
1926	90,772	970,059	12,816	1,167,752	35,939	427,564	27,380	2,975,455	1,995	40,369	45,511	349,864
1927	93,016	1,135,519	19,572	1,919,524	28,262	318,760	30,500	2,588,788	980	18,592	48,505	372,012
1928												
1929												
1930			17,226	906,833			728	14,560	87,364	436,750		
1931	114,014	779,994	11,493	472,190	27,253	132,608	31,280	415,667	390	7,808	203,109	870,995
1932	116,406	855,059	9,344	444,016	17,997	88,168	30,540	277,160	521	10,423	203,105	855,839
1933	77,790	702,266	5,877	403,596	31,761	159,730	41,261	577,715	408	9,159	357,833	1,510,867
1934	94,571	791,223	8,148	653,309	21,172	62,772	67,228	1,722,323	386	7,727	557,468	2,102,124
1935	128,271	908,910	8,882	674,579	24,929	82,547	75,125	1,793,726	1,563	70,662	816,744	2,991,623
1936	90,848	647,597	10,677	755,779	41,279	183,927	66,747	2,236,273	1,881	87,948	1,064,259	3,496,955
1937	85,157	609,081	9,566	863,720	24,476	139,459	89,763	3,701,910	1,638	174,641	991,119	4,495,245
1938	94,045	647,495	7,397	475,135	29,079	97,592	69,804	2,138,893	2,016	182,981	905,316	4,526,580

ART 各年度版より作成。ART 統計がイスラム暦を採用している期間は省略。A.H.1346－A.H.1349 は下記に別掲。1930 年および 1931 年は，ART1932 記載値を引用。

1346 (1927/28)	77,321	929,262	27,066	2,355,207	28,003	311,862	27,187	1,953,648		24,621		214,539
1347 (1928/29)	91,513	1,147,340	23,209	1,741,687	50,814	581,979	37,270	1,478,536		33,212		241,288
1348 (1929/30)	116,693	1,383,844	22,044	1,440,703	35,434	343,724	37,472	1,523,015		17,941		331,753
1349 (1930/31)	125,810	1,198,003	13,054	563,947	31,501	239,187	29,245	570,966		15,689		462,344

あとがき

　本書執筆の契機は，著者が京都大学東南アジア研究センターに在籍していた頃，あるいは新設の大学院アジア・アフリカ地域研究研究科に移籍した頃，マラヤ大学のシャハリブ・タリブ教授が，マラヤの人口推計の集成に基づくグラフを持って現れたことにあった。次の機会に，ペラ州の次期スルタン継承権者トゥンク・ナズランとともに京都に現れた同氏から，マラヤ大学アジア・ヨーロッパ研究所で海峡植民地年次報告書やマラヤ各州年次報告書を用いて，総括的なデータベースが作成されようとしていることを知った。出生・死亡と移民データおよびセンサスデータを利用して，19世紀末以降のマラヤにおける各年人口推計を行うための助言が求められ，アジア・ヨーロッパ研究所で客員教授として作業に従事したこともあった。

　年次報告書における推計人口が，人口増加率の当てはめによって得られ，現実との乖離が生じたり，州によって統計の提示内容が異なったりする場合があることを知った。マラヤ各州のデータを個別に検討してみようと思ったのはこのときである。

　アジア・ヨーロッパ研究所には，海峡植民地およびマラヤに関する各種年次報告書のマイクロフィルムの紙焼きコピーが製本されて，研究員達のデータベース作業に使用されていた。数度の滞在でこれらの資料を閲覧させてもらった。本書のデータの基幹部分はこの作業によって得られた。この作業では，研究員として同研究所に勤務していた杉本一郎さんにいろいろと助けてもらった。臨地調査で長期滞在していた河野元子さんにはマレーシア国立文書館のマイクロフィルムを複写して入手する手配をしてもらった。東南アジア研究センター（現東南アジア研究所）の当時の所長田中耕司さんや同図書室長の北村由美さんなどの好意でマイクロフィルムから電子媒体への転写を行うことができた。この形の資料は，既に収集したデータの欠損部分の補足に大いに役立った。

　連続的な資料というものは，捉え方や定義の変化のために，実際には不連続な側面を有している。データベースに集積された数字を単純に信頼することは

この意味でも危険である。年次報告書における記述と統計数値の集成を個人的な作業として行った本書では，総合的な目配りによる確実性だけは増大しているものの，時間的な制約のために，マラヤ全州を扱いきれなかった。年次報告書の中で，後の時期における修正値や単なる誤植を含めて同じ事象に関して異なった数値が存在する場合があることに注意しておきたい。紙面の制約などのために，個々の説明は省略した。できるだけ妥当な数値を採用したが，完全な原則に基づくとは言い切れない。資料としての歴史的統計データの確立にはなお問題が残されている。

　甲南女子大学における業務は，定年後の再就職者としての予想を超えてしまい，本書の完成をかなり遅らせることになった。発端から10年の歳月が経過してしまった。この間，さまざまな人に多方面から助けてもらった。最も新しくは，疾病に関する学説史の文献を，同僚住野公昭教授に紹介してもらったことに及ぶ。本書の出版は，東南アジア研究所教授速水洋子さんの配慮と同編集室長米沢真理子さんの手配に負うところが大きい。匿名の3人のレフェリーからは初期の原稿に対する適切な助言を得た。京都大学学術出版会の鈴木哲也編集長およびスタッフには，前著の時以上にお世話になった。本書に挿入した写真は，1960年代半ばから70年代初頭に著者がマレー研究を始めた頃や比較的新しい時期の訪問に際して撮影したものや，古い絵葉書のコレクションなどの中から，往時の光景を想像する手がかりとしての意味を含めて選択してもらった。また出版にあたっては，日本学術振興会より，平成20年度の科学研究費補助金（研究成果公開促進費）の交付を受けることができた。さらに，グローバルCOEプログラム「生存基盤持続型の発展を目指す地域研究拠点」からも，出版経費の一部を補助していただいた。

　本書は，現在，著者がまとめを試みている三つの研究テーマのうちの一つに当たる。研究遂行に不可欠な日常的支援において，龍谷大学退職後もっぱらその役割に専念してくれている妻玲子に対して，最後に感謝の意を表したい。

　　　2009年2月

坪内良博

索　　引

[あ行]
アジアコレラ　→疾病
アジア人エステート　290
アノフェレス（アノフェレス・マキュラトゥス）　182, 235-236
阿片　24, 26, 28, 44, 46, 54, 314-315, 328
　阿片専売制度　328
　阿片輸入　314
網戸　250
アレカナッツ　51, 207
アロールスター　260, 267, 271, 283-284, 286, 288, 292, 295
イスラム暦　6, 259, 264, 270, 272, 275-276, 279, 283, 324
移動による純減　→人口
移動施薬所　→施薬所
移動統計　87, 92, 95, 130, 267
稲作　2, 206-207, 259, 261, 263, 265, 322
イポー区　61
移民　1-2, 9, 17-19, 31-32, 35-36, 39, 43, 47, 51, 54, 92-98, 101, 116-120, 127-130, 135, 137-138, 143, 164, 167-168, 206, 218, 223, 259, 264, 274, 319-320, 324-325, 328
　移民割り当て　137
　移民官　18
　移民管理官　18
　移民禁止　36, 40-41
　移民残留者　52
　移民制限　40, 43, 95-96, 101, 136
　移民制限法　33, 40
　移民報告　94
　移民抑制政策　206
　移民労働者　→労働者
　インド人移民　→インド人
　インド人移民労働者　→労働者
　インド人年季契約移民　96
　援助移民　42, 137-138, 276, 278
　華人移民　33-34, 39, 46, 95-96, 137, 191
　マラヤ移民　128
　南インド人移民　224
異民族支配　18
医療機関
　医療機関との接触　198

医療機関整備の遅れ　312
インド移民　→移民
インド人　36, 39, 41-43, 79-80, 82-84, 90-91, 101-106, 111-112, 118-119, 129-130, 139-140, 162-163, 165-166, 168, 183-184, 196, 198, 205, 209-210, 213-216, 218-219, 221, 223-224, 266-268, 273-279, 291-292, 299, 306, 310, 324-325, 327
　インド人移民　16, 35, 38-39, 42, 96, 99, 166, 259, 273, 275, 325, 327
　インド人移民統計　42
　インド人移民労働者　→移民労働者
　インド人死亡率　→死亡率
　インド人年季契約移民　→移民
　インド人労働者　→労働者
　インド人労働者の死亡率　→死亡率
　インド人労働者の賃金　41, 277
　インド人労働者数　98, 136, 138, 140, 156, 165, 210, 213, 310
インフルエンザ　122, 161-162, 165, 187-189, 192-194, 242, 250, 273, 293, 313
ウォルフラム（タングステン原鉱）　308
ウルクランタン　210, 213-215, 219, 231, 233, 235-237, 250
ウルスランゴール　69, 158-159
ウルパハン（郡）　130-131, 188
ウルランガット郡　159
英国　4, 23-24, 26, 28, 43, 63, 205, 305
　英国直轄領　4
　英人顧問官　4, 205, 229, 305, 324
　英人顧問官年次報告書　6
　英人財務顧問官　4
　英人駐在官　4
英領ビルマ　26, 28, 44
エステート　54, 63-66, 68-70, 72-73, 100-101, 122-123, 132, 134, 136-137, 144, 149-151, 178-179, 185, 187, 191-192, 195-196, 212-213, 215-216, 220-224, 242, 245, 250-253, 262, 264, 274-278, 286, 310
　エステート健康委員会　288
　エステート病院　→病院
　エステート労働者　128, 135, 149, 165, 178-179, 182, 216, 221, 230, 251-252, 266, 274-275, 278,

405

297
大規模エステート　68-70, 208, 221, 247, 264, 276, 278, 288, 309
ヨーロッパ人（所有）エステート　65, 212-214, 221, 290, 297
塩干魚生産　311
援助移民　→移民
エンダウ郡　126
オイリング　179, 181-182, 236, 250, 288

[か行]
海峡植民地　2, 4, 17-18, 21, 23-25, 28-39, 41, 43-44, 46-48, 79, 95, 136, 157, 259, 319, 325, 328, 331
　海峡植民地政府部局報告書　18
　海峡植民地年次報告書　17, 39, 44, 325
開拓　135, 180
開発後進地域　299
開発地域　208
海路　33, 38, 60, 92, 94, 97-99, 130, 305, 325
　海路による移動　34
隔離　160, 231, 246, 284, 305
　隔離施設　159
華人　32-36, 38-39, 46-47, 51, 58, 60-62, 69, 79-84, 90-92, 98-101, 103-106, 111-112, 118-119, 124, 126-130, 132-134, 139, 143, 165-166, 168, 174-175, 183-184, 191, 196, 198, 205, 209-210, 212, 214, 216-219, 255, 274-278, 306, 308-310, 324-327
　華人の移動　32, 99, 219
　華人の発着状況　32
　華人移民　→移民
　華人産科病院　→病院
　華人男子人口　→人口
　華人保護局　16, 18, 34-35, 39, 99, 324
　華人労働者　→労働者
　クランタン華人　218
家族内就業者　279
脚気　→疾病
　「脚気菌」　173
　フレーザー・スタントン説　146
カンガニ　42, 131, 275
　カンガニ募集　42, 137
感染療法　229
旱魃　264-265, 297
カンプル　155
ガンビール　24, 26, 28

機械力　57-59
幾何級数法　88-89, 117-119, 267-268, 314
寄生虫　184, 239, 313, 326
北インド人　36, 38, 210, 212, 218, 220, 310
キニーネ　151, 177-179, 234, 244, 327
凶作　40
行政評議会　18
虚弱な体質　166, 292
キンタ郡（キンタ地方）　54-56, 59, 61, 159
クーポン　67, 69, 72-73
　クーポン売買　72
空路　34
クアラカンサ　62, 159, 165
クアラクチル　295-296
クアラケダー　284
クアラトレンガヌ　305, 307, 313
クアラパハン　131
クアラムダ郡　284-285
クアラリピス　131, 178, 195
クアラルンプール　6, 45, 154-158, 163, 174, 329
クアラルンプール郡　149
クク　189
グッタペルカ　24, 26, 28, 158
クライシス・モルタリティ　273
クラン　64, 69, 92, 149, 159, 231
クランタン条約　205
クランタン人　210, 212, 218, 220-221, 245, 253, 268
クランタン米　→米
クリアン（郡）　94, 159
クリム　267, 286, 288-289, 295
クルテプランテーション　309-310
黒胡椒　26
契約労働　132, 212, 218
ケダー保健委員会　270, 295-296
結核　→疾病
下痢　→疾病
検疫　44, 128, 158, 160, 190, 327
　検疫キャンプ　159, 247
　検疫所　159-160
原因不明の流行病　→疾病
原住民　80, 82, 115-116, 244, 254
　原住民人口　→人口
交易型植民地　46
鉱業
　鉱業従事者　60

鉱業従事人口　→人口
鉱業労働者　→労働者
鉱業労働力　56, 61-62
鉤虫症　→疾病
後発地域　111
コーヒー　51, 63-65
国民概念　319
国民国家形成以前　18
ココナツ　63-64, 66, 207, 309
ココヤシ　31, 51
胡椒　28
コタバル　213, 215, 229-231, 233-234, 236-238, 242, 244-247, 250, 252-253
コプラ　28-29, 309
　コプラ集荷額　31
ゴペン（区）　61, 151
ゴム　26, 28-30, 51, 62-72, 134, 180, 183, 200, 206-212, 216, 221-222, 259-260, 262-265, 276-278, 309, 326
　ゴムエステート　65, 150, 154, 212, 223, 232, 278, 285, 291, 294
　ゴム価格　41, 66-69, 72, 137, 213, 221, 260, 262, 266, 277
　ゴム栽培　11, 31, 51, 62, 66, 68, 113-114, 152, 207, 220-221, 259, 265
　　ゴム栽培面積　66-68, 134, 221, 262-263
　ゴム集荷額　30
　ゴム生産制限（ゴム制限／ゴム生産統制）　67, 224, 260, 264, 278
　ゴム不況（ゴム貿易不況）　→貿易
　ゴム輸出　→輸出
　　ゴム輸出額　68, 113, 115, 265
　　ゴム輸出制限　67
　　ゴム輸出量　67-68, 183, 208, 265
ゴム園
　ゴム園開拓　135
　ゴム園労働　41, 60, 62, 148
　　ゴム園労働との競合　→労働力の減少
　ゴム園労働者　→労働者
　小規模ゴム園　69, 72
顧問官　→英人顧問官
　クランタン顧問官　9
米　24, 26, 28, 54, 66, 129, 147, 174-175, 206-207, 233, 259-260, 262-265, 276, 279, 311
　クランタン米　215
　シャム米　129, 144, 165, 175-176, 233

精白米　143, 146, 167, 175, 177, 233, 326
地元産米　233
ビルマ米　174, 176
籾米収穫量　264
コレラ　→疾病

[さ行]
サカイ　80, 209, 244
酒類　46
サラワク　31, 158
山地原住民　209
シーク人　220
死産　→死亡原因
自然増（人口の）　→人口
　自然増加率（人口の）　→人口
疾病
　アジアコレラ　159, 231-232
　脚気　143-144, 146-153, 157, 161, 165, 167, 173-178, 182, 184-189, 195, 233, 235, 250, 283, 311, 313, 326-328
　結核　154-155, 157, 185-186, 216, 242, 244, 247, 293-294, 327
　下痢　146, 149-151, 154, 156-157, 161, 165, 173-174, 177-178, 184-188, 191, 198
　原因不明の流行病　241
　鉤虫症　150, 161-162, 210, 238-239, 244, 247, 250, 286, 293, 295
　コレラ　157-160, 167, 173, 188-190, 229, 231-232, 245, 269, 273, 283-286, 292, 327
　消化器病　156, 313
　新風土病　238
　性病　150, 161, 184, 187, 190-191, 239-240, 247, 286, 294-295, 327
　赤痢　146-147, 149-151, 155-157, 161, 165, 173-175, 177-178, 184-188, 191, 198, 241-242, 245, 250, 286, 292, 295, 326
　都市型疾病　186
　チフス　193, 292
　乳幼児のひきつけ　270, 289, 296
　熱病　148, 150, 152, 168, 174, 192, 195, 269, 286, 290-291, 293, 313
　　特定されない熱病　150, 168, 182, 237, 254, 272, 288-291, 296, 313
　梅毒　161, 191, 245, 247
　肺結核（肺病）　147, 150, 154-155, 157, 161, 174, 178, 184-187, 191, 245, 286, 295
　風土病　234, 237-239, 326

マラリア　148-154, 167-168, 177-188,
　　　234-240, 283, 286-291, 294-297, 311, 313
失業　62, 98, 100-101, 134, 136, 213-214, 270,
　　277-279
　　失業者　62, 100-101, 133, 139, 279, 331
　　失業率　98
死亡　16, 40, 89-90, 103-107, 120-127,
　　167-168
　　死亡過剰　124
　　死亡率　84, 87-89, 106, 115, 121-122,
　　　124-126, 139, 144, 146, 149-152, 154-157,
　　　159, 162-168, 170, 173-176, 178-179,
　　　181-185, 193-195, 198, 232, 237,
　　　248-251, 253-255, 269-271, 273, 284,
　　　288-292, 295-298, 313, 326-328
　　　インド人死亡率　251
　　　インド人労働者の死亡率　122-123, 196,
　　　　253, 272, 291, 297
　　　病院死亡率　196
　　　幼児の死亡率　193-194
　　　民族別死亡率　166, 198, 296, 298
　　乳児死亡　122, 125, 162-163, 193-194,
　　　272, 296-297　→死亡
　　乳児死亡率　122-127, 139, 162-164, 166,
　　　193-194, 249, 252-255, 269-273, 296-297,
　　　313-314, 326
死亡原因
　　死産　269, 273
　　溺死　192-193
　　病気　→疾病
下ペラ　94, 159
社会経済発展年次報告書　6
社会増（人口の）　→人口
シャム　2, 4, 26, 28-31, 34, 38, 176, 205, 208,
　　266, 284, 326
　　シャム王国　16, 259, 285
　　シャム米　→米
ジャワ人　51, 63, 66, 113, 127-129, 132, 175,
　　177, 196, 198, 221, 274-276, 309, 322,
　　331
　　ジャワ人労働者　→労働者
収支法　117, 267-268, 272
自由貿易港　→貿易
出国過剰　34, 38, 42
出生　16, 40, 86-87, 89-91, 102-104, 107,
　　115, 119-122, 124, 127, 143, 163, 168,
　　209, 248-250, 254, 266-268, 271-273,

　　　313-314
　　出生率　84, 88, 90, 121, 124-126, 163, 166,
　　　249, 254, 268-271, 273, 295, 313
　　出生・死亡登録　121, 249, 273
種痘　158-160, 190, 210, 229-232, 284-286,
　　327-328
　　接種　160, 189-190, 210, 229-230, 285
小王国　4
消化器病　→疾病
蒸気機関　58
小規模ゴム園　→ゴム園
小規模所有者　70, 72-73
小ゴム園　68-69, 134
小人口状況　→人口
沼沢地　178, 327
娼婦　47
章名対応係数　12
瘴癘の地　168, 329
植民地的開発空間　238
食糧価格　215
食糧管理期間　176
女子
　　女子の帰国傾向　101
　　女子の滞留傾向　104, 325
ジョホールバル　10, 125, 137-138, 181-182,
　　190, 193
ジョホール開発　113
シンガポール　2, 4, 17, 23-28, 32-36, 39,
　　43-44, 46-47, 79, 111, 119, 180, 188-189,
　　229, 259, 309-310, 313, 319-320
新家　54-55, 96, 216, 325
人口
　　人口推計　87, 92, 102-103, 119-120, 209,
　　　268, 272-273, 314
　　人口推計値　88, 118
　　人口の民族的構成　80, 84
　　（人口の）自然増加　40, 82, 87, 102-103,
　　　103-106, 120, 168, 273, 289, 328
　　（人口の）自然増加率　103, 268
　　（人口の）社会増　40, 42, 82, 87, 102-104,
　　　120
　　（人口の）推計方法　92, 120, 139
　　移動による純減　40, 42
　　小人口状況　79
　　推計人口　84-85, 87-89, 104, 114, 116-120,
　　　125, 135, 139, 213, 218, 267-268, 314
　　センサス間増加　40, 42

疎人口分布　111
　華人男子人口　60, 113
　原住民人口　82
　鉱業従事人口　55-57
　民族別人口
　　クランタン　206
　　トレンガヌ　306
　　ペラ　82
　マレー人人口　81, 112, 115-117, 121, 237, 254, 267, 270, 272, 314, 319
新風土病　→疾病
身体的な虚弱性　198
推計人口　8 →人口
推計方法（人口の）　→人口
水稲耕作面積　262, 264
水力利用　58
錫　2, 11, 26, 28-30, 33, 40, 51-52, 54, 56, 73, 113, 208, 222, 265-266, 322, 331
　錫採鉱　46, 48, 52, 58, 60, 73, 113, 143, 182, 306, 308, 312
　　錫採鉱労働者　→労働者
　錫採取量　216, 220
　錫産地　52
　錫集荷額　30
　錫生産量　55-58
　錫輸出額　→輸出
　錫輸出量　→輸出
　国内錫生産割り当て　134
スランゴール年次報告書　8, 10, 147, 183
スンガイパタニ　267, 288, 295
生産制限協定　55
性・年齢構造　46, 143, 165
精白米　→米
性比　42-43, 46-47, 101, 104-105, 124, 126, 138, 143, 168, 224, 267, 270, 273, 306, 325
性病　→疾病
政府病院　→病院
精米輸出輸出
世界恐慌　40
石炭　26, 28
赤痢　→疾病
接種　→種痘
施薬所　178, 193, 195-196, 239-241, 246-247, 249, 253-255, 271, 313
　移動施薬所　179, 240, 247, 253, 295
セルダン　295-296

センサス間増加　→人口
先住民　244, 322
疎人口分布　→人口
村落国家連合体　4

[た行]
大規模エステート　→エステート
タイピン　27, 59, 144, 151, 321, 323
タナメラ　210, 234, 237, 246
タピオカ　51, 274
ダフ（開発）会社　210, 215, 230-231, 233-234
タミル人　36, 51, 55, 62-63, 73, 88, 131, 165, 185, 187, 191, 195, 198, 210, 212, 218, 220, 222-223, 245, 269-271, 274, 296, 308-309
　タミル人の病院に対する接近　296
　タミル人労働者　→労働者
多民族
　多民族化　2, 4, 11, 203, 205, 257, 301, 305, 319
　多民族社会　1, 18, 48, 62, 111, 170, 222, 319
　多民族社会以前　18
男子過剰社会　106
男女の不均衡　254
単身男子　87, 143, 161, 270
地下採鉱　58
地下排水　→排水
　地下排水路（排水管，排水溝）　149, 178, 179, 181, 327
チフス　→疾病
中継地　31, 39, 44
中継貿易　→貿易
中国帰国者　32
中国蘭印間定期船　40
駐在官　6, 9-10, 17
直轄植民地　23
賃金　16, 129, 132, 222-223, 264, 275-278, 325
　賃金水準　223-224, 264, 274-275
　賃金労働　219-220
溺死　→死亡原因
鉄鉱石　208, 310
鉄道　16, 27, 45, 54, 56, 60, 84, 92, 94, 97-99, 128, 178, 210, 212-213, 215, 218, 220-221, 223, 225, 246, 251, 305
　鉄道建設　51, 131, 156, 249, 251
　鉄道従業員　325

索　引 | 409

鉄道輸送　95
デュラン　60-62
デリ　97
テルグ人　210, 212, 218, 220
伝統的居住空間　238
トゥマンガン　215, 218, 237-238
登録システム　55, 90, 273
統計局　18, 32, 35-36, 38
都市型疾病　→疾病
ドレッサー　245
ドレッジ　58-59
トレンガヌ州の民族別人口　→民族別人口
トロアンソン　94, 217

[な行]
西海岸先進地域　139
日本　28, 79, 164
　　日本企業　208, 238
　　日本鉱業会社　310
　　日本人経営の鉄鉱山　219
　　日本人所有エステート　187, 198
　　日本人鉄鉱採掘場　218, 237
　　日本人の鉱山会社　235
乳児死亡　→死亡
　　乳児死亡率　→死亡
乳幼児のひきつけ　→疾病
ニューボールド　111, 306
ネガパッチナム　95, 128
熱病　→疾病
　　特定されない熱病　→疾病
年季奉公　41-42, 325

[は行]
パーボイルドライス　129, 144, 146-147, 165, 174, 260
肺結核（肺病）　→疾病
売春宿　47
排水　149, 151, 156, 177-179, 181
　　排水溝　151, 181, 183, 234, 236
　　地下排水　151, 288
　　地下排水管　149, 179
　　地下排水路（排水溝）　178, 181, 327
梅毒　→性病, 疾病
パタニー　94, 188
バトゥガジャ区　61
バトゥケーブ　156
バトゥパハ（郡）　126, 189-190

バトゥムンクバン　234
パハン統合会社　133-134
パララバー　30, 63-65
バリン　283-284, 295
バンカ錫鉱山労働力需要　40
バンコール条約　4
バンコク条約　24, 205
バンダルバル　295
ピクル　52, 54, 56, 68-69, 113, 208, 216, 220, 260, 263-266, 308-309
ビタミン欠乏症　143, 326
病気　→疾病
標準賃金　213-215, 278
病院
　　病院死亡率　196
　　病院接触　198
　　病院に対する態度　184, 195, 198
　　エステート病院　150, 176, 183, 185-186, 188, 191, 195-196, 235-237, 239, 246-248
　　政府病院　147, 150-151, 165, 174-179, 182-188, 191, 195-196, 199, 235-237, 242, 244, 247, 253, 294-295
　　華人産科病院　162-163
非連邦州　2, 4, 6, 10-11, 23-24, 29-31, 111, 113, 119, 173, 199, 205, 259, 268, 279, 294, 305, 319, 324, 328
ビルマ米　→米
風土病　→疾病
不況　33, 40, 43, 51, 56, 67-68, 73, 87, 90, 101, 114, 119, 122-123, 135, 139, 154, 183, 196, 207, 213, 220, 223, 273-274, 278-279
　　不況による人口流出　87
不作　40, 176
仏印　26, 55
プランテーション　39, 42, 46-48, 51, 62-63, 65, 68, 82, 140, 168, 183, 309-310, 313, 320, 322, 324, 327
　　プランテーション農業　48, 326
フレーザー・スタントン説　→脚気, 疾病
プロビンス・ウェルズレイ　23
平均寿命　163
米国　28-29
ペカン　188, 195
ペナン　2, 5, 17, 23, 27, 32, 35-36, 43-44, 46, 79, 99, 127-128, 160, 197, 213, 217, 259-260, 276-277, 319
ペラの民族別人口　→民族別人口

貿易
　貿易統計　24, 28
　ゴム貿易不況　30, 40, 67-68, 73, 100, 212,
　　215, 223, 238, 262, 265, 274, 297
　自由貿易港　24, 44, 47
　中継貿易　24, 26, 28, 47, 320
　中継貿易港　24, 29-30, 331
疱瘡　158-160, 167, 180, 188-190, 229-232,
　　283-286, 292, 326-327
ポートウェルド　27, 93-94
ポートスウェテナム　27, 44-45, 93, 98, 128,
　　149, 159, 215
保健官　116, 178-179, 181, 187, 198, 286
本国送還　41, 60, 62, 98, 100, 129, 133-134,
　　136-138, 212-216, 218, 270, 276-277,
　　279, 331

[ま行]
麻疹　294
マライ連邦　4
マラッカ　17, 23-24, 32-33, 43-44, 46, 79,
　　205, 313, 319-320
マラッカ王国　23, 320
マラヤ　4, 6, 11, 17-18, 26, 28-36, 38-44, 51,
　　54, 62, 77, 79-80, 84-85, 89, 97, 100, 109,
　　118-119, 128-129, 137-139, 218, 235,
　　254, 262, 264, 299, 305
　マラヤ移民　128 →移民
　マラヤ連合州　4
マラヤ大学アジア・ヨーロッパ研究所　84
マラリア　→疾病
　マラリア蚊　177, 181-182, 238, 288, 326
　マラリア蚊撲滅委員会　286
　マラリア患者数　149, 183, 238
　マラリア対策　149, 152, 181, 183,
　　236-238, 251, 291-292
　マラリア入院患者　179-180, 182, 235
　診断されたマラリア　150, 168, 290-291
　対マラリア工事　151, 178-179, 286, 288,
　　291
マレーゴム会社　309
マレー諸国連合　4
マレー人　51, 79-84, 102-106, 111-113,
　　115-119, 130, 134-135, 143, 147,
　　162-163, 165-166, 168, 184, 193-196,
　　198, 205-206, 212, 214, 216, 218-224,
　　240, 259, 270-279, 296, 306, 313-314, 322

マレー人タッパー　212, 218
マレー人の病院忌避　184
マレー人警官　240, 247
マレー人女子　106, 168
マレー人人口　81, 112, 115-117, 121, 237,
　　254, 267, 270, 272, 314, 319 →人口
マレー人入院患者　216, 240, 246-247
マレー人労働者　→労働者
マレー非連邦州　30, 43, 47
マレー連合州　4
マレー連邦州　2, 4, 6, 10-11, 18, 23-24, 29-31,
　　43, 45, 47, 116, 150, 178, 212, 271, 289
マレー連邦州鉄道　210, 212-213, 215, 218,
　　220-221, 225, 305
マンガン鉱石　208
南インド人　36, 38, 42, 98, 127-129, 215, 224,
　　251, 275-277, 285, 310
　南インド人移民　→移民
　南インド人募集方法　128
　南インド人労働者　→労働者
民族別構成　82, 306
民族別死亡率　→死亡率
民族別人口　80-83, 112, 166, 205, 268, 306,
　　331
　クランタンの民族別人口　206
　トレンガヌ州の民族別人口　306
　ペラの民族別人口　82
民族別入院患者　196
ムルシン　182, 308
綿製品　24, 26, 28
籾米収穫量　→米

[や行]
ユーラシアン　47, 79-80, 83-84, 112, 118-119,
　　126, 166, 196, 209, 214, 249, 328
郵便貯蓄銀行　215
輸出
　ゴム輸出　66, 68, 154, 260, 309
　錫輸出額　68
　錫輸出量　55, 113
　精米輸出　260
ヨーロッパ医療　327
ヨーロッパ人　46-47, 62-65, 79-80, 83-84,
　　96, 102, 104, 112, 118-119, 134, 166,
　　195-196, 208-209, 212-214, 218-221, 223,
　　230, 235, 247, 249-250, 253, 266, 297,
　　308, 312-313, 322, 327-329

索　引　411

[ら行]

ライセンス　44, 46, 61, 128, 131, 137, 275
ラウブ　177
ラミー　63-64
ラルット　94, 151, 159
蘭印　2, 24, 26, 28-34, 36, 39, 44
蘭印発着（の移出入統計）　36
ランカウィ　295
蘭領インド　24, 80
罹患初期　174, 195
陸稲　262-265
陸路　16, 34, 38, 92, 94, 116, 130
立法評議会　17-18
リプランティング　69, 291
リベリアコーヒー　63-65
連邦州　4, 6, 31, 111, 113, 117, 176, 267, 286, 305, 319, 324, 328
露天掘り　53, 58
労働局　16, 38-39, 41, 98, 277, 324
労働局統計　38
労働者
　移民労働者　39, 41, 101, 135, 149, 151, 207-208, 210, 212, 223-224, 314
　　インド人労働者　17, 41-42, 44, 82, 100, 124, 140, 144, 150, 156, 165, 208-210, 212-214, 218, 220-221, 223, 274, 297, 309-310
　　インド人移民労働者　41, 151, 210, 212, 223
　エステート労働者　128, 135, 149, 165, 178-179, 182, 216, 221, 230, 251-252, 266, 274-275, 278, 297
　華人労働者　16-17, 51, 54, 60, 95, 97-98, 128-129, 131-132, 136-137, 139, 167, 196, 216, 218, 220, 274, 278-279, 308-310
　鉱業労働者　62
　ゴム園労働者　39, 68, 180, 220, 222-223, 325
　ジャワ人労働者　132, 136-137, 139, 266
　錫採鉱労働者　143, 147
　タミル人労働者　131-132, 214, 221, 223, 231
　マレー人労働者　175, 177, 219-223, 252, 308
　南インド人労働者　51, 128, 212, 214, 274
労働者供給　55, 96
労働保護官　18, 266
労働力の減少　57

著者略歴

坪内良博（つぼうち　よしひろ）
甲南女子大学学長
1938年京都府に生まれる．京都大学文学部卒業，
京都大学東南アジア研究センター助手，助教授を経て，
1982年教授，1993年より同センター所長，1998年，
京都大学大学院アジア・アフリカ地域研究研究科へ移籍，
同研究科長を経て定年退職，甲南女子大学文学部教授を
経て現職．

主要著書

『離婚―比較社会学的研究』（共著），創文社，1970年．
『マレー農村の研究』（共著），創文社，1976年．
『核家族再考―マレー人の家族圏』（共著），弘文堂，
1977年．
『東南アジア人口民族誌』勁草書房，1986年．
『東南アジアの社会』（編著），弘文堂，1990年．
『マレー農村の20年』京都大学学術出版会，1996年．
『小人口世界の人口誌』京都大学学術出版会，1998年．

東南アジア多民族社会の形成
（地域研究叢書18）　　　　　　　　© Yoshihiro TSUBOUCHI 2009

平成21（2009）年2月25日　初版第一刷発行

著者　　坪内良博
発行人　加藤重樹

発行所　**京都大学学術出版会**
京都市左京区吉田河原町15-9
京大会館内（〒606-8305）
電話（075）761-6182
FAX（075）761-6190
Home page http://www.kyoto-up.or.jp
振替 01000-8-64677

ISBN 978-4-87698-766-5　　印刷・製本　㈱クイックス東京
Printed in Japan　　　　　　定価はカバーに表示してあります